외우지 않고 이해하는
新 한자학습법

외우지 않고 이해하는
新 한자학습법

초판 1쇄 발행 | 2018년 11월 30일

글쓴이 | 공앤박 한자연구소(박건호, 이동규, 공경용)
그린이 | 우지현
펴낸이 | 조미현

책임편집 | 황정원
디자인 | 씨오디Color of Dream

펴낸곳 | (주)현암사
등록 | 1951년 12월 24일 · 제10-126호
주소 | 04029 서울시 마포구 동교로12안길 35
전화 | 02-365-5051 · 팩스 | 02-313-2729
전자우편 | child@hyeonamsa.com
홈페이지 | www.hyeonamsa.com
페이스북 | www.facebook.com/hyeonami
블로그 | blog.naver.com/hyeonamsa
트위터 | twitter.com/hyeonami

ⓒ 공앤박 주식회사 2018

ISBN 978-89-323-7480-2 73700

＊이 도서의 국립중앙도서관 출판예정도서목록(CIP)은 서지정보유통지원시스템 홈페이지(http://seoji.nl.go.kr)와 국가자료공동목록시스템(http://www.nl.go.kr/kolisnet)에서 이용하실 수 있습니다. (CIP제어번호:CIP2018037097)
＊이 책은 저작권법에 따라 보호를 받는 저작물이므로 저작권자와 출판사의 허락 없이 이 책의 내용을 복제하거나 다른 용도로 쓸 수 없습니다.
＊책값은 뒤표지에 있습니다. 잘못된 책은 바꾸어 드립니다.
＊현암주니어는 (주)현암사의 아동 브랜드입니다.

KC	제조명 도서	전화 02-365-5051
	제조연월 2018년 11월	제조국명 대한민국
	제조자명 (주)현암사	사용연령 8세 이상
	주소 서울시 마포구 동교로12안길 35	
	주의사항 책 모서리에 부딪히거나 종이에 베이지 않도록 주의해 주세요.	
	＊KC마크는 이 제품이 공통안전기준에 적합하였음을 의미합니다.	

외우지 않고 이해하는
新 한자학습법

공앤박 한자연구소 글 | 우지현 그림

현암
주니어

| 머리말 |

'방화'라고 하면 어떤 한자가 떠오르나요? '放火'라고 하면 '불을 지르다'지만, '防火'라고 하면 반대로 '불이 나는 걸 막는다'는 뜻이에요. 스포츠 경기 뉴스에서 아나운서가 '연패를 거듭했다'라고 하는 말을 들어 본 적이 있나요? '연패' 역시 '連敗'라고 하면 '경기마다 계속 지다'라는 의미지만, '連霸'라고 하면 '계속하여 패권을 잡다', 즉 연속해서 우승한다는 의미를 나타내지요.

왜 이런 차이가 날까요? 한글은 겉으로 드러나는 소리를 기호로 나타낸 문자, 즉 표음 문자예요. 그래서 소리는 같은데 뜻이 다른 단어, 즉 동음이의어는 헷갈릴 수 있어요. 이럴 때 한자의 도움이 필요해요. 더욱이 우리말의 명사 대부분은 한자어로, 한자는 제2의 모국어와 같아요. 그러니 한자를 알면 독해력이 향상되고, 한자는 그림 글자여서 한자를 익히면 상상력이 증진되지요.

한자는 음과 뜻을 나타내는 표음 문자와 달리, 여기에 형태라는 요소가 하나 더 있어요. 우리 뇌는 좌뇌와 우뇌로 나뉘는데, 좌뇌는 언어, 우뇌는 형상(이미지)을 맡아요. 한자를 익히고 사용하면 좌뇌와 우뇌를 고루 사용하게 되어 지능 계발에 도움이 되지요. 일본의 한 연구 결과에 따르면, 초등학교를 입학하기 전의 아동을 대상으로 한자 학습을 시키고 입학한 직후에 IQ검사를 실시했더니 한자를 공부한 1년당 평균 10 정도의 IQ가 상승했다고 해요.

그럼 이렇게 도움이 되는 한자를 어떻게 익혀야 할까요? 한자는 왜 어렵게만 느껴질까요? 현재까지 만들어진 한자는 약 85,000여 개나 된다고 해요. 중국의 대학

　교수들조차 10,000자 정도를 안다고 해요. 이렇게 많은 한자의 음과 뜻을 외운다는 건 그림 수만 점의 화가와 제목을 외우고 그려 보라는 것과 다를 바 없어요. 한자의 이런 특성 때문에 한자를 외면하고 포기하는 경우가 많아요. 무조건 암기해야 하는 과목으로 인식되었기 때문이지요.

　이 책에서 제시하는 방법은 '무조건 암기'가 아니에요. 한자를 분해하고 조립하며 자연스럽게 익히는 거지요. 복잡한 글자도 분해하면 단순한 글자가 나와요. 한글에 ㄱㄴㄷ이 있고 영어에 알파벳이 있듯, 한자에도 '부수자'라는 게 214자 있어요. 그 글자의 고문자(古文字)를 살펴 본래의 의미를 파악하고 조립해 나아가는 거지요. 고문자, 즉 과거의 글자를 살펴보는 이유는, 한자는 사물의 형상을 본떠 만든 상형문자인데, 세월이 흐르면서 글자도 바뀌어 현재의 글자만으로는 본래 의미를 파악하기가 어렵기 때문이에요.

　과거의 한자와 현재 한자를 비교해 본래 의미를 파악하고, 레고 블록을 분해하고 조립하듯 한자를 작은 단위로 나누었다가 조합하는 방법은 한자를 자연스럽게 익히게 도와줄 거예요.

공경용

 이렇게 구성되어 있어요!

　한자가 만들어진 배경을 알면 이해하기가 더 쉬워요. 따라서 이 책에서는 글자를 사용하는 사람, 사람이 살아가는 삶, 삶의 터전인 자연, 이렇게 세 부분으로 나누어 기본 글자들을 살펴볼 거예요.

● **사람과 관련된 글자**
- **신체** : 신체를 통해 모든 활동이 이루어져요. 따라서 이 부분에서 가장 많은 기본 글자들을 다루었어요.
- **사람** : 기본 글자들은 사람의 모습을 본뜬 글자가 많다는 걸 알게 될 거예요. 태아부터 노인에 이르기까지 태어나 성장하고 사회적인 신분을 얻기까지를 나타내는 글자들을 다루었어요.

● **삶과 관련된 글자**
- **전쟁** : 인류의 역사는 전쟁의 역사라 해도 과언이 아닐 거예요. 그래서 한자에는 전쟁과 관련된 글자가 많아요.
- **의식주** : 삶의 필수 요소인 옷, 음식, 주거와 관련된 글자들을 다루었어요.
- **농업** : 농업은 생존에 가장 기본이 되는 식량을 생산하는 일이에요. 따라서 인류가 발전하는 과정에 있어 오랜 기원을 가지고 있어요.

● **자연과 관련된 글자**

- **동물** : 사람이 살아가면서 만나게 되는 육지 동물, 기타 동물 및 부산물로 나누어 살펴봐요.
- **산천초목** : 산, 광물, 물, 풀, 나무와 관련된 글자들이 한자에서 어떻게 활용되는지 살펴봐요.
- **천체** : 해, 달, 별을 나타내는 기본 글자가 다른 글자와 더해질 때 어떤 의미를 나타내는지 살펴봐요.
- **기타** : 숫자와 부호들을 살펴봐요.

위와 같은 순서로 한자가 만들어진 배경을 이해하고, 도표의 중심 글자들을 반복 학습하다 보면 기본 글자는 물론, 복잡한 한자들이 분리되어 마치 움직이는 것처럼 느껴질 거예요. 그러면 읽기는 물론, 쓰기도 조금만 노력한다면 놀랄 정도로 발전하게 될 거예요. 더 나아가 이 책에서 배우지 않은 새로운 한자를 보게 되더라도 무슨 소리로 읽는지, 무슨 뜻인지를 스스로 유추해 낼 수 있는 기본 능력을 갖게 될 거예요.

도표와 해설, 이렇게 보세요!

도표

본문의 긴 설명을 짧게 줄여 도표만 봐도 한자가 만들어진 배경을 떠올릴 수 있도록 고안했어요. 앞쪽에서 설명을 다룬 한자가 다른 한자의 구조에 포함돼 도표에 다시 등장하는 경우가 있어요. 그러한 한자는 오른쪽 상단에 표시된 번호를 찾으면 앞의 설명을 확인할 수 있어요.

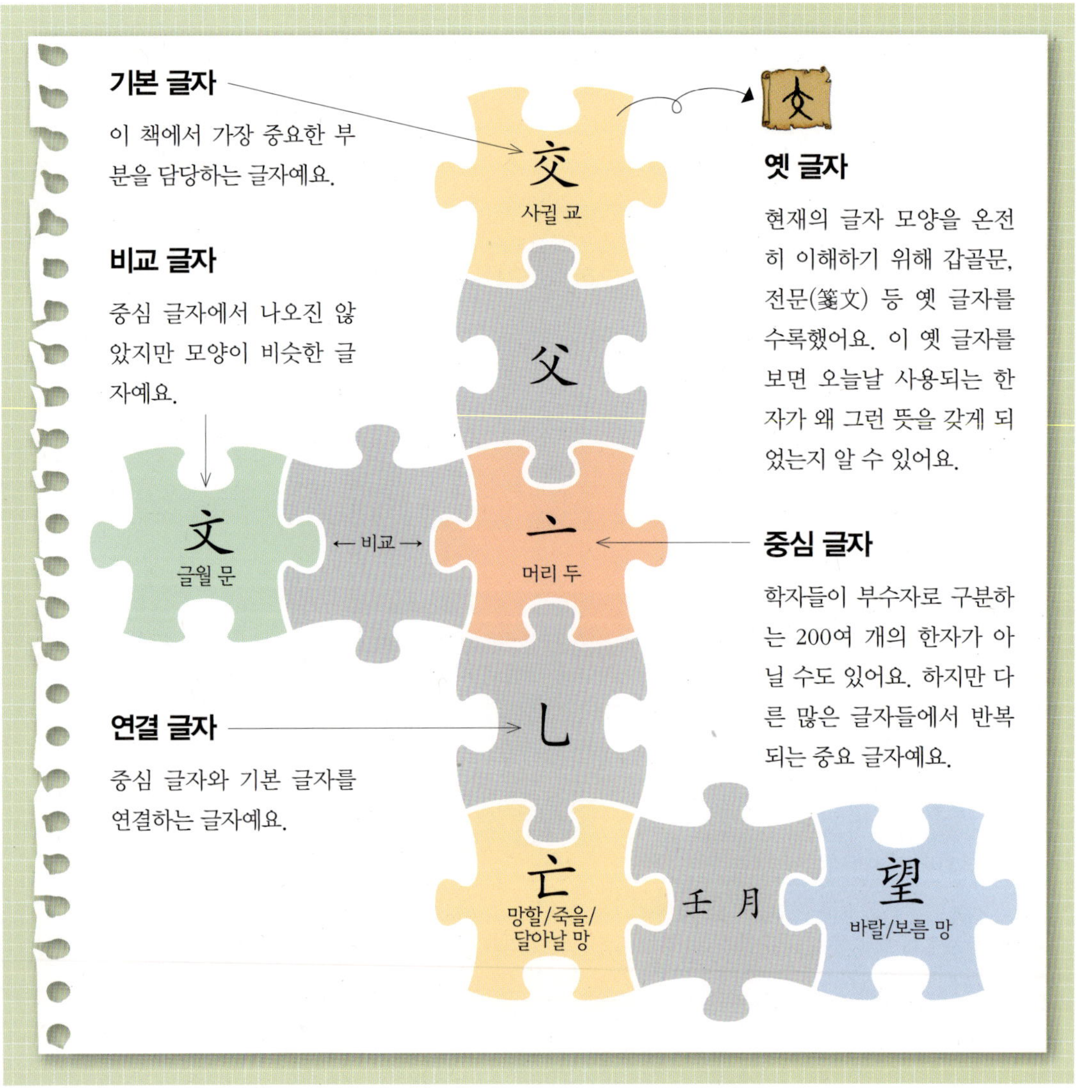

기본 글자
이 책에서 가장 중요한 부분을 담당하는 글자예요.

交 사귈 교

옛 글자
현재의 글자 모양을 온전히 이해하기 위해 갑골문, 전문(篆文) 등 옛 글자를 수록했어요. 이 옛 글자를 보면 오늘날 사용되는 한자가 왜 그런 뜻을 갖게 되었는지 알 수 있어요.

비교 글자
중심 글자에서 나오진 않았지만 모양이 비슷한 글자예요.

父

文 글월 문 ←비교→ 二 머리 두

중심 글자
학자들이 부수자로 구분하는 200여 개의 한자가 아닐 수도 있어요. 하지만 다른 많은 글자들에서 반복되는 중요 글자예요.

乚

연결 글자
중심 글자와 기본 글자를 연결하는 글자예요.

亡 망할/죽을/달아날 망

壬 月 望 바랄/보름 망

❶ 4c   ❻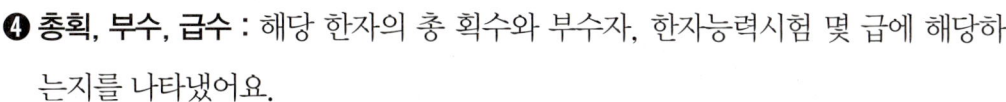

❷ 聞   ❸ 들을 문   ❹ [총획] 14획 [부수] 耳 [급수] 6급

❺ 문 문 門[83] + 귀 이 耳

❼ 문(門)틈에 귀(耳)를 대고 엿들어 밖을 살피는 모습이에요.

❽ ★ 所聞(소문) 見聞(견문) 新聞(신문) 聞一知十(문일지십: 하나를 들으면 열을 안다는 뜻으로, 매우 총명한 사람)

❶ **고유번호** : 각 글자들에 고유번호를 붙였어요. 기억나지 않거나 궁금한 글자를 쉽고 빠르게 찾을 수 있어요.

❷ **해설 글자** : 도표에 있는 글자예요.

❸ **훈음** : 글자의 뜻(訓)과 소리(音)예요.

❹ **총획, 부수, 급수** : 해당 한자의 총 획수와 부수자, 한자능력시험 몇 급에 해당하는지를 나타냈어요.

❺ **분해** : 해설 글자가 어떤 글자들로 조립되었는지 보여 줘요. 한자는 오랜 세월에 걸쳐 조금씩 모양이 바뀌어 왔어요. 따라서 분해에 있는 글자 모양이 해설 글자와 조립될 때 조금 다를 수 있어요. 해설을 잘 읽고 어떠한 배경에서 조립되었는지를 생각해요.

❻ **쓰기 순서** : 한자를 쓰는 순서는 왼쪽에서 오른쪽으로, 위에서 아래로, 가로획과 세로획이 만날 때는 가로획을 먼저 쓰는 등 여러 원칙이 있어요. 이런 순서대로 쓰도록 노력한다면 한자를 균형 잡히게 쓸 수 있을 거예요.

❼ **해설** : 해설 한자가 만들어진 배경을 설명하고 있어요.

❽ **예시 단어** : 해설 한자가 어떻게 활용되는지 예를 들었어요. 한자들은 3~6급 정도에 해당돼요.

한자는 어떻게 만들어졌을까?

한자를 이루는 문자들

- **상형 문자** : 고대 중국에서 사람들은 물건의 모양을 본떠 간단한 그림으로 의사를 표시했는데, 이것이 한자의 시작이 되었어요. 예를 들어 나무의 가지(一)와 뿌리(八)와 줄기(ㅣ)를 본떠서 '木(나무 목)'이 만들어졌어요. 상형 문자는 약 300여 개가 돼요.

- **지사 문자** : 모양으로 설명하기 어려운 것은 부호를 사용했어요. 예를 들어 '末(끝 말)'은 나무(木) 위 꼭대기에 긴 선(一)을 그어 그곳이 끝임을 강조한 글자예요. 이와 같은 지사 문자는 130여 개 정도예요. 이 글자들도 상형 문자에 기호를 덧붙여 만들었기 때문에 만들어진 과정을 생각한다면 비교적 쉽게 기억할 수 있어요.

- **회의 문자** : 시간이 흐르면서 상형 문자와 지사 문자를 더해 새로운 글자들이 만들어졌어요. 예를 들어 사람(亻)이 나무(木)에 기대어 쉬는 모습에서 '休(쉴 휴)'가 만들어졌어요. 이러한 회의 문자는 1,000여 개 정도 돼요.

- **형성 문자** : 회의 문자는 더해진 글자들의 의미를 연관 짓다 보면 뜻을 쉽게 이해할 수 있지만, 새로운 소리(音)를 외워야 하는 단점이 있어요. 그래서 고대 중국인들은 뜻을 나타내는 글자와 소리를 나타내는 글자를 합해 새로운 글자를 만들게 되었어요. 예를 들어 양말이라는 글자를 만들기 위해 뜻을 나타내는 '衤(옷 의)'와 소리를 나타내는 '末(끝 말)'을 더해 '袜(버선 말)'을 만들었지요. 이러한 형성 문자는 전체 한자의 약 97%를 차지해요.

이 외에 전주 문자와 가차 문자가 있어요. 이러한 글자들은 원래 있던 글자들에서 뜻이 발전하거나 단지 소리를 빌린 것이기 때문에 읽고 쓰는 법을 따로 배울 필요는 없을 거예요.

한자의 근간을 이루는 기본 글자

회의 문자, 형성 문자, 전주 문자, 가차 문자를 보면 모두 상형 문자와 지사 문자에서 파생되었다는 걸 알 수 있어요. 따라서 기본 글자 역할을 하는 상형 문자와 지사 문자를 알면, 글자를 보고 뜻을 알 수 있는 한자의 장점을 최대한 활용해 흥미 있는 방법으로 많은 한자를 이해할 수 있어요.

현재 한자를 사용하는 중국, 한국, 일본의 학자들은 기본 글자로 200여 개를 분류했는데, 이를 '부수자'라고 해요. 그러나 부수자로 포함되지는 않지만 기본 글자의 역할을 하는 글자들이 있어서, 이를 모두 더하면 한자에는 300여 개의 기본 글자가 있다고 볼 수 있어요.

한자능력검정시험이 뭐예요?

사단법인 한국어문회가 주관하고 시행하는 한자 능력 급수 시험을 말해요. 국가공인자격시험(1~3급II)과 민간자격시험(4~8급)이 있어요. 응시 자격은 재학 여부, 학력, 소속, 연령, 국적 등에 상관없이 누구나 원하는 급수에 응시할 수 있어요.

시험 일정 등은 한국한자능력검정회 사이트를 참고하세요.

http://www.hanja.re.kr

한자능력검정시험 출제 유형

구분	국가공인자격시험						민간자격시험								
	특급	특급II	1급	2급	3급	3급II	4급	4급II	5급	5급II	6급	6급II	7급	7급II	8급
독음	45	45	50	45	45	45	32	35	35	35	33	32	32	22	24
훈음	27	27	32	27	27	27	22	22	23	23	22	29	30	30	24
장단음	10	10	10	5	5	5	3	0	0	0	0	0	0	0	0
반의어	10	10	10	10	10	10	3	3	3	3	3	2	2	2	0
완성형	10	10	15	10	10	10	5	5	4	4	3	2	2	2	0
부수	10	10	10	5	5	5	3	3	0	0	0	0	0	0	0
동의어	10	10	10	5	5	5	3	3	3	3	2	0	0	0	0
동음이의어	10	10	10	5	5	5	3	3	3	3	2	0	0	0	0
뜻풀이	5	5	10	5	5	5	3	3	3	3	2	2	2	2	0
약자	3	3	3	3	3	3	3	3	3	3	0	0	0	0	0
한자 쓰기	40	40	40	30	30	30	20	20	20	20	20	10	0	0	0
필순	0	0	0	0	0	0	0	0	3	3	3	3	2	2	2
한문	20	20	0	0	0	0	0	0	0	0	0	0	0	0	0
출제문항(계)	200	200	200	150	150	150	100	100	100	100	90	80	70	60	50

※ 출제 기준표는 기본 지침 자료로서, 출제자의 의도에 따라 차이가 있을 수 있습니다.

한자능력검정시험 급수 배정표

급수	읽기	쓰기	수준 및 특성
특급	5,978	3,500	국한 혼용 고전을 불편 없이 읽고, 연구할 수 있는 수준 고급
특급II	4,918	2,355	국한 혼용 고전을 불편 없이 읽고, 연구할 수 있는 수준 중급
1급	3,500	2,005	국한 혼용 고전을 불편 없이 읽고, 연구할 수 있는 수준 초급
2급	2,355	1,817	상용한자를 활용, 인명지명용 기초 한자 활용 단계
3급	1,817	1,000	고급 상용한자 활용의 중급 단계
3급II	1,500	750	고급 상용한자 활용의 초급 단계
4급	1,000	500	중급 상용한자 활용의 고급 단계
4급II	750	400	중급 상용한자 활용의 중급 단계
5급	500	300	중급 상용한자 활용의 초급 단계
5급II	400	225	중급 상용한자 활용의 초급 단계
6급	300	150	기초 상용한자 활용의 고급 단계
6급II	225	50	기초 상용한자 활용의 중급 단계
7급	150	–	기초 상용한자 활용의 초급 단계
7급II	100	–	기초 상용한자 활용의 초급 단계
8급	50	–	한자 학습 동기 부여를 위한 급수

※ 출제 기준표는 기본 지침 자료로서, 출제자의 의도에 따라 차이가 있을 수 있습니다.

한자능력검정시험 합격 기준표

구분	특급 · 특급II · 1급	2급 · 3급 · 3급II	4급 · 4급II · 5급 · 5급II	6급	6급II	7급	7급II	8급
출제문항	200	150	100	90	80	70	60	50
합격문항	160	105	70	63	56	49	42	35

※ 특급 · 특급II · 1급은 출제 문항의 80% 이상, 2급~8급은 70% 이상 득점하면 합격입니다.

| 차례 |

머리말 … 4
이렇게 구성되어 있어요! … 6
도표와 해설, 이렇게 보세요! … 8
한자는 어떻게 만들어졌을까? … 10
한자능력검정시험 … 12

신체

머리 : 亠 首 頁 … 20
얼굴 : 耳 目 見 艮 口 曰 音 言 舌 鼻 … 28
몸 : 身 己 肉(月) 咼 歹(歺) 心 … 52
손 : 手(扌) 爪(爫) 臼 又 彐 聿 殳 廾 攵(支) 寸 勹 … 60
발 : 止 癶 舛 彳 辶(辵) 夂 夊 … 86

사람

사람 : 人 亻 儿 … 98
사람 모양 : 卩(㔾) 匕 尸 大 立 … 106
생장 : 巳 厶 子 女 長 耂 士 … 116

게임
한자 메모리 게임 … 26
한자 마블 … 50
한자 윷놀이 … 58
한자 사다리 타기 … 84
한자 오목 … 96
한자 빙고 … 128

전쟁
무기 : 弓 矢 至 弋 戈 干 刀(刂) 斤 … 132
의식 : 卜 示(礻) … 150
운송 수단 : 車 舟 … 154

의식주
의 : 衣(衤) 糸(絲) 白 靑 黃 … 158
식 : 辛 食 斗 禾 豆 … 166
주 : 宀 广 門 阝(阜) 阝(邑) 冂 里 田 口 … 174

농업
농경지 : 土 火 灬 … 196
농기구 : 方 力 … 202
용기 : 皿 匸 凵 罒(网/罓) 臼 用 亼 襾(覀) … 206

게임
한자 메모리 게임 … 156
한자 마블 게임 … 194
한자 윷놀이 … 218

동물
육지 동물 : 羊 犬(犭) 牛 豕 虍 … 222
부산물 : 皮 革 韋 彡 … 230
연관 글자 : 丑 內 … 233
조류 : 隹 鳥 也 羽 … 236
충류 : 虫 … 242
어패류 : 魚 貝 鼎 … 243

산천초목
산 : 山 谷 石 金 工 … 250
천 : 川(巛) 巠 水(氺, 氵) 冫 气 雨 … 254
초 : 艸(艹) 生 … 264
목 : 木 才 重 竹 … 270

천체
일 : 日 月 夕 … 284

기타

숫자 : 一 二 八 十 … 292
부호 : 丶 乍 丨 小 … 304

게임

한자 빙고 … 248
한자 오목 … 312

부록
한자능력검정시험에 자주 나오는 한자 단어 … 314
사자성어 … 318
색인 … 322

신체	사람
머리	사람
얼굴	사람 모양
몸	생장
손	
발	

PART 1

사람

머리 두 亠

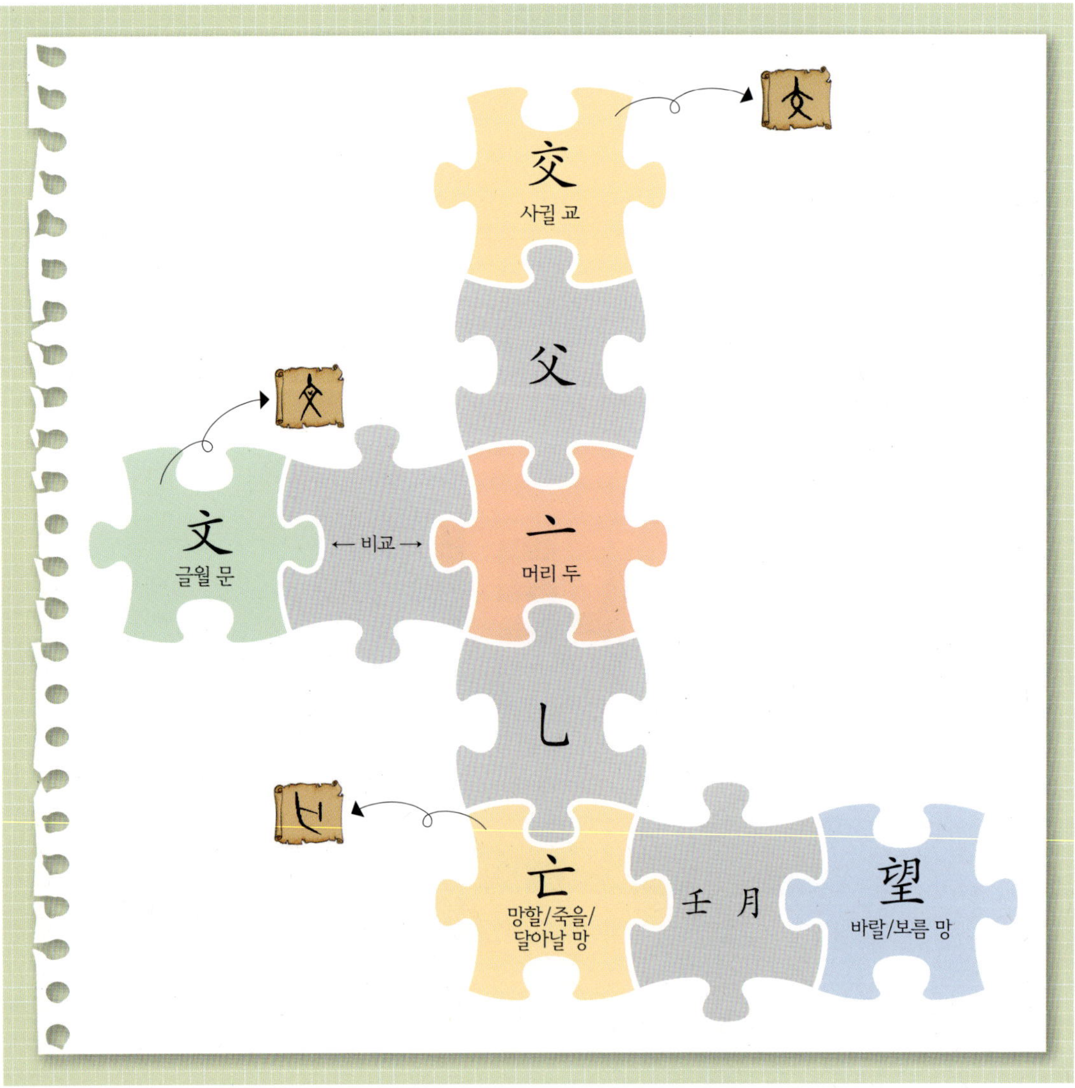

1

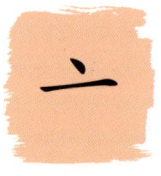

丶 亠

머리 두 [총획] 2획 [부수] 亠 [급수] 6급

亠

'亥(돼지 해)'의 머리 부분인 '亠'에서 따와 '머리 두' 또는 '돼지해머리 두'라고 해요. 사람의 '머리', 건물의 '꼭대기'처럼 모든 사물의 '윗부분'을 의미해요. 이 글자만 따로 쓰진 않고 항상 다른 글자와 단어를 이뤄요.

1a

丶 亠 亥 六 交 交

사귈 교

[총획] 6획 [부수] 亠 [급수] 6급

머리 두 亠 + 교차된 다리 모습 父

사람(亠)들의 다리가 뒤섞인(父) 모습, 또는 다리를 꼰 모습으로, '사귀다', '주고받다', '교차하다' 등을 의미해요.

★ 交涉(교섭) 交際(교제) 社交(사교) 外交(외교)

1b

丶 亠 亡

망할 / 죽을 / 달아날 망

[총획] 3획 [부수] 亠 [급수] 5급

머리 두 亠 + 넘어진 사람 모습 ㄴ

꼿꼿하던 사람(亠)이 꺾어진(ㄴ) 모습, 시체를 무덤에 안치한 모습이에요. '亡'은 사실 한 글자로, 분리할 수 없지만 이해를 돕고자 분리해 설명했어요.

★ 逃亡(도망) 滅亡(멸망) 死亡(사망) 敗亡(패망)

1c

丶 亠 亡 址 刞 胡 胡 胡 望 望 望

바랄 / 보름 망

[총획] 11획 [부수] 月 [급수] 5급

망할 / 죽을 / 달아날 망 亡 + 달 월 月[141] + 까치발 정 壬

전쟁 포로가 꿈에도 잊을 수 없는(亡) 가족들 생각에 까치발(壬)을 하고 보름달(月)을 바라보는 모습이에요. 그래서 '바라보다', '바라다', '희망하다'의 뜻과 함께 '보름달'을 가리키기도 하지요.

※ '望'의 '壬'은 점차 '王[54d](임금 왕)'의 모양과 혼용하여 쓰고 있는데, '王'이 아니라 '壬'이에요.

★ 望夫石(망부석) 所望(소망) 失望(실망) 希望(희망)

1d

丶 亠 亣 文

글월 문

[총획] 4획 [부수] 文 [급수] 7급

가슴에 새긴 문신을 본뜬 글자로 여겨져요. '무늬'가 본뜻이고, 새긴 그림들로 의사를 전달해 '글'의 뜻이 추가되었을 것으로 보여요. 비슷한 글자로 '書[24](글 서)', '章[148](글 장)'이 있어요.

★ 文脈(문맥) 文身(문신) 文章(문장) 文化(문화)

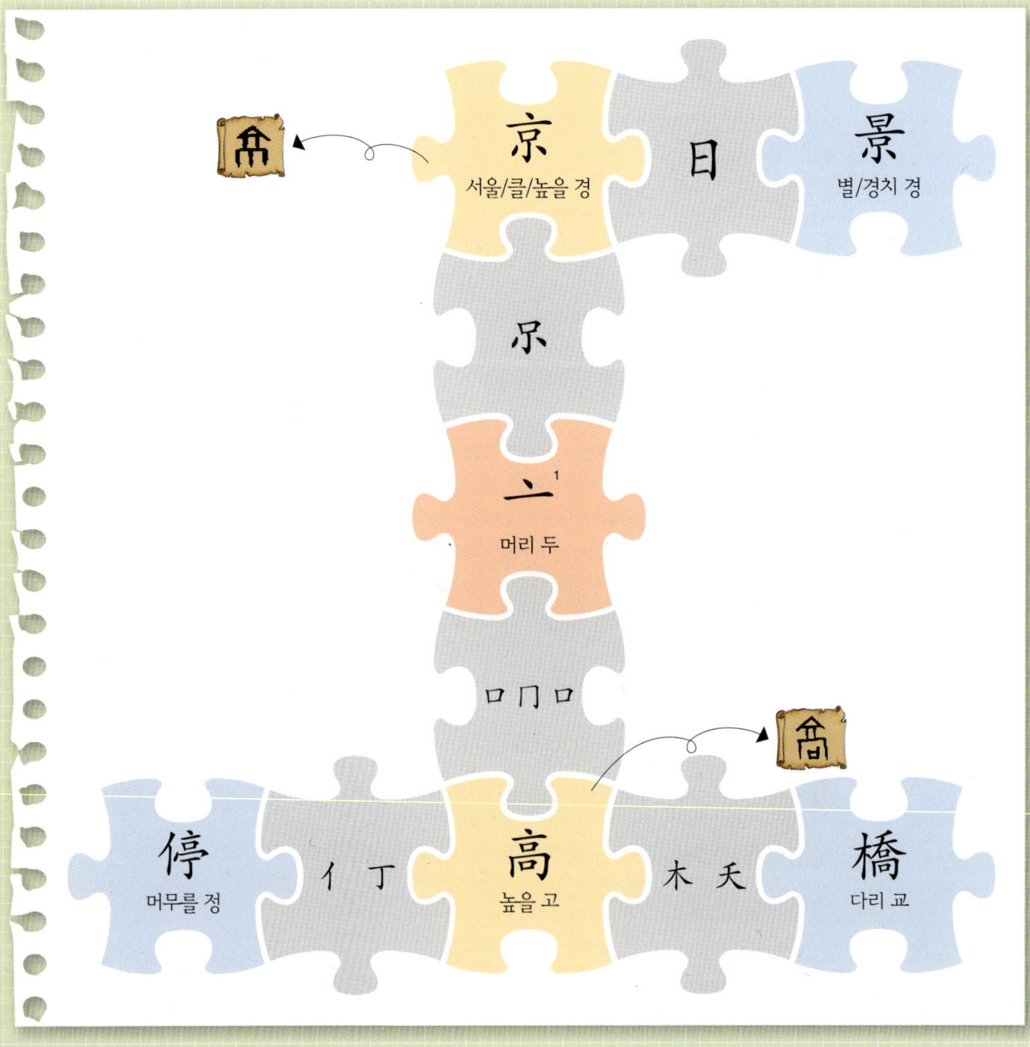

머리 두 ㅗ

2

서울/클/높을 경   [총획] 8획   [부수] ㅗ   [급수] 6급

머리 두 ㅗ¹ + 건물 몸체 呙

대궐처럼 높고 큰 건물을 본뜬 글자로, 본뜻은 '높다', '크다'예요. 이런 건물들이 주로 임금이 사는 수도(首都)에 몰려 있어 '수도', '서울'을 뜻하게 되었어요. 'ㅗ'는 꼭대기인 지붕, '口'은 건물 몸체, '小'은 건물을 떠받치는 지지대를 나타냈어요. '口⁸(입 구)', '小¹⁵²(작을 소)'와 모양은 같지만 관계없어요.

★ 京城(경성) 東京(동경) 北京(북경) 上京(상경)

2a

볕 / 경치 경

[총획] 12획 [부수] 日 [급수] 5급

해 일 日¹³⁹ + 서울 / 클 / 높을 경 京

큰(京) 건물 위로 해(日)가 솟아오른 모습이에요.

★ 景氣(경기) 景致(경치) 光景(광경) 背景(배경)

2b

높을 고

[총획] 10획 [부수] 高 [급수] 6급

머리 두 亠¹ + 입 구 口⁸ + 멀 경 冂⁸⁶ + 입 구 口⁸

커다란 성 입구(口) 위에 누각을 세워 멀리서도(冂) 알아볼 수 있게 만든 높은 건물을 본떴어요. 위쪽의 '口'는 먼 곳을 내려다볼 수 있는 창문이나 장소, 아래의 '口'는 출입구, '亠'는 지붕을 나타내요.

★ 高價(고가) 高校(고교) 高等(고등) 高層(고층)

2c

다리 교

[총획] 16획 [부수] 木 [급수] 5급

나무 목 木¹³¹ + 높을 교 喬(장식/어릴 요 夭 + 높을 고 高)

냇가를 가로지르는 높이(喬) 달린 나무(木)로, '다리'를 뜻해요. '喬'는 '高'에 깃발을 꽂아 장식(夭)했어요. 키 큰 나무를 '喬木(교목)'이라 하듯 '喬'가 있으면 '높다'라는 의미를 전달해요. '驕'는 무엇일까요? 말(馬⁹³ᶜ)을 타면 자신이 꽤 높은 사람으로 착각하게 되죠? 그래서 '교만할 교'라는 글자가 돼요.

★ 橋脚(교각) 架橋(가교) 陸橋(육교) 鐵橋(철교)

2d

머무를 정

[총획] 11획 [부수] 亻 [급수] 5급

사람 인 亻⁴¹ + 정자 정 亭(高+丁¹⁴⁴)

정자(亭)에 사람(亻)이 머물거나 쉬고 있는 모습이에요. '亭'은 경치 좋은 곳에 못(丁) 박은 듯 만들어 놓은, 누각처럼 생긴 큰(高) 건물인 정자를 본뜬 글자예요. '丁'이 발음 역할을 해요.

★ 停車場(정거장) 停年(정년) 停止(정지) 停滯(정체)

머리 수 首, 머리 혈 頁

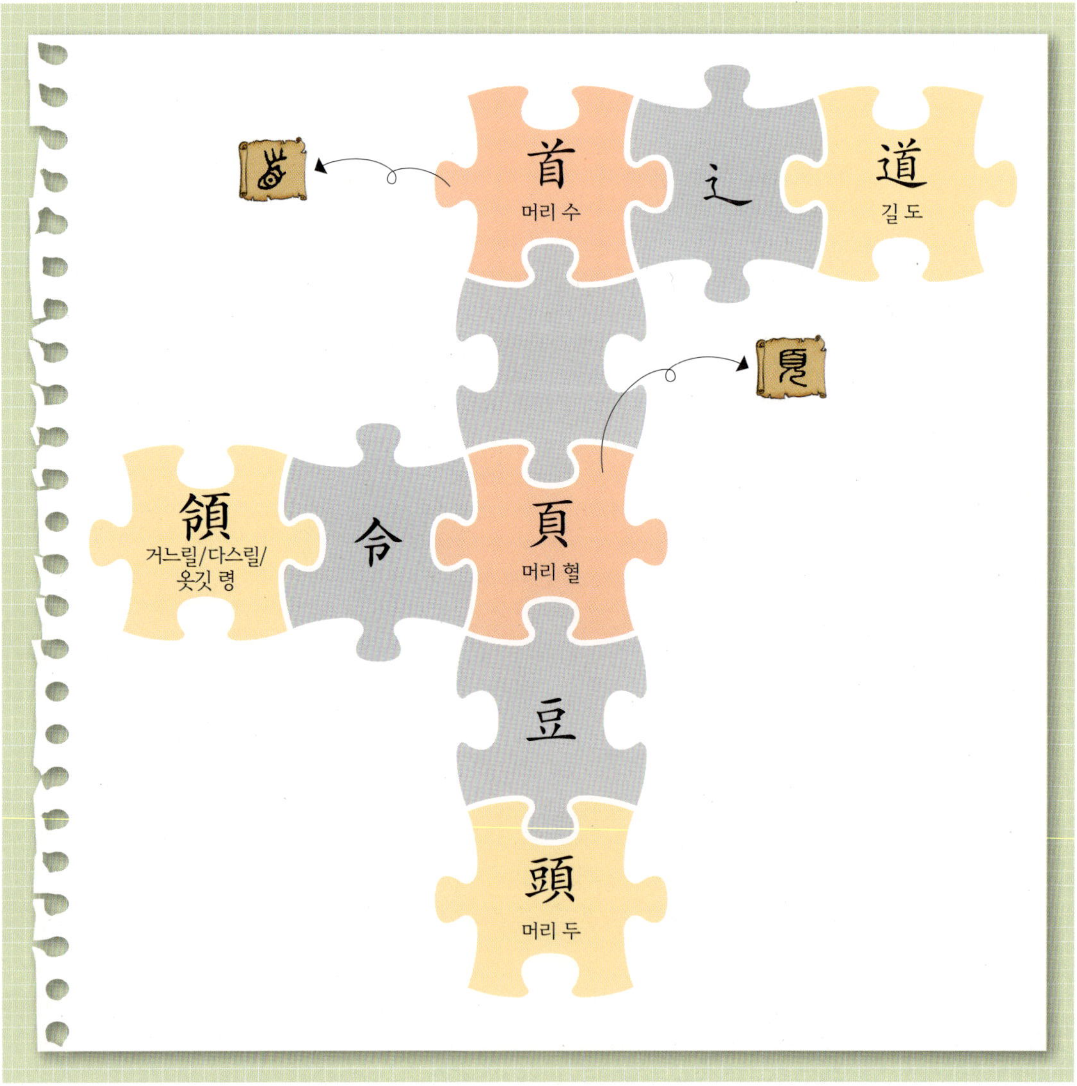

3

丶 丷 䒑 䒒 产 育 首 首 首

首

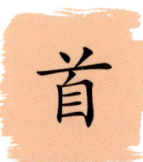

머리 수 [총획] 9획 [부수] 首 [급수] 5급

얼굴(自)과 머리카락(艹)이 합쳐져 '머리'를 나타내요. 머리는 우리 몸에서 제일 중요해요. 그래서 '우두머리', '대장'이라는 의미도 전달해요.

★ 首都(수도) 首相(수상) 首席(수석) 元首(원수)

3a

丶 丷 丷 乴 首
首 首 首 首 道 道 道

길 도

[총획] 13획 [부수] 辶 [급수] 7급

갈 착 辶³⁷ + 머리 수 首

머리(首), 즉 우두머리인 집안 가장이나 군대의 대장이 가는(辶) 길이 곧 모두가 따라야 하는 길이라는 의미를 담고 있어요.

★ 道德(도덕) 道理(도리) 高速道路(고속도로) 步道(보도)

3b

一 丆 丆 丙 丙 百 頁 頁 頁

머리 혈

[총획] 9획 [부수] 頁 [급수] 특급

머리부터 발끝까지 사람의 모습 전체를 본뜬 글자로, 특히 사람(儿⁴²)의 몸통(自) 위 머리(一)를 강조했어요. 혼자는 못 쓰고, 다른 글자와 함께 쓸 때는 '우두머리'를 뜻해요.

3c

一 丆 戸 戸 戸 豆 豆
豆 豆 頭 頭 頭 頭 頭

머리 두

[총획] 16획 [부수] 頁 [급수] 6급

콩 두 豆⁷⁸ + 머리 혈 頁

'頁'은 혼자는 쓸 수 없는 글자예요. 그래서 머리(그릇)가 크고 목이 짧은 제기(제사에 쓰이는 그릇)를 본뜬 글자인 '豆'를 붙여 '머리'를 의미해요.

★ 頭目(두목) 大頭(대두) 白頭山(백두산) 石頭(석두)

3d

丿 人 人 슸 슸 슪 슪
領 領 領 領 領 領

거느릴 / 다스릴 / 옷깃 령(영)

[총획] 14획 [부수] 頁 [급수] 5급

하여금 / 법령 령(영) 令⁴⁴ᵃ + 머리 혈 頁

우두머리(頁)가 명령(令)을 내리는 모습에서 '거느리다', '다스리다'를 뜻하게 되었어요. 또한 옷의 가장 윗부분인 '옷깃'을 뜻하기도 해요.

★ 領導者(영도자: 앞장서서 이끄는 사람)
領袖會談(영수회담: 조직의 우두머리가 만나 의견을 나눔)
大統領(대통령)

게임. 한자 메모리 게임

수	도	경	경	교
효	망	망	두	류
령	최	취	문	상
착	직	식	덕	현
근	관	량	규	친

首	道	京	景	交
效	望	亡	頭	類
領	最	取	聞	相
着	直	植	德	現
根	觀	良	規	親

① 같은 크기의 종이 50장을 준비해요. (26쪽과 다른 한자로 게임을 할 경우, 게임할 한자와 그 한자에 해당하는 한글을 합친 수만큼 종이를 준비해요.)

② 25장의 카드에는 한자를, 25장의 카드에는 그 한자의 소리에 해당하는 한글을 적어요.

③ 한자 카드와 한글 카드를 각각 섞은 뒤, 글자가 보이지 않게 뒤집어 책상 위에 나란히 펼쳐요.

④ 한 사람이 한자 카드와 한글 카드를 한 장씩 뽑아요.

⑤ 한자와 그 한자에 해당하는 소리가 적힌 카드인지 확인해요. 예를 들어 '首', '수' 이렇게 두 장을 뽑았다면 가져가세요.

⑥ 다르다면 두 장의 카드를 원래 있던 자리에 뒤집어 놓고, 다음 사람이 다시 한 장씩 카드를 뽑아요.

⑦ 상대방이 뽑은 카드를 유심히 살펴보면서 기억해 두어야 유리해요.

⑧ 카드를 많이 가지는 사람이 이겨요.

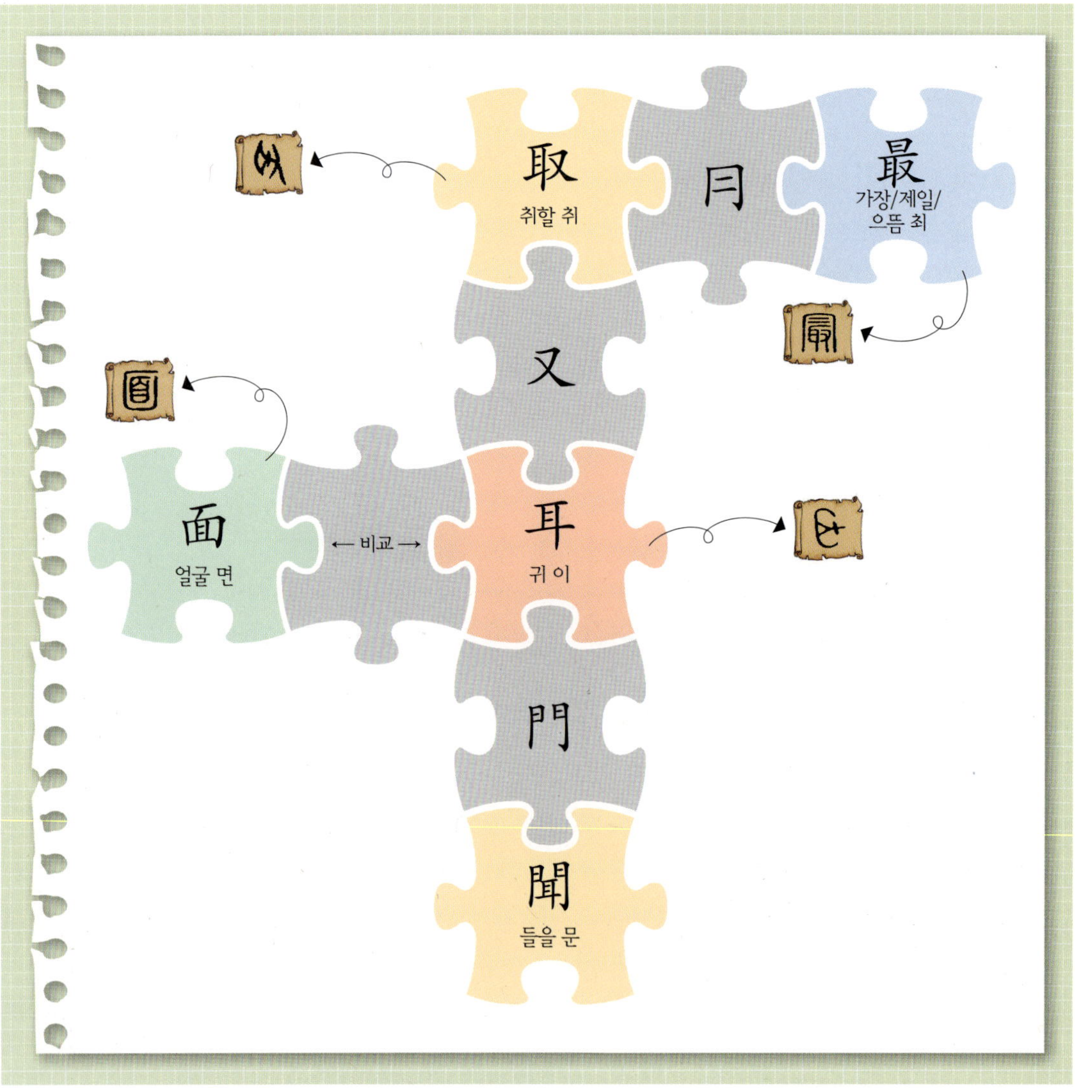

귀 이 耳

귀 이　　　　　　　　　　　　　　　　　　[총획] 6획　[부수] 耳　[급수] 5급

귀와 귓구멍을 단순하게 나타냈어요. 본뜻은 '귀'이고, 귀가 하는 일인 '듣다'의 뜻으로도 사용돼요.

★ 耳順(이순: 예순 살. 『논어』 「위정편(爲政篇)」에서, 공자가 예순 살부터 생각이 원만해져 듣는 대로 곧 이해한다고 한 데에서 나온 말)
　馬耳東風(마이동풍: 남의 말을 귀담아듣지 않음)

4a

취할 취 [총획] 8획 [부수] 又 [급수] 4급

귀 이 耳 + 손 우 又²⁵

전쟁에서 승리한 군인들이 전리품으로 가져가려고 적군의 귀(耳)를 잘라 손(又)에 든 모습이에요.

★ 取得(취득) 取消(취소) 取扱(취급) 爭取(쟁취)

4b

가장 / 제일 / 으뜸 최 [총획] 12획 [부수] 日 [급수] 5급

쓰개 모 日→冃 + 취할 취 取

적장의 쓰개(冃)를 취함(取), 즉 적장의 목을 벤 것으로, 전쟁에서 최고의 전과를 올렸음을 뜻해요. 지금은 '日'의 모습을 하고 있지만, 원래 글자 모양은 '冃'예요.

★ 最高(최고) 最近(최근) 最上(최상) 最初(최초)

4c

들을 문 [총획] 14획 [부수] 耳 [급수] 6급

문 문 門⁸³ + 귀 이 耳

문(門)틈에 귀(耳)를 대고 엿들어 밖을 살피는 모습이에요.

★ 聞一知十(문일지십: 하나를 들으면 열을 안다는 뜻으로, 매우 총명한 사람)
  見聞(견문) 所聞(소문) 新聞(신문)

4d

얼굴 면 [총획] 9획 [부수] 面 [급수] 7급

사람의 머리에 얼굴 윤곽을 덧붙인 글자예요.

★ 面目(면목) 面接(면접) 假面(가면) 表面(표면)

눈 목 目

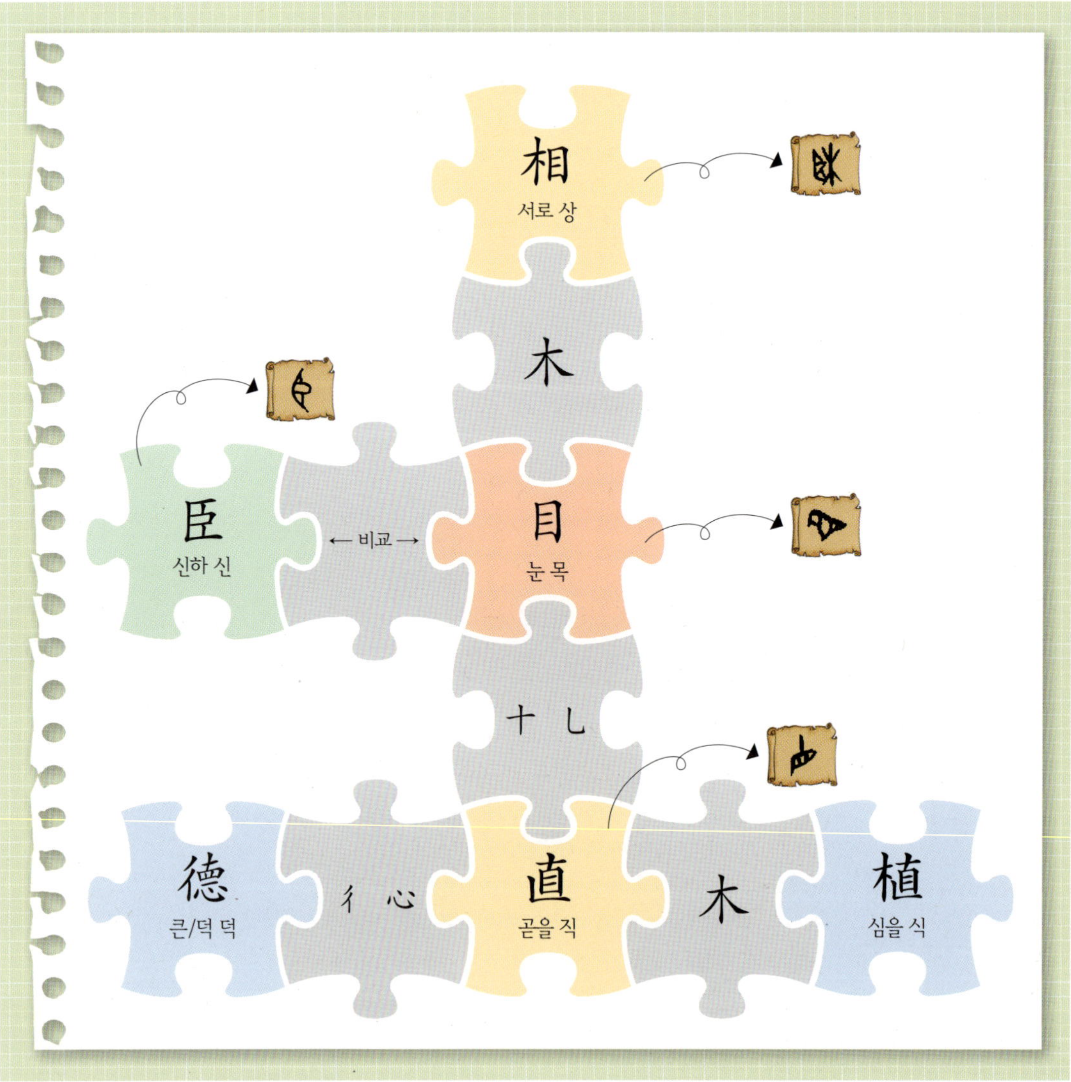

5　丨 冂 月 月 目

目

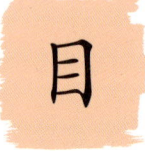

눈 목　[총획] 5획 [부수] 目 [급수] 6급

눈과 눈동자를 본떴어요. 눈(罒) 모양을 좁은 죽간(대나무 조각을 엮어 만든 책으로 종이가 발명되기 전에 사용)에 기록하려고 세워 놓은 모습이에요.

★ 目擊(목격) 目的(목적) 目標(목표)

目不識丁(목불식정: 고무래를 보고도 '丁(고무래 정)' 자인 줄 모를 정도로 글자를 전혀 모른다는 뜻, 또는 그러한 사람)

5a

서로 상

[총획] 9획 [부수] 目 [급수] 5급

나무 목 木[131] + 눈 목 目

가지에 돋아나는 새싹(目)들이 서로 배려하며 반대쪽으로 나 나무(木)의 균형을 잡는 모습이에요. '目'은 눈 뜨며 나오는 새싹을 뜻해요.

★ 相關(상관) 相談(상담) 相反(상반) 相互(상호)

5b

곧을 직

[총획] 8획 [부수] 目 [급수] 7급

곧은 모습 十 + 눈 목 目 + 도구 ㄴ

건축 자재나 도구(ㄴ)가 휘어지지 않고 곧은지(十) 살펴보는(目) 모습이에요. 또한 사물을 똑바로(十) 바라보는(目) 눈의 성질에서 '곧다'를 의미해요.

★ 直角(직각) 直線(직선) 率直(솔직) 正直(정직)

5c

심을 식

[총획] 12획 [부수] 木 [급수] 7급

나무 목 木[131] + 곧을 직 直

나무(木)를 곧게(直) 심는 모습에서 '심다'를 뜻하게 되었어요.

★ 植木(식목) 植物(식물) 植樹(식수) 移植(이식)

5d

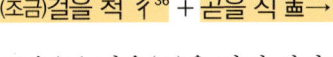

큰 / 덕 덕

[총획] 15획 [부수] 彳 [급수] 5급

(조금)걸을 척 彳[36] + 곧을 직 㠯→直 + 마음 심 心[19]

곧은(直) 마음(心)을 가진 사람의 인생 길(彳)이 곧 '덕'이에요.

★ 德目(덕목) 德行(덕행) 道德(도덕) 美德(미덕)

5e

신하 신

[총획] 6획 [부수] 臣 [급수] 5급

겁에 질린 포로나 신하의 치켜뜬 눈을 본떴어요. 신하는 늘 임금의 눈치를 보기 마련이라, 눈을 표현한 글자가 '신하'를 뜻하게 되었어요.

★ 臣下(신하) 武臣(무신) 使臣(사신) 忠臣(충신)

사람 | 신체 | 얼굴

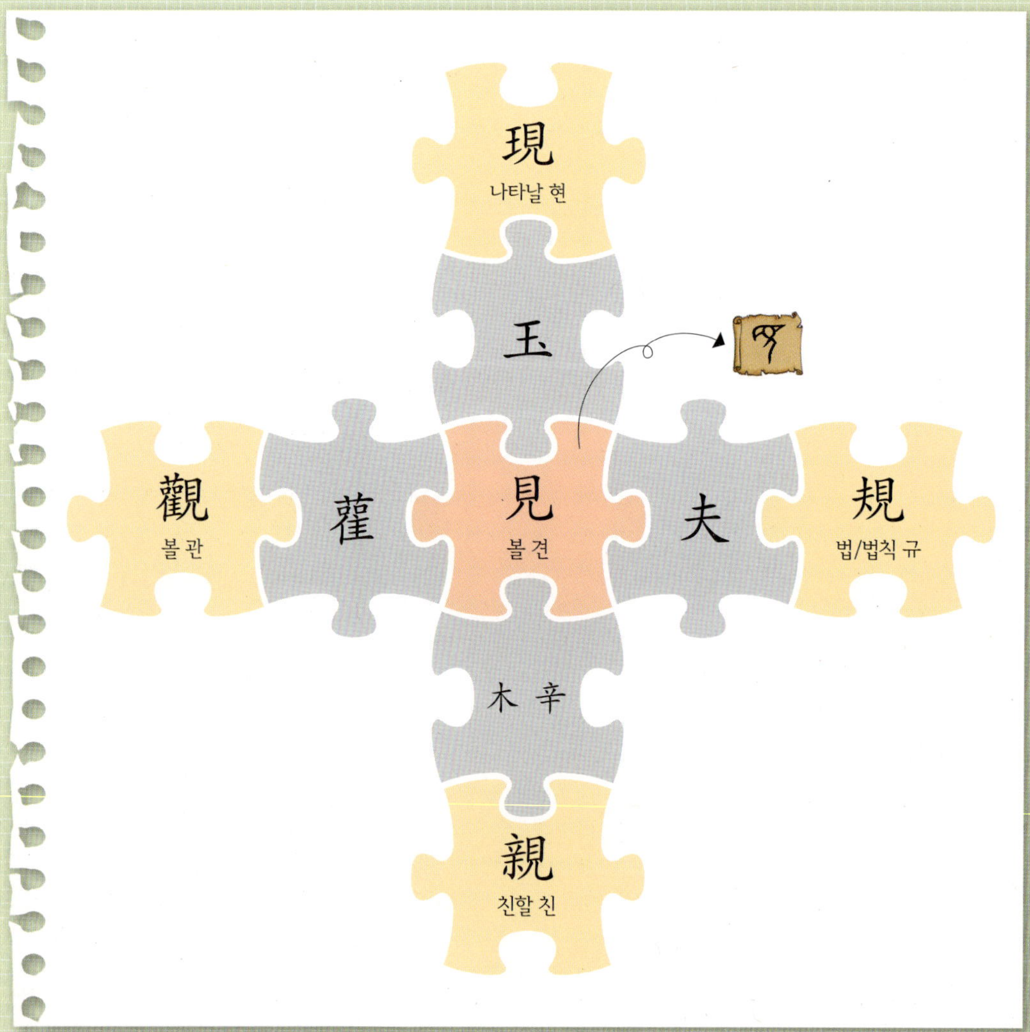

볼견 見

現 나타날 현
玉
觀 볼 관
𨿸
見 볼 견
夫
規 법/법칙 규
木 辛
親 친할 친

ㅣ 冂 冂 冃 目 貝 見

볼 견 [총획] 7획 [부수] 見 [급수] 5급

사람(儿⁴²) 위에 눈(目⁵)만 덩그러니 올려놓아 정면을 바라보는(目) 모습을 강조했어요.

★ 見聞(견문) 見學(견학) 見解(견해)
見物生心(견물생심: 실물을 보자 가지고 싶어지는 욕심)

6a 現

一 ㄟ 干 王 玒 玥 玥 玥 珇 現 現

나타날 현   [총획] 11획 [부수] 玉 [급수] 6급

구슬 옥 王→玉 + 볼 견 見

품질을 가리기 위해 옥(玉)에 나타난 빛깔을 유심히 살피는(見) 모습이에요.
※ '玉'은 다른 글자와 쓸 때 대부분 'ˋ'을 생략해 '現'의 '王'은 '王54d(임금 왕)'과 상관없어요. '弄(희롱할 롱)'을 보면, 왕(王)이 아닌 구슬(玉)과 두 손(廾27)으로 구성됐어요. 두 손으로 왕을 가지고 노는 게 아니라 구슬을 가지고 노는 거죠.

★ 現金(현금) 現象(현상) 現場(현장) 表現(표현)

6b 規

一 = 丰 夫 知 知 知 担 規 規

법/법칙 규   [총획] 11획 [부수] 見 [급수] 5급

지아비 부 夫47b + 볼 견 見

지아비(夫)가 보고(見) 옳다 하면 옳은 것으로, 남편의 말을 법처럼 따르던 시절이 있었음을 알 수 있는 글자예요.

★ 規格(규격) 規範(규범) 規定(규정) 規則(규칙)

6c 親

丶 ㅗ ㅛ 효 亲 亲 亲 亲 亲 亲 剃 剃 剃 親 親

친할 친   [총획] 16획 [부수] 見 [급수] 6급

매울 신 立→辛74 + 나무 목 木131 + 볼 견 見

자녀가 재목(木)으로 자라게 징계(辛)하며 잘 돌본다(見) 해 '친하다'를 뜻해요. '辛'은 발음 역할을 해요. 한자는 우리말과 달리 발음이 비슷하면 같다고 간주해요. '江124c(강 강)'을 보면, 'ㅤ123(물 수)'가 뜻, '工120b(장인 공)'이 발음이에요. '강'과 '공'의 발음이 비슷해서 사용한 거죠.

★ 親交(친교) 親舊(친구) 親戚(친척) 切親(절친)

6d 觀

丶 ㅗ ㅛ 艹 갸 꽈 萑 萑 萑 雚 雚 鸛 鸛 鸛 觀 觀

볼 관   [총획] 25획 [부수] 見 [급수] 5급

황새 관 雚111d + 볼 견 見

목을 길게 빼고 주위를 둘러보는(見) 황새(雚) 모습을 본뜬 글자로 여겨져요.

★ 觀光客(관광객) 觀覽(관람) 觀察(관찰) 觀測(관측)

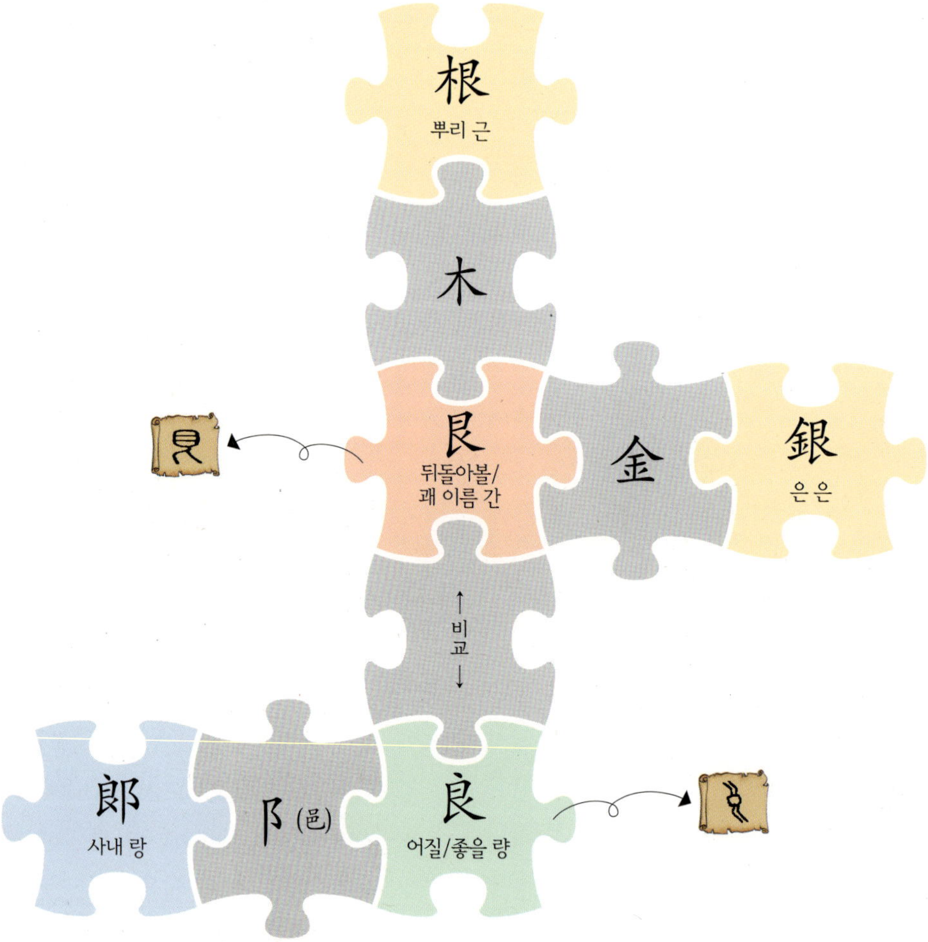

돌아볼 간 艮

뒤돌아볼 / 괘 이름 간　　　　　　　　　[총획] 6획 [부수] 艮 [급수] 특급

'見(볼 견)'이 정면을 보는 모습이면, '艮'은 뒤돌아보거나 뒤 사물을 보는 모습으로 '뒤돌아보다', '어긋나다'를 뜻해요. '괘 이름', '그치다'의 뜻도 있지만, 이 글자가 나오면 꼭 보는 것과 관련 있어요. 흥미롭게도 뒤를 돌아보는 눈(艮)과 정면을 보는 눈(目)을 합친 글자가 있어요. 바로 '眼科(안과)'라고 할 때 쓰는 '眼(눈 안)'이에요.

★ 艮卦(간괘) 艮方(간방)

7a

뿌리 근

[총획] 10획 [부수] 木 [급수] 6급

나무 목 木¹³¹ + 뒤돌아볼 / 괘 이름 간 艮

나무(木)를 심으면 온전히 자리 잡을 때까지 자주 돌아보며(艮) 보살펴 주어야 하는 것이 '뿌리'예요.

★ 根據(근거) 根本(근본) 根源(근원) 根絕(근절)

7b

은 은

[총획] 14획 [부수] 金 [급수] 6급

쇠 금 金¹²⁰ + 뒤돌아볼 / 괘 이름 간 艮

천연으로 나는 은(銀)은 공기에 노출되면 검게 바뀌어 찾기 어려워요. 그래서 뒤돌아봐야(艮) 찾을 수 있는 귀한 금속(金)이라는 뜻이 있어요.

★ 銀河水(은하수) 銀行(은행) 銀貨(은화) 水銀(수은)

7c

어질 / 좋을 량(양)

[총획] 7획 [부수] 艮 [급수] 5급

돌로 쌓아 올린 대궐의 큰 담장이나 성곽 모습이 보기 좋아 '좋다'를 뜻하게 되었어요. 이런 대궐에서 백성들에게 베푸는 모습을 보고 '어질다'의 뜻이 생긴 것으로 보여요. '艮'과 '良'은 모양은 비슷하지만 고문자를 보면 '뒤돌아볼 간'은 '𥃩', '어질 량'은 '𠄌'으로 전혀 다른 글자예요.

★ 良心(양심) 良好(양호) 善良(선량) 改良(개량)

7d

사내 랑

[총획] 10획 [부수] 阝 [급수] 3급

어질 / 좋을 량(양) 良 + 고을 읍 阝(邑)⁸⁵

성벽이나 성곽(良)처럼 고을(邑)을 지키는 든든한 장정들을 가리켜요. 참고로 '阝'이 왼쪽에 등장하면 '언덕'을, 오른쪽에 등장하면 '마을'을 의미해요. 그래서 '降³⁵ᵇ(내릴 강)', '陽⁸⁴ᵇ(볕 양)'의 경우 '언덕'을 나타내지요.

★ 新郎(신랑) 花郎(화랑)

입구 口

입구   [총획] **3획** [부수] **口** [급수] **7급**

"아", "오" 할 때의 입 모양을 닮았어요. 입 모양을 본떠 입으로 하는 '말하다', '먹다'의 뜻으로도 사용해요. 또한 글자의 모양 때문에 '입구', '출입구'로도 쓰여요.

★ 口傳(구전) 食口(식구) 入口(입구) 窓口(창구)

8a

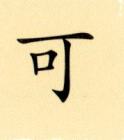

옳을 가 　　　　　　　　　　　　　[총획] 5획 [부수] 口 [급수] 5급

입 구 口 + 입을 크게 벌린 모습 丁

입(口)을 크게 벌린(丁) 모습으로, 큰 소리로 당당하게 말하는 모습에서 '옳다', '할 수 있다'를 뜻하게 되었어요.

★ 可能(가능) 可否(가부) 許可(허가)
　不可思議(불가사의: 이해하기 힘든 오묘한 것이나 초자연적인 힘)

8b

성 / 노래 가 　　　　　　　　　　　[총획] 10획 [부수] 口 [급수] 1급

옳을 가 可 + 옳을 가 可

'박가네 집', '김가네 땅'처럼 성씨 뒤에 붙여 그 성씨나 성씨를 가진 사람을 나타내요. 또한 입을 크게 벌린(可) 모습을 겹쳐 놓은 모양으로, '노래'를 의미해요.

8c

노래 가 　　　　　　　　　　　　　[총획] 14획 [부수] 欠 [급수] 7급

성 / 노래 가 哥 + 하품 흠 欠

노래를 의미하는 '哥'에 하품을 뜻하는 '欠'을 덧붙여 하품하듯 입을 크게 벌리고 노래하는 모습을 강조했어요. '欠'은 2획까지가 벌린 입이고, 아래의 두 획은 사람을 나타내지요.

★ 歌舞(가무) 歌手(가수) 歌謠(가요)
　四面楚歌(사면초가: 누구에게도 도움 받을 수 없는 외롭고 곤란한 상태)

8d

물 / 강 이름 하 　　　　　　　　　　[총획] 8획 [부수] 氵 [급수] 5급

물 수 氵¹²³ + 옳을 가 可

작은 물(氵)이 모여 강이나 하천을 이루는 모습으로 '可'는 발음이에요. 중국에서는 '河'가 黃河(황하)를, '江'¹²⁴ᶜ이 揚子江(양자강)을 가리키는 고유명사로 쓰였는데, 후에 일반적인 강을 나타내는 보통명사로 바뀌었어요.

★ 河川(하천) 氷河(빙하) 山河(산하) 百年河淸(백년하청: 백년을 기다려도 황하의 물은 맑아지지 않는다는 뜻으로, 아무리 기다려도 일을 이루기 어렵다는 말)

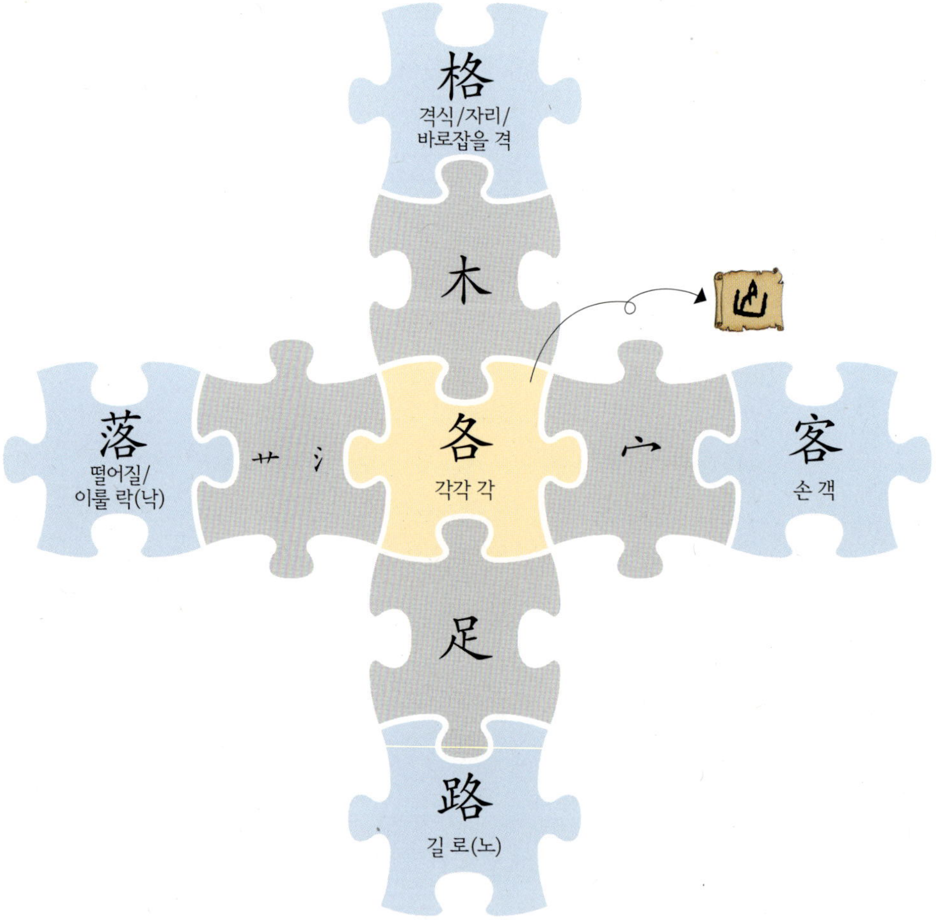

입 구 口

格
격식/자리/
바로잡을 격

木

落
떨어질/
이룰 락(낙)

艹氵

各
각각 각

宀

客
손 객

足

路
길 로(노)

9　　　　　　　　　　　　　　　　　　　ノ ク 夂 冬 各 各

각각 각　　　　　　　　　　　　　[총획] 6획　[부수] 口　[급수] 6급

움막, 즉 집(口)으로 향하는 발걸음(夂³⁸)을 본뜬 글자로, 저녁이 되면 사람들이 각자의 집(口)으로 돌아가는(夂) 모습이에요. 또는 신이 자신의 집(口)으로 와(夂) 주길 바라는 모습으로도 여겨져요. 그럼, 반대 글자는 뭐가 있을까요? 집을 나서는 모습을 본뜬 '出⁹⁷ᶜ(날 출)'을 들 수 있어요.

★ 各各(각각) 各別(각별) 各自(각자) 各種(각종)

9a

一十才才才权权格格

격식 / 자리 / 바로잡을 격   [총획] 10획 [부수] 木 [급수] 5급

나무 목 木¹³¹ + 각각 각 各

저마다 모양과 가치가 다른 나무(木)들도 각각(各)의 특성에 맞게 가꾸고 바로잡으면 나름대로 쓰임새가 있듯, 격식이나 자리에 맞게 사람이나 사물을 가꾸거나 바로잡는 모습이에요.

★ 格式(격식) 人格(인격) 資格(자격) 品格(품격)

9b

丶丶宀宀穷突客客

손 객   [총획] 9획 [부수] 宀 [급수] 5급

집 면 宀⁷⁹ + 각각 각 各

한 지붕(宀) 아래 각각(各)의 방에 머무는 사람으로, '손님'을 뜻해요. 반대 의미를 전달하는 글자는 '主¹⁴⁹ᵃ(주인 주)'예요.

★ 客席(객석) 客室(객실) 旅客(여객)
    主客一體(주객일체: 주(나)와 객(대상)이 하나가 됨)

9c

丶口口早早跂政政路路

길 로(노)   [총획] 13획 [부수] 足 [급수] 6급

발 족 足³³ᵈ + 각각 각 各

각각(各)의 마을을 다닐(足) 수 있게 연결한 길, 또는 신이 오시기(足) 편하게 길을 정비하는 모습으로 여겨져요. 비슷한 의미로 '道³ᵃ(길 도)'가 있어요.

★ 路線(노선) 經路(경로) 道路(도로) 線路(선로)

9d

一十十芍芍芍莎莎落落落

떨어질 / 이룰 락(낙)   [총획] 13획 [부수] ⺾ [급수] 5급

물 수 氵¹²³ + 풀 초 ⺾¹²⁸ + 각각 각 各

'洛(물 이름 락(낙))'은 떨어지는 폭포수를 본뜬 글자지만 '떨어지다'가 아닌 '강'의 뜻으로 쓰여요. 그래서 때가 되면 떨어져 낙엽이 되는 '⺾'를 추가해 '떨어지다'라는 원래의 의미를 나타냈어요.

★ 漏落(누락) 脫落(탈락) 下落(하락)
    秋風落葉(추풍낙엽: 가을바람에 떨어지는 낙엽, 즉 세력 등이 갑자기 기욺)

사람 | 신체 | 얼굴

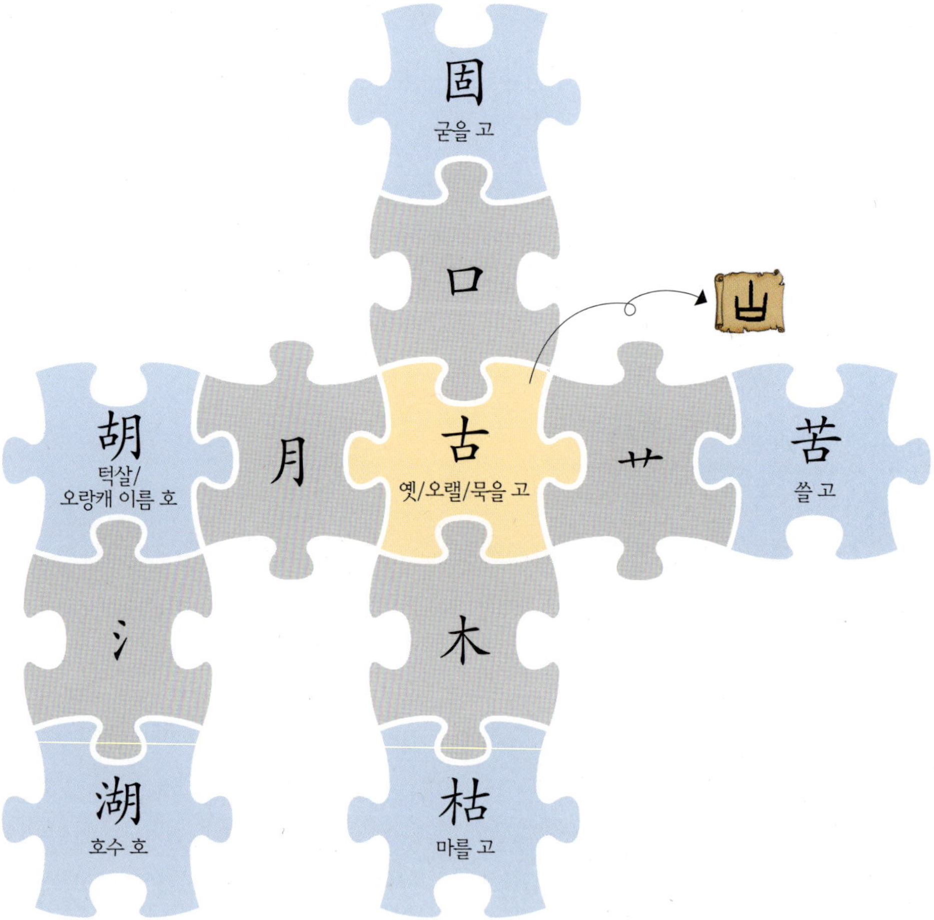

입구 口

```
        固
       굳을 고

        口

  胡      月    古      艹     苦
턱살/          옛/오랠/묵을 고        쓸 고
오랑캐 이름 호

   氵          木

   湖          枯
  호수 호      마를 고
```

一 十 十 古 古

옛/오랠/묵을 고　　　　[총획] 5획　[부수] 口　[급수] 5급

된장, 고추장 같은 음식을 항아리(口)에 넣고 뚜껑이나 무거운 돌로 덮어(十) 오랫동안 보관하는 모습을 본떴어요.

★ 古今(고금) 古代(고대) 古書(고서)
　萬古不變(만고불변: 오랫동안 변치 않음)

10a ㅣ 冂 冃 冈 冋 冐 周 固

굳을 고 [총획] 8획 [부수] 囗 [급수] 5급

옛 / 오랠 / 묵을 고 古 + 에워쌀 위 囗⁹⁰

오래(古) 에워싸(囗) 가둬 두면 모든 게 굳어져 버려요.

★ 固有語(고유어) 固執(고집) 固體(고체) 確固(확고)

10b 一 十 卄 艹 芊 苎 苦 苦

쓸 고 [총획] 9획 [부수] ⺾ [급수] 6급

풀 초 ⺾¹²⁸ + 옛 / 오랠 / 묵을 고 古

오래된(古) 풀(⺾)이란 말려서 약으로 쓰는 풀을 말해요. 좋은 약은 입에 쓴 법이죠. 사자성어로 '良藥苦口(양약고구)'라고 해요.

★ 苦悶(고민) 苦衷(고충) 苦痛(고통)
　苦盡甘來(고진감래: 힘든 일이 지나고 즐거운 일이 온다는 말)

10c 一 十 才 木 朩 朴 朾 枯 枯

마를 고 [총획] 9획 [부수] 木 [급수] 3급

나무 목 木¹³¹ + 옛 / 오랠 / 묵을 고 古

오래돼(古) 말라비틀어진 나무(木), 즉 고목을 가리켜요.

★ 枯渴(고갈) 枯木(고목) 枯葉(고엽) 枯草(고초)

10d 一 十 十 古 古 剆 胡 胡 胡

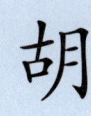

턱살 / 오랑캐 이름 호 [총획] 9획 [부수] 月 [급수] 3급

옛 / 오랠 / 묵을 고 古 + 육달 월 月¹⁴¹(肉)

나이 들며 처지는 오래된(古) 살(肉), 즉 턱살, 또는 오랑캐 이름을 뜻해요.

★ 병자호란(丙子胡亂: 조선 인조 14년인 1636년에 일어난 청나라의 침입)

10e ⺀ ⺀ 氵 汁 汁 浩 浩 洢 湖 湖 湖

호수 호 [총획] 12획 [부수] 氵 [급수] 5급

물 수 氵¹²³ + 턱살 / 오랑캐 이름 호 胡

나이가 들며 처진 턱살(胡)처럼 오래(古) 가둬 둔 물(氵)로, 호수를 말해요.

★ 湖畔(호반) 湖水(호수) 江湖(강호) 氷河湖(빙하호)

가로 왈 日

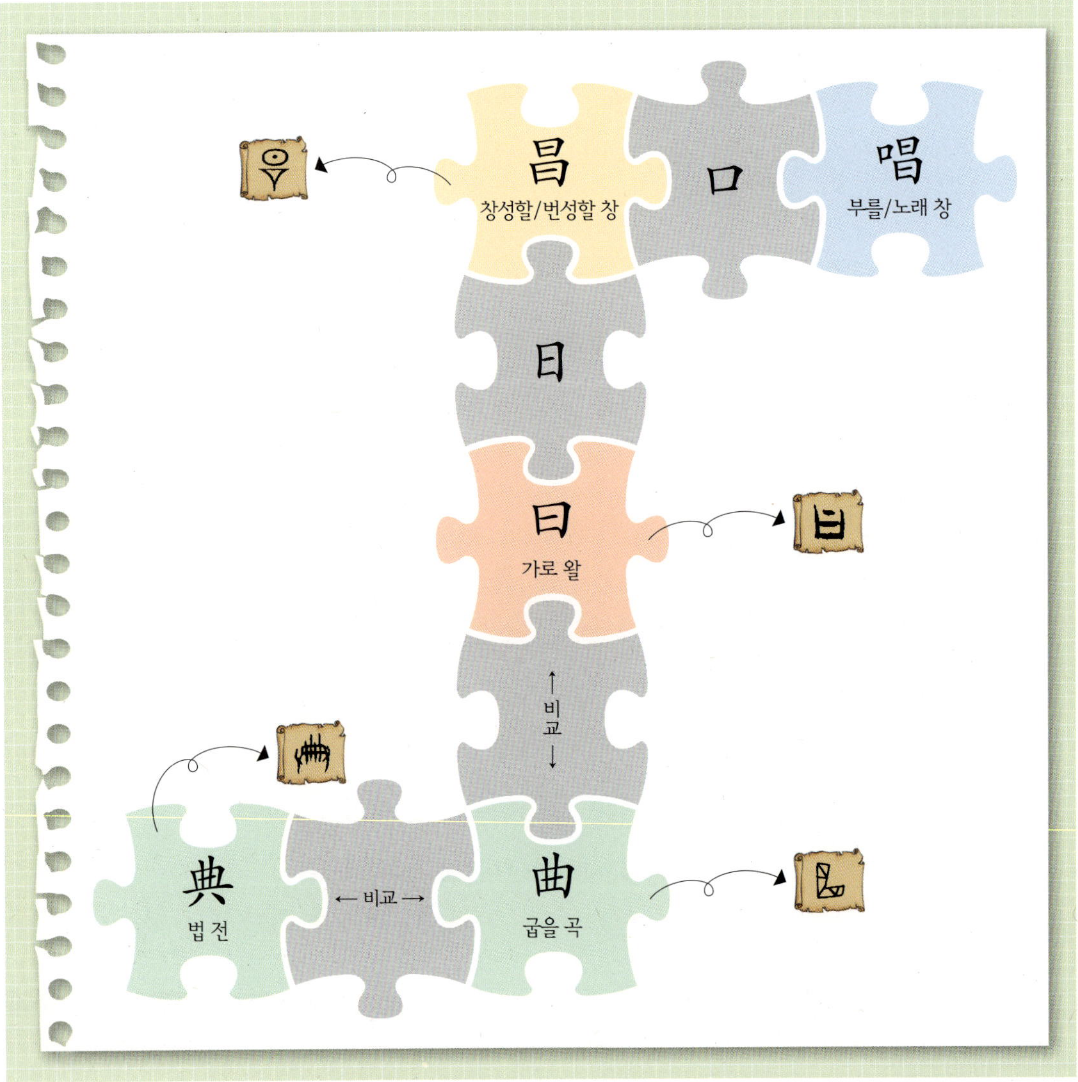

昌 창성할/번성할 창 → 읗
口
唱 부를/노래 창
日
曰 가로 왈 → ㅂ
← 비교 →
典 법전 ← 비교 → 曲 굽을 곡

11　　　　　　　　　　　　　　　　　　　　　　丨 冂 日 日

가로 왈　　　　　　　　　　　[총획] 4획　[부수] 日　[급수] 3급

혀(一)를 입(口)밖으로 내밀어 말하는 모습에서 '말하다', '가로되', '이르기를' 등의 뜻을 갖게 되었어요.

★ 曰可曰否(왈가왈부: 누구는 옳다 하고 누구는 그르다 하며 떠들어 대는 모습)
　孔子曰(공자왈) 孟子曰(맹자왈)

11a ㅣ 冂 曰 曱 昌 昌 昌

창성할 / 번성할 창

[총획] 8획 [부수] 日 [급수] 3급

날 일 日 + 가로 왈 曰

일출 장면을 묘사한 것으로 보여요. 수면 위로 떠오르는 붉은 해(日)와 해(日) 그림자가 수면에 아름답게 비치는 모습에서 '창성하다', '번성하다', '아름답다' 등의 뜻을 갖게 되었어요.

★ 繁昌(번창) 彰德宮(창덕궁)

11b ㅣ 冂 口 吖 吧 唱 唱 唱 唱 唱

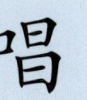

부를 / 노래 창

[총획] 11획 [부수] 口 [급수] 5급

입 구 口 + 창성할 / 번성할 창 昌

사업이 번창하거나(昌) 일이 술술 잘 풀려 절로 콧노래를 흥얼거리거나(口) 노래 부르는(口) 모습을 나타냈어요.

★ 唱法(창법) 獨唱(독창) 復唱(복창) 合唱(합창)

11c ㅣ 冂 日 巾 曲 曲

굽을 곡

[총획] 6획 [부수] 日 [급수] 5급

대나무나 나무로 만든 바구니나 망태기, 또는 기구의 굽은 모양을 본떴어요. 혹은 직각으로 굽은 모양의 자를 나타내요. 중국인의 조상이라고 여겨지는 복희씨가 굽은 자를 들고 있어요.

★ 曲線(곡선) 婉曲(완곡) 歪曲(왜곡)
　不問曲直(불문곡직: 굽거나 곧음을 따지지 않음, 즉 옳고 그름을 가리지 않고 마음대로 일을 처리함)

11d ㅣ 冂 曰 巾 曲 曲 典 典

법 전

[총획] 8획 [부수] 八 [급수] 5급

책 책 曲 → 冊 + (두 손으로) 받들 공 廾 → 廾[27]

두 손(廾)으로 책(冊)을 공손히 들어 올린 모습이에요. 이를 보고 모두가 소중히 해야 할 중요한 것이 기록된 '법전'이나 '규정'을 뜻하게 되었어요.

★ 典刑(전형) 典型的(전형적) 法典(법전) 辭典(사전)

사람 | 신체 | 얼굴

소리 음 音

```
        意        亻  億
       뜻 의          억/많은 수/
                      헤아릴 억
        心
        音  →  音
       소리 음
        戈
識      言      哉
알 식, 적을 지          찰흙/점토판 시
```

12

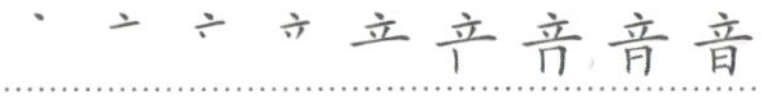

、一ㅗ凸立产咅音音

소리 음　　　　　　　　　　[총획] 9획 [부수] 音 [급수] 6급

소리가 나가는 모습 立 + 가로 왈 日

입 밖으로 소리(日)가 나가는(立) 모습, 또는 나팔처럼 입으로 부는 관악기를 본떴어요.

★ 音樂(음악) 音感(음감) 騷音(소음) 雜音(잡음)

12a

` ー ㅜ ㅠ ㅛ ㅠ
音 音 音 音 意 意 意

뜻 의
[총획] 13획 [부수] 心 [급수] 6급

소리 음 音 + 마음 심 心¹⁹

마음(心)의 소리(音)란 본심을 말하므로 '뜻' 혹은 '생각'을 뜻해요.

★ 意見(의견) 意識(의식) 意外(의외) 意志(의지)

12b

ノ 亻 亻 亻 亻 亻
亻 倍 倍 倍 億 億 億

억 / 많은 수 / 헤아릴 억
[총획] 15획 [부수] 亻 [급수] 5급

사람 인 亻⁴¹ + 뜻 의 意

'열 길 물속은 알아도 한 길 사람 속은 모른다'라는 속담이 있어요. 이렇듯 말하지 않으면 알 수 없는 사람(亻)의 수많은 뜻(意)을 의미해 '억', '많은 수'를 뜻하게 되었어요. 또한 다른 사람(亻)의 뜻(意)을 헤아려야 만사가 편안하다 하여 '편안하다', '헤아리다'의 뜻도 있어요.

★ 億萬長者(억만장자) 數億(수억) 十億(십억)

12c

` ー ㅜ ㅠ ㅛ ㅠ
音 音 音 戠 戠 戠

찰흙 / 점토판 시
[총획] 12획 [부수] 戈 [급수] 없음

소리 음 音 + 창 과 戈⁵⁹

기술이나 명령(音) 등을 전수하기 위해 창(戈)처럼 생긴 뾰족한 도구로 기록한 점토판을 본뜬 글자로 여겨져요.

12d

` ー 三 言 言 言 言
言 言 語 語 語 識 識 識

알 식, 적을 지
[총획] 19획 [부수] 言 [급수] 5급

말씀 언 言¹³ + 찰흙 / 점토판 시 戠

점토판(戠)에 적혀 있는 내용을 말(言)로 설명하거나 일러 주는 모습이에요.

★ 知識(지식) 常識(상식) 識見(식견) 標識板(표지판)

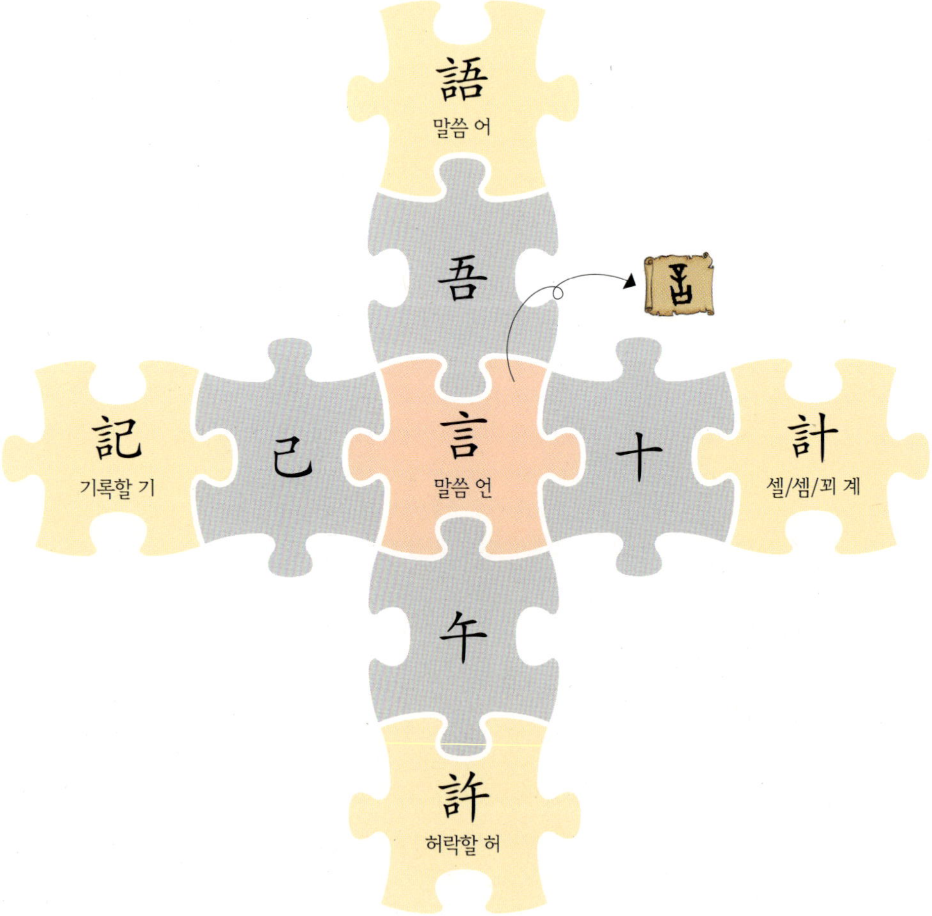

말씀 언 言

語 말씀 어
吾
記 기록할 기
己
言 말씀 언
十
計 셀/셈/꾀 계
午
許 허락할 허

13

말씀 언   [총획] 7획 [부수] 言 [급수] 6급

입(口)에서 나가는 말이나 입(口)으로 부는 관악기를 본뜬 글자로 보여요. '音(소리 음)'과 '言'은 둘 다 입으로 관악기를 부는 모습이지만, '音'은 소리를, '言'은 내용을 강조하는 것으로 의미가 굳어졌어요.

★ 言論(언론) 言語(언어) 言行(언행)
言中有骨(언중유골: 말 속에 뼈가 있음, 즉 말이 부드러워 보여도 그 속에 분명한 뜻이 숨어 있다는 뜻)

13a

語

말씀 어

말씀 언 言 + 나/우리 오 吾[145a]

[총획] 14획 [부수] 言 [급수] 7급

'吾'에는 원래 '신에게 기도하다'라는 뜻이 있었어요. 그러나 훗날 '나', '우리'로 뜻이 바뀌자, '言'을 덧붙여 '말씀', '말', '언어'로 뜻을 회복했어요.

★ 語源(어원) 語學(어학) 國語(국어) 英語(영어)

13b

計

셀/셈/꾀 계

말씀 언 言 + 열 십 十[147]

[총획] 9획 [부수] 言 [급수] 6급

일(一[143])에서 열(十)까지 입으로 수를 세거나(言), 관악기(言)의 관 길이를 재는 모습에서 '세다', '재다', '헤아리다'를 뜻하게 되었어요.

★ 計略(계략) 計算(계산) 統計(통계)
三十六計(삼십육계: 서른여섯 가지의 꾀, 즉 많은 꾀)

13c

許

허락할 허

말씀 언 言 + 낮 오 午[147c]

[총획] 11획 [부수] 言 [급수] 5급

'午'는 절굿공이를 본뜬 글자로, 방아를 찧기 위해 수없이 반복되는 절구질(午)처럼 거듭 요청해(言) 결국 허락을 받아 내는 모습이에요.

★ 許可(허가) 許諾(허락) 免許(면허) 不許(불허)

13d

記

기록할 기

말씀 언 言 + 몸/자기 기 己[16a]

[총획] 10획 [부수] 言 [급수] 7급

왕이나 제사장 같은 높은 사람들의 말씀(言)을 받아 적는 모습에서 '기록하다'의 뜻을 갖게 되었어요. '己'는 발음 역할을 해요.

★ 記念(기념) 記錄(기록) 記事(기사) 日記(일기)

사람 | 신체 | 얼굴

혀설舌

14

혀 설   [총획] 6획 [부수] 舌 [급수] 4급

혀 내민 모습 千 + 입 구 口⁸

입(口) 밖으로 혀(千)를 내민 모습을 본떴어요. 파충류, 특히 뱀의 혀라고 주장하는 사람들도 있어요. '舌戰(설전)'이란 말로 다투는 걸 말해요.

★ 舌戰(설전) 舌禍(설화) 口舌(구설) 毒舌(독설)

14a

살 활   [총획] 9획 [부수] 氵 [급수] 7급

물 수 氵¹²³ + 혀 설 舌

다 죽어 가던 사람의 혀(舌)에 물기(氵)가 도는 건 살아나고 있음을 나타내요.

★ 活氣(활기) 活力(활력) 活用(활용) 生活(생활)

14b

말씀 / 말할 화   [총획] 13획 [부수] 言 [급수] 7급

말씀 언 言¹³ + 혀 설 舌

혀(舌)를 사용해 말하는(言) 모습이에요.

★ 話題(화제) 對話(대화) 童話(동화) 電話(전화)

코 비 鼻

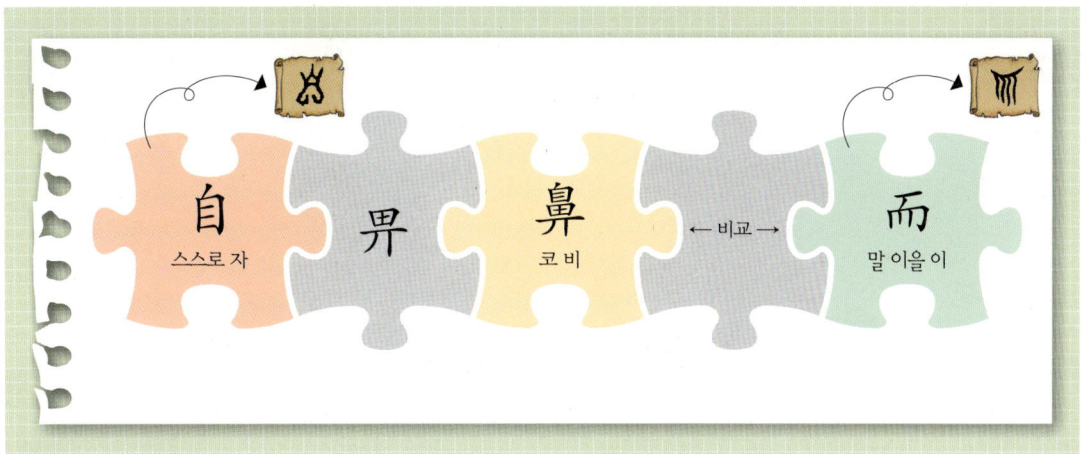

15

스스로 자   [총획] 6획 [부수] 自 [급수] 7급

코 모양을 본떴어요. 자신을 말할 때 흔히 코를 가리키는 모습에서 '스스로'를 뜻하게 되었어요. '自(스스로 자)'와 '犬[104](개 견)'을 합하면 '개의 코'라는 의미를 전달하여 '臭[104a](냄새 취)'가 돼요.

★ 自白(자백) 自信(자신) 自然(자연) 自由(자유)

15a

코 비   [총획] 14획 [부수] 鼻 [급수] 5급

스스로 자 自 + 줄 비 畀

원래는 코를 나타내던 '自'의 뜻이 '스스로'로 바뀌자, 발음 역할을 하는 '畀'를 더해 코를 뜻하는 글자를 따로 만들었어요.

★ 鼻毛(비모) 鼻炎(비염) 鼻音(비음) 耳目口鼻(이목구비)

15b

말 이을 이   [총획] 6획 [부수] 而 [급수] 3급

수염(而)을 본떴어요. 코와 턱의 수염(而) 사이로 말이 쉴 새 없이 나오는 것 같다 하여 '말 잇다'를 뜻해요.

★ 而立(이립: 서른 살) 似而非(사이비)

게임. 한자 마블

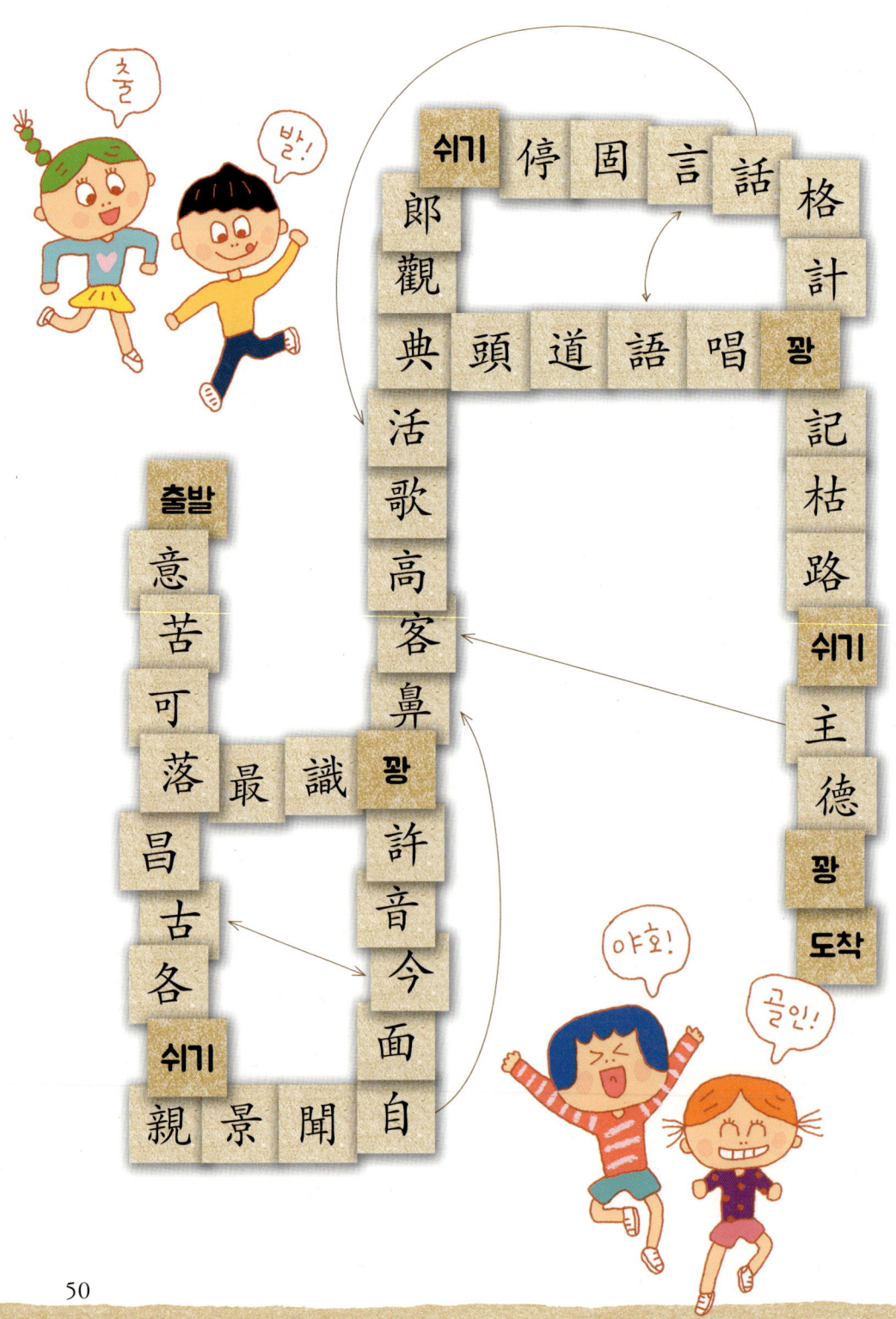

① 각 팀마다 주사위 2개, 말 2개를 준비해요.

② 주사위 2개를 동시에 던져 나온 한쪽 주사위 숫자에서 다른 쪽 주사위 숫자를 빼요. 예를 들어 5와 3이 나왔다면 두 칸 앞으로, 6과 6이 나왔다면 제자리에 있어야 해요.

③ 도착한 곳에 있는 한자를 말해요. 기억이 나지 않으면 원래 자리로 돌아가요.

④ 상대방의 말이 있는 곳에 도착했다면 상대방 말을 잡은 거예요. 잡힌 팀의 말은 출발점으로 가고, 잡은 팀은 한 번 더 주사위를 던져요.

⑤ 말 2개를 한꺼번에 업고 갈 수 있어요.

⑥ '쉬기'가 나오면 한 번 쉬고, '꽝'이 나오면 처음으로 돌아가요. 화살표가 나오면 그 자리로 이동해요.

⑦ 도착점에 말 2개가 먼저 도착한 팀이 이겨요.

몸 신 身, 몸 기 己, 고기 육 肉(月)

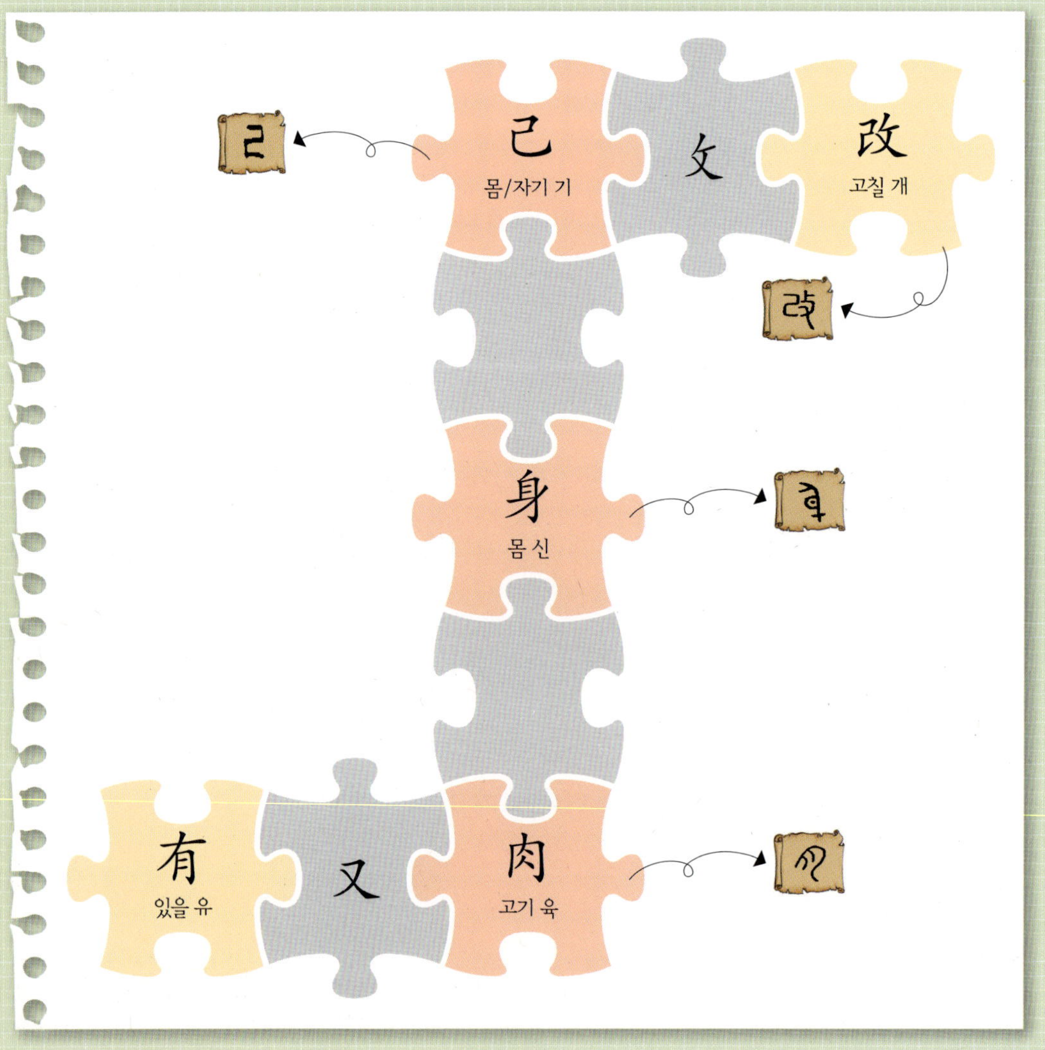

16

몸 신

[총획] 7획 [부수] 身 [급수] 6급

임신한 여성처럼 배 나온 사람의 옆모습을 본떴어요.

★ 身分(신분) 身體(신체) 代身(대신) 自身(자신)

16a   ㄱ ㄱ 己

몸/자기 기   [총획] 3획 [부수] 己 [급수] 5급
'己'는 태아가 웅크리거나 뱀이 똬리를 튼 모습을 나타낸 '巳⁴⁹(뱀/자식 사)'와 닮은꼴로 '몸', '자기'를 나타내요.

16b   ㄱ ㄱ 己 己' 改' 改' 改

고칠 개   [총획] 7획 [부수] 攵 [급수] 5급
몸/자기 기 己 + 칠 복 攵²⁸

자기 자신(己)을 채찍질하여(攵) 바꾸고 고치는 일을 나타냈어요. 하지만 고문자를 살펴보면 어린아이를 때리는 모습 같아요. 아마 너무 말을 듣지 않았던 것으로 추측돼요.

★ 改善(개선) 改正(개정) 改憲(개헌) 改革(개혁)

16c   丨 冂 冂 内 肉 肉

고기 육   [총획] 6획 [부수] 肉 [급수] 4급
살점이 붙어 있는 뼈다귀나 갈비뼈의 모습을 본떴어요. 짐승의 고기나 살, 사람의 몸 등을 뜻해요. '肉'이 다른 글자와 함께 사용될 경우 '月'로 모양이 바뀌는 경우가 많아요. 이것을 '달 월'과 구분하기 위해 '육달 월'이라 불러요.

★ 肉食(육식) 肉體美(육체미) 精肉店(정육점) 血肉(혈육)

16d   ノ ナ 才 冇 有 有

있을 유   [총획] 6획 [부수] 月 [급수] 7급
손 우 ナ(又)²⁵ + 육달 월 月¹⁴¹(肉)

제물인 고기(肉)를 손(ナ)에 든 모습이에요.

★ 有無(유무) 有利(유리) 保有(보유) 所有(소유)

입 비뚤어질 괘 咼

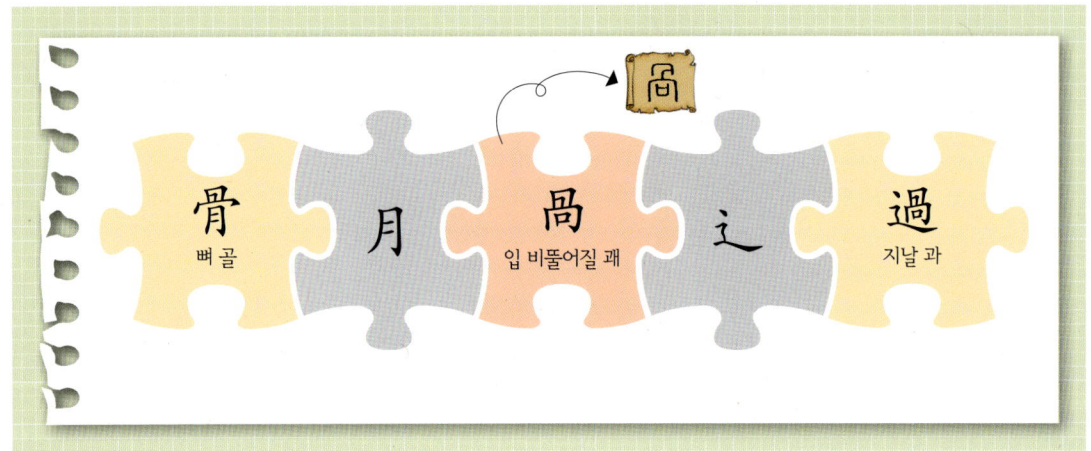

17

입 비뚤어질 괘 [총획] 9획 [부수] 口 [급수] 없음

뼈 발라낼 과 咼 + 입 구 口⁸

입(口)으로 뼈(咼)에 붙은 살을 발라낼 때 입이 비뚤어지는 모양을 나타냈어요. 또한 살(口)을 발라내고 뼈(咼)만 남은 모습, 또는 살점(口)이 붙어 있는 뼈다귀를 본뜬 글자로도 여겨져요.

17a

지날 과 [총획] 13획 [부수] 辶 [급수] 5급

입 비뚤어질 괘 咼 + 갈/쉬엄쉬엄 착 辶³⁷

살점이 거의 없고 뼈만 남은 뼈다귀(咼) 사이로 바람과 물이 쉽게 지나다니는(辶) 모습에서 '지나다' 뜻이 생겼어요. '허물', '잘못'의 뜻도 있어요.

★ 過食(과식) 過失(과실) 通過(통과) 通信(통신)

17b

뼈 골 [총획] 10획 [부수] 骨 [급수] 4급

입 비뚤어질 괘 咼 + 육달 월 月¹⁴¹

살(月), 즉 근육이 붙어 있는 튼튼한 뼈다귀(咼) 모습이에요.

★ 骨格(골격) 骨子(골자) 言中有骨(언중유골) 骸骨(해골)

부러진 뼈 알 歹(歺)

18

부러진 뼈 / 살 바른 뼈 알 [총획] 4획 [부수] 歹 [급수] 특급

갑골 문자를 보면 살점 하나 없이 뼈만 남은 앙상한 모습, 또는 부러지거나 꺾인 뼈를 본뜬 글자예요. 그래서 '죽음', '재앙'과 연관해 해석하기도 해요.

18a

벌일 / 줄 렬(열) [총획] 6획 [부수] 刂 [급수] 4급

부러진 뼈 / 살 바른 뼈 알 歹(歺) + 칼 도 刂 [63]

동물을 잡아 뼈(歹)에서 살을 바르고(刂) 뼈와 살, 가죽, 내장들을 순서대로 벌여 놓은 모습에서 '벌이다', '줄'의 뜻이 생겼어요. 정육점을 떠올리면 쉽게 외워질 거예요.

★ 列擧(열거) 列車(열차) 一列(일렬) 行列(행렬)

18b

법식 / 본보기 / 사례 례(예) [총획] 8획 [부수] 亻 [급수] 6급

사람 인 亻[41] + 벌일 / 줄 렬(열) 列

죽은 사람(亻)을 위해 도구와 수의를 순서대로 늘어 놓고(列) 염하는 모습이에요. 또한 죽은 사람(亻)을 염(列)하는 데도 법식이 있다 하여 '법식', '본보기' 등의 뜻도 있어요.

★ 例外(예외) 先例(선례) 類例(유례) 次例(차례)

마음 심 心

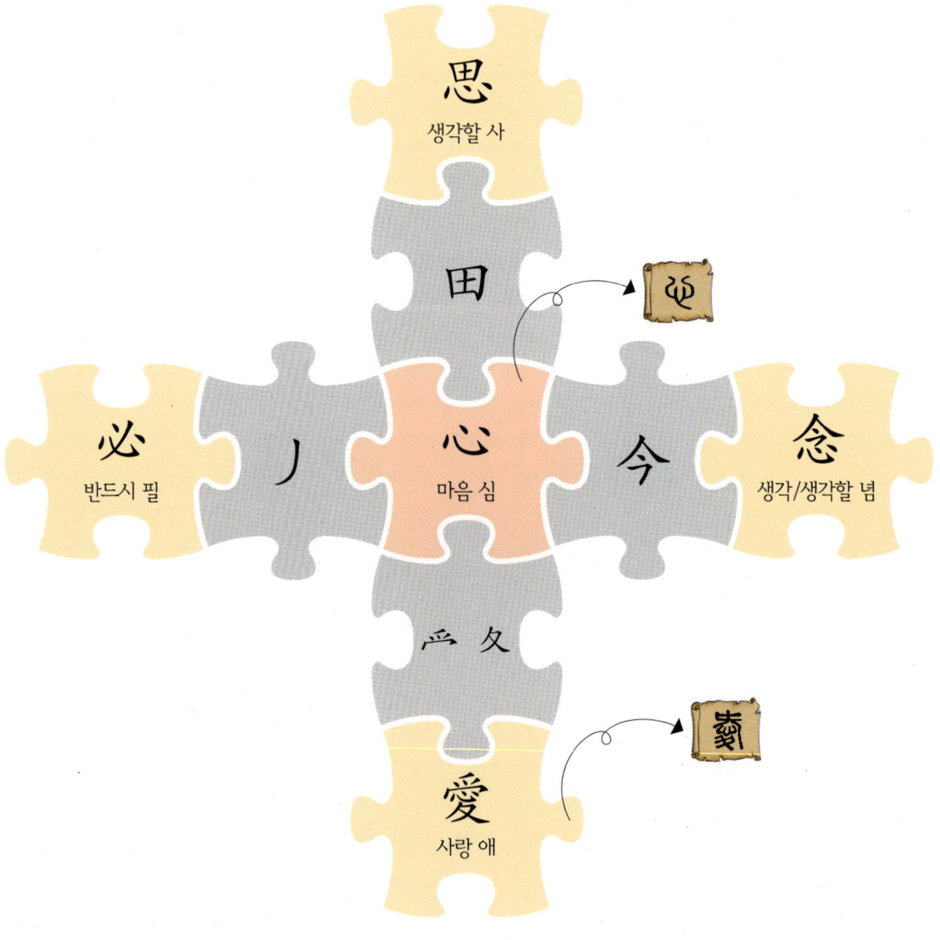

思 생각할 사
田
必 반드시 필
丿
心 마음 심
今
念 생각/생각할 념
亠夂
愛 사랑 애

19
丿 心 心 心

마음 심 [총획] 4획 [부수] 心 [급수] 7급

사람이나 동물의 심장 모습을 본떴어요. '심장'이 본뜻이지만 '마음'으로 널리 사용돼요. 다른 글자 옆에 붙일 때는 '忄', 아래에 붙일 때는 '㣺'로 모양이 바뀌어요. 밉고 좋고 싫은, 감정을 나타내는 글자에는 꼭 들어가요.

★ 心身(심신) 心弱(심약) 心臟(심장) 中心(중심)

19a   丶 冂 曰 田 田 思 思 思

생각할 사
밭 전 田⁸⁷ + 마음 심 心   [총획] 9획 [부수] 心 [급수] 5급

'田'은 '囟(정수리 신)'이 변형된 글자예요. 따라서 마음(心)과 정신(囟)을 합쳐 '생각'을 뜻하게 되었어요. 생각은 마음과 정신이 합쳐져 생긴다는 걸 잘 알려 줘요. 밭에 가서 생각하는 것이 아니에요. 이처럼 글자가 잘못 바뀌는 걸 '訛變(와변)'이라 해요. 현대 한자에는 이런 경우가 많아요.

★ 思考(사고) 思想(사상) 深思熟考(심사숙고) 意思(의사)

19b   ノ 人 亼 今 今 念 念 念

생각 / 생각할 념
이제 금 今¹⁰¹ᵃ + 마음 심 心   [총획] 8획 [부수] 心 [급수] 5급

오래전 기억을 마치 지금(今) 일어난 것처럼 마음속(心) 깊이 생각하는 모습이에요.

★ 念頭(염두) 念慮(염려) 留念(유념) 理念(이념)

19c   ´ ´ ´ 爫 爫
                                                                       爫 恶 恶 悉 零 愛 愛

사랑 애
발/그칠 지 ㅛ→止³² + 마음 심 心 + 뒤져 올 치(종) 夂³⁸   [총획] 13획 [부수] 心 [급수] 6급

옛 글자는 서로 다른 방향을 향하고 있는 두 개의 발(止, 夂)과 그 사이에 있는 마음을 그리고 있어요. '사랑'을 서로 헤어지기(止, 夂) 싫어하는 마음(心)으로 묘사한 거예요.

★ 愛人(애인) 愛情(애정) 愛之重之(애지중지) 戀愛(연애)

19d   ` ノ 必 必 必

반드시 필
마음 심 心 + 삐침 별 丿¹⁵⁰   [총획] 5획 [부수] 心 [급수] 5급

가슴(心)에 창(戈)이나 비수(丿)를 품은 모습이에요. 정절을 지키기 위해 가슴(心) 깊숙한 곳에 비수(丿)를 숨겼던 여인의 모습에서 생겨났어요.

★ 必須(필수) 必勝(필승) 必然(필연) 必要(필요)

사람 | 신체 | 몸 57

게임. 한자 윷놀이

① 윷이나 주사위를 준비해요. 윷 대신 주사위를 사용할 경우에 1은 도, 2는 개, 3은 걸, 4는 윷, 5는 모예요. 6은 뒤로 한 칸 후진해요.

② 윷놀이와 동일한 방법으로 윷이나 주사위를 던져 나오는 만큼 앞으로 이동해요. 도가 나오면 1칸 이동, 개가 나오면 2칸 이동, 걸이 나오면 3칸 이동하고, 윷이 나오면 4칸 이동하고 한 번 더 던져요. 모가 나오면 5칸 이동하고 한 번 더 던져요.

③ 도착한 곳에 있는 한자를 말해요. 기억이 나지 않으면 원래 자리로 돌아가요.

④ 화살표가 나오면 그 방향으로 이동해요.

손 수 手(扌)

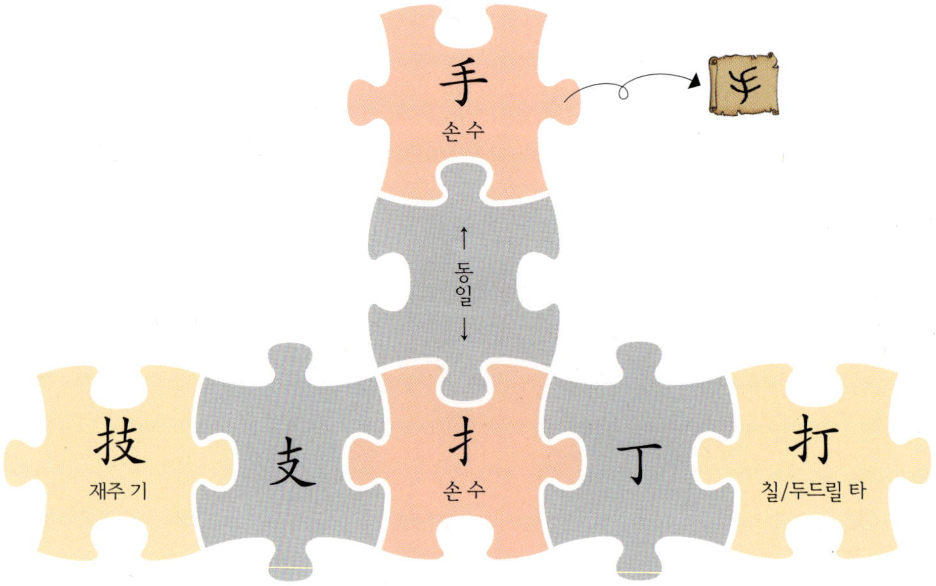

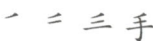

一 二 三 手

20

손 수　　　　　　　　　　　　[총획] 4획　[부수] 手　[급수] 7급

다섯 손가락과 손바닥을 쫙 펼친 모양을 본떴어요. '손'뿐 아니라, '팔'의 의미부터 '歌手(가수)', '白手(백수)'처럼 '사람', '高手(고수)', '國手(국수)'처럼 '전문가', '妙手(묘수)', '惡手(악수)'처럼 '기량', '솜씨' 등의 의미로도 쓰여요.

★ 手足(수족) 手帖(수첩) 失手(실수) 着手(착수)

20a

손 수

[총획] 3획 [부수] 扌 [급수] 없음

'手(손 수)'와 의미가 같아요. 하지만 '手'와 달리 혼자는 쓰지 못하고, 꼭 다른 글자와 함께 써요. '재방변'이라고도 불러요. '扌'가 들어 있는 글자는 '던지다', '잡다', '줍다', '밀다', '박다', '치다'처럼 손이 하는 행위를 나타내는 경우가 많아요.

20b

칠 / 두드릴 타

[총획] 5획 [부수] 扌 [급수] 5급

손 수 扌 + 고무래 / 장정 정 丁[144]

못(丁)을 망치로 두드려(扌) 박는 모습을 나타냈어요. '丁'은 못의 모양을 본뜬 글자예요.

★ 打擊(타격) 打倒(타도) 打者(타자) 猛打(맹타: 세차게 때림)

20c

재주 기

[총획] 7획 [부수] 扌 [급수] 5급

손 수 扌 + 가를 / 지탱할 지 支

'支'는 손(又[25])에 여러 갈래로 갈라진 나뭇가지(十)를 들고 있는 모습이에요. 도구를 사용하고 있음을 의미하지요. '재주'를 도구(支)를 사용하는 손(扌)으로 묘사한 거예요.

★ 技能(기능) 技術(기술) 競技(경기) 特技(특기)

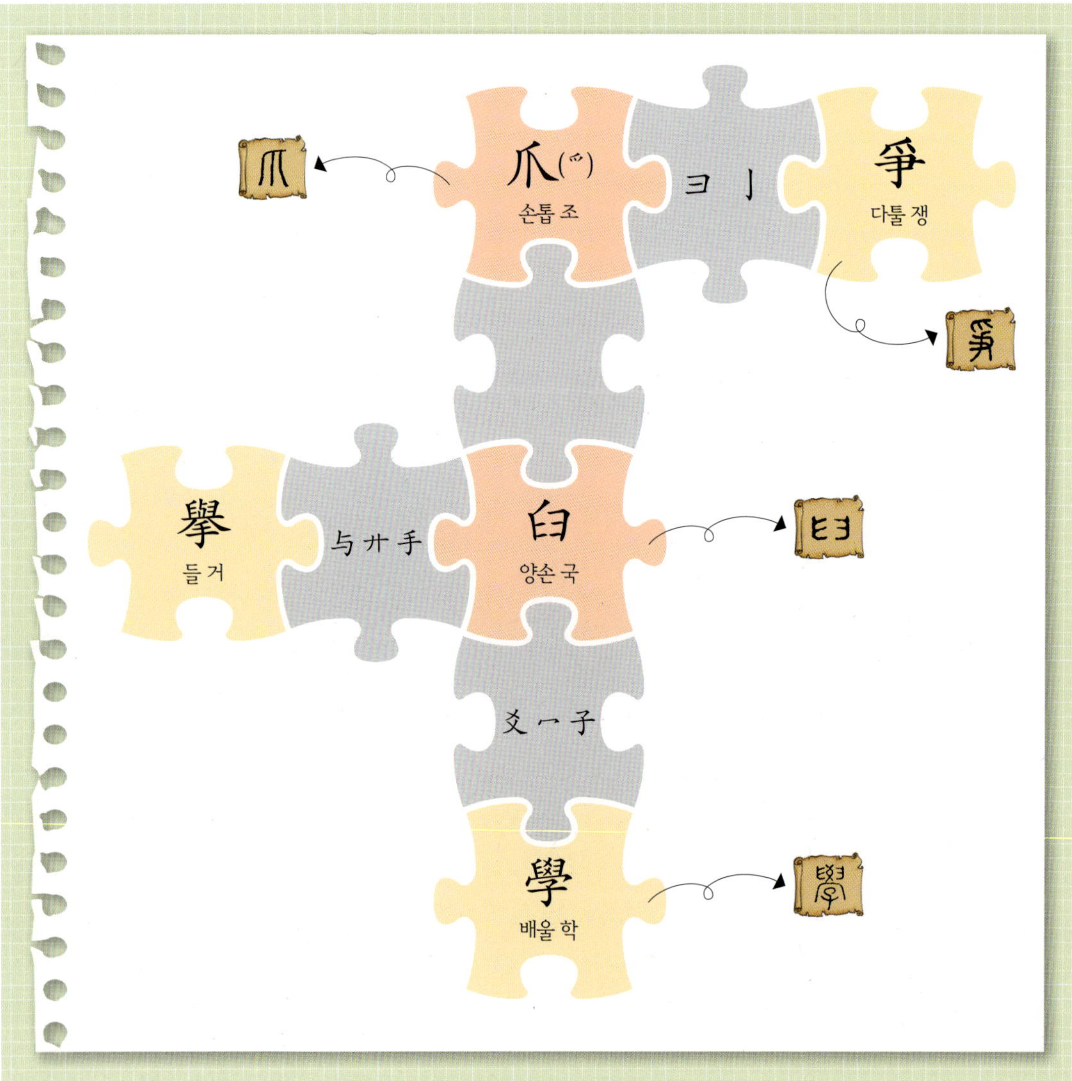

손톱 조 爪(爫), 양손 국 臼

21

손톱 조   [총획] 4획 [부수] 爪 [급수] 1급

손을 아래로 해서 물건을 집으려는 모습을 본뜬 글자로, 손톱, 발톱을 나타내요. '又²⁵(손 우)', 'ㅋ²³(손 계)'의 갑골 문자와 방향만 다를 뿐 같은 모습이에요. '손톱 조'로 불리지만, '손톱'의 뜻보다는 '손'의 의미로 많이 사용돼요.

21a

다툴 쟁   [총획] 8획 [부수] 爫 [급수] 5급

손톱 조 爪(爫) + 손 계 ⺕[23] + 막대기 모양 亅

막대(亅)는 귀중한 것을 상징하며, 이를 서로 빼앗으려고 잡아당기는(爫+⺕) 모습에서 '다투다'의 뜻이 생겼어요.

★ 爭取(쟁취) 言爭(언쟁) 戰爭(전쟁) 鬪爭(투쟁)

21b

양손 국   [총획] 7획 [부수] 臼 [급수] 1급

'臼(절구 구)'와 비슷한 모양이지만 '臼'은 글자 아랫부분이 터져 있어요. 즉 '爪(손톱/손 조)' 두 개를 합쳐 놓은 글자로, 양손(爪爪)으로 무언가를 잡으려는 모습이에요.

21c

배울 학   [총획] 16획 [부수] 子 [급수] 8급

양손 국 臼 + 새끼줄 모양 爻 + 덮을 멱 冖[80d] + 아들 자 子[51]

어른들이 양손으로(臼) 새끼줄(爻)을 꼬아 지붕(冖)을 잇는 모습을 아이(子)가 보고 배우는 모습이에요.

★ 學校(학교) 學習(학습) 科學(과학) 大學(대학)

21d

들 거   총획 18획 [부수] 手 [급수] 5급

줄 여 與 + 손 수 手

'與'는 두 사람이 양손(臼, 廾[27])을 높이 들고 무언가(与)를 서로 주고받는 모습을 본뜬 글자예요. 여기에 '手'를 붙여 손을 높이 들어 올린다는 뜻을 강조했어요.

★ 擧手(거수) 選擧(선거) 列擧(열거) 快擧(쾌거)

손우 又(=손계 크=또우 又)

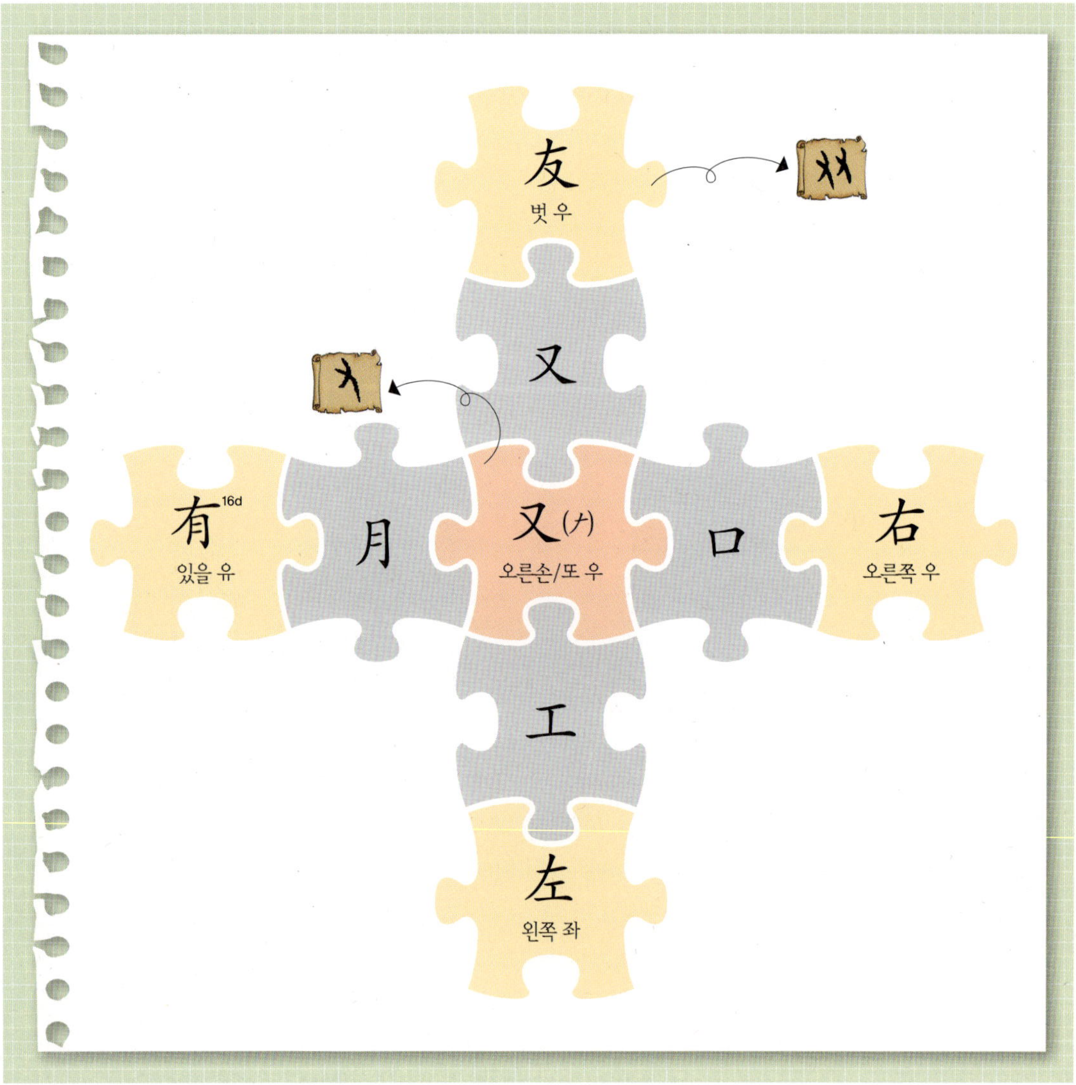

友 벗우 — 𠂇𠂇

又

有 있을 유   月   又(𠂇) 오른손/또 우   口   右 오른쪽 우

工

左 왼쪽 좌

22   フ 又

오른손 / 또 우   [총획] 2획   [부수] 又   [급수] 3급

손의 모습을 본떴어요. 갑골 문자를 보면 '𠂇'와 모양이 같아요. 다른 글자와 함께 사용될 경우 '손'을 의미하는 쓰임새가 많은 글자예요.

22a   一 ナ 方 友

벗 우
[총획] 4획 [부수] 又 [급수] 5급

손우 ナ(又) + 오른손/또 우 又

어려울 때 손(ナ+又) 내밀어 주는 사람이야말로 진정한 친구라 하여 '友'가 탄생했어요. '友'의 갑골 문자는 손 두 개가 나란히 있는 모양으로, 악수를 하거나 서로에게 도움의 손길을 내미는 모습임을 알려 줘요.

★ 級友(급우) 友情(우정) 學友(학우)
　朋友有信(붕우유신: 친구 사이에 믿음이 있어야 한다는 뜻)

22b   一 ナ オ 右 右

오른쪽 우
[총획] 5획 [부수] 口 [급수] 7급

손우 ナ(又) + 입구 口⁸

손(ナ=又)으로 일을 거들거나 말(口)로 도움을 주는 모습이에요. 도움이 되는 사람처럼 좋은 방향이라 하여 '오른쪽'을 뜻하게 되었어요. 오른쪽이 왼쪽보다 좋은 쪽, 좀 더 나은 쪽으로 쓰이는 경우가 많거든요.

★ 右翼手(우익수) 右側(우측) 右便(우편) 右向右(우향우)

22c   一 ナ ナ 左 左

왼쪽 좌
[총획] 5획 [부수] 工 [급수] 7급

손우 ナ(又) + 장인 공 工¹²⁰ᵇ

임금이 하늘에 제사를 지낼 때 제사 도구(工)를 손(ナ=又)에 들고 임금을 돕는 아랫사람의 모습에서 '낮은 자리', '아랫자리'의 뜻이 생겼어요. 모든 일을 주도하는 오른쪽보다 왼쪽이 낮고 못하다는 부정의 의미로 '왼', '왼쪽'의 뜻도 갖게 되었어요. 그래서 '左遷(좌천)'이라는 단어를 살펴보면, '왼쪽으로 옮기다'라는 뜻으로, 관직이나 지위가 높은 자리에서 낮은 자리로 떨어지는 것을 말해요. 한자학 권위자인 시라카와 시즈카는 '左'를 제사 도구(工)를 손(ナ=又)에 들고 신을 찾아가는 모습으로 해석하기도 해요.

★ 左手(좌수) 左列(좌열) 左翼手(좌익수) 左側(좌측)

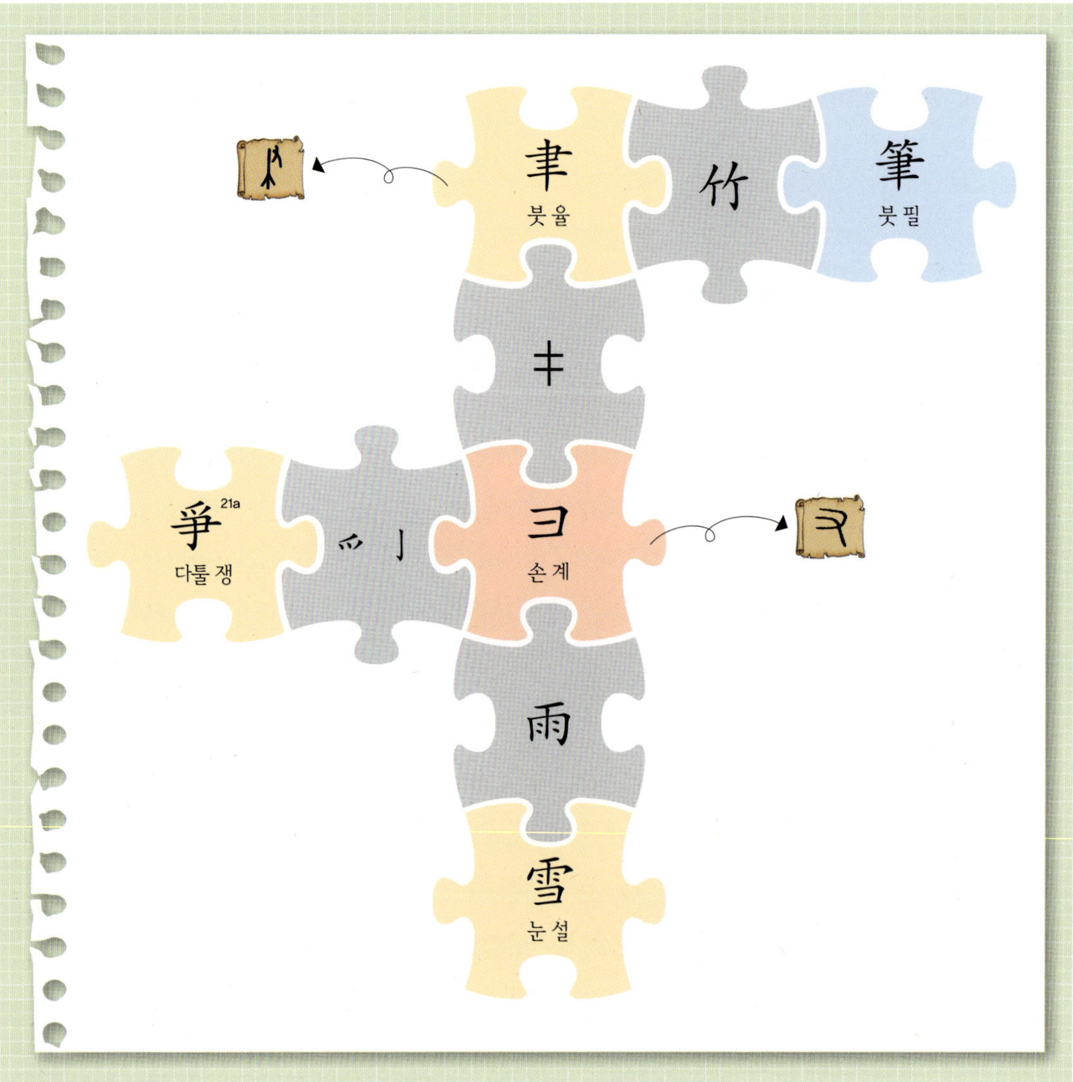

손 계 ㅋ

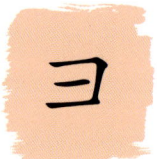

손 계   [총획] 3획 [부수] ㅋ [급수] 없음

'ㅋ'의 갑골 문자가 'ナ, 又²⁵'와 같아 '손'을 뜻해요. 혼자서는 쓰이지 못하고 부수자도 아니지만 쓰임새가 많은 글자예요. 소리가 따로 없어서 임의로 '손 계'라고 칭했어요.

23a

붓 율   [총획] 6획 [부수] 聿 [급수] 특급

손 계 ㅋ + 붓 모양 ǂ

손(ㅋ)에 붓(ǂ)을 든 모습이에요. 혼자서는 쓰이지 못하고 다른 글자와 합쳐서만 사용해요.

23b

붓 필   [총획] 12획 [부수] 竹 [급수] 5급

대 죽 竹¹³⁸ + 붓 율 聿

대나무(竹)로 만든 붓(聿) 대롱에 털을 끼워 만든 붓을 본떴어요. 붓을 나타내는 한자로 '聿'이 있는데, 왜 또 '筆'이 필요할까요? '聿'가 혼자서는 쓰이지 못하기 때문이에요. 그래서 혼자 쓰일 때를 위해 '筆'가 만들어진 거지요. 동아시아는 말로는 의사소통이 어렵지만 글로는 가능해요. 한자 때문이지요. 한자를 많이 알면 중국이나 대만, 일본 등을 여행할 때 불편함이 적을 거예요. 이렇게 글로 대화하는 것을 '筆談(필담)'이라고 해요.

★ 筆記具(필기구) 筆談(필담) 筆筒(필통) 名筆(명필)

23c

눈 설   [총획] 11획 [부수] 雨 [급수] 6급

비 우 雨¹²⁷ + 손 계 ㅋ

손(ㅋ)으로 만질 수 있는 비(雨)를 뜻해요.

★ 雪景(설경) 雪糖(설탕) 暴雪(폭설)
    雪上加霜(설상가상: 눈 위로 서리가 덮임, 즉 어려운 일이 잇따라 일어남)

붓 율 聿

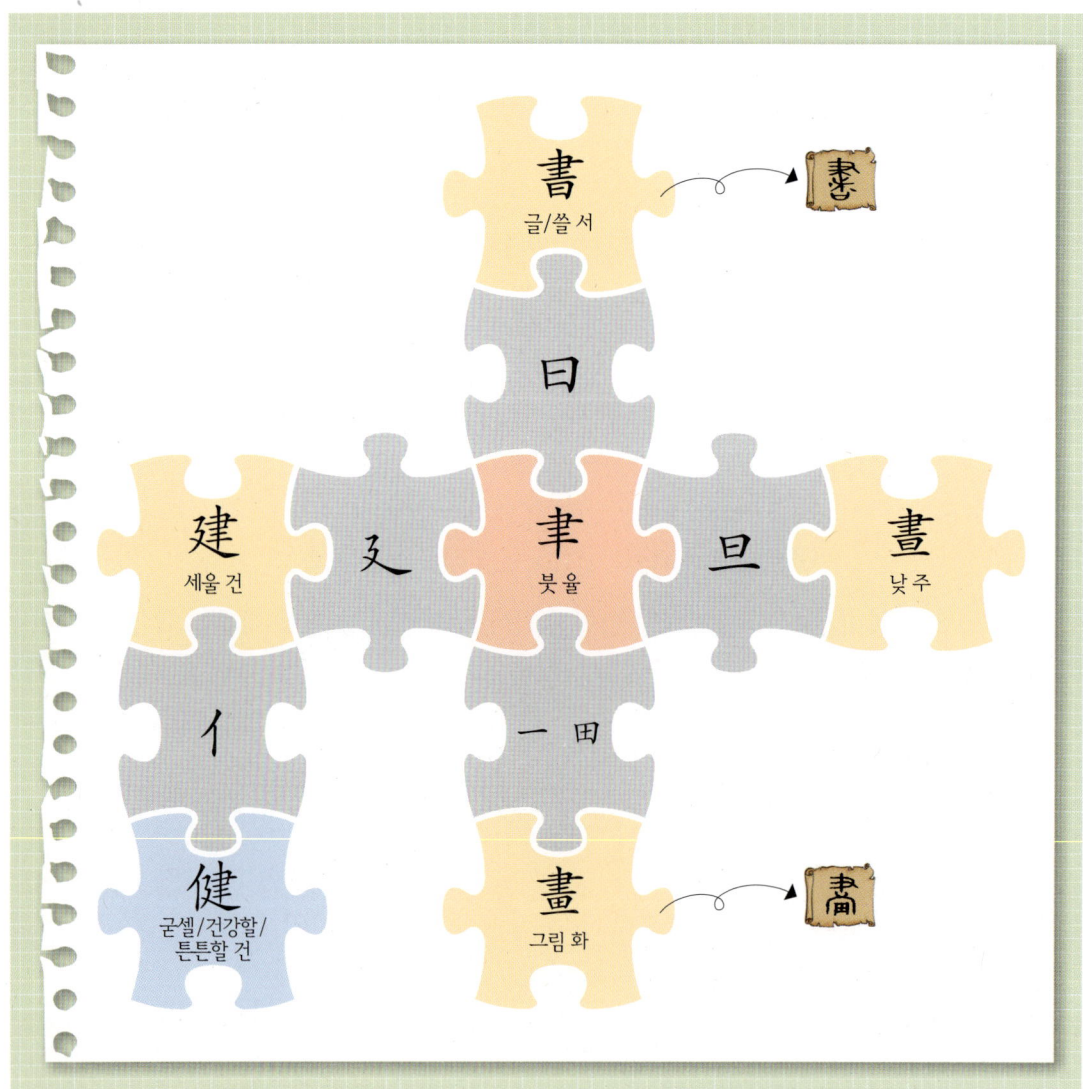

24

글/쓸 서

[총획] 10획 [부수] 日 [급수] 6급

붓 율 聿[23a] + 벼루 모양 日

글을 쓰기 위해 벼루(日)에 붓(聿)을 담가 먹물을 묻히는 모습이에요. 이는 글을 쓰기 위한 동작이므로 '쓰다'의 뜻도 갖게 되었어요.

★ 書籍(서적) 敎科書(교과서) 落書(낙서) 文書(문서)

24a

낮 주
[총획] 11획 [부수] 日 [급수] 6급

붓 율 聿 + 아침 단 旦[139a]

손에 붓(聿)을 들고 글(書)을 쓰며 공부할 수 있는 때, 즉 해가 떠오른(旦) 대낮을 가리켜요. '旦'은 지평선(一) 위로 해(日[139])가 떠오르는 모습이에요.

★ 晝耕夜讀(주경야독: 낮에는 농사짓고 밤에는 글을 읽음, 곧 어려움 속에서도 공부를 게을리하지 않음)

晝間(주간) 晝夜(주야) 白晝(백주)

24b

그림 화
[총획] 12획 [부수] 田 [급수] 6급

붓 율 聿 + 밭 전 田[87] + 도화지 一

붓(聿)으로 도화지(一) 위에 그림(田)을 그리는 모습을 본떴어요. '田'는 그려지는 대상을 나타낸 것으로, 꼴은 같지만 '밭'과는 상관이 없어요. '畵'를 '畫'로도 써요.

★ 畵中之餠(화중지병: 그림의 떡, 즉 마음에는 있지만 실제로는 쓸 수 없음)

畵家(화가) 名畵(명화) 映畵(영화)

24c

세울 건
[총획] 9획 [부수] 廴 [급수] 5급

붓 율 聿 + 길게 걸을 인 廴[39]

임금의 무덤이나 대궐 같은 큰 건물은 보물이 많아서 들어가는 길을 복잡하게 건축했을 거예요. '建'은 그렇게 복잡한 길(廴)을 붓(聿)으로 그려서 설계하는 모습이에요.

★ 建國(건국) 建物(건물) 建設(건설) 建築(건축)

24d

굳셀 / 건강할 / 튼튼할 건
[총획] 11획 [부수] 亻 [급수] 5급

사람 인 亻[41] + 세울 건 建

튼튼하게 세워진(建) 사람(亻), 즉 건강하고 굳센 사람을 말해요.

★ 健康(건강) 健全(건전) 健在(건재) 保健(보건)

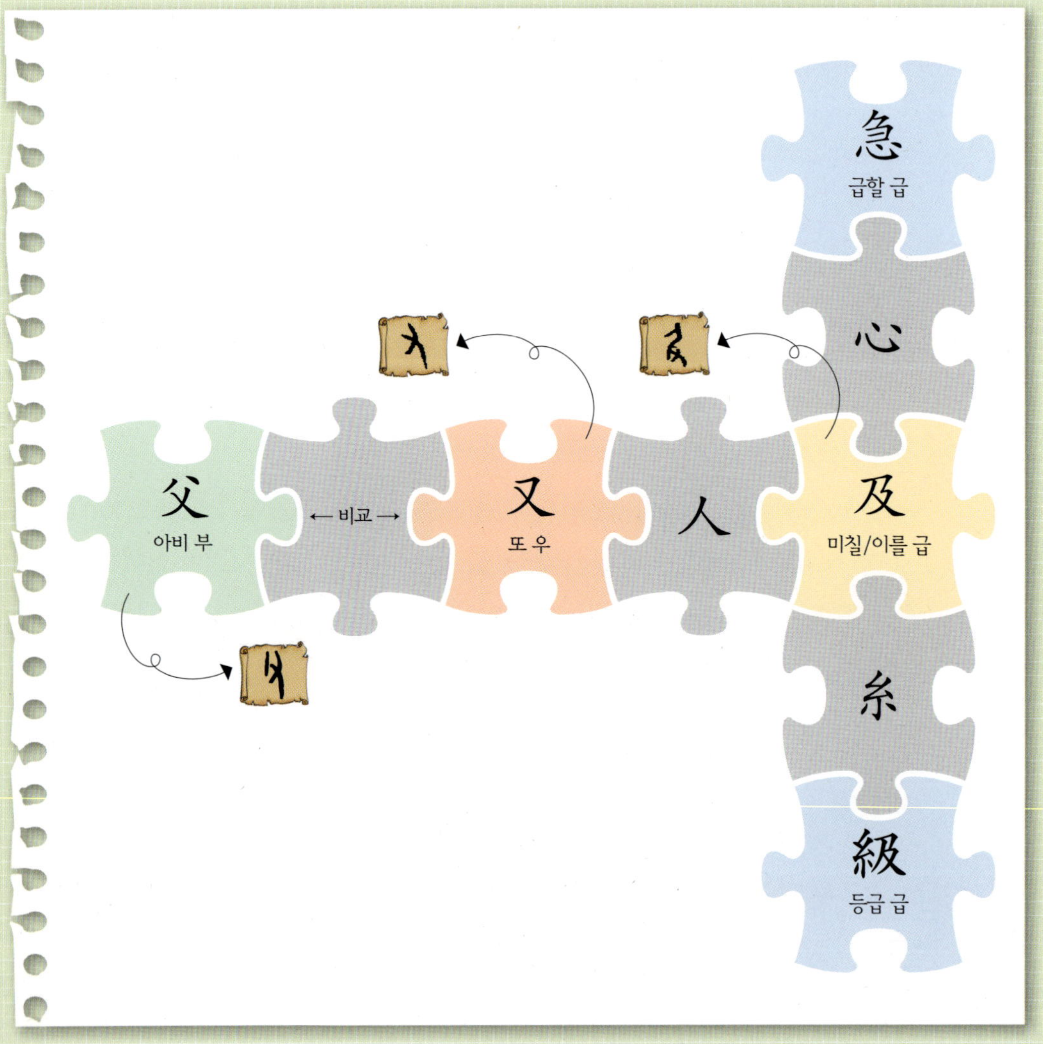

또 우 又

또 우 [총획] 2획 [부수] 又 [급수] 3급

글자가 만들어진 초기에는 '오른손'을 뜻했으나, 오른손이 거의 모든 일을 주도해 '또'라는 의미가 파생되었어요. 다른 글자와 합쳐질 때 '오른손'만이 아닌 손이 하는 모든 일을 뜻해요.

25a ノ 了 乃 及

미칠 / 이를 급
또 우 又 + 사람 인 人⁴⁰

[총획] 4획 [부수] 又 [급수] 3급

도망가는 사람(人)을 뒤따라가 꽁무니를 붙잡으려는(又) 모습에서 '미치다', '이르다'의 뜻이 생겨났어요. 여기서 '미치다'는 영어 단어 'crazy'의 뜻인 '미치다'가 아니라, '영향이 미치다', '…에 이르다'를 의미해요.

★ 及第(급제) 普及(보급) 言及(언급)
　遡及(소급: 과거로까지 거슬러 올라가 영향을 미치게 함)

25b ノ ケ 夕 刍 刍 急 急 急 急

급할 급
미칠 / 이를 급 及 + 마음 심 心¹⁹

[총획] 9획 [부수] 心 [급수] 6급

누군가가 잡으러(及) 쫓아올 때 잡히지(及) 않으려고 달아나는 사람의 다급한 마음(心)을 묘사했어요. '及'은 '刍(꼴 추)'의 본 글자예요.

★ 急所(급소) 急增(급증) 危急(위급) 特急(특급)

25c ノ ㄠ 幺 幺 糸 糸 紅 級 級 級

등급 급
실 사, 가는 실 멱 糸⁷⁰ + 미칠 / 이를 급 及

[총획] 10획 [부수] 糸 [급수] 6급

천이나 실(糸)의 품질 등급을 나타내요. 실(糸)의 품질이 상중하 어디에 이르는가(及)에 따라 등급을 구분했어요.

★ 級數(급수) 階級(계급) 等級(등급) 無制限級(무제한급)

25d ノ ハ グ 父

아비 부

[총획] 4획 [부수] 父 [급수] 8급

돌도끼나 몽둥이(丨)를 손(又)에 들고 산과 들로 다니며 사냥하는 모습을 나타냈어요. 아주 오랜 옛날부터 가족을 부양하는 책임이 아버지에게 있었음을 보여 줘요.

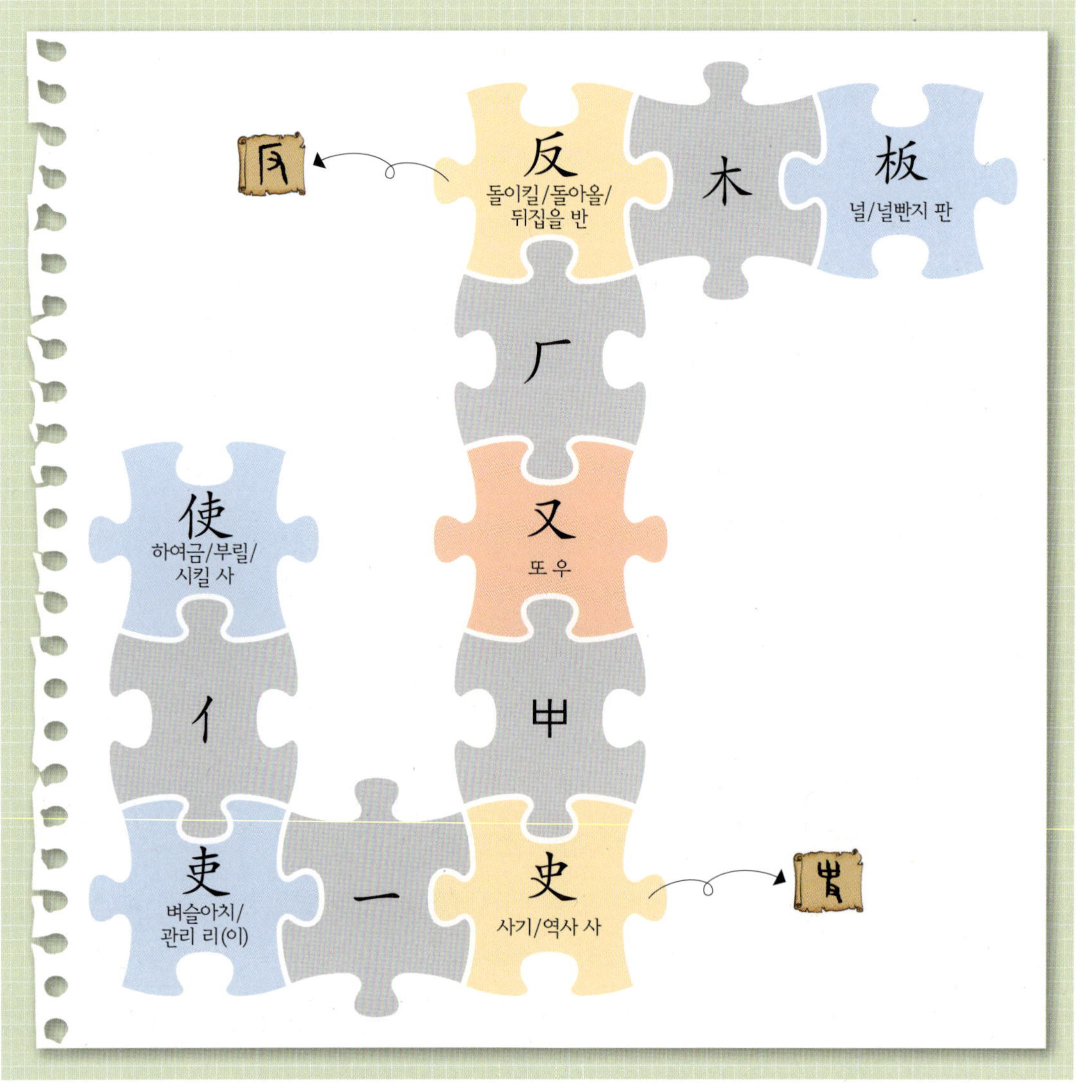

또우 又

26

돌이킬 / 돌아올 / 뒤집을 반 [총획] 4획 [부수] 又 [급수] 6급

一 厂 厂 反

기슭/벼랑 엄 厂 + 또 우 又

벼랑(厂)에 매달려(又) 버티는 모습이에요. 이런 안 좋은 상황을 뒤집고자 노력하는 모습에서 '돌이키다', '돌아오다', '뒤집다'의 뜻이 생겼어요.

★ 反對(반대) 反射(반사) 反映(반영) 贊反(찬반)

26a

널 / 널빤지 판
[총획] 8획 [부수] 木 [급수] 5급

나무 목 木¹³¹ + 돌이킬/돌아올/뒤집을 반 反

'널빤지'를 뜻하던 글자인 '版(판목 판)'이 훗날 '책'의 의미로 널리 사용되자, '反'에 '木'을 추가해 '널빤지'를 뜻하는 글자를 새로 만들었어요. '版'과 '板'은 같은 글자예요.

★ 看板(간판) 揭示板(게시판) 木板(목판) 合板(합판)

26b

사기 / 역사 사
[총획] 5획 [부수] 口 [급수] 5급

붓 모양 乑 + 오른손/또 우 又

붓(乑)을 잡은(又) 모습을 본떴어요. 붓을 잡은(又) 걸 국가의 중대사를 기록하는 것으로 보고 '사기', '역사'의 뜻이 생겼어요.

★ 史記(사기) 史料(사료) 歷史(역사)
　三國史記(삼국사기: 1145년 고려 때 김부식이 펴낸, 『삼국유사』와 함께 우리나라에 남은 가장 오래된 역사책)

26c

벼슬아치 / 관리 리(이)
[총획] 6획 [부수] 口 [급수] 3급

한 일 一¹⁴³ + 사기/역사 사 史

장식이 더해진(一) 붓(乑)을 든(又) 관리로, 신분이나 지위가 높음을 나타내 '벼슬아치', '관리'를 뜻하게 되었어요.

★ 監吏(감리) 官吏(관리) 賢吏(현리)
　淸白吏(청백리: 재물에 욕심을 부리지 않는 곧고 깨끗한 관리)

26d

하여금 / 부릴 / 시킬 사
[총획] 8획 [부수] 亻 [급수] 6급

사람 인 亻⁴¹ + 벼슬아치/관리 리(이) 吏

관리(吏)가 아랫사람(亻)들에게 일을 시키는 모습이에요.

★ 使役動詞(사역동사) 使用(사용) 大使(대사) 行使(행사)

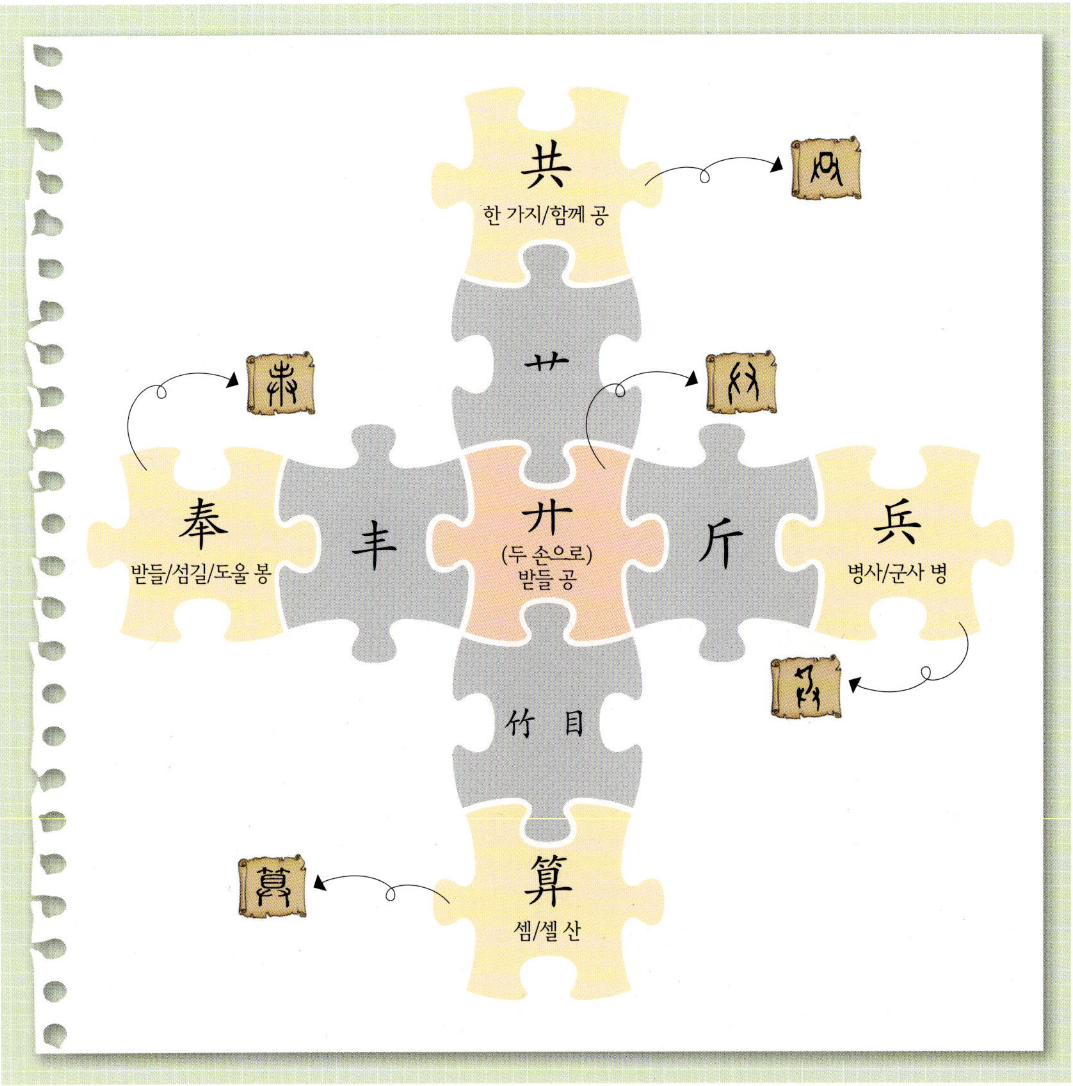

(두 손으로) 받들 공 廾

(두 손으로) 받들 공　　　　　[총획] 3획　[부수] 廾　[급수] 없음

두 손(又+又²⁵)을 위로 하고 물건을 떠받든 모양을 나타냈어요. 부수로만 사용돼요.

27a

한 가지 / 함께 공
[총획] 6획 [부수] 八 [급수] 6급

중요한 물건을 나타낸 모양 卄 + (두 손으로) 받들 공 廾

무겁거나 중요한 물건(卄)을 함께 받든(廾) 모습에서 '함께', '한 가지'의 뜻이 생겼어요.

★ 公共(공공) 共同(공동) 共産主義(공산주의) 共通(공통)

27b

병사 / 군사 병
[총획] 7획 [부수] 八 [급수] 5급

도끼 근 斤⁶⁴ + (두 손으로) 받들 공 廾

도끼(斤)를 양손으로 든(廾) 모습으로, 도끼가 전쟁 무기로 쓰여 이를 든 사람들을 '병사'로 해석했어요.

★ 兵家常事(병가상사: 군사 전문가도 전쟁에서 이기고 지는 일은 흔함, 즉 실패에 낙담하지 말라는 뜻)
將兵(장병) 卒兵(졸병) 海兵(해병)

27c

셈 / 셀 산
[총획] 14획 [부수] 竹 [급수] 7급

대 죽 竹¹³⁸ + 눈 목 目⁵ + (두 손으로) 받들 공 廾

대나무(竹)로 만든 수판셈을 받들고(廾) 알(目)을 튕기며 계산하는 모습이에요. 수판셈 알 모양이 눈동자를 닮아 '目'을 이용해 글자를 만들었어요.

★ 算數(산수) 決算(결산) 計算(계산) 豫算(예산)

27d

받들 / 섬길 / 도울 봉
[총획] 8획 [부수] 大 [급수] 5급

예쁠 봉, 위대할 / 풍채 풍 丰 + (두 손으로) 받들 공 廾

두 손으로 중요한 것(丰)을 들고(廾) 있는 모습이 변해 '奉' 모양이 되었어요. 우리가 알고 있는 '春(봄 춘)'도 위의 모습은 비슷하지만 원래는 전혀 다른 모양이었어요.

★ 奉納(봉납) 奉仕(봉사) 奉養(봉양) 信奉(신봉)

칠복 攵(攴)

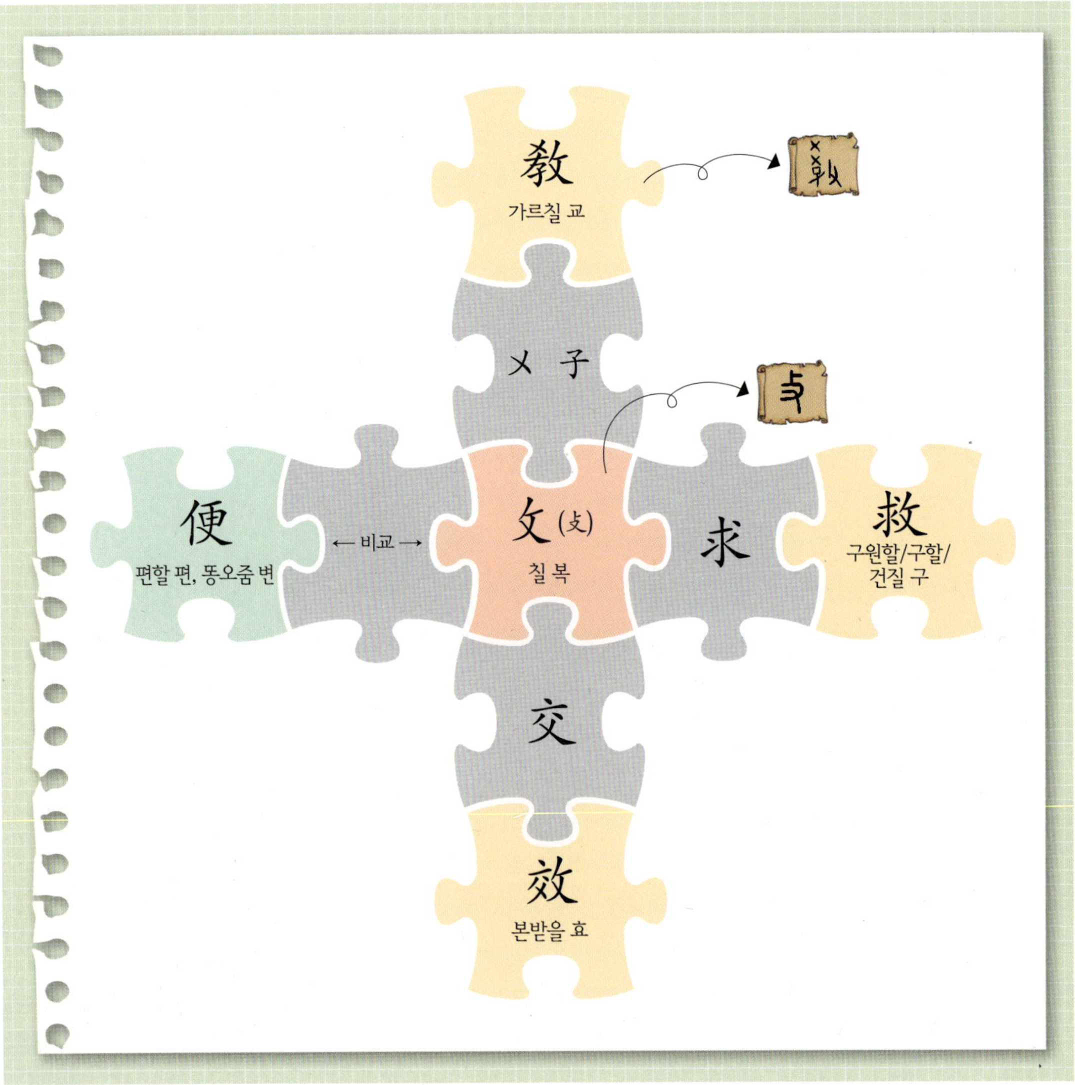

教 가르칠 교
乂 子
便 편할 편, 똥오줌 변 ← 비교 → 攵(攴) 칠복　求　救 구원할/구할/건질 구
交
效 본받을 효

28

ノ ト ケ 攵

 칠복　　　　　　　　　　　　　　　　　[총획] 4획 [부수] 攵 [급수] 없음

손(又²⁵)에 몽둥이나 막대기(丨)를 든 모습이에요. 이는 동물이나 적을 치기 위함이니 자연스럽게 '치다', '때리다'의 뜻을 갖게 되었어요. 또한 적을 친다는 것은 싸움을 의미해 '싸움', '전쟁'과 연관해 해석하는 경우도 많아요. 막대기를 '卜⁶⁵'로 표시한 것은 발음을 위한 거예요. '卜'가 '점 복'이거든요.

28a

教

가르칠 교   [총획] 11획 [부수] 攵 [급수] 8급

새끼줄 모양 乂 + 아들 자 子[51] + 칠 복 攵(攴)

지붕 잇는 모습을 지켜보던 아이(子)에게 직접 새끼를 꼬아(乂) 지붕을 이어 보도록 회초리(攵)를 들고 엄히 가르치는 모습에서 생겨났어요.

※ '학교'는 '學敎'가 아니라 '校(학교 교)'를 써 '學校'로 써요. 하지만 '교실'은 '敎室'이라 쓰죠. '교문'은 '校門'이라 써요. 그럼 '교사'는 '校'와 '敎' 중 어떤 글자를 쓸까요? '敎師', 즉 '敎'를 사용해요.

★ 敎科(교과) 敎師(교사) 敎育(교육) 敎訓(교훈)

28b

救

구원할 / 구할 / 건질 구   [총획] 11획 [부수] 攵 [급수] 5급

구할 구 求 + 칠 복 攵(攴)

달아나는 적을 뒤따라가 공격해(攵) 아군을 구해(求) 내는 모습을 본떴어요. '求'는 물(水[123])을 구하기 위해 손(寸[29])을 내미는 모습이에요.

★ 救命(구명) 救援(구원) 救助(구조) 救出(구출)

28c

效

본받을 효   [총획] 10획 [부수] 攵 [급수] 5급

사귈 교 交[18] + 칠 복 攵(攴)

좋은 친구를 사귀라고(交) 부모가 회초리로 때리며(攵) 일깨우자 부모의 뜻을 본받는 모습이에요.

★ 效果(효과) 效力(효력) 效率(효율) 無效(무효)

28d

便

편할 편, 똥오줌 변   [총획] 9획 [부수] 亻 [급수] 7급

사람 인 亻[41] + 고칠 경, 다시 갱 更

나쁜 습관을 고치면(更) 주위(亻)가 편해 '편할 편', 사람(亻)이 버려야(更) 할 나쁜 거라 해 '똥오줌 변'이 됐어요. '更'은 종(曰)을 막대기(攴)로 쳐 시간을 알리는 데서 '다시', 이를 통해 행동, 계획을 바꾼다 해 '고치다'의 뜻을 가져요.

★ 便利(편리) 便安(편안) 便器(변기) 大小便(대소변)

사람 | 신체 | 손

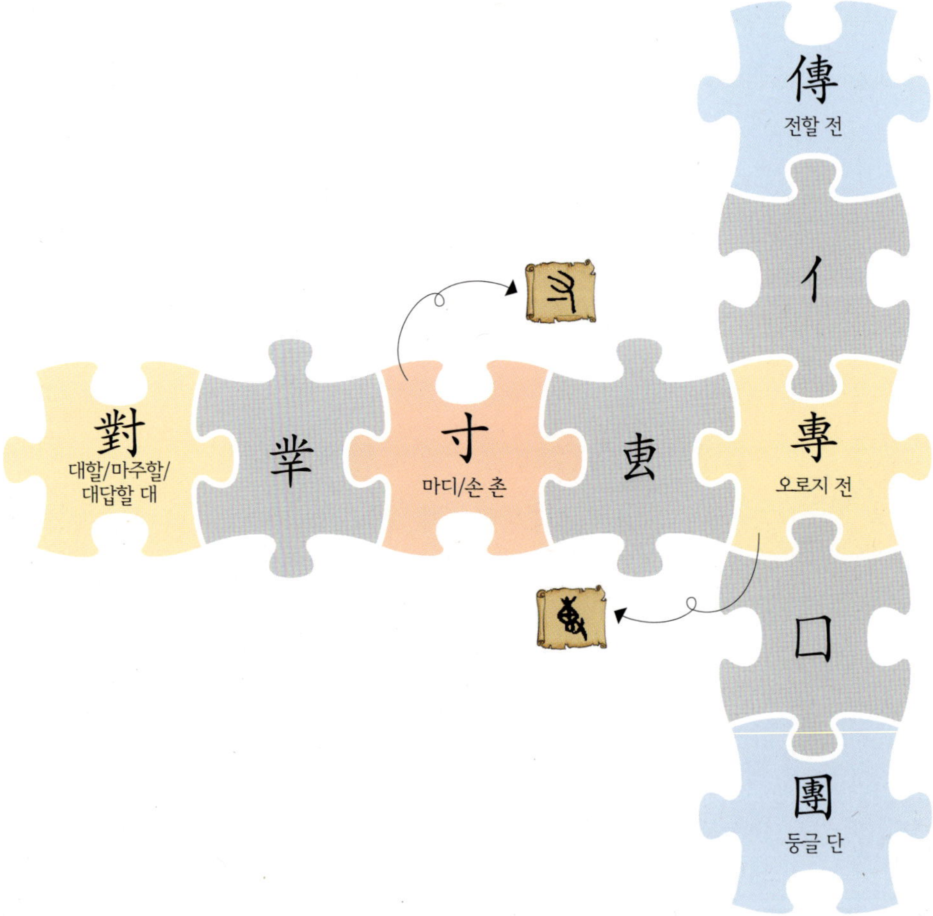

마디 촌 寸

傳 전할 전
亻
專 오로지 전
口
團 둥글 단

對 대할/마주할/대답할 대
業
寸 마디/손 촌
叀

29

一 寸 寸

마디/손 촌 [총획] 3획 [부수] 寸 [급수] 8급

손으로 무언가를 주는 모습으로, 본뜻은 '손'이며, 손이 하는 일과 관련해 사용해요. 손바닥 길이를 기준으로 일정한 거리를 측정하는 모습에서 '마디'의 뜻도 갖게 되었어요.

★ 寸刻(촌각) 寸數(촌수) 三寸(삼촌) 四寸(이웃사촌)

29a

오로지 전
[총획] 11획 [부수] 寸 [급수] 4급

실패 모양 叀 + 마디/손 촌 寸

실패(叀)에 실을 손(寸)으로 감거나 물레(叀)를 손(寸)으로 돌려 실 뽑는 모습이에요. 물레를 돌리며 한눈을 팔면 실을 제대로 감을 수 없어 그 일에만 전념해야 해 '오로지' 뜻이 생겼어요. 물레를 돌려 실을 뽑으면 뽑을수록 가운데에 실이 둥글게 쌓이는 모습에서 '둥글다', '모이다'의 뜻도 있어요.

★ 專攻(전공) 專門(전문) 專門家(전문가)

29b

전할 전
[총획] 13획 [부수] 亻 [급수] 5급

사람 인 亻⁴¹ + 오로지 전 專

사람(亻)이 살면서 모인(專) 경험들을 후대에 전하는 걸 뜻해요.

★ 傳記(전기) 傳染病(전염병) 傳統(전통) 遺傳(유전)

29c

둥글 단
[총획] 14획 [부수] 囗 [급수] 5급

오로지 전 專 + 에워쌀 위, 나라 국 囗⁹⁰

'專'이 '둥글다'라는 본뜻보다 '오로지'의 뜻으로 널리 사용되자, 둥근 모양을 본뜬 '囗'를 추가해 '둥글다'라는 본뜻을 강조했어요. 한자에는 원이 없어서 '囗'로 대신하지요. 그래서 한자를 정방형(정사각형) 글자라고 불러요.

★ 團束(단속) 團地(단지) 團體(단체) 集團(집단)

29d

대할 / 마주할 / 대답할 대
[총획] 14획 [부수] 寸 [급수] 6급

촛대 모양 丵 + 마디/손 촌 寸

촛대(丵)를 손에 들고(寸), 늦은 밤에 찾아온 손님을 맞이해 대화하는 모습을 나타냈어요. '대하다', '마주하다'가 본뜻이고, 주인과 손님이 서로의 질문에 대답하는 모습에서 '대답하다'의 뜻도 생겨났어요.

★ 對答(대답) 對應(대응) 對敵(대적) 反對(반대)

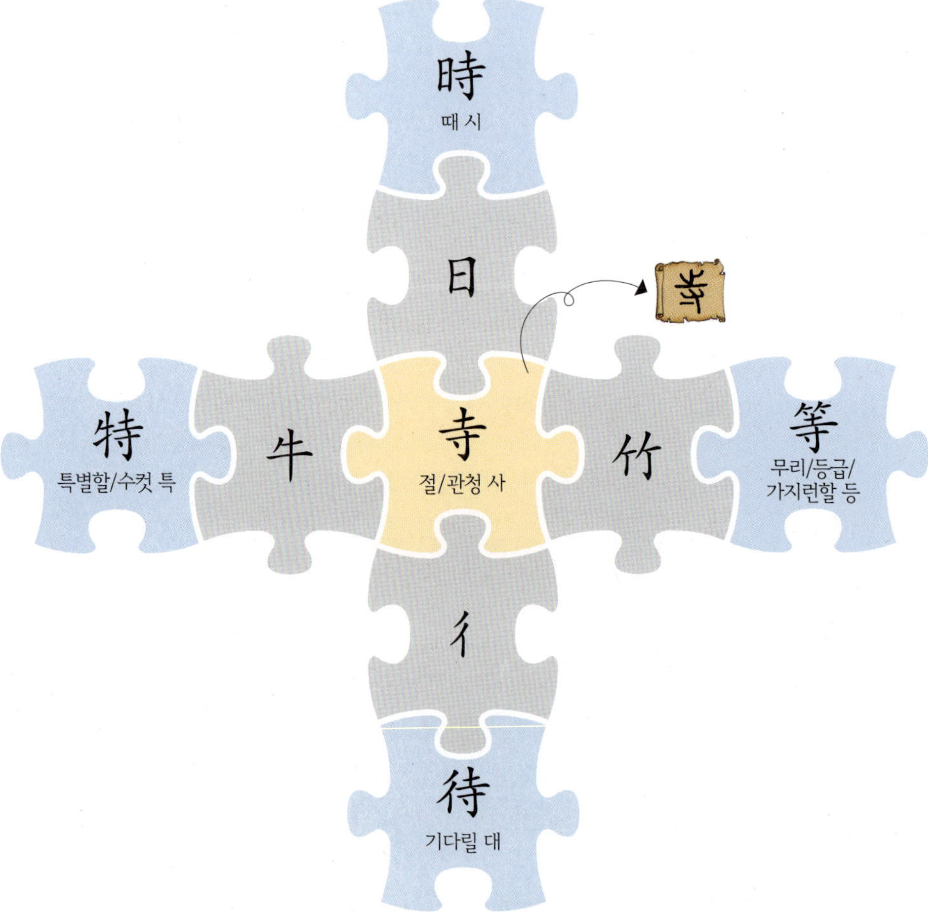

마디 촌 寸

時 때 시

日

特 특별할/수컷 특 — 牛 — 寺 절/관청 사 — 竹 — 等 무리/등급/가지런할 등

彳

待 기다릴 대

一 十 土 土 寺 寺

절/관청 사　　　　[총획] 6획　[부수] 寸　[급수] 4급

흙 토 土⁹¹ + 마디/손 촌 寸

'寺'의 윗부분 '土'는 '止³²(발 지)'가 변형된 글자예요. 본뜻은 '섬기다'인데, 점차 사람들의 손(寸)과 발(土→止)이 되어 섬기는 곳이라 하여 '관청'을 뜻하다가, '절'로 의미가 확대되었어요.

★ 寺院(사원) 寺刹(사찰) 佛國寺(불국사) 山寺(산사)

30a

때 시 　　　　　[총획] 10획 [부수] 日 [급수] 7급

해 일 日[139] + 절/관청 사 寺

해(日)의 위치로 알 수도 있고, 절(寺)에서 도를 닦는 사람들의 규칙적인 움직임으로도 알 수 있는 것이 바로 시간이에요.

★ 時間(시간) 時急(시급) 時代(시대) 當時(당시)

30b

무리 / 등급 / 가지런할 등 　　　　　[총획] 12획 [부수] 竹 [급수] 6급

대 죽 竹[138] + 절/관청 사 寺

절(寺)에서 불경이나 고승들의 가르침을 적은 죽간(竹)을 가지런히 정리해 둔 모습에서 '가지런하다'의 뜻이 생겨났어요. 또한 죽간을 차곡차곡 쌓아 둔 모습에서 '등급', '무리' 등을 뜻하게 되었어요.

★ 等數(등수) 初等學校(초등학교) 平等(평등) 八等身(팔등신)

30c

기다릴 대 　　　　　[총획] 9획 [부수] 彳 [급수] 6급

조금 걸을 척 彳[36] + 절/관청 사 寺

주지스님을 뵙거나 고위 관리를 만나러 관청이나 절(寺)에 가는(彳) 모습이에요. 그러한 사람들을 만나기 위해선 기다리는 인내가 필요했을 거예요.

★ 待接(대접) 待合室(대합실) 待避所(대피소) 期待(기대)

30d

특별할 / 수컷 특 　　　　　[총획] 10획 [부수] 牛 [급수] 6급

소 우 牛[105] + 절/관청 사 寺

살생을 금지하는 절(寺)에 소(牛)가 등장했다는 것은 제물로 사용하기 위해서거나 특별한 목적이 있었을 거예요. 그래서 '특별하다'의 뜻이, 제물용 소는 보통 수컷을 사용해 '수컷'의 뜻이 생겨났어요.

★ 特急(특급) 特別(특별) 特許(특허)
大書特筆(대서특필: 특별한 붓으로 크게 씀, 즉 중요한 사건을 누구나 알게 두드러지게 써 알린다는 뜻)

쌀 포 勹

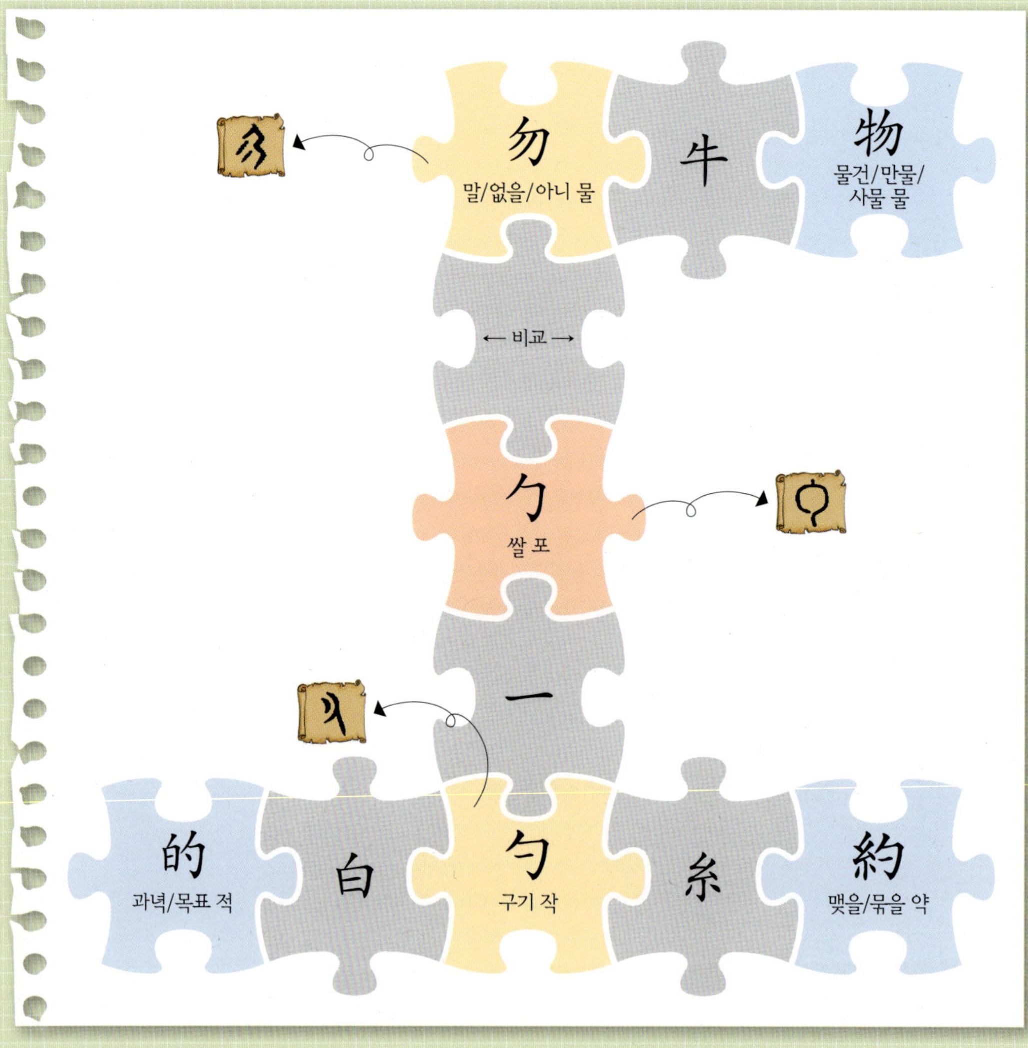

勿 말/없을/아니 물
牛
物 물건/만물/사물 물

← 비교 →

勹 쌀 포

一

的 과녁/목표 적
白
勺 구기 작
糸
約 맺을/묶을 약

31   ノ 勹

쌀 포　　　　　　　　　　　　　　　[총획] 2획 [부수] 勹 [급수] 없음

양손을 감싸 안은 모습, 또는 임신 중인 여인의 배를 본떴어요.

31a

말 / 없을 / 아닐 물　　　　　　　　　　[총획] 4획　[부수] 勹　[급수] 3급

동물의 피가 흐르는 모습, 깃발 모양, 아지랑이 피는 모습을 본떴어요. 살생을 말라거나, 아지랑이는 사라지므로 '말다', '없다'의 뜻이 생겼어요..

★ 勿驚(물경: 놀랍게도, 즉 엄청난 것을 말할 때 미리 내세우는 말) 勿論(물론) 勿忘草(물망초)

31b

물건 / 만물 / 사물 물　　　　　　　　　[총획] 8획　[부수] 牛　[급수] 7급

소 우 牛[105] ＋ 말 / 없을 / 아닐 물 勿

소(牛)를 신에게 바칠 제물로 잡는(勿) 모습이에요.

★ 物理(물리) 物質(물질) 事物(사물) 膳物(선물)

31c

구기 작　　　　　　　　　　　　　　　[총획] 3획　[부수] 勹　[급수] 1급

쌀 포 勹 ＋ 술을 퍼낸 자리 모양 ㅡ

손잡이가 달린 국자 모양을 본떴어요.

31d

맺을 / 묶을 약　　　　　　　　　　　　[총획] 9획　[부수] 糸　[급수] 5급

실 사, 가는 실 멱 糸[70] ＋ 구기 작 勺

실(糸)과 실(糸)을 묶어 하나가 되듯 한 잔 술(勺)을 나눠 마셔 부부의 연을 맺거나, 계약을 체결하거나, 동맹을 맺던 풍습이 반영된 글자예요.

★ 約束(약속) 約婚(약혼) 契約(계약) 제약(制約)

31e

과녁 / 목표 적　　　　　　　　　　　　[총획] 8획　[부수] 白　[급수] 5급

흰 백 白[71] ＋ 구기 작 勺

술을 한 국자(勺) 퍼낼 때 바깥쪽으로 물결이 퍼지는 모습을 흰(白) 바탕에 그려 넣어 과녁을 만든 모습이에요.

★ 劇的(극적) 目的(목적) 人的(인적) 標的(표적)

게임. 한자 사다리 타기

① 사다리 위에 있는 한자를 한 사람에 하나씩 골라요.

② 한 사람씩 순서대로 사다리를 타고 내려가요.

③ 도착한 곳에 있는 한자와 조합하여 빈칸에 완성된 글자를 적어요.

④ 한 글자당 정해진 점수를 더해서 점수가 많은 팀이 이겨요.

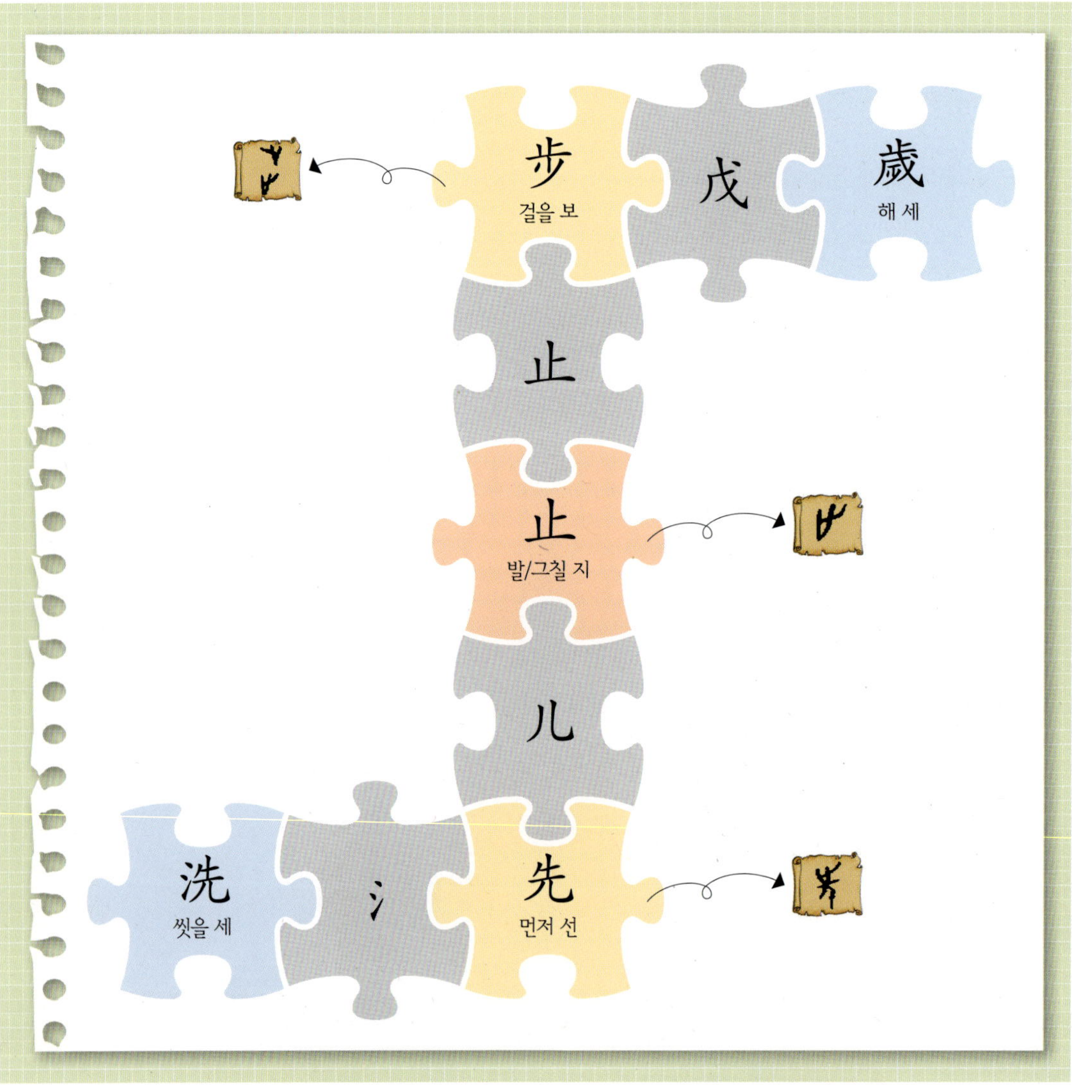

발 지 止

32

발/그칠 지   [총획] 4획 [부수] 止 [급수] 5급

땅을 디디고 서 있는 발과 발가락 모습을 본떴어요. 땅을 디디고 선 발을 걸음을 멈춘 모습으로 여겨 '그치다'의 뜻이 생겨났지만, 기본적으로는 '발'을 뜻해요. 이 글자가 들어 있을 때는 발이 하는 일과 연관 지어 생각해요.

★ 禁止(금지) 防止(방지) 停止(정지) 閉止(폐지)

32a

丨 ㅏ 止 止 캬 步 步

걸을 보
[총획] 7획 [부수] 止 [급수] 4급

발/그칠 지 止 + 발/그칠 지 止

걷는 모습을 본뜬 글자로, 오른발(止)과 왼발(止)을 번갈아 앞으로 내딛으며 걷고 있는 모습이에요.

★ 步道(보도) 步行(보행) 讓步(양보)
　五十步百步(오십보백보: 오십 보나 백 보나 도망간 것은 같다는 뜻, 즉 정도의 차이는 있어도 본질적으로는 차이가 없음)

32b

丨 ㅏ 止 步 产 产
产 产 肯 步 歲 歲 歲

해 세
[총획] 13획 [부수] 止 [급수] 5급

걸을 보 步 + 창 모, 무성할/다섯째 천간 戊⁵⁹ᵃ

사람의 발걸음(步)을 도끼(戊)로 자른 모습이에요. '戊'의 본뜻이 도끼거든요. 사계절이 가고 한 해가 지났음을 발걸음(步)을 자른(戊) 것으로 묘사했어요. 12월 말이 되면 '歲暮(세모)' 라고 하지요. '한 해가 저물다' 라는 의미예요.

★ 歲月(세월) 歲拜(세배) 萬歲(만세) 年歲(연세)

32c

先

丿 ㅗ 屮 生 步 先

먼저 선
[총획] 6획 [부수] 儿 [급수] 8급

발/그칠 지 止 + 어진 사람 인 儿⁴²

발(止)이 강조된 사람(儿)의 모습이에요. 무엇을 하든 신체 가운데 발이 가장 먼저 앞으로 나가는 모습을 본떴어요. 혹은 다른 사람보다 한 걸음 앞서 나가는 사람을 가리켜요. '止'가 '㞢'로 변형되었어요

★ 先頭(선두) 先輩(선배) 先生(선생) 率先(솔선)

32d

丶 丶 氵 氵 汅 泮 洸 洸 洗

씻을 세
[총획] 9획 [부수] 氵 [급수] 5급

물 수 氵¹²³ + 먼저 선 先

제단에 오르기에 앞서(先) 깨끗하게 씻는(氵) 모습이에요.

★ 洗面(세면) 洗手(세수) 洗車(세차) 洗濯(세탁)

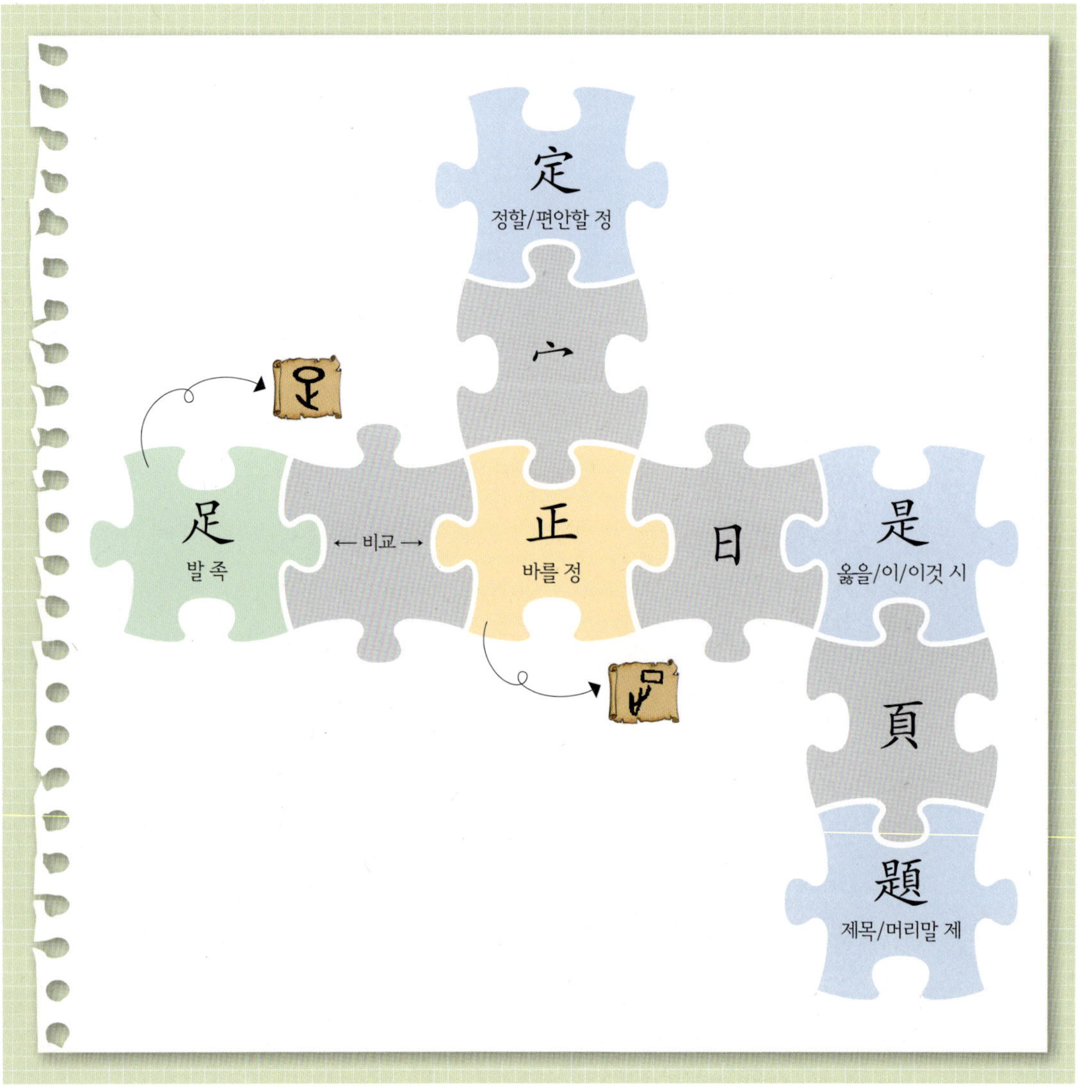

발 지 止

定 정할/편안할 정

足 발 족 ← 비교 → 正 바를 정 日 是 옳을/이/이것 시

頁

題 제목/머리말 제

33

一 丁 下 正 正

바를 정 [총획] 5획 [부수] 止 [급수] 7급

성을 나타낸 모양 ㅡ + 발/그칠 지 止

성(口)을 정복하러 가는(止) 모습이에요. '口' 아래 '止'가 있는 모양이었다가 후에 '口'가 'ㅡ'로 변형되었어요. 적군을 물리치는 일이 옳다 하여 '바르다'를 뜻하게 되었어요.

★ 正面(정면) 正午(정오) 正正堂堂(정정당당) 嚴正(엄정)

33a
ヽ ､ 宀 宀 宀 宁 定 定

정할 / 편안할 정
[총획] 8획 [부수] 宀 [급수] 6급

집 면 宀⁷⁹ + 바를 정 正

적군을 물리치러 간(正) 아버지가 돌아와야 집안(宀)이 편안해지고, 중요한 결정들을 내릴 수 있으므로 '정하다', '편안하다'를 뜻하게 되었어요.

※ '定' 아랫부분은 '疋(발 소)'와 비슷해 보이지만 다른 글자예요. '疋'은 윗부분이 'ㄱ', '定' 윗부분은 'ㅡ' 모양이니 주의해요. '定'의 아랫부분은 '正'과 같은 글자로 모양이 변형된 거예요.

★ 定價(정가) 決定(결정) 豫定(예정) 認定(인정)

33b
ㅣ 冂 日 旦 므 무 무 昻 是

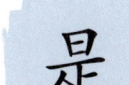

옳을 / 이 / 이것 시
[총획] 9획 [부수] 日 [급수] 4급

해 일 日¹³⁹ + 바를 정 正

해(日)처럼 밝고 바르다(正) 하여 '옳다'를 뜻해요. 옳은 일은 나, 즉 가까운 데부터 실천해야 한다 하여 가까운 걸 지칭하는 '이', '이것', '여기' 등으로 뜻이 확대되었어요. '是'의 '疋'는 '疋(발 소)'가 아닌 '正'이 변형된 거예요.

★ 是非(시비) 是認(시인) 亦是(역시) 或是(혹시)

33c
ㅣ 冂 日 旦 므 무 무 昻 是
是 昰 題 題 題 題 題 題

제목 / 머리말 제
[총획] 18획 [부수] 頁 [급수] 6급

옳을 / 이 / 이것 시 是 + 머리 혈 頁³ᵇ

올바른(是) 것을 머리(頁)에 둔다는 것은 바람직한 목표를 세우거나 목적을 제시한다는 뜻이에요. 무리의 우두머리(頁)가 사람들을 올바른(是) 방향으로 인도하기 위해서는 반드시 올바른 목표와 목적이 세워져야 해요.

★ 題目(제목) 課題(과제) 問題(문제) 表題(표제)

33d
ㅣ 冂 日 日 马 足 足

발 족
[총획] 7획 [부수] 足 [급수] 7급

발을 뜻하는 대표적인 글자예요. 여기에서 '口'는 '무릎'을 가리켜요.

★ 足球(족구) 足跡(족적) 手足(수족)
  鳥足之血(조족지혈: 새 발의 피, 즉 매우 적은 분량)

등질 발 癶

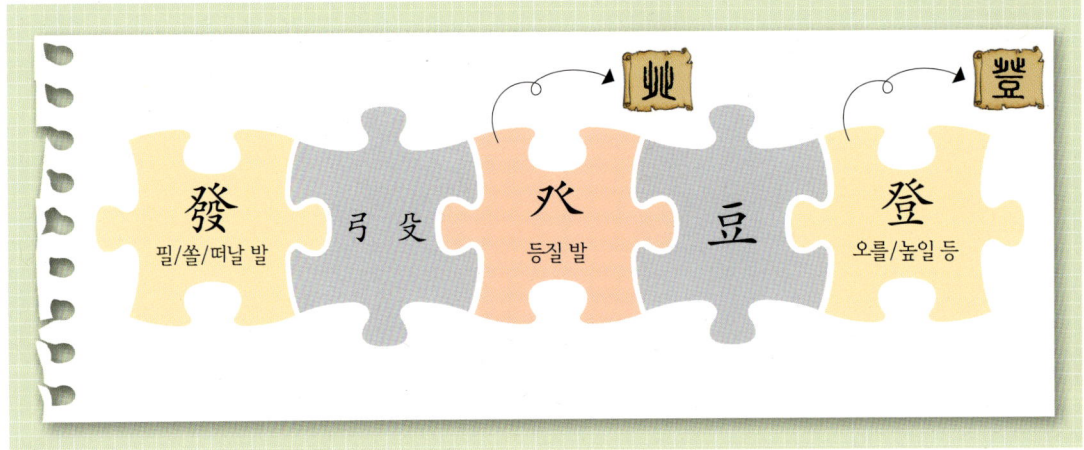

34

등질 발

[총획] 5획 [부수] 癶 [급수] 없음

벌리고 선 두 발을 본뜬 글자로, '등지다', '벌어지다', '펴다', '걷다' 같이 발이 하는 일과 관련돼요.

34a

오를 / 높일 등 登

[총획] 12획 [부수] 癶 [급수] 7급

등질 발 癶 + 제단/콩 두 豆[78]

제단(豆)에 오르는(癶) 모습, 또는 신에게 바칠 제물이 담긴 제기(豆)를 들고 제단을 오르는(癶) 모습에서 '오르다', '높이다'를 뜻하게 되었어요.

★ 登科(등과: 과거 급제) 登校(등교) 登記(등기) 登山(등산)

34b

필 / 쏠 / 떠날 발 發

[총획] 12획 [부수] 癶 [급수] 6급

등질 발 癶 + 활 궁 弓[55] + 창/몽둥이 수 殳[60d]

양발을 벌리고(癶) 활(弓)을 쏘고 창(殳)을 던지는 모습에서 생겨났어요.

★ 發射(발사) 發火(발화) 發火點(발화점: 처음 화재가 일어난 자리) 出發(출발)

어그러질 천 舛

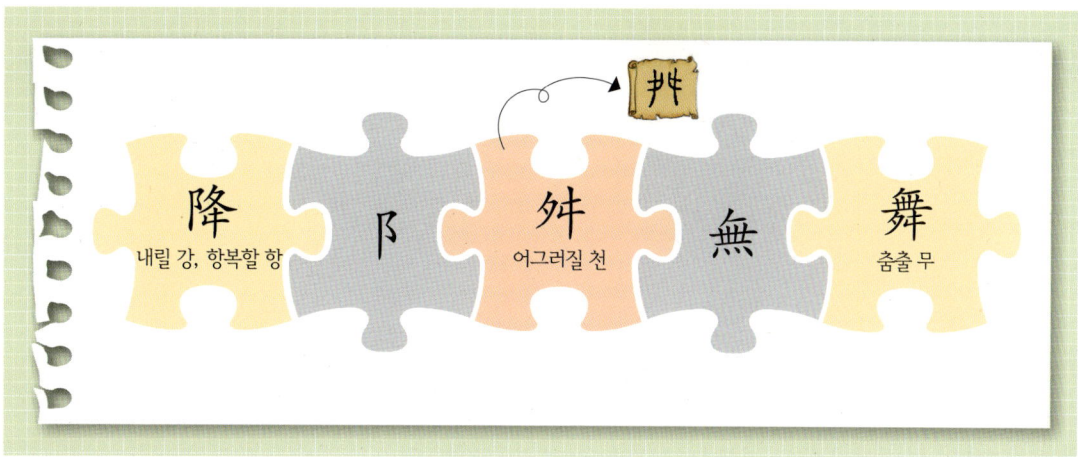

35

어그러질 천

[총획] 6획 [부수] 舛 [급수] 특급

양발(夂)을 좌우로 벌리거나 반대로 향한 모습을 본떴어요. '足(발 족)'이 '발'을 뜻하는 글자 중 가장 먼저 이름을 등록해, 다른 글자들은 '등질 발(癶)', '필 발(發)', '어그러질 천(舛)' 등 다른 이름을 쓰게 되었어요.

35a

춤출 무

[총획] 14획 [부수] 舛 [급수] 4급

없을 무 無[93b] + 어그러질 천 舛

춤추는 모양을 나타낸 글자인 '無'에 양발을 본뜬 '舛'을 더해 무희가 양발을 교차하며 현란하게 추는 춤을 나타냈어요.

★ 舞踊(무용) 舞曲(무곡) 歌舞(가무) 鼓舞(고무: 북 치고 춤을 춤, 또는 격려하고 용기를 북돋움)

35b

내릴 강, 항복할 항

[총획] 9획 [부수] 阝 [급수] 4급

언덕 부 阝[84] + 내릴 강 夅

언덕(阝)을 내려오는(夅) 모습에서 '내리다'의 뜻이 생겼어요. 또한 이를 언덕에서 내려와 적에게 무릎 꿇는 걸로 보고 '항복하다'의 뜻이 생겼어요. 여기에서 '夅'은 '舛(어그러질 천)'과 두 발의 위치만 다를 뿐 같은 글자예요.

★ 降等(강등) 降水量(강수량) 下降(하강) 降伏(항복)

조금 걸을 척 彳

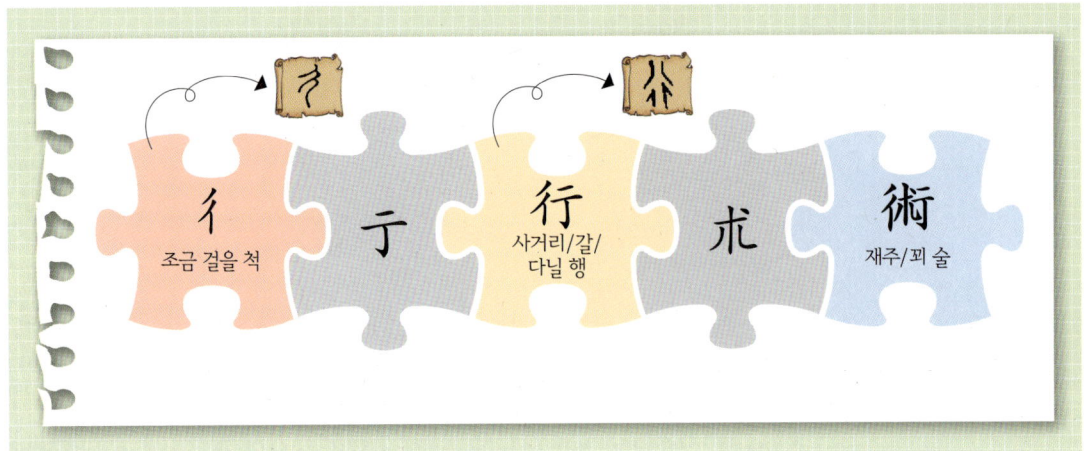

36

조금 걸을 척   [총획] 3획 [부수] 彳 [급수] 없음

'行(갈 행)'의 왼편 글자로, 다른 글자와 함께 쓰는데, 발이 하는 일인 '걷다', '길'의 의미로 많이 쓰여요. '彳', '行' 모두 사거리를 본떠, 원래 '사거리', '길'을 뜻했어요. 훗날 자연스럽게 '가다', '걷다'의 뜻이 더해졌어요.

36a

사거리 / 갈 / 다닐 행   [총획] 6획 [부수] 行 [급수] 6급

조금 걸을 척 彳 + 자축거릴 촉 亍

사거리를 본떴어요. 원래 뜻은 '사거리'였는데, 사람들이 사거리를 오가는 모습에서 '가다', '다니다'의 뜻이 생겼어요. 이 글자는 '항'으로도 발음해요. 형제 간 서열을 나타낼 때 '行列(항렬)'이라고 하지요.

★ 行樂(행락) 旅行(여행) 直行(직행) 進行(진행)

36b

재주 / 꾀 술   [총획] 11획 [부수] 行 [급수] 6급

사거리 / 갈 / 다닐 행 行 + 차조 출 朮

너른 차조(朮)밭 한가운데에 사거리(行)를 만들어 농사짓기 편리하게 만든 모습에서 '재주', '꾀' 등의 뜻이 생겨났어요.

★ 術策(술책) 技術(기술) 美術(미술) 手術(수술)

쉬엄쉬엄 갈 착 辶(辵)

37

갈 / 쉬엄쉬엄 갈 착
[총획] 3획 [부수] 辶 [급수] 없음

조금 걸을 척 彳 + 발 지 止

옛 글자는 '行(갈 행)'의 '彳36'과 '止32'가 합쳐져 '길'과 '걷다'의 뜻을 가져요. 글자 아랫부분에 놓여 흔히 '책받침'으로 불러요. 본 글자는 '辵'이에요.

37a

통할 통
[총획] 10획 [부수] 辶 [급수] 6급

길 용 甬100a + 갈 / 쉬엄쉬엄 갈 착 辶

바구니(甬) 사이로 물과 바람이 쉽게 지나다니는(辶) 모습을 나타냈어요.

★ 通過(통과) 通信(통신) 通用(통용) 貫通(관통)

37b

멀 원
[총획] 13획 [부수] 辶 [급수] 6급

옷 길 / 성씨 원 袁90b* + 갈 / 쉬엄쉬엄 갈 착 辶

긴 옷(袁)으로 단단히 채비하고 먼 길을 떠나는(辶) 모습에서 '멀다' 뜻이 생겼어요. '袁'은 '哀(슬플 애)'와 '止(발 지)'를 합친 모습, 또는 상복(哀)에 장식(一)을 단 모습을 본떴어요. 오래 통곡하는 모습과 긴 상복 장식에서 '옷이 길다'는 뜻을 갖게 되었고, 훗날 '원'이라는 성씨의 의미가 추가됐어요.

★ 遠景(원경) 遠近(원근) 遠大(원대) 高遠(고원)

뒤져 올 치 夂

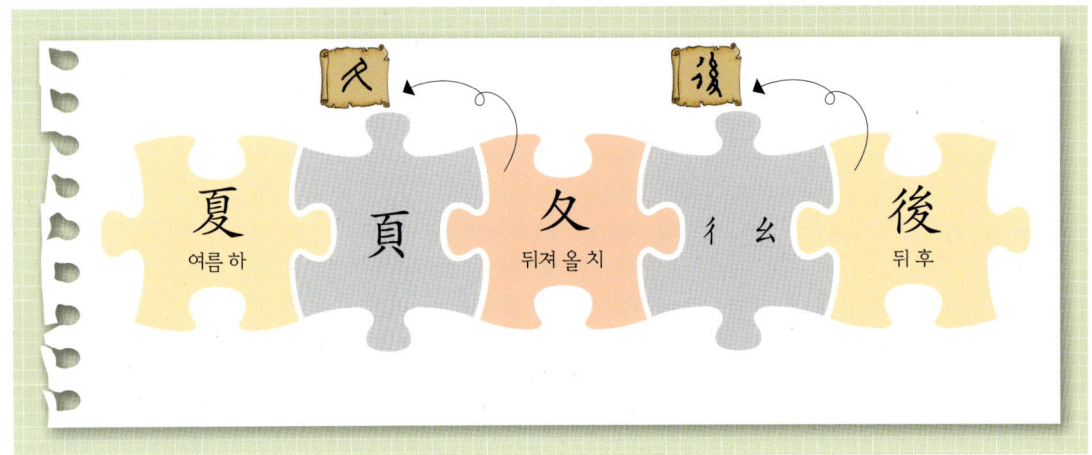

38

뒤져 올 치　　　　　　　　　　[총획] 3획　[부수] 夂　[급수] 없음

발(止³²)이 잡아당겨져 뒤로 넘어지려는 모습이에요. '발'이 하는 일을 연상해요. '夊(천천히 걸을 쇠)'와 모양과 의미가 비슷해요. 최근에는 둘을 구분 없이 쓰거나 '夂'로 통일해 써요. '夂⁹'는 '各(각각 각)'처럼 글자 위, '夂'는 '夏³⁸ᵃ(여름 하)'처럼 글자 아래 사용해요.

38a

여름 하　　　　　　　　　　　[총획] 10획　[부수] 夂　[급수] 7급

머리 혈 頁³ᵇ + 뒤져 올 치 夂

탈(頁)을 쓴 무속인이 발(夂)이 안 보일 만큼 현란히 춤추며 기우제를 올리는 모습이에요. 기우제는 여름철에 많이 지내 '여름'의 뜻을 갖게 됐어요.

★ 夏季(하계) 夏服(하복) 夏至(하지) 春夏秋冬(춘하추동)

38b

뒤 후　　　　　　　　　　　　[총획] 9획　[부수] 彳　[급수] 7급

조금 걸을 척 彳³⁶ + 작을/어릴 요 幺⁷⁰ᵃ + 뒤져 올 치 夂

밧줄(糸⁷⁰)에 발이 묶인 포로들이 뒤처져 늦게(夂) 걷는(彳) 모습을 본떴어요. '糸(실 사)'가 결합된 글자였으나, 훗날 '幺'로 변형됐어요.

★ 後記(후기) 後聞(후문) 午後(오후) 前後(전후)

94

길게 걸을 인 廴

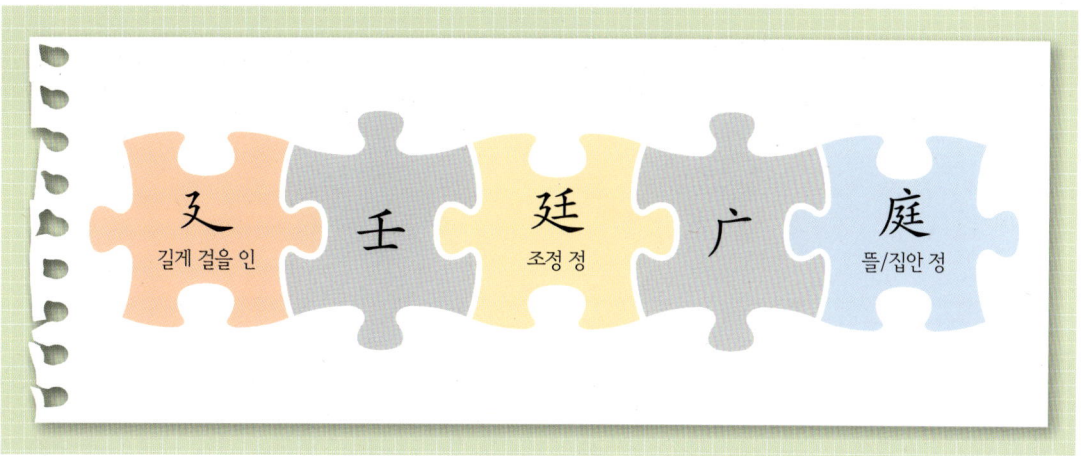

39

길게 걸을 인　　　　　　　　　　[총획] 3획 [부수] 廴 [급수] 없음

스트레칭을 하듯 발을 길게 늘이거나 벌린 모습에서 '늘이다', '당기다', '천천히 걷다' 등의 뜻이 생겨났어요.

39a

조정 정　　　　　　　　　　　　[총획] 7획 [부수] 廴 [급수] 3급

까치발 정 壬 + 길게 걸을 인 廴

국사를 논하려고 임금님 계신 곳으로 까치발(壬)을 하고 길게 줄지어 걸어 가거나(廴), 좌우로 길게 늘어선(廴) 신하들의 모습이에요.

★ 法廷(법정) 王廷(왕정) 朝廷(조정: 나라의 정치를 의논, 집행하던 곳)

39b

뜰 / 집안 정　　　　　　　　　　[총획] 10획 [부수] 广 [급수] 6급

집엄 广 + 조정 정 廷

신하들이 줄지어 늘어선 조정(廷)의 뜰처럼, 집 안에 넓은 마당이 있는 집(广)을 가리켜요.

★ 庭園(정원) 家庭(가정) 法庭(법정) 親法(친정)

게임. 한자 오목

止	降	光	腹	夏	元	令	兄	位	術
遠	夫	冷	先	足	來	局	發	又	大
北	待	辶	登	兌	專	後	等	道	頁
歲	屋	廷	人	化	題	救	展	奉	比
完	以	夂	競	數	太	村	入	庭	彳
信	立	朮	團	步	敬	舞	疒	兵	住
是	走	病	能	匕	舛	說	更	對	算
尺	命	尸	九	行	物	因	敎	兒	領
內	犬	正	夊	戶	宿	傅	定	卩	無
天	倍	充	便	丙	院	花	儿	祝	德

① 누가 먼저 할지 순서를 정해요.

② 서로 다른 필기도구를 준비해요. 예를 들어 한 사람이 연필을 준비했다면, 다른 사람은 빨간 볼펜을 준비해요.

③ 동그라미 표시를 하기 전에 먼저 한자의 훈과 음을 말해요.

④ 오목과 동일하게 5개를 가로, 세로, 대각선으로 먼저 배열하면 이겨요.

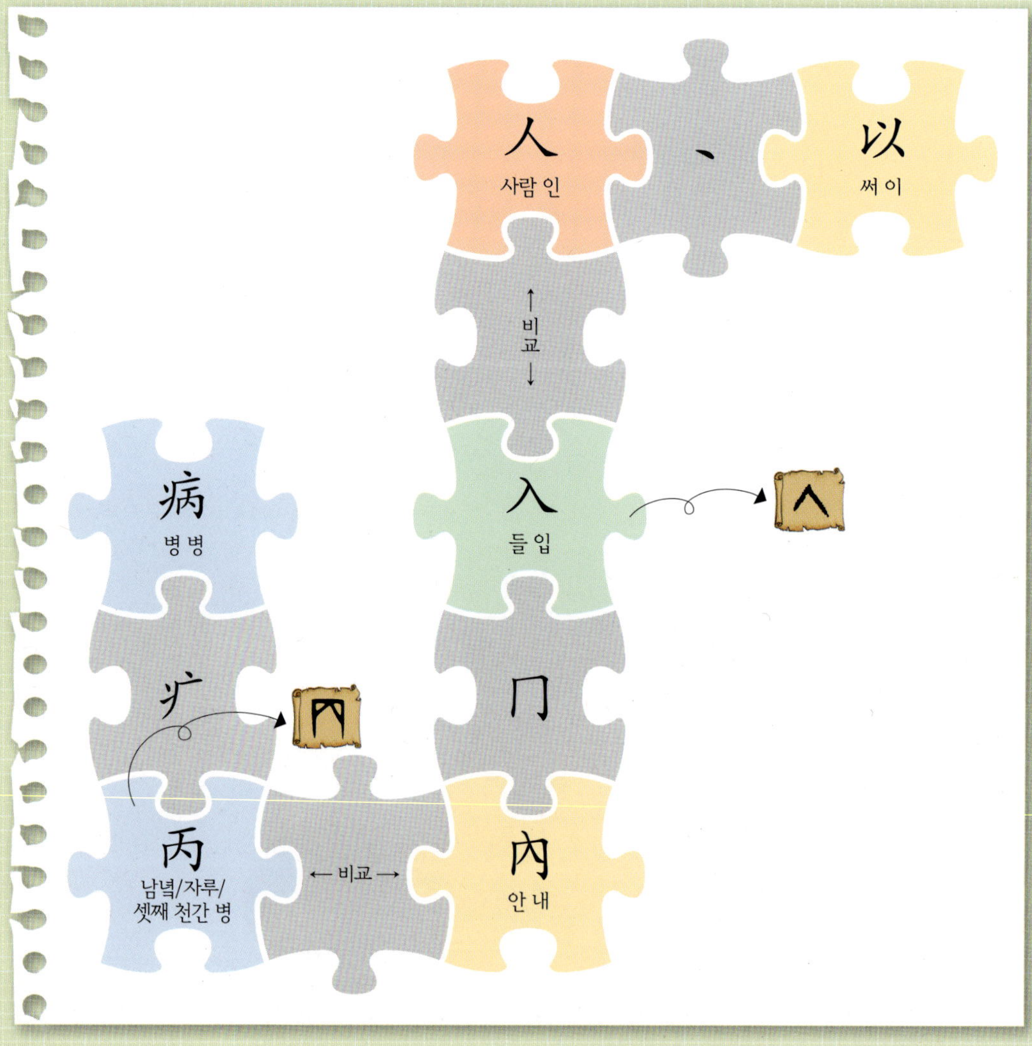

사람 인 人

사람 인   [총획] 2획 [부수] 人 [급수] 8급

사람의 옆모습을 본떴어요. '사람'의 뜻으로 사용되는 대표 글자예요.

★ 人間(인간) 人類(인류) 人命(인명) 人種(인종)

40a
                                                                          丨 丨 ㄥ 以 以

써 이   [총획] 5획 [부수] 人 [급수] 5급

갈고리 모양 レ + 사람 인 人

갈고리 모양 쟁기나 태아 모습을 본떴다는 설이 있어요.

★ 以上(이상) 以前(이전) 以後(이후)
  以心傳心(이심전심: 마음과 마음으로 서로 뜻이 통함)

40b
                                                                                   丿 入

들 입   [총획] 2획 [부수] 入 [급수] 7급

밖에서 안으로 들어가는 것을 표현한 글자예요. '人(사람 인)', '八¹⁴⁶(여덟 팔)' 과 헷갈리지 않도록 주의하세요

★ 入口(입구) 入國(입국) 入場(입장) 買入(매입)

40c
                                                                          丨 冂 冂 内

안 내   [총획] 4획 [부수] 入 [급수] 7급

멀 경 冂⁸⁶ + 들 입 入

출입문(冂)을 통해 집으로 들어가는(入) 모습에서 '안', '내부'를 뜻하게 되었어요. 일본이나 중국에서는 '人'이 들어간 '内' 형태로 써요.

★ 内科(내과) 内室(내실) 内容(내용) 室内(실내)

40d
                                                                     一 厂 万 丙 丙

남녘 / 자루 / 셋째 천간 병   [총획] 5획 [부수] 一 [급수] 3급

제사 때 쓰는 다리가 긴 탁자 모습이에요. 제사상은 항상 남쪽을 바라보게 놓아요. 지금은 '남녘', '자루', '셋째 천간'으로 뜻이 굳어졌어요.

★ 丙寅洋擾(병인양요) 丙子(병자) 丙子胡亂(병자호란)

40e
                                                          ` 一 广 广 疒 疒 疒 病 病 病

병 병   [총획] 10획 [부수] 疒 [급수] 6급

병들어 기댈 역 疒 + 남녘 / 자루 / 셋째 천간 병 丙

탁자를 본뜬 '丙'과 병상 위의 환자 모습을 본뜬 '疒'이 합쳐졌어요

★ 病棟(병동) 病床(병상) 病院(병원) 疾病(질병)

사람 | 사람 | 사람 99

사람 인 亻

信 믿을 신
言
任 맡길 임
壬
亻 사람 인
匕
化 될 화
艹
花 꽃 화

사람 인   [총획] 2획 [부수] 亻 [급수] 없음

'人(사람 인)', '儿[42](어진 사람 인)'과 더불어 언제나 '사람'을 뜻해요. 혼자는 쓰지 못하고 항상 다른 글자의 왼편에서만 사용돼요.

41a

丿 亻 亻` 亻´ 亻⁻ 信 信 信 信

信

믿을 신 [총획] 9획 [부수] 亻 [급수] 6급

사람 인 亻 + 말씀 언 言¹³

말(言)에 거짓이 없는 사람(亻), 한 번 뱉은 말(言)은 반드시 지키는 사람(亻)이라야 믿을 수 있어요. 실제로 진문공(본명은 중이)이라는 제후는 과거 망명 시절에 은혜를 베푼 초성왕을 전쟁터에서 만났어요. 진문공은 양국 군대가 만났을 때 사흘 간 45킬로미터를 물러나겠다고 약속한 적이 있었어요. 문공은 그 약속을 지켜 군대를 후퇴시켜 자신의 말을 지켰어요.

★ 信念(신념) 信賴(신뢰) 信用(신용) 確信(확신)

41b

丿 亻 亻' 化

化

될 화 [총획] 4획 [부수] 匕 [급수] 5급

사람 인 亻 + 비수 / 숟가락 / 사람 비 匕⁴⁵

건강하던 사람(亻)이 세월이 흐르면서 꼬부라진 노인(匕)이 되어 가는 모습이에요. 세상과 만물은 늘 바뀌고 변화한다는 사실을 강조했어요.

★ 文化(문화) 變化(변화) 産業化(산업화) 惡化(악화)

41c

一 十 廾 艹 艹⁻ 花 花 花

花

꽃 화 [총획] 8획 [부수] 艹 [급수] 7급

풀 초 艹¹²⁸ + 될 화 化

단순한 풀(艹)처럼 보이던 것도 시간이 지나면 아름다운 꽃으로 변화되는(化) 모습을 나타냈어요.

★ 花草(화초) 花園(화원) 菊花(국화) 無窮花(무궁화)

41d

丿 亻 亻' 亻⁻ 任 任

맡길 임 [총획] 6획 [부수] 亻 [급수] 5급

사람 인 亻 + 북방 / 아홉째 천간 임 壬

'壬'은 공구, 혹은 공구 한가운데를 잡은 모습을 나타낸 글자예요. 따라서 사람(亻)이 공구(壬)를 들고 있는 모습으로, 맡겨진 일을 한다는 뜻이에요.

★ 任務(임무) 所任(소임: 맡은 직책이나 임무) 責任(책임) 就任(취임)

사람 인 儿

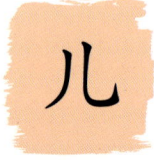

어진 사람 인 [총획] 2획 [부수] 儿 [급수] 없음

'人⁴⁰(사람 인)', '亻⁴¹(사람 인)'과 뜻이 같아요. 혼자는 쓰이지 못하고, 주로 다른 글자의 아랫부분에 붙여 써요.

42a

元

으뜸 원
[총획] 4획 [부수] 儿 [급수] 5급

두 이 二¹⁴³ᵃ + 어진 사람 인 儿

사람(儿) 몸에서 가장 윗부분인 머리(二)를 강조한 글자예요.

★ 元老(원로) 元首(원수) 元祖(원조) 次元(차원)

42b

完

완전할 완
[총획] 7획 [부수] 宀 [급수] 5급

집 면 宀⁷⁹ + 으뜸 원 元

세상에서 가장(元) 안전한 안식처가 집(宀)이라는 것을 나타냈어요.

★ 完工(완공) 完了(완료) 完璧(완벽) 完成(완성)

42c

院

집/담 원
[총획] 10획 [부수] 阝 [급수] 5급

언덕 부 阝⁸⁴ + 완전할 완 完

'阝'는 언덕을 본뜬 글자로, 사람들이 세운 둑이나 담을 나타내는 데도 사용해요. 가정(完)을 보호해 주는 울타리(阝)라는 뜻이에요.

★ 開院(개원) 病院(병원) 寺院(사원) 學院(학원)

42d

充

찰/채울 충
[총획] 6획 [부수] 儿 [급수] 5급

태아를 거꾸로 한 모습 云 + 어진 사람 인 儿

제법 살이 통통하고(云) 튼실해진 아이(儿) 모습, 또는 아이를 안거나 업은 모습으로 해석했어요. '채우다', '가득하다', '살이 찌다' 등을 뜻해요.

★ 充滿(충만) 充實(충실) 充足(충족) 補充(보충)

42e

兒

아이 아
[총획] 8획 [부수] 儿 [급수] 5급

절구 구 臼⁹⁹ + 어진 사람 인 儿

머리 뼈(臼)가 아직 굳지 않은 사람(儿)을 묘사한 걸로 아이를 뜻해요.

★ 兒童(아동) 迷兒(미아) 小兒(소아) 幼兒(유아)

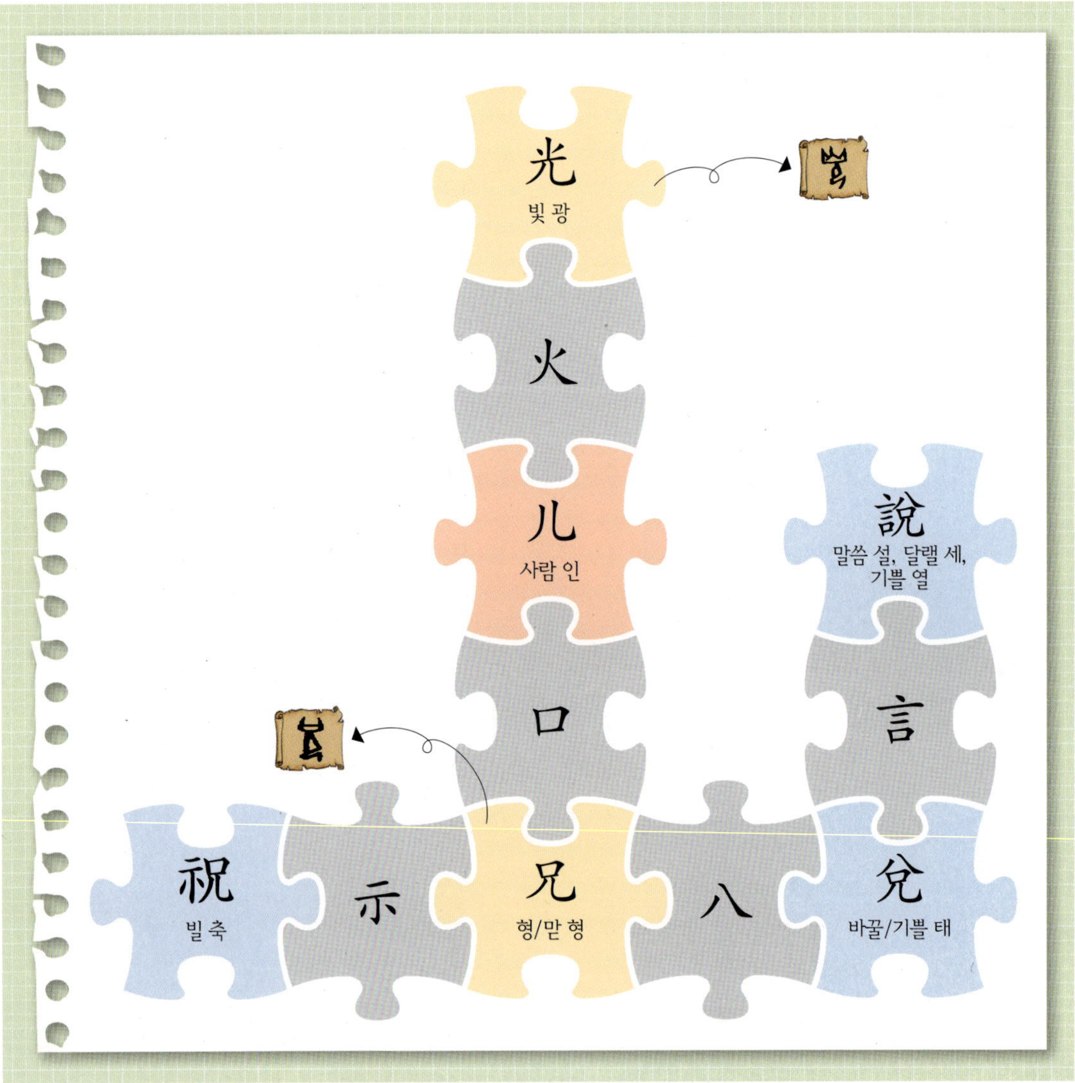

사람 인 儿

43

빛 광

[총획] 6획 [부수] 儿 [급수] 6급

불 화 火⁹² + 사람 인 儿

한밤중에 횃불(火)을 높이 치켜든 사람(儿)을 본떴어요.

★ 光明(광명) 光復(광복) 光線(광선) 榮光(영광)

43a

형 / 맏이 형

입 구 口⁸ + 사람 인 儿

[총획] 5획 [부수] 儿 [급수] 8급

입(口)이 강조된 사람(儿)을 나타냈어요. 조상이나 신에게 제사를 지내거나, 집안을 대표해 말할 때 항상 앞장서 말하거나 간청하는 사람이 맏형이라 하여 만들어졌어요.

★ 兄嫂(형수) 兄弟(형제) 妹兄(매형) 學父兄(학부형)

43b

바꿀 / 기쁠 태

여덟 팔 八¹⁴⁶ + 형/맏이 형 兄

[총획] 7획 [부수] 儿 [급수] 2급

신에게 올린 기도(兄)가 이루어져 축복(八)을 받자 팔자가 완전히 바뀌고 기뻐하는 모습을 본떴어요.

43c

말씀 설, 달랠 세, 기쁠 열

말씀 언 言¹³ + 바꿀/기쁠 태 兌

[총획] 14획 [부수] 言 [급수] 5급

좋은 말씀(言)은 남을 달래기도 하고, 기쁘게도(兌) 하고, 때로는 변화시키기도(兌) 해요.

★ 說敎(설교) 說得(설득) 遊說(유세)
甘言利說(감언이설: 남의 비위를 맞추거나 꾀는 달콤한 말)

43d

빌 축

제단 시 示⁶⁶ + 형/맏이 형 兄

[총획] 10획 [부수] 示 [급수] 5급

가족의 대표(兄)가 제단(示)에 제물을 올리고 신이나 조상께 복을 비는 모습이에요.

★ 祝歌(축가) 祝福(축복) 祝祭(축제) 祝賀(축하)

병부 절 卩(㔾)

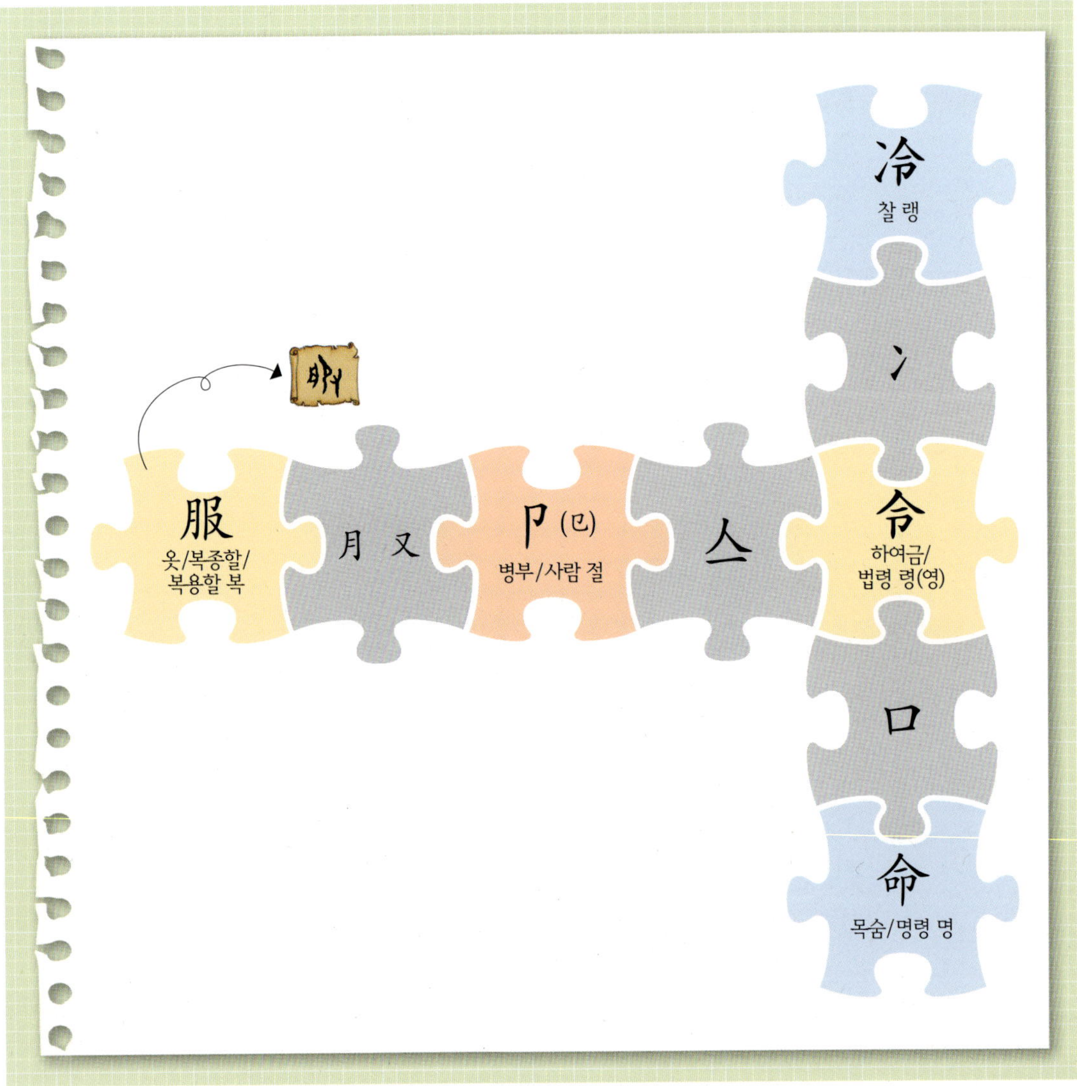

冷 찰 랭
冫
令 하여금/법령 령(영)
口
命 목숨/명령 명

服 옷/복종할/복용할 복
月 又
卩(㔾) 병부/사람 절
厶

44

병부 / 사람 절　　　　　　　　　　　[총획] 2획 [부수] 卩 [급수] 없음

머리를 조아리고 엎드려 있거나 무릎을 꿇고 앉은 사람의 모습을 본떴어요. 뜻은 '병부(兵符, 조선 시대에 병사를 동원하는 표적으로 쓰던 나무패)'지만, 그 뜻으로는 거의 쓰이지 않고, 주로 '사람'의 뜻으로 사용돼요.

106

44a

하여금 / 법령 령(영)　　　　[총획] 5획　[부수] 人　[급수] 5급

삼합 집 亼[101] + 병부 / 사람 절 卩(㔾)

관청(亼)에서 상관의 명령을 듣기 위해 무릎 꿇은 포로나 신하(卩)의 모습을 본떴어요. 여기에서 '亼'은 '모으다'라는 의미가 있으므로 여러 백성들의 힘이 모인 '관청'이라고 생각해요.

★ 口令(구령) 命令(명령) 發令(발령) 法令(법령)

44b

찰 랭(냉)　　　　[총획] 7획　[부수] 冫　[급수] 5급

얼음 빙 冫[125] + 하여금 / 법령 령(영) 令

아무리 부드럽게 지시해도 명령(令)은 얼음(冫)처럼 차갑게 느껴져요.

★ 冷凍(냉동) 冷藏庫(냉장고) 冷情(냉정) 急冷(급랭)

44c

목숨 / 명령 명　　　　[총획] 8획　[부수] 口　[급수] 7급

하여금 / 법령 령(영) 令 + 입 구 口[8]

관청(亼)에서 상관이 무릎을 꿇은 부하(卩)에게 명령(口)을 내리는 모습으로, 본뜻은 '명령'이에요. 상관의 명령은 곧 '목숨'과 같이 지켜야 했어요.

★ 命令(명령) 命中(명중) 生命(생명) 任命(임명)

44d

옷 / 복종할 / 복용할 복　　　　[총획] 8획　[부수] 月　[급수] 6급

배 / 그릇 모양 月[141] + 하여금 / 법령 령(영) 令 + 손 우 又[25]

죄수들을 배(月=舟)에 태우려고 강제(又)로 무릎 꿇리는(卩) 모습에서 '복종하다', '섬기다'를 뜻하게 되었어요. 또한 일반 사람과 구별되는 죄수복 모습에서 '옷', '의복'의 뜻이, 죄수를 무릎 꿇리고(卩) 강제(又)로 입을 벌려 그릇(月)에 담긴 사약을 마시게 하는 모습에서 '복용하다'의 뜻도 생겨났어요.

★ 服用(복용) 服裝(복장) 服從(복종) 屈服(굴복)

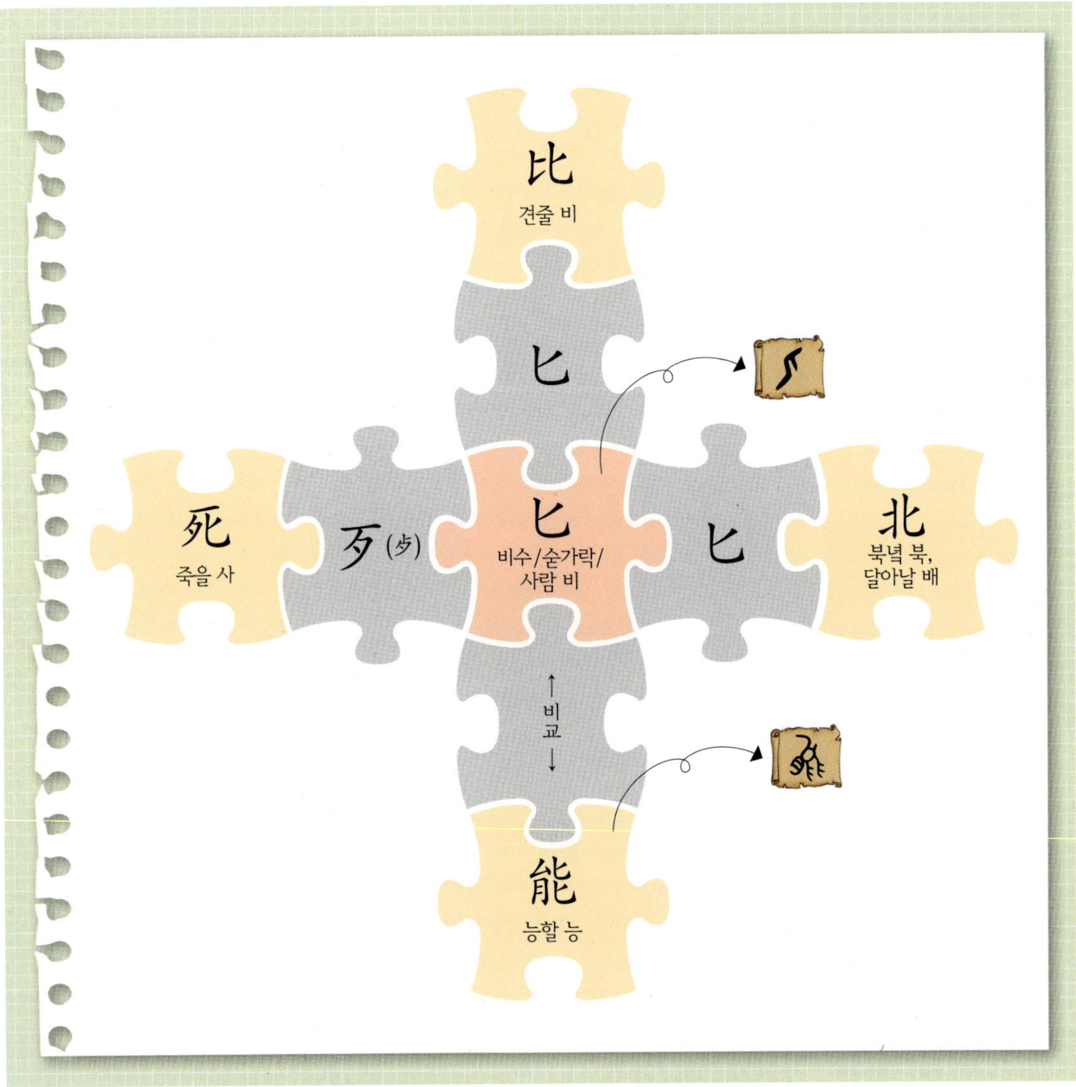

비수 비 匕

```
        比
       견줄 비

        匕

  死   歹(歺)   匕        匕        北
 죽을 사      비수/숟가락/          북녘 북,
              사람 비            달아날 배

         ↑
         비교
         ↓

        能
       능할 능
```

45

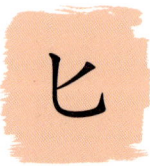

비수 / 숟가락 / 사람 비 [총획] 2획 [부수] 匕 [급수] 1급

등 굽은 노인의 모습에서 '사람'의 뜻이, 끝이 날카로운 도구를 본떠 '숟가락', '비수'의 뜻이 생겼어요. 숟가락으로 사용되는 글자로는 '匙(숟가락 시)'가 있어요. '十匙一飯(십시일반)'이라는 고사성어가 있는데, 여러 사람이 힘을 합하여 한 사람을 돕는다는 의미예요.

45a

比 견줄 비   ー ト ヒ 比

[총획] 4획 [부수] 比 [급수] 5급

비수 / 숟가락 / 사람 비 匕 + 비수 / 숟가락 / 사람 비 匕

두 사람(匕)이 나란히 선 모습에서 '견주다', '비교하다'의 뜻을 가져요.

★ 比較(비교) 比例式(비례식) 比率(비율) 比重(비중)

45b

北 북녘 북, 달아날 배   ノ ┤ ┤ 기 北

[총획] 5획 [부수] 匕 [급수] 8급

비수 / 숟가락 / 사람 비 匕 + 비수 / 숟가락 / 사람 비 匕

두 사람(匕)이 등을 맞댄 모습이에요. 동양에서는 사람이 등진 쪽을 늘 '북쪽'으로 여겼기 때문에 '북녘'의 뜻을 갖게 되었어요. 또한 등을 보이며 달아나는 것은 결국 패배를 뜻해 '달아나다'의 뜻도 생겨났어요.

★ 北上(북상) 北韓(북한) 南北(남북) 敗北(패배)

45c

能 능할 능   ㄥ ㄙ ㄠ 育 育 育 能 能

[총획] 10획 [부수] 月 [급수] 5급

곰 모양 육 + 곰의 앞다리 匕

몸집이 크고 힘센 곰(育)이 앞다리(匕)를 들고 선 모습을 본떴어요.

★ 能力(능력) 能率(능률) 可能(가능) 能事(능사)

45d

死 죽을 사   ー 厂 歹 歹 死

[총획] 6획 [부수] 歹 [급수] 6급

부러진 뼈 / 살 바른 뼈 알 歹(歺)[18] + 비수 비 匕

뼈(歹)만 앙상하게 남거나, 뼈(歹)가 부서져 죽은 것이나 다름없는 사람(匕)을 나타내 '죽다'의 뜻을 가져요.

★ 死力(사력) 死亡(사망) 死活(사활) 生死(생사)

주검 시 尸

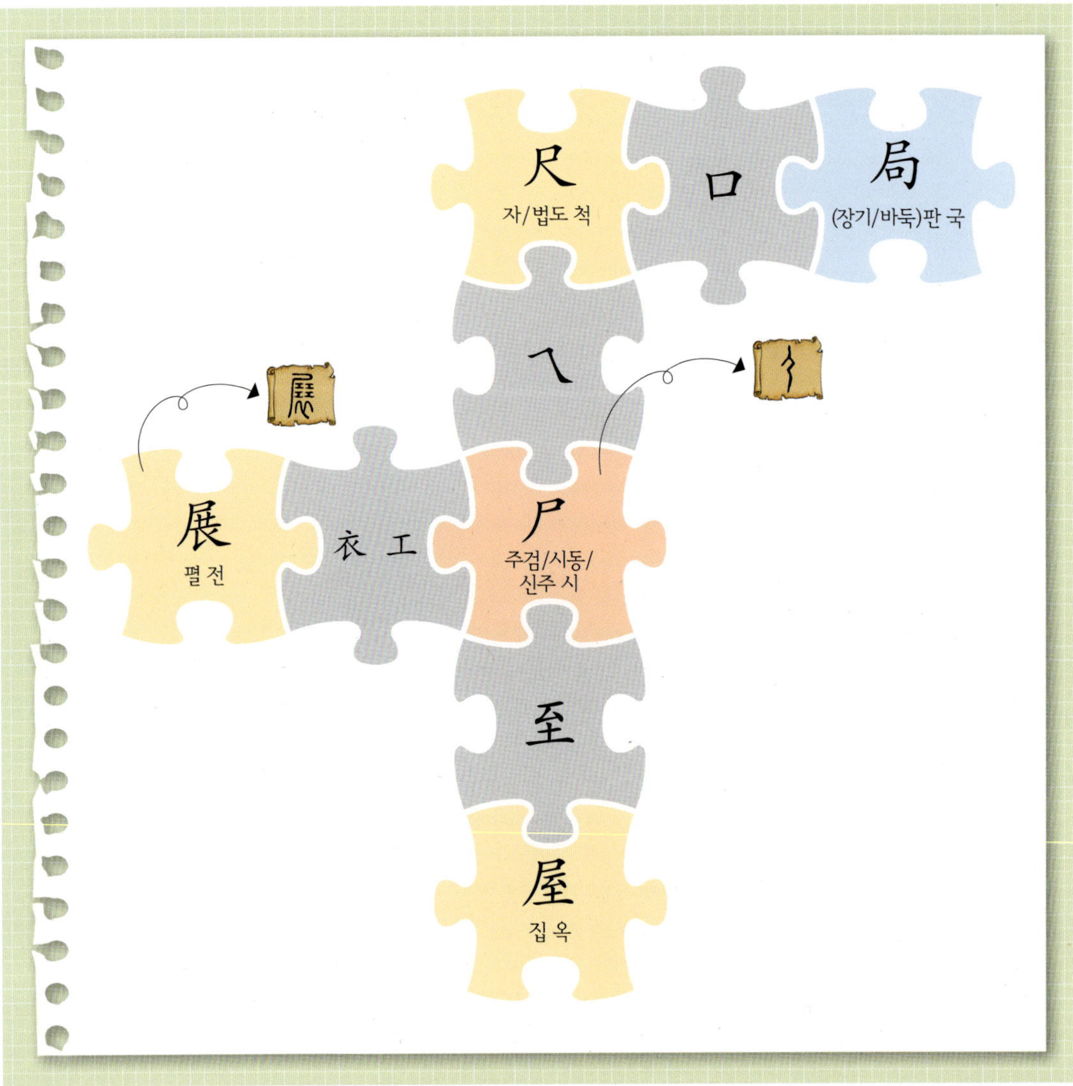

```
        尺            口         局
      자/법도 척                (장기/바둑)판 국

              乀

  展                  尸
展    衣 工        주검/시동/
펼 전                신주 시

              至

              屋
              집 옥
```

주검 / 시동 / 신주 시 [총획] 3획 [부수] 尸 [급수] 특급

관 속 주검, 또는 엉덩이를 뒤로 빼고 구부정하게 앉거나 누운 모습을 본떴어요.

★ 尸童(시동).

46a

ㄱ ㄹ ㅏ 尺

자 / 법도 척

[총획] 4획 [부수] 尸 [급수] 3급

주검/시동/신주 시 尸 + 보폭을 나타낸 모양 ㇏

사람(尸)의 보폭(㇏)을 재서 거리를 측정하거나 기준으로 삼는 모습이에요. '縮尺(축척)'이라는 것은 지도에서의 거리와 지표에서의 실제 거리와의 비율을 나타내는 것으로 몇 천분의 일, 몇 만분의 일 따위로 표시해요.

★ 尺度(척도: 평가나 측정할 때의 기준)
　三尺童子(삼척동자: 키가 석 자(약 90cm)밖에 안 되는 어린아이라는 뜻으로, 철없는 아이나 무식한 사람을 비유함)

46b

ㄱ ㄹ 尸 吊 吊 局 局

(장기/바둑)판 국

[총획] 7획 [부수] 尸 [급수] 5급

자/법도 척 尺 + 입 구 口⁸

판세나 상황을 자(尺)로 재듯이 분석해 정확히 설명(口)하는 모습이에요. 장기나 바둑이 구획을 나눠 상황을 보기 쉽게 만들어 놓은 것에서 '판'이라는 의미도 생겨났어요.

★ 局面(국면) 局長(국장) 結局(결국) 形局(형국)

46c

ㄱ ㄹ 尸 尸 屋 屋 屋 屋

집 옥

[총획] 9획 [부수] 尸 [급수] 5급

자/법도 척 尺 + 이를 지 至⁵⁷

신성한 화살을 쏴 그 화살이 떨어진(至) 곳을 신성하게 여겨 사당(尸)을 짓던 풍습을 반영한 글자예요.

★ 屋上(옥상) 屋外(옥외) 家屋(가옥) 韓屋(한옥)

46d

ㄱ ㄹ 尸 尸 屈 屈 展 展 展

펼 전

[총획] 10획 [부수] 尸 [급수] 5급

자/법도 척 尺 + 장인 공 工¹²⁰ᵇ + 옷 의 衣⁶⁹

숙련된 장인(工)이 시신(尸)을 수의(송장에 입히는 옷)로 갈아입히기 위해 수의(衣)를 펼쳐 놓은 모습을 본뜬 글자로 보여요.

★ 展覽會(전람회) 展望(전망) 展示(전시) 發展(발전)

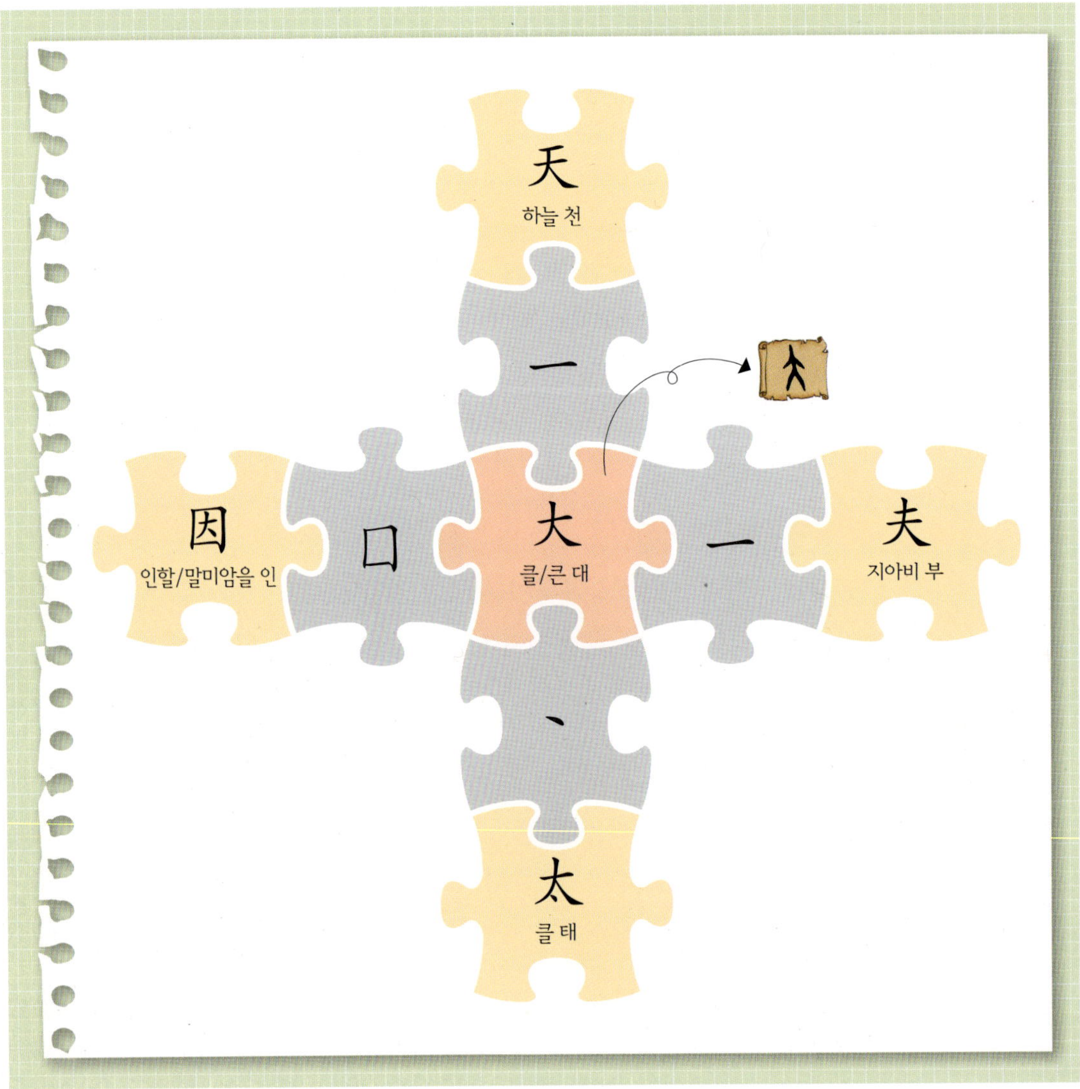

큰대 大

天
하늘 천

因
인할/말미암을 인

口

大
클/큰 대

一

夫
지아비 부

太
클 태

47   一 ナ 大

클/큰 대　　　　　　　　　[총획] 3획 [부수] 大 [급수] 8급

장정이 양팔과 다리를 크게 벌리고 선 모습으로, 본뜻은 '크다'예요. 기본적으로는 장정을 뜻하지만, 본질적으로 사람을 본뜬 글자여서 어른이나 사람 등으로 의미가 확대되었어요.

★ 大國(대국) 大人(대인) 大學校(대학교) 莫大(막대)

47a　　　　　　　　　　　　　　　　　　　　　　　　　　　　　一 二 チ 天

하늘 천
[총획] 4획　[부수] 大　[급수] 7급

한 일 一¹⁴³ + 클/큰 대 大

사람(大) 위에 선 하나(一)를 그어 머리 위에 있는 하늘을 가리켜요.

★ 天然(천연) 天才(천재) 天地(천지) 天下(천하)

47b　　　　　　　　　　　　　　　　　　　　　　　　　　　　　一 二 丰 夫

지아비 부
[총획] 4획　[부수] 大　[급수] 7급

한 일 一¹⁴³ + 클/큰 대 大

장정(大)의 머리에 상투(一)를 튼 모습으로, 장가간 남자나 어른을 뜻해요.

★ 夫婦(부부) 工夫(공부) 士大夫(사대부) 丈夫(장부)

47c　　　　　　　　　　　　　　　　　　　　　　　　　　　　　一 ナ 大 太

클 태
[총획] 4획　[부수] 大　[급수] 6급

클/큰 대 大 + 점 주 丶¹⁴⁹

'大' 아랫부분에 점(丶) 하나를 찍어 아주 크다는 것을 나타냈어요. '클 태'를 '泰'로 쓰기도 해요.

★ 太古(태고: 아주 먼 옛날) 太極旗(태극기) 太陽(태양) 太平洋(태평양)

47d　　　　　　　　　　　　　　　　　　　　　　　　　　　丨 冂 月 円 内 因

인할 / 말미암을 인
[총획] 6획　[부수] 囗　[급수] 5급

클/큰 대 大 + 에워쌀 위 囗⁹⁰

사방이 담으로 둘러진(囗) 감옥에 사람(大)이 갇힌 모습을 본떴어요. 원인이 없이 사람(大)을 가두는(囗) 법은 없으므로 '인하다', '말미암다' 등의 뜻이 생겨났어요.

★ 原因(원인) 要因(요인) 因緣(인연)
　因果應報(인과응보: 원인과 결과에는 합당한 이유가 있다는 뜻)

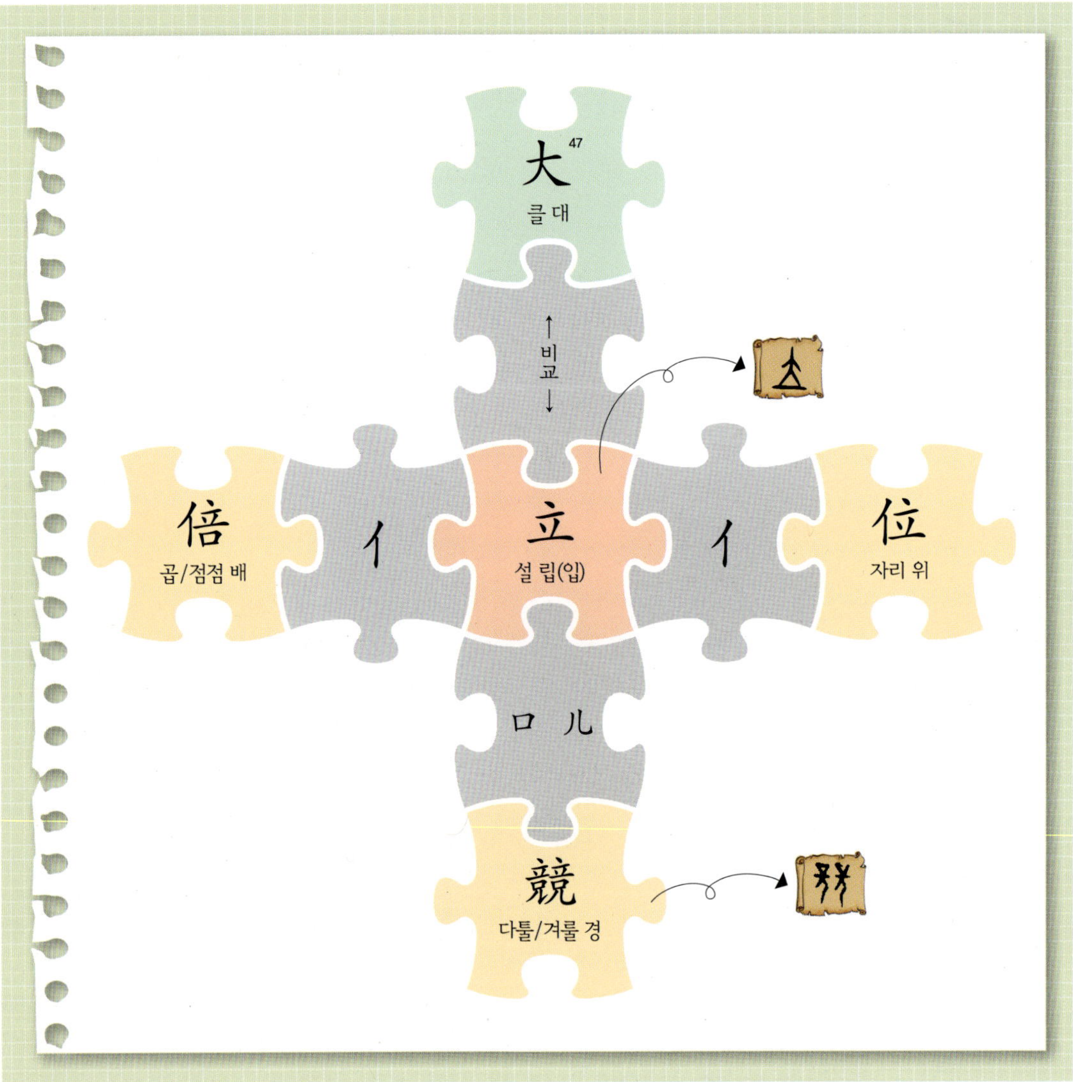

설 립(입) 立

설 립(입)

[총획] 5획 [부수] 立 [급수] 7급

다부지게 두 발로 땅(一)을 디디고 선 장정(大⁴⁷)의 모습을 나타냈어요.

★ 立場(입장) 立春(입춘) 獨立(독립) 成立(성립)

48a

ノ 亻 亻 亻 亻 位 位

자리 위

[총획] 7획 [부수] 亻 [급수] 5급

사람 인 亻⁴¹ + 설 립(입) 立

계급 사회에서는 서(立) 있는 자리를 보면 그 사람(亻)의 지위나 위치를 알 수 있었다는 뜻이에요.

★ 位置(위치) 單位(단위) 順位(순위) 地位(지위)

48b

` ㄧ ㅗ ㅛ ㅠ 音 音 音 音
音 音 音 音 音 音 競 競 競 競

다툴 / 겨룰 경

[총획] 20획 [부수] 立 [급수] 5급

말씀 언 音→言¹³ + 말씀 언 音→言¹³ + 사람 인 儿

'誩(말다툼할 경)'과 '儿'을 더해 심하게 말다툼하는 모습을 나타낸 글자인데, 훗날 글자꼴이 바뀌었어요.

★ 競技(경기) 競演(경연) 競爭(경쟁) 競走(경주)

48c

ノ 亻 亻 亻 亻 位 位 倍 倍 倍

곱 / 점점 배

[총획] 10획 [부수] 亻 [급수] 5급

사람 인 亻⁴¹ + 부풀/침 부 咅

사람(亻)이 부풀어(咅) 오른다는 것은 사람의 수가 배로 늘어나거나 증가하는 걸 말해요. '咅'는 초목이 대지를 뚫고 올라와 점점 커지는 모습을 본뜬 글자예요.

★ 倍加(배가) 倍數(배수) 倍率(배율) 百倍(백배)

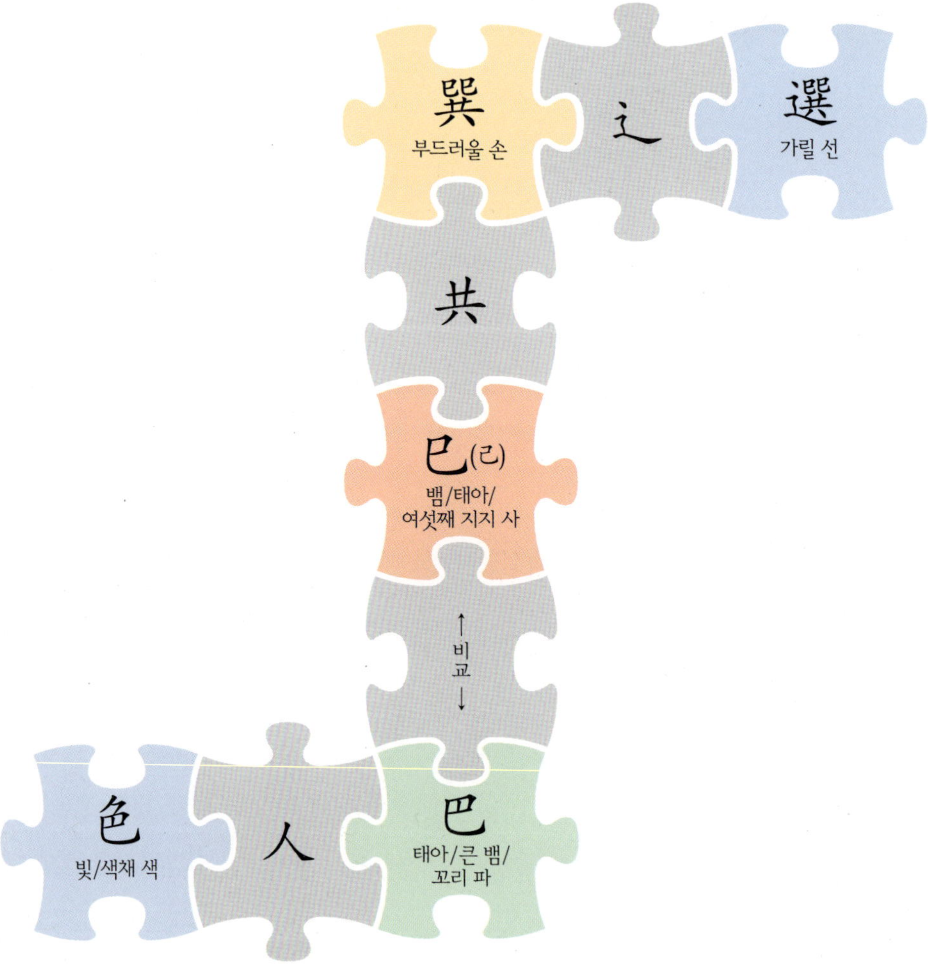

태아 사 巳(己)

巽 부드러울 손   之   選 가릴 선

共

巳(己)
뱀/태아/
여섯째 지지 사

↑
비교
↓

色 빛/색채 색   人   巴 태아/큰 뱀/꼬리 파

49

ㄱ ㄱ 巳

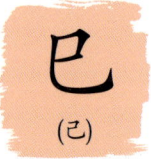

뱀 / 태아 / 여섯째 지지 사   [총획] 3획 [부수] 己 [급수] 3급

웅크린 태아의 모습을 본떴어요. 태아도 결국 사람이므로 '사람'의 뜻으로도 널리 쓰여요. 십이지(十二支) 중 여섯 번째인 뱀을 상징해 '뱀 사'라고 불리기도 하지만, 대부분은 본뜻인 '사람', '태아'로 쓰여요.

49a

부드러울 손

[총획] 12획 [부수] 己 [급수] 특급

뱀 / 태아 / 여섯째 지지 사 巳 + 한 가지 / 함께 공 共[27a]

제단(共) 위에서 나란히 춤추는 두 무속인(巳)의 모습, 혹은 왕자나 공주(巳)를 제단(共) 위에 올려놓고 누구를 제물로 바치거나 볼모로 보낼지 고르는 모습이에요.

49b

가릴 선

[총획] 15획 [부수] 辶 [급수] 5급

부드러울 / 손괘 손 巽 + 갈 / 쉬엄쉬엄 갈 착 辶[37]

제물이나 볼모로 갈(辶) 사람을 선별(巽)하는 모습으로 보여요.

★ 選擧(선거) 選擇(선택) 競選(경선: 둘 이상의 후보가 경쟁하는 선거) 入選(입선)

49c

태아 / 큰 뱀 / 꼬리 파

[총획] 4획 [부수] 己 [급수] 1급

토실토실 살집이 오른 태아(巳)의 모습을 본떴어요. '큰 뱀', '꼬리'의 뜻도 있으나, 주로 '태아'나 '사람' 혹은 '뚱뚱하다'라는 의미를 지녀요. 그래서 신체를 나타내는 '月[141](육달 월)'을 추가하면 '肥(살찔 비)'가 되고, 뚱뚱하다는 것을 '肥滿(비만)'이라고 하지요.

49d

빛 / 색채 색

[총획] 6획 [부수] 色 [급수] 7급

사람 인 人[40] + 태아 / 큰 뱀 / 꼬리 파 巴

서로 좋아하는 두 사람(巴 + 人)이 마주치자 얼굴을 붉히는 모습에서 '빛' 또는 '색깔'이라는 의미가 생겼어요.

★ 無色(무색) 白色(백색) 靑色(청색) 黃色(황색)

사사 사 厶

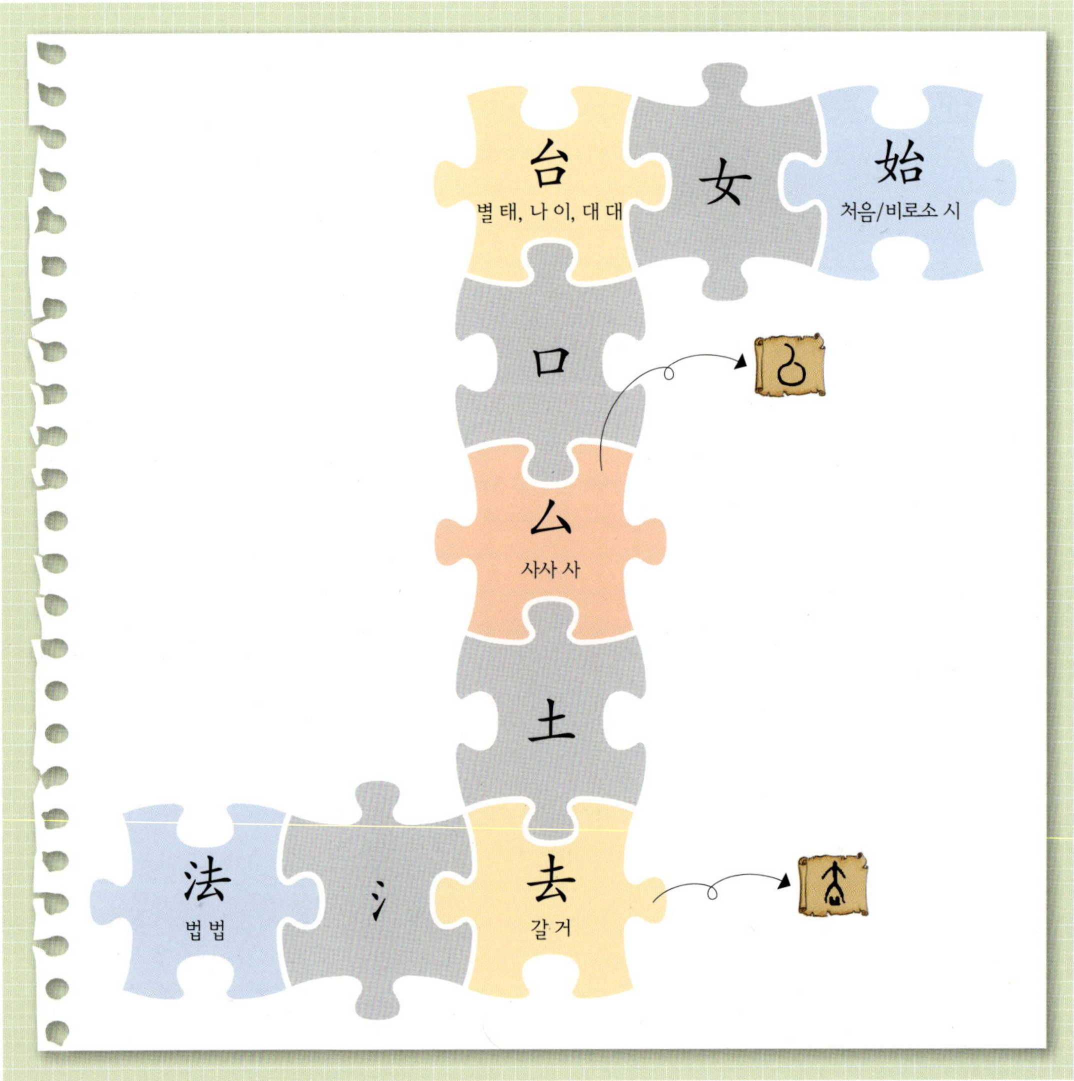

50

사사 사 [총획] 2획 [부수] 厶 [급수] 없음

정확히 밝혀진 뜻은 없으나, 마늘과 모양이 비슷해 '마늘 모'로도 불리고, 막 태어난 '갓난아이'의 모습이라고 추정되기도 해요. 갓난아이 때의 모습은 사적인 것이므로 '나' 또는 '사사롭다'는 의미로 사용돼요.

50a

별 태, 나 이, 대 대   [총획] 5획 [부수] 口 [급수] 2급

사사 사 厶 + 입 구 口⁸

갓난아이(厶)가 옹알이하는(口) 모습이에요. 본뜻은 '태아'이고, '나', '별' 등의 뜻이 추가되었어요.

50b

처음 / 비로소 시   [총획] 8획 [부수] 女 [급수] 6급

계집 녀(여) 女⁵² + 별 태, 나 이, 대 대 台

어머니(女)가 나(台)를 낳아 내 인생이 비로소 시작되었음을 나타냈어요.

★ 始作(시작) 始初(시초) 原始(원시) 創始(창시)

50c

갈 거   [총획] 5획 [부수] 厶 [급수] 5급

사람의 변형 土 + 사사 사 厶

갑골 문자를 보면 사람(大⁴⁷)이 통(凵⁹⁷ᵇ) 위에 올라가 엉거주춤한 자세로 변을 보는 모습이에요. 오줌, 똥은 결국 사라지는 것이어서 '가다', '버리다', '없애다', '지나간 세월' 등을 뜻하게 되었어요.

★ 去來(거래) 去就(거취) 過去(과거) 除去(제거)

50d

법 법   [총획] 8획 [부수] 氵 [급수] 5급

물 수 氵¹²³ + 갈 거 去

물(氵)이 위에서 아래로 흐르듯이(去) 자연스러운 순리를 말해요. 자연의 이치가 '법'이니, 순리를 어기는 것은 곧 법을 어기는 것임을 알 수 있어요.

※ '法'의 옛 글자는 '廌(해태 치) + 水(물 수) + 去(갈 거)'로 이루어져 있어요. 상상의 동물인 해태는 사악한 기운을 막아 주고, 선악을 가리는 동물이어서, 옳고 그름을 판단하는 '법' 글자를 만드는 데 이용했음을 알 수 있어요.

★ 法律(법률) 方法(방법) 立法(입법) 憲法(헌법)

아들 자 子

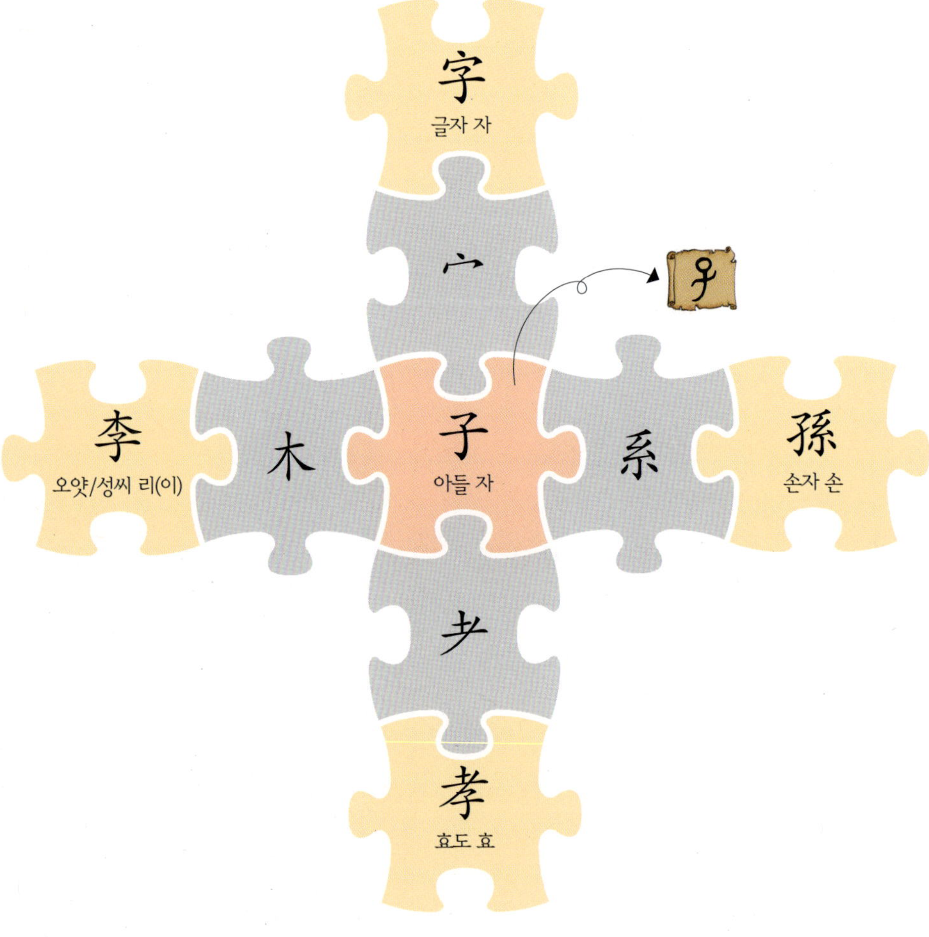

```
        字
      글자 자
        宀
  李   木  子  系   孫
오얏/성씨 리(이)  아들 자      손자 손
        ㄗ
        孝
      효도 효
```

→ 옛

51
ㄱ 了 子

아들 자 [총획] 3획 [부수] 子 [급수] 7급

두 팔 벌린 어린아이의 모습을 본뜬 글자로, '어린이'가 본뜻이에요. 뜻은 '아들'이지만, 꼭 '아들'만이 아니라 '사내아이', '자식'의 뜻으로 사용돼요.

★ 子息(자식) 男子(남자) 孫子(손자) 女子(여자)

51a

글자 자　　　　　　　　　　[총획] 6획　[부수] 宀　[급수] 7급

집 면 宀⁷⁹ + 아들 자 子

집안(宀)에 자식(子)이 태어나 가족을 이루듯, 문장이 되고 책이 되려면 글자가 늘어나야 해요. 이러한 뜻으로 '子'의 소리를 사용해 '글자 자'가 만들어졌어요. 갑골학의 대가인 대만의 허진웅 교수는 건축물(宀) 안에서 사내아이(子)의 이름을 짓는 의식을 본떴다고 해설하기도 해요.

★ 字幕(자막) 文字(문자) 數字(숫자) 赤字(적자)

51b

손자 손　　　　　　　　　　[총획] 10획　[부수] 子　[급수] 6급

아들 자 子 + 이을 계 系

대를 이어(系) 주는 아들(子)을 가리켜요. 여기에서 '系'는 실(糸)의 끝이 매듭지어져 있는 모습으로 '잇다'는 의미를 갖게 되었어요.

★ 孫子(손자) 曾孫(증손) 親孫(친손) 後孫(후손)

51c

효도 효　　　　　　　　　　[총획] 7획　[부수] 子　[급수] 7급

아들 자 子 + 늙을 / 늙은이 로(노) 耂⁵³ᵃ

늙고 병든 노부모(耂)를 업은 자식(子)의 모습에서 부모를 섬기는 '효도'를 나타냈어요.

★ 孝道(효도) 孝誠(효성) 孝心(효심) 不孝(불효)

51d

오얏 / 성씨 리(이)　　　　　　[총획] 7획　[부수] 木　[급수] 6급

나무 목 木¹³¹ + 아들 자 子

'오얏(자두)', '오얏나무(자두나무)'가 본뜻이며, 지금은 주로 성씨로 쓰여요.

여자 녀(여) 女

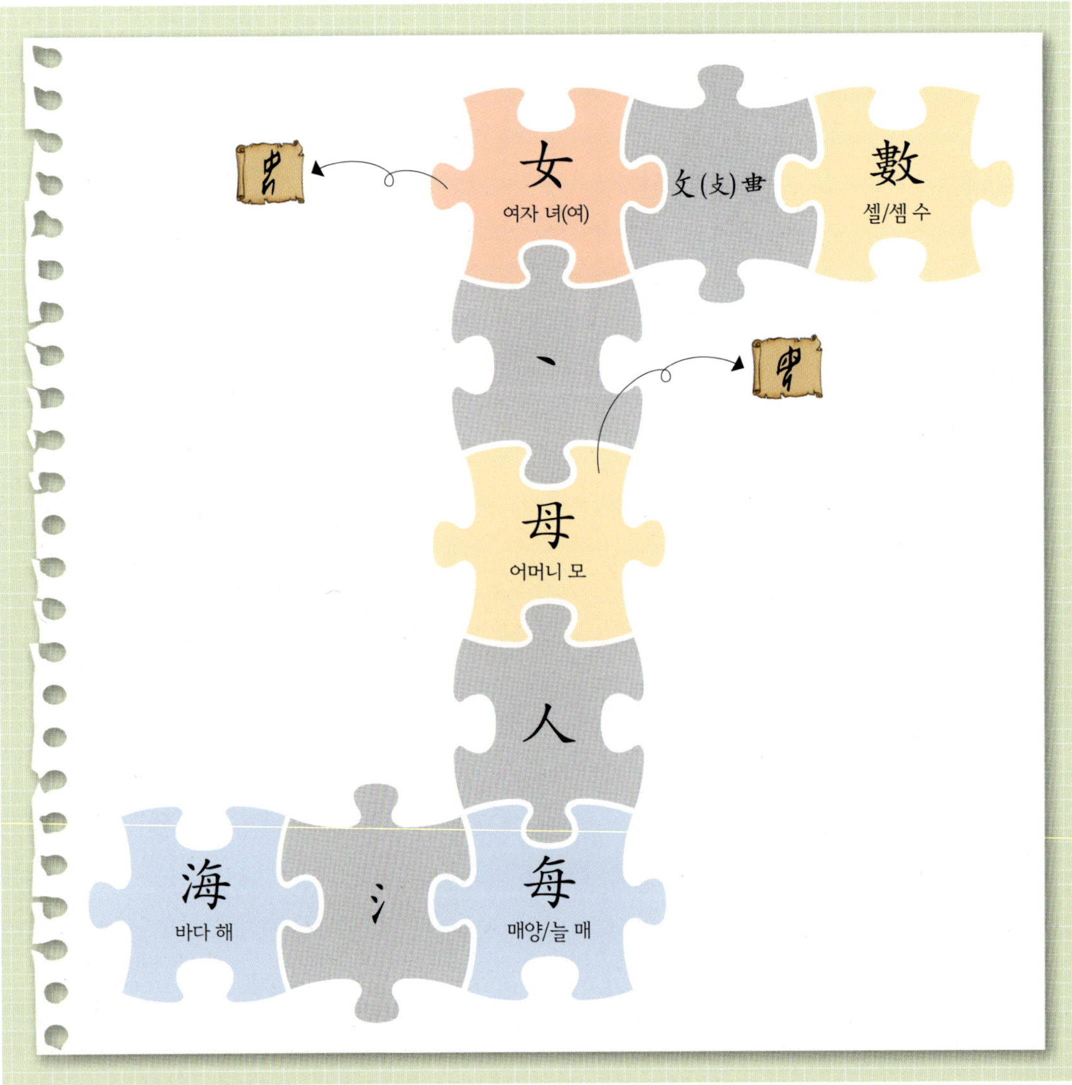

여자 녀(여)   [총획] 3획   [부수] 女   [급수] 8급

두 손을 가지런히 무릎 위에 올리고 조신하게 꿇어앉은 여자의 모습을 본 떴어요.

★ 女軍(여군) 女性(여성) 男女(남녀) 海女(해녀)

52a

셀/셈 수
[총획] 15획 [부수] 攵 [급수] 7급

끌 루(누) 婁 + 칠 복 攵(攴)

'婁'는 머리카락을 둘둘 말아 머리 위로 틀어 올린 여자의 모습, 혹은 머리 위에 물건들(毌)을 잔뜩 이고 옮기는 여자(女)를 나타낸 글자예요. 감독관이 회초리(攵)를 들고 여자(女)들이 물건(毌)을 얼마나 이고 옮기는지 하나 둘 확인하는 모습에서 '세다', '헤아리다', '셈' 등의 뜻이 생겨났어요.

★ 數量(수량) 數値(수치) 數學(수학) 多數(다수)

52b

어머니 모
[총획] 5획 [부수] 母 [급수] 8급

여자 녀(여) 女 + 점 주 丶¹⁴⁹

여성(女)의 가슴을 점(丶) 두 개로 강조해 아이에게 젖을 먹이는 어머니를 나타냈어요.

★ 母國(모국) 母性愛(모성애) 母乳(모유) 父母(부모)

52c

매양/늘 매
[총획] 7획 [부수] 母 [급수] 7급

비녀 모양 ㅗ + 어머니 모 母

머리에 비녀(ㅗ)를 꽂아 늘 머리를 단정히 하는 어머니(母)의 모습을 나타냈어요.

★ 每年(매년) 每事(매사) 每日(매일) 每週(매주)

52d

바다 해
[총획] 10획 [부수] 氵 [급수] 7급

물 수 氵¹²³ + 매양/늘 매 每

아무리 가뭄이 심해도 늘(每) 한결같은 수위(氵)를 유지하는 곳은 바다예요.

★ 海水浴(해수욕) 海神(해신) 海風(해풍) 東海(동해)

길 장 長/ 늙을 로(노) 耂

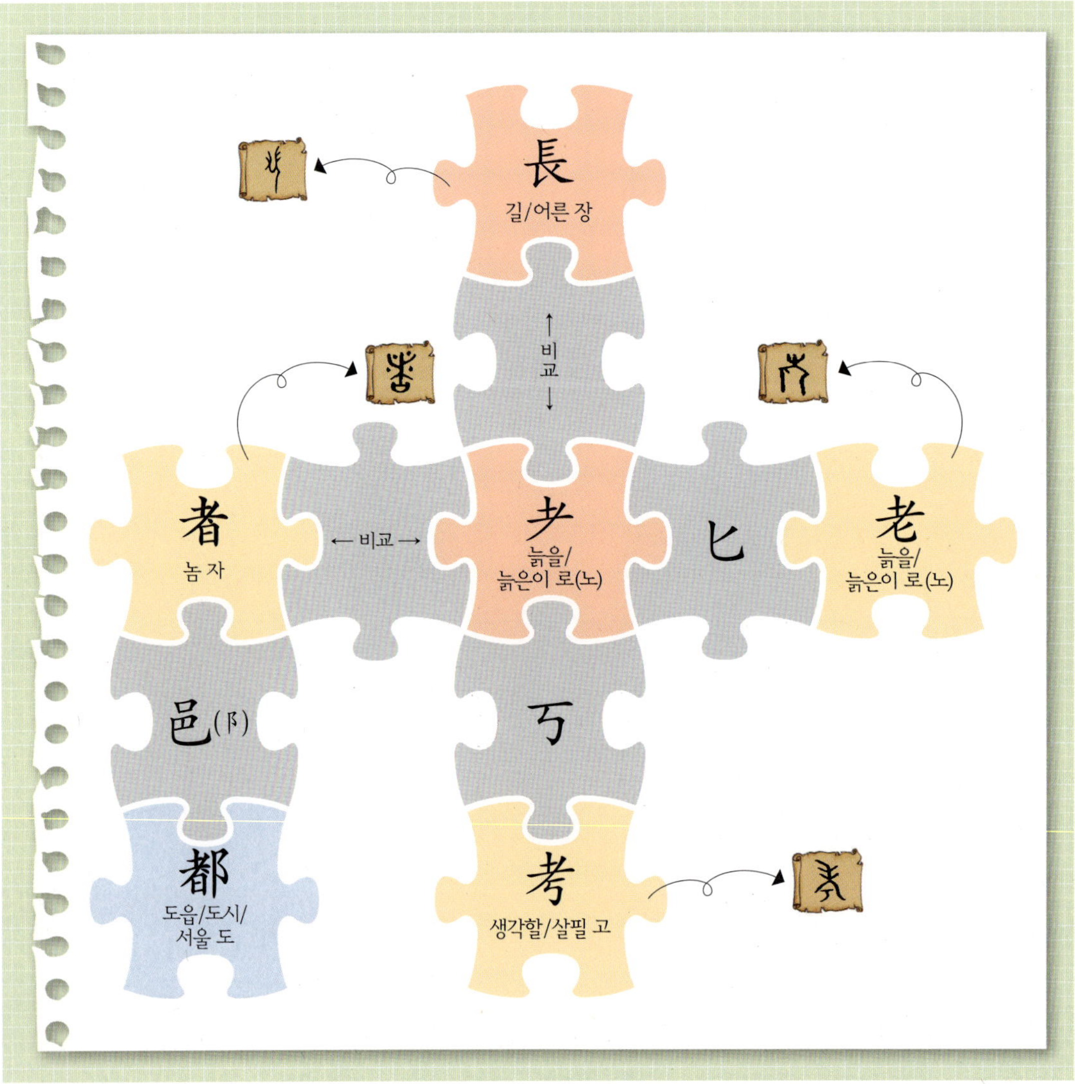
長
길/어른 장
비교
者
놈 자
비교
耂
늙을/
늙은이 로(노)
匕
老
늙을/
늙은이 로(노)
邑(阝)
丂
都
도읍/도시/
서울 도
考
생각할/살필 고

53

長

길 / 어른 장

[총획] 8획 [부수] 長 [급수] 8급

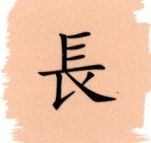

머리카락을 길게 풀어 헤친 노인의 모습을 본떴어요. 본뜻은 '길다'지만 '노인'의 뜻으로도 쓰여요. 또한 '校長(교장)', '社長(사장)'처럼 무리에서 '우두머리'를 의미해요.

★ 長短(장단) 長身(장신) 長壽(장수) 年長者(연장자)

53a

一 十 土 耂

늙을 / 늙은이 로(노)　　　　[총획] 4획 [부수] 耂 [급수] 없음

긴 머리를 풀어 헤친 노인의 모습을 본떴어요.

53b

一 十 土 耂 耂 老

늙을 / 늙은이 로(노)　　　　[총획] 6획 [부수] 老 [급수] 7급

늙을 / 늙은이 로(노) 耂 + 비수 비 匕⁴⁵

노인(耂)이 지팡이(匕)를 짚고 사거리에서 엉거주춤 선 모습이에요.

★ 老少(노소) 老人(노인) 老後(노후) 元老(원로)

53c

一 十 土 耂 耂 考

考

생각할 / 살필 고　　　　[총획] 6획 [부수] 耂 [급수] 5급

늙을 / 늙은이 로(노) 耂 + 지팡이 모양 丂

지팡이(丂)를 짚고 어디로 갈지 갈팡질팡하는 노인(耂)의 모습이에요.

★ 考察(고찰) 備考(비고) 思考(사고) 參考(참고)

53d

一 十 土 耂 耂 者 者 者

놈 자　　　　[총획] 9획 [부수] 耂 [급수] 6급

솥에 음식을 익히는 모습이에요. 동물 중 유일하게 사람만 그렇게 음식을 익혀 먹어요.

★ 記者(기자) 或者(혹자) 消費者(소비자) 患者(환자)

53e

一 十 土 耂 耂 者 者 者 都 都

도읍 / 도시 / 서울 도　　　　[총획] 11획 [부수] 阝 [급수] 5급

놈 자 者 + 고을 읍 邑(阝)⁸⁵

고을(邑)보다 큰 규모인 도시를 나타내기 위해 요리하는 모습인 '者'를 더했어요. 사람이 많은 도시(邑)에 요리집(者)도 몰려 있을 거예요. '邑(阝)'은 마을(囗)에 사람(巴⁴⁹ᶜ)들이 모여 사는 걸 나타냈는데, 혼자 쓸 때는 '邑', 다른 글자와 쓸 때는 오른편에 '阝'로 써요.

★ 都城(도성) 都市(도시) 都邑(도읍) 首都(수도)

선비 사 士

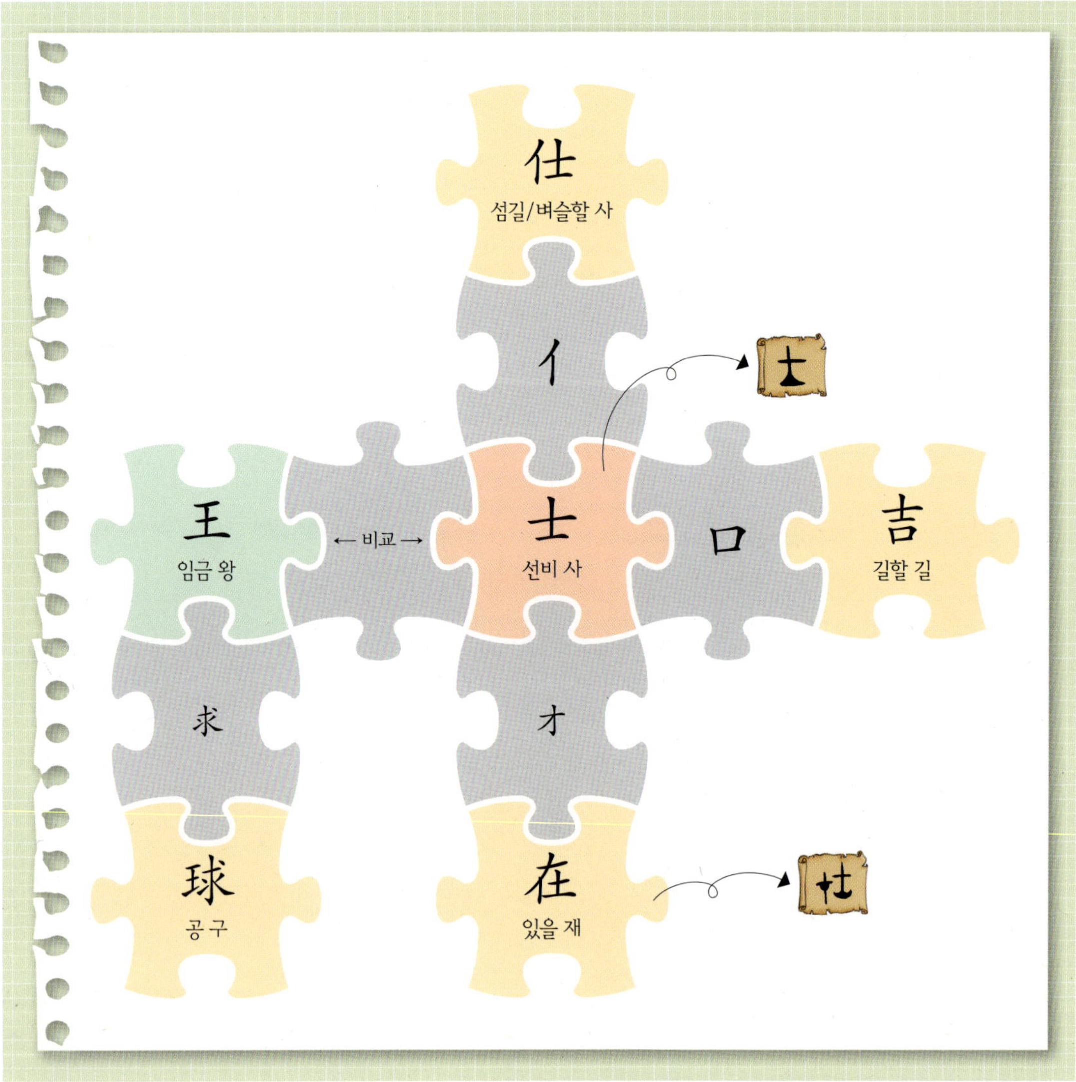

仕 섬길/벼슬할 사
亻
士
王 임금 왕 ←비교→ 士 선비 사 口 吉 길할 길
求
才
球 공구
在 있을 재

一十士

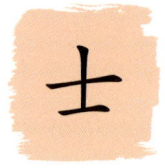
선비 사   [총획] 3획 [부수] 士 [급수] 5급

신분을 나타내 주는 작은 도끼를 본떴어요. 이러한 의장용(위엄과 격식을 나타내는 용도) 도끼는 권위를 상징해 '선비'의 뜻으로 의미가 확대되었어요.

★ 沙工(사공: 뱃사공) 騎士(기사) 武士(무사) 紳士(신사)

54a

仕 ノ 亻 仁 什 仕

섬길 / 벼슬할 사   [총획] 5획 [부수] 亻 [급수] 5급

사람 인 亻⁴¹ + 선비 사 士

의장용 도끼(士)를 가진 사람(亻)은 벼슬에 오른 사람을 말하며, 벼슬에 오른 사람은 관직에 봉사하며 왕을 섬겨야 해요.

★ 給仕(급사: 잔심부름하는 아이) 奉仕(봉사) 退仕(퇴사)

54b

吉 一 十 士 吉 吉 吉

길할 길   [총획] 6획 [부수] 口 [급수] 5급

선비 사 士 + 입 구 口⁸

받침대(口) 위에 놓은 도끼(士)가 방치돼 썩는 모습이에요. 전쟁 무기가 창고에서 썩고 있다는 건 오래 전쟁이 없는 길한(운이 좋은) 상황을 뜻해요.

★ 吉日(길일) 立春大吉(입춘대길: 입춘을 맞이해 길운을 기원함) 吉兆(길조)

54c

在 一 ナ 才 不 存 在

있을 재   [총획] 6획 [부수] 土 [급수] 6급

재주 재 才¹³⁶ + 흙 토 土

'才'는 자라는 새싹으로, 온 생명(才)이 땅(土) 위에 존재함을 나타냈어요. 갑골 문자를 보면 '土'가 원래 '士'였음을 알 수 있어요.

★ 不在(부재) 實在(실재) 存在(존재) 現在(현재)

54d

王 一 二 干 王

임금 왕   [총획] 4획 [부수] 王 [급수] 8급

장식용 큰 도끼로, 권력을 상징해 '왕'을 뜻하게 됐어요.

★ 王室(왕실) 王子(왕자) 王座(왕좌) 王朝(왕조)

54e

球 一 二 干 王 𤣩 𤣪 𤣭 球 球 球 球

공 구   [총획] 11획 [부수] 王 [급수] 6급

구슬 옥 玉 + 구할 구 求²⁸ᵇ*

고대 옥(玉) 장신구 중 가장 구하기(求) 쉬운 게 둥근 구슬이었어요.

★ 球技種目(구기종목) 氣球(기구) 氣球(북반구) 野球(야구)

게임. 한자 빙고

① 빈칸에 아래 표에 있는 한자들을 원하는 자리에 적어요. (아래 표의 한자가 아닌 다른 한자들로 게임을 해도 돼요.)

② 선생님이나 게임에 참여하지 않는 친구가 아래 표에 있는 한자들을 원하는 순서대로 불러요.

③ 불린 글자에 해당하는 글자를 표시해요.

④ 가로, 세로, 대각선으로 한 줄이 나열되면 "빙고!"라고 외쳐요.

⑤ 먼저 세 줄이 나열되는(빙고) 사람이 이겨요.

王	選	法	紙	每
仕	老	始	孫	孝
母	在	字	氏	考
去	吉	李	海	都
士	民	長	者	全

전쟁	의식주	농업
무기	의	농경지
의식	식	농기구
운송 수단	주	용기

PART 2

삶

활궁름

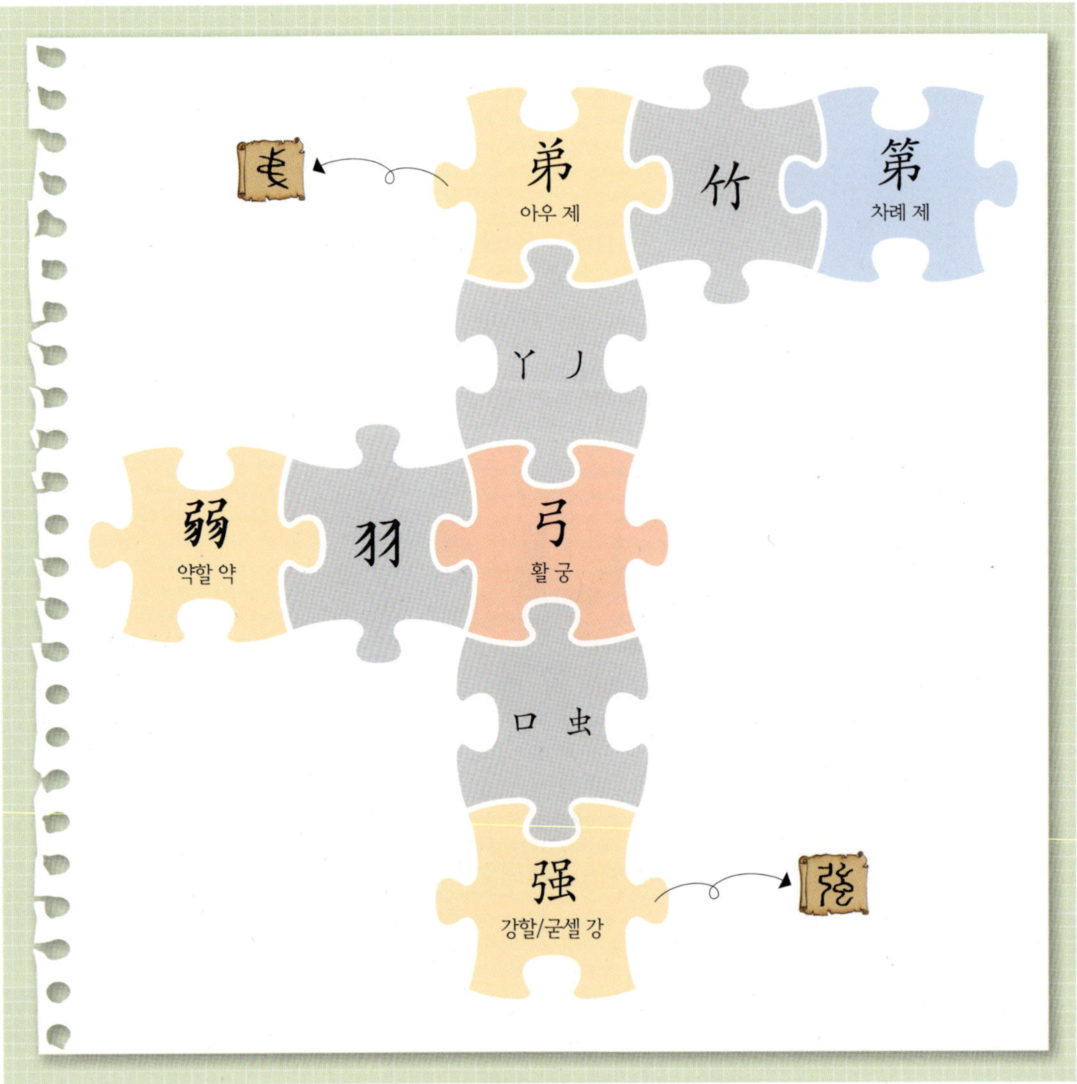

弟 아우 제 — 夷
竹
第 차례 제
丫 丿
弱 약할 약
羽
弓 활 궁
口 虫
强 강할/굳셀 강 — 強

ㄱ ㄱ 弓

활 궁 [총획] 3획 [부수] 弓 [급수] 3급

활의 모양을 그대로 본떴어요.

★ 弓手(궁수) 弓術(궁술) 弓矢(궁시: 활과 화살) 洋弓(양궁)

55a

아우 제
[총획] 7획 [부수] 弓 [급수] 8급

활 궁 弓 + 가장귀 아 丫 + 삐침 별 丿150

활(弓)줄을 나뭇가지(丫)에 칭칭(丿) 감고 노는 아이들의 모습을 본떴어요. 이런 놀이는 주로 나이 어린 아이들이 한다고 해서 '아우(동생)'를 가리켜요. 또한 활줄을 차례대로 차근차근 감는다고 하여 '차례'의 뜻도 있어요.

★ 弟嫂(제수: 남자 형제 사이에서 동생의 아내) 兄弟(형제)
　難兄難弟(난형난제: 형이라 하기도, 아우라 하기도 어려울 만큼 우열을 가리기 힘듦)

55b

차례 제
[총획] 11획 [부수] 竹 [급수] 6급

대 죽 竹138 + 아우 제 弟

대나무(竹) 마디의 균일한 간격에 맞춰 차근차근 줄을 감는(弟) 모습에서 '차례'의 뜻이 생겨났어요.

★ 第三者(제삼자) 第一(제일) 及第(급제) 落第(낙제)

55c

강할 / 굳셀 강
[총획] 12획 [부수] 弓 [급수] 6급

활 궁 弓 + 입 구 口8 + 벌레 충 (훼) 虫115

등이 둥글고(口) 딱딱한 딱정벌레(虫)처럼, 단단한 나무나 뿔 등을 휘어 만든 활(弓) 몸체는 잘 부러지거나 망가지지 않아요. 그래서 '강함'과 '굳셈'의 상징이었어요.

★ 强弱(강약) 强直(강직) 强化(강화) 最强(최강)

55d

약할 약
[총획] 10획 [부수] 弓 [급수] 6급

활 궁 弓 + 깃 우 羽114

깃털(羽)로 장식한 활(弓)은 전투용이 아니라 장식용이어서 실제 활보다 강도가 훨씬 약했을 거예요.

★ 弱肉强食(약육강식: 약한 자가 강한 자에게 먹힘, 즉 강자가 약자를 지배함)
　弱骨(약골) 弱小(약소) 軟弱(연약)

화살 시 矢

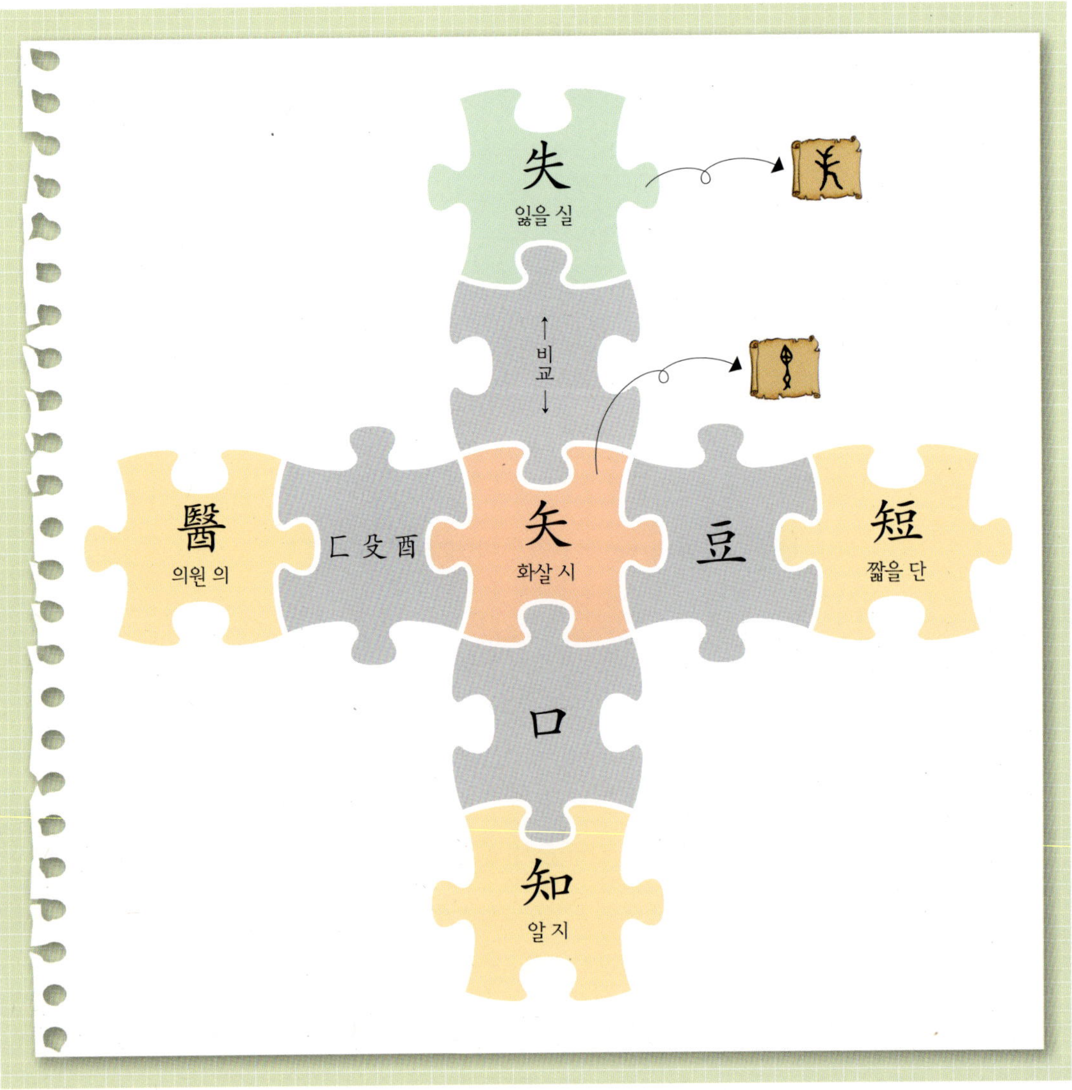
失
잃을 실
비교
醫
의원 의
匚殳酉
矢
화살 시
豆
短
짧을 단
口
知
알 지

56

ノ 𠂉 ⺈ 午 矢

矢

화살 시 [총획] 5획 [부수] 矢 [급수] 3급

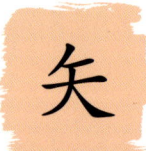

화살의 모습을 본떴어요. 화살은 전쟁 무기여서 '전쟁', '싸움' 등으로도 해석해요.

★ 嚆矢(효시: 어떤 일의 시작) 弓矢(궁시)

56a

잃을 실

`ノ ト 仁 生 失`

[총획] 5획 [부수] 大 [급수] 6급

'失'에서 위로 삐죽 튀어나온 부분(ヽ,¹⁴⁹)은 사실 손(手²⁰)에서 물건(ヽ)이 빠져나가는 모습이에요. 손에서 빠져나간 물건이 땅으로 떨어지거나 없어지는 데서 '잃다'의 뜻이 나왔어요.

※ '矢(화살 시)'와 글자꼴이 비슷해 여기에서 다룰 뿐 의미와는 상관없어요.

★ 失望(실망) 失足(실족) 失敗(실패) 喪失(상실)

56b

짧을 단

`ノ ト 仁 矢 矢 矢 矢 知 矢 矢 短 短 短`

[총획] 12획 [부수] 矢 [급수] 6급

화살 시 矢 + 콩/제기 두 豆⁷⁸

발이 높이 올라와 있는 제기(豆)의 높이가 기껏해야 화살(矢) 길이에도 미치지 못한다는 의미에서 '짧다'는 뜻을 갖게 되었어요.

★ 短距離(단거리) 短身(단신) 短縮(단축) 長短(장단)

56c

알 지

`ノ ト 仁 午 矢 矢 知 知 知`

[총획] 8획 [부수] 矢 [급수] 5급

화살 시 矢 + 입 구 口⁸

"발 없는 말(口)이 천 리 간다"는 속담이 있듯, 화살(矢)처럼 빠르고 널리 알려지는(口) 게 소문이라 하여 '알다'의 뜻이 생겨났어요.

★ 知識(지식) 知彼知己(지피지기: 적을 알고 나를 알아야 한다는 뜻)
無知(무지) 未知(미지)

56d

의원 의

`一 匚 匚 匚 医 医 医 医 医 医 医 医 医 医 医 医 医 医 医 医 医 医 医 医 医 医 医 医 医 医 医 医`

[총획] 18획 [부수] 酉 [급수] 6급

화살 시 矢 + 상자 방 匚⁹⁷ + 창/몽둥이 수 殳⁶⁰ᵈ + 닭/술/열째 지지 유 酉⁹⁶ᵈ

전쟁터(矢+殳)에서 날아 온 화살이 병사의 몸에 박히자(医) 상처에 알코올 성분이 있는 술(酉)을 부어 소독하고 치료하는 모습이에요.

★ 醫療(의료) 醫師(의사) 醫藥品(의약품) 醫院(의원)

삶 | 전쟁 | 무기

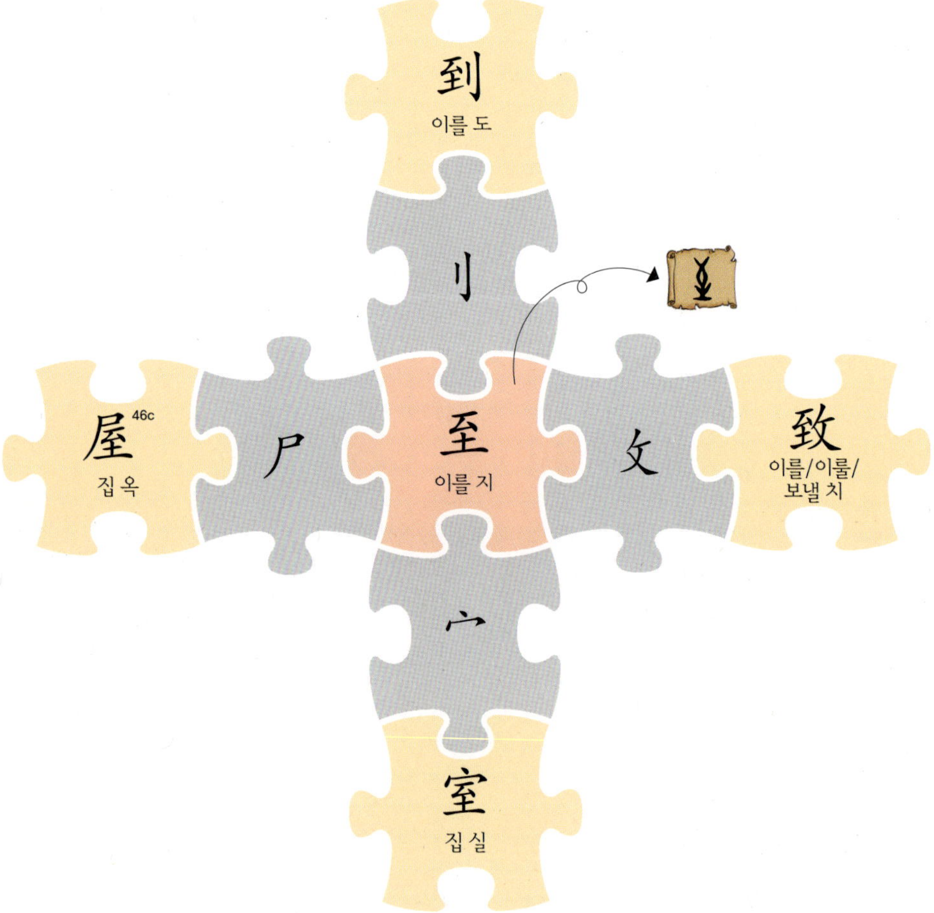

이를 지 至

	到 이를 도		
屋 46c 집 옥	尸	至 이를 지	攵	致 이를/이룰/보낼 치
	宀		
	室 집 실		

一 丆 厸 圶 주 至

이를 지
[총획] 6획 [부수] 至 [급수] 4급

화살(矢⁵⁶)이 날아와 땅(一)에 거꾸로 꽂힌 모습이에요. 쏜 화살(矢)이 닿은 (至) 곳에 성이나 건물을 짓던 당시의 풍습을 반영한 글자예요.

★ 至極(지극) 至誠感天(지성감천: 지극한 정성에 하늘도 감동함)
　 至純(지순) 冬至(동지)

57a

이를 도 [총획] 8획 [부수] 刂 [급수] 5급

이를 지 至 + 칼 도 刂⁶³

화살이 이른(至) 신성한 곳을 차지하기 위해 칼(刂) 같은 무기로 무장하고 적진에 도착한 모습이에요.

★ 到達(도달) 到來(도래) 到着(도착) 到處(도처)

57b

이를 / 이룰 / 보낼 치 [총획] 10획 [부수] 至 [급수] 5급

이를 지 至 + 칠 복 攵²⁸

쏜 화살이 날아가 이른(至) 신성한 곳을 차지하고자, 병사들에게 몽둥이(攵) 같은 무기를 쥐어 주고 쳐들어가게 하는 모습에서 '보내다', '이르다'의 뜻이 생겨났어요. 그렇게 해서 마침내 적의 진지를 탈환한 모습에서 '이루다'의 뜻도 생겨났어요.

★ 極致(극치) 理致(이치) 一致(일치) 合致(합치)

57c

집 실 [총획] 9획 [부수] 宀 [급수] 8급

집 면 宀⁷⁹ + 이를 지 至

화살이 날아와 이른(至) 곳에 세워진 성스러운 집(宀)을 가리켜요.

★ 居室(거실) 敎室(교실) 寢室(침실) 化粧室(화장실)

주살 익 弋

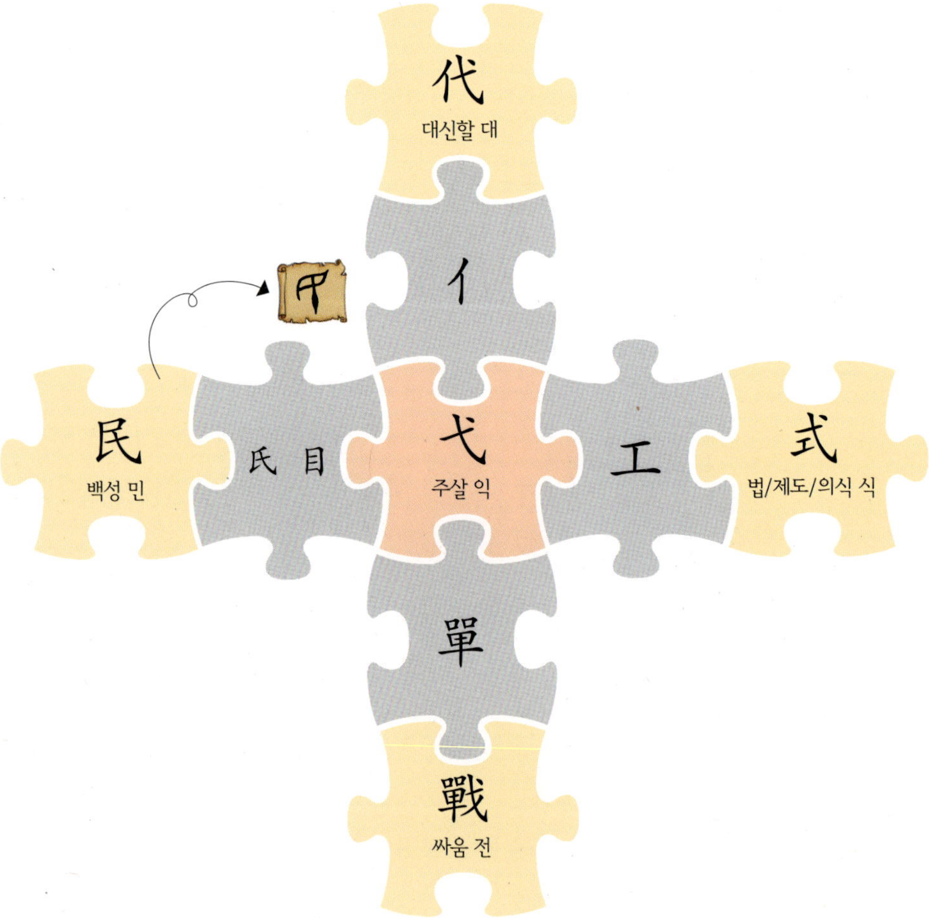

代
대신할 대
亻
民
백성 민
氏 目
弋
주살 익
工
式
법/제도/의식 식
單
戰
싸움 전

58

一 七 弋

弋

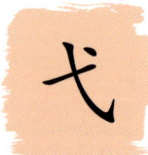

주살 익 [총획] 3획 [부수] 弋 [급수] 특급

활쏘기를 연습하기 위해 줄을 매어 놓은 화살을 '주살'이라고 해요.

58a

대신할 대

사람 인 亻⁴¹ + 주살 익 弋

[총획] 5획 [부수] 亻 [급수] 6급

꿩 대신 닭이라고, 실전용 활과 화살 대신 주살(弋)을 들고 활쏘기를 연습하는 사람(亻)의 모습을 묘사했어요.

★ 代理(대리) 代身(대신) 代打(대타) 代筆(대필)

58b

법 / 제도 / 의식 식

장인 공 工¹²⁰ᵇ + 주살 익 弋

[총획] 6획 [부수] 弋 [급수] 6급

주살(弋)과 같은 도구를 만들(工) 때에도 일정한 방식이 있다 하여 '법', '제도', '의식'의 뜻이 생겼어요.

★ 公式(공식) 格式(격식) 方式(방식) 儀式(의식)

58c

싸움 전

홑 단 單 + 창 과 戈

[총획] 16획 [부수] 戈 [급수] 6급

'單'은 '볼라'라는 무기예요. 새총과 비슷하지요. 창(戈)과 무기(單)를 들었다는 건 싸움이나 전쟁을 의미해요.

★ 戰爭(전쟁) 挑戰(도전) 舌戰(설전)
山戰水戰(산전수전: 산에서도 싸우고 물에서도 싸움, 즉 갖은 어려움을 겪음)

58d

백성 민

[총획] 5획 [부수] 氏 [급수] 8급

옛 글자를 보면 칼이나 창으로 눈(目⁵)을 찌른 모습이에요. 도망가지 못하도록 칼이나 창으로 눈(目)을 찔러 장님이나 애꾸가 된 '포로'나 '피지배 민족'을 뜻하다가 점차 '백성'으로 뜻이 변했어요.

★ 民族(민족) 民主(민주) 國民(국민) 庶民(서민)

창과 戈

[그림: 戈(창 과), 丿, 戊(창 모, 무성할/다섯째 천간 무), 丁, 成(이룰 성), ㄱ, 감(느낄 감), 心, 咸(다 함) 퍼즐]

一 七 戈 戈

창 과   [총획] 4획 [부수] 戈 [급수] 2급

중국의 대표적 무기의 하나로, 낫처럼 찍을 수 있는 날카로운 '창'을 본떴어요.

★ 干戈(간과: 창과 방패) 戈甲(과갑: 창과 갑옷)

59a

丿 厂 广 戊 戊

창 모, 무성할/다섯째 천간 무   [총획] 5획 / [부수] 戈 / [급수] 3급

창 과 戈 + 도끼날 모양 丿

도끼날(丿)이 강조된 창(戈), 즉 무기를 본떴어요. '도끼'가 본뜻이며, 수많은 병사들이 일제히 도끼를 들고 공격하는 모습에서 '무성하다', '우거지다'를 뜻하게 되었어요. 훗날 '다섯째 천간'의 뜻이 생겼어요.

59b

丿 厂 厂 厈 成 成 成

이룰 성   [총획] 7획 [부수] 戈 [급수] 6급

창 모, 무성할/다섯째 천간 무 戊 + 목 모양 ㄱ

도끼(戊)로 적군의 목(ㄱ)을 친 모습이에요. 이는 곧 전쟁에서의 승리를 의미해 '이루다'를 뜻하게 되었어요.

★ 成功(성공) 成年(성년) 成立(성립) 成分(성분)

59c

丿 厂 厂 厈 厈 咸 咸 咸

다 함   [총획] 9획 [부수] 口 [급수] 3급

개 술 戌 + 입 구 口⁸

'戌'는 도끼를 본뜬 글자예요. 도끼(戌)로 처형당하는 포로의 비명(口), 또는 도끼(戌)로 무장한 병사들이 함성(口)을 지르는 모습을 본떴어요.

★ 咸興差使(함흥차사: 심부름꾼이 돌아오지 않고 소식도 없는 상황)

59d

丿 厂 厂 厈 厈 咸 咸 咸 咸 感 感 感

느낄 감   [총획] 13획 [부수] 心 [급수] 6급

다 함 咸 + 마음 심 心¹⁹

무장한 병사들이 함성(咸)을 지르며 한마음으로 적진으로 쳐들어갈 때를 나타낸 것으로, '느끼다', '느낌이 통하다', '마음이 움직이다'의 뜻을 가져요.

★ 感動(감동) 感謝(감사) 感情(감정) 交感(교감)

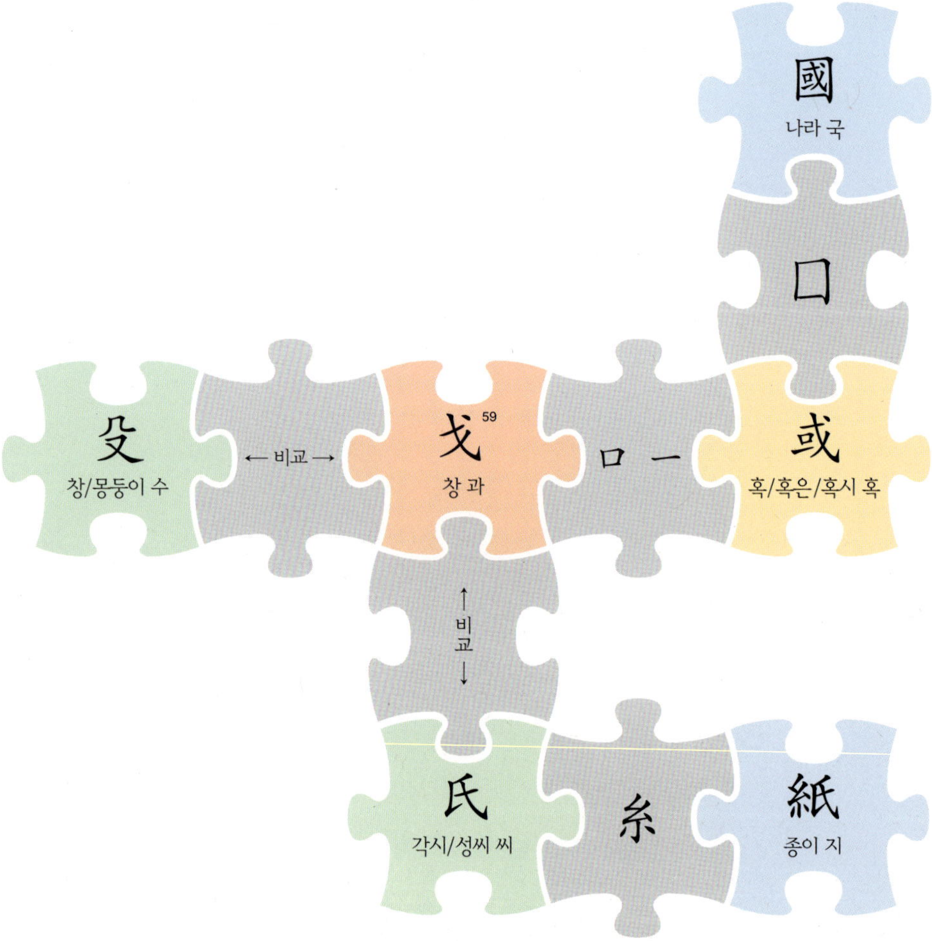

창과 戈

퍼즐 도표:
- 國 나라 국
- 口
- 殳 창/몽둥이 수 ← 비교 → 戈⁵⁹ 창 과 ← 口 一 → 或 혹/혹은/혹시 혹
- ↑비교
- 氏 각시/성씨 씨
- 糸
- 紙 종이 지

一 ㄏ 戸 戸 戸 或 或 或

혹 / 혹은 / 혹시 혹   [총획] 8획 [부수] 戈 [급수] 4급

입구口⁸ + 한일一¹⁴³ + 창과戈⁵⁹

창(戈)을 들고 백성(口)과 땅(一)을 지키며 혹시 적이 쳐들어오진 않을까 의심하는 데서 나온 말이에요.

★ 間或(간혹) 或如(혹여) 或者(혹자) 或是(혹시)

60a

`一 冂 冂 冃 冐 國 國 國 國 國`

나라 국

[총획] 11획 [부수] 囗 [급수] 8급

혹 / 혹은 / 혹시 혹 或 + 에워쌀 위, 나라 국 囗⁹⁰

창(戈)을 들고 백성(口)과 영토(一)를 지키기 위해 국경을 에워싸고(囗) 적의 침입을 막은 데서 나왔어요.

★ 國家(국가) 國軍(국군) 國旗(국기) 國會(국회)

60b

`一 厂 F 氏`

각시 / 성씨 씨

[총획] 4획 [부수] 氏 [급수] 4급

남자의 생식기를 본떠 만든 글자로, '성씨'가 본뜻이에요. 훗날 '각시', '호칭', '존칭'의 뜻도 갖게 되었어요. 손잡이가 있는 단도(短刀)를 본떴다고 보는 학자들도 있어요. 씨족들이 모여 제사 지낼 때, 제물을 쓸거나 자르던 작은 칼이 씨족의 상징이 되어 '성씨'의 뜻으로 발전했다고 해요.

★ 氏族(씨족) 姓氏(성씨)

60c

`⺄ 幺 幺 幺 糸 糸 糸 紙 紙`

종이 지

[총획] 10획 [부수] 糸 [급수] 7급

실 사, 가는 실 멱 糸⁷⁰ + 각시 / 성씨 씨 氏

종이의 결이 마치 실을 합쳐 놓은 듯 보여 종이의 근본(氏)을 실(糸)이라 생각한 데서 나왔어요.

★ 紙幣(지폐) 白紙(백지) 便紙(편지) 休紙(휴지)

60d

`丿 几 殳 殳`

창 / 몽둥이 수

[총획] 4획 [부수] 殳 [급수] 특급

몽둥이(几)를 손(又²⁵)에 든 모습으로, 본뜻은 '창'이에요. 몽둥이 또는 배를 젓는 노의 의미로도 널리 사용돼요.

방패 간 干

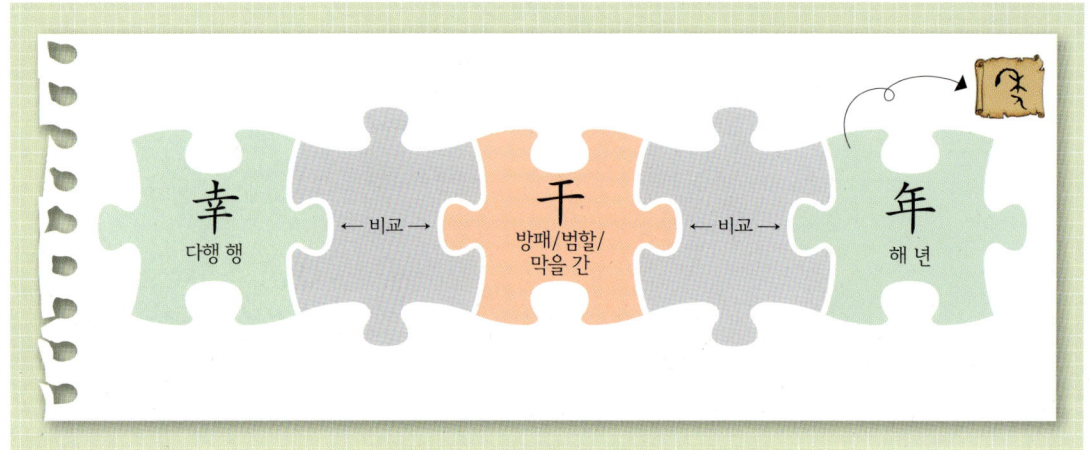

61　　　　　　　　　　　　　　　　　　　　　　　　　　　一 二 干

방패/범할/막을 간　　　　　　　　[총획] 3획　[부수] 干　[급수] 4급

앞이 Y 자로 생긴 방패를 본뜬 글자로, 본뜻은 '방패'예요. 방패(干)를 들고 싸움을 말리는 모습에서 '범하다', '막다'의 뜻이 생겨났어요.

★ 干涉(간섭) 干與(간여: 관계하고 참견함) 若干(약간) 干拓地(간척지)

61a　　　　　　　　　　　　　　　　　　　　　　　ノ ㇑ ㇒ 仁 午 年

해 년　　　　　　　　　　　　　　[총획] 6획　[부수] 干　[급수] 8급

'干(방패/범할/막을 간)'을 부수 글자로 가져요. '年'의 갑골 문자를 보면 사람(亻)이 볏단(禾)을 지고 나르는 추수 모습으로 보여요. 추수는 농사의 마지막 단계로, 한 해가 저물어 간다는 뜻이므로 '해'를 뜻하게 되었어요.

★ 今年(금년) 每年(매년) 未成年(미성년) 年度(연도)

61b　　　　　　　　　　　　　　　　　　　一 十 土 ㇒ 幸 幸 幸 幸

다행 행　　　　　　　　　　　　　[총획] 8획　[부수] 干　[급수] 6급

수갑처럼 죄인의 팔다리나 목을 넣고 채우던 차꼬를 본떴어요. 죄를 짓고 차꼬를 차지 않은 것만도 천만다행이라는 의미에서 '다행'을 뜻하게 되었어요. '干(방패/범할/막을 간)'이 부수 글자로 쓰여요.

★ 幸福(행복) 幸運(행운) 多幸(다행)

칼 도 刀(刂)

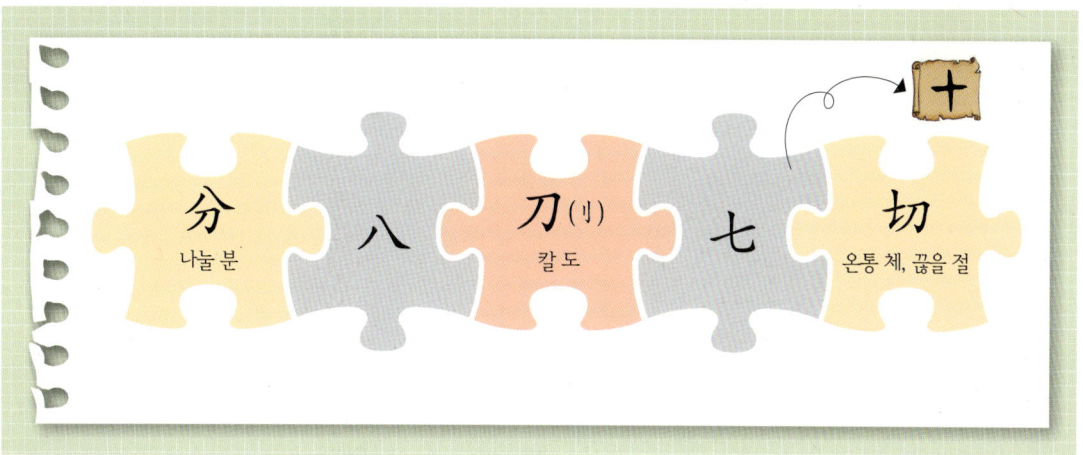

62

칼 도　　　　　　　　　　　　　　　　　　[총획] 2획　[부수] 刀　[급수] 3급

칼을 본뜬 글자예요.

★ 單刀直入(단도직입: 혼자 칼을 들고 적진으로 바로 쳐들어감, 즉 바로 본론을 말함)
　果刀(과도) 短刀(단도) 面刀(면도)

62a

온통 체, 끊을 절　　　　　　　　　　　　　[총획] 4획　[부수] 刀　[급수] 5급

일곱 칠 七[148a] + 칼 도 刀

열십자(七)로 동물의 배를 가르는(刀) 모습이에요. '七'이 옛날에는 '十'의 형태였거든요.

★ 切斷(절단) 切親(절친) 半切(반절) 一切(일절)

62b

나눌 분　　　　　　　　　　　　　　　　　[총획] 4획　[부수] 刀　[급수] 6급

여덟 팔 八[146] + 칼 도 刀

칼(刀)로 사물을 반(八)으로 나누는 모습이에요.

★ 分類(분류) 分別(분별) 分數(분수) 分布(분포)

칼도 刂(刀)

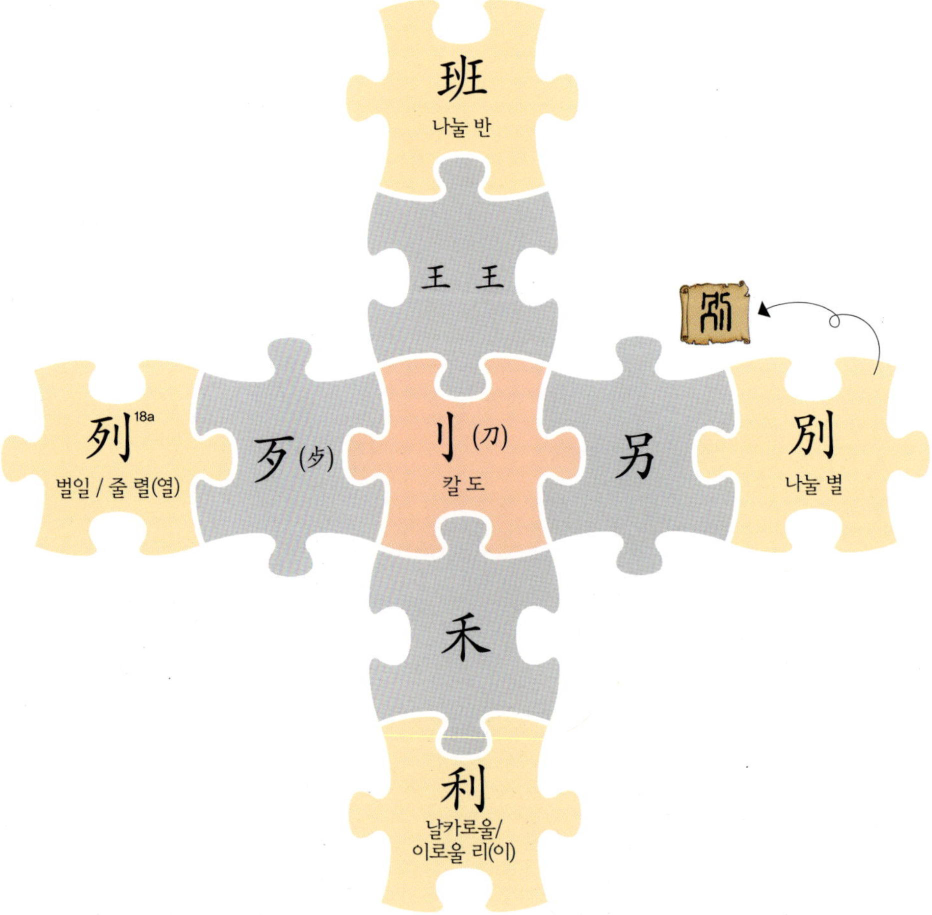
班
나눌 반
王 王
列 18a
벌일 / 줄 렬(열)
歹(歺)
刂(刀)
칼 도
另
別
나눌 별
禾
利
날카로울/
이로울 리(이)

63 丨 刂

칼 도

[총획] **2획** [부수] 刂 [급수] **없음**

刂
(刀)

'刀[62](칼 도)'와 발음과 뜻, 옛 글자꼴도 같아요. 혼자는 쓰이지 못하고 다른 글자와 함께 써요. 글자 오른편에 오는 부수들을 부를 때 '방'이라는 표현을 붙여 '칼도방'이라고도 불러요.

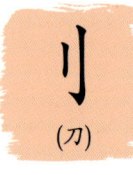

63a

一 二 F 王 王 刲 玡 玡 班 班

班

나눌 반
[총획] 10획 [부수] 王 [급수] 6급

구슬 옥 王 + 칼 도 刂 + 구슬 옥 王

품질을 알아보기 위해 옥(王)을 반으로 쪼개(刂) 속을 들여다보는 모습이에요. 앞에서도 말했듯이 '玉(구슬 옥)'을 다른 글자와 함께 쓸 때는 'ヽ'을 생략하는 경우가 많아요.

★ 班長(반장) 各班(각반) 分班(분반) 兩班(양반)

63b

丨 冂 口 另 另 別 別

別

나눌 별
[총획] 7획 [부수] 刂 [급수] 6급

헤어질 령(영) 另 + 칼 도 刂

칼(刂)로 뼈에서 살을 발라내거나 분리하는(另) 모습에서 '나누다'라는 의미가 생겼어요. 여기에서 '另'도 먹을(口⁸) 수 있는 고기와 뼈를 칼(刀⁶²)로 발라내는 것을 의미해요.

★ 分別(분별) 離別(이별) 特別(특별)
夫婦有別(부부유별: 부부 사이라도 서로 침범하지 않는 것이 도리)

63c

一 二 千 才 禾 利 利

利

날카로울 / 이로울 리(이)
[총획] 7획 [부수] 刂 [급수] 6급

벼 화 禾⁷⁷ + 칼 도 刂

벼(禾)를 베는 낫(刂)에서 '날카롭다'는 뜻이, 벼(禾)를 베는(刂) 수확의 이로움에서 '이롭다'의 뜻이 생겼어요.

★ 利得(이득) 利用(이용) 銳利(예리)
見利思義(견리사의: 눈앞의 이익에 앞서 의리를 생각함)

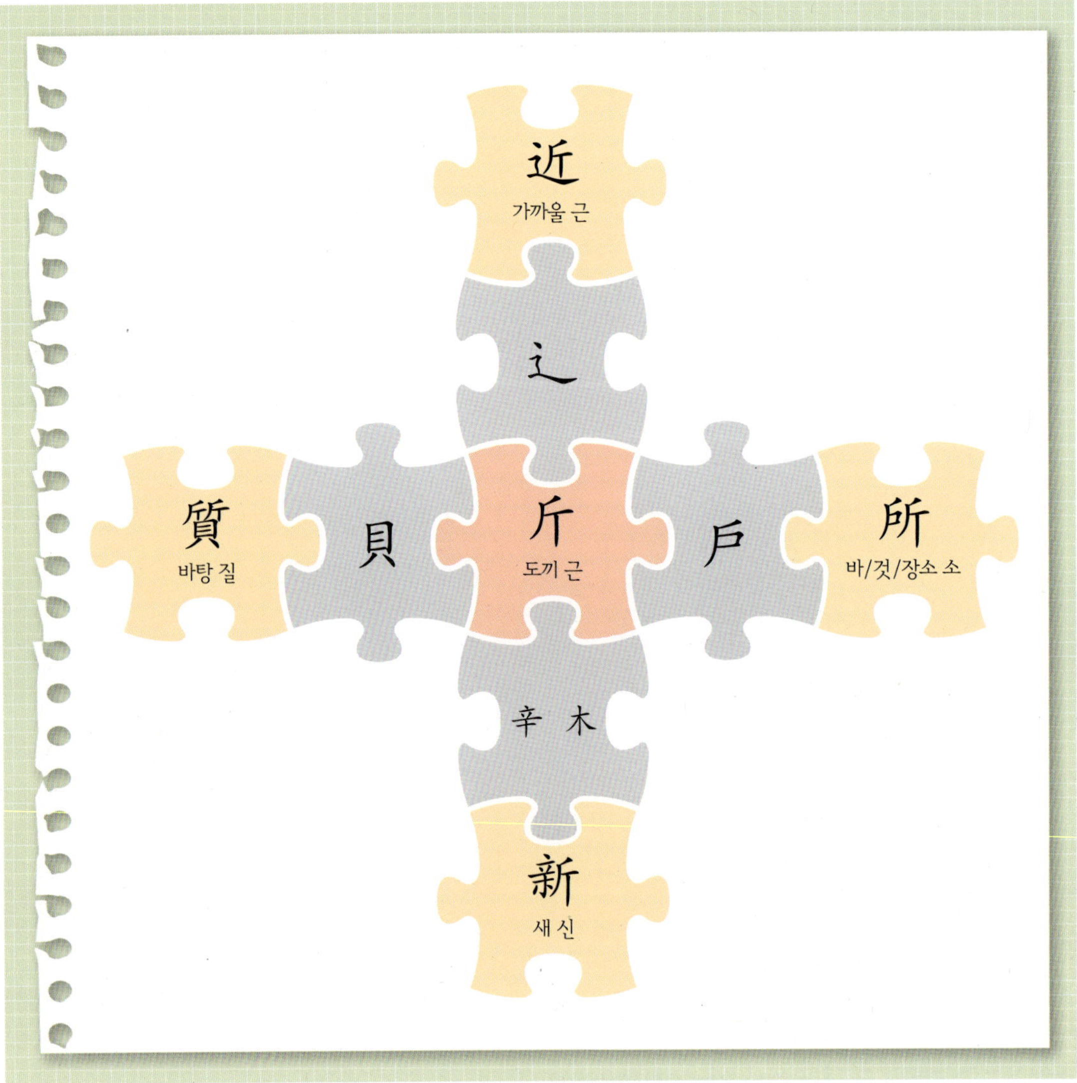

도끼 근 斤

近 가까울 근
之
質 바탕 질 — 貝 — 斤 도끼 근 — 戶 — 所 바/것/장소 소
辛 木
新 새 신

` ′ ⺁ 斤 斤 `

도끼 근   [총획] 4획 [부수] 斤 [급수] 3급

도끼를 본뜬 글자예요. 무게나 근 같은 중량 단위로도 널리 사용돼요.

★ 半斤(반근) 斧斤(부근: 도끼)
    千斤萬斤(천근만근: 무게가 천근이나 만근이나 아주 무겁다는 뜻)

64a

` ㄏ ㄓ 斤 斤 沂 䜣 近`

가까울 근   [총획] 7획 [부수] 辶 [급수] 6급

도끼 근 斤 + 갈/쉬엄쉬엄 갈 착 辶 [37]

땔감을 구하거나 사냥하러(斤) 자주 가는(辶) 마을 근처를 말해요.

★ 近代(근대) 近視(근시) 遠近(원근) 最近(최근)

64b

` ˊ ㄱ ㄹ ㄸ ㄸ 所 所 所`

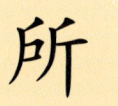

바/것/장소 소   [총획] 8획 [부수] 戶 [급수] 7급

집/외짝 문/지게 호 戶 [83d] + 도끼 근 斤

도끼(斤) 같은 도구를 두는 곳(戶)인 '장소'를 뜻해요. '바'는 동사를 명사화시키는 기능이 있어 '所願(소원)'은 '원하는 바', '所聞(소문)'은 '들은 바'를 뜻해요.

★ 所聞(소문) 無所不爲(무소불위: 하지 못하는 일이 없음) 場所(장소)
    適材適所(적재적소: 알맞은 인재를 알맞은 자리에 씀)

64c

` ㆍ ㅗ ㅜ ㅛ ㅎ 辛 辛 亲 亲 新 新 新`

새 신   [총획] 13획 [부수] 斤 [급수] 6급

매울 신 辛 [74] + 나무 목 木 [131] + 도끼 근 斤

자녀가 훌륭한 재목(木)으로 자라게 하기 위해서는 징계(辛)하고, 잘못된 성품이나 습관이 드러나면 그 부분을 과감하게 잘라 내야(斤) 새로운 사람이 될 수 있어요.

★ 新舊(신구) 新年(신년) 新入(신입) 新正(신정)

64d

` ㄏ ㄓ 斤 斤 斤 斤 斤 斤 質 質 質 質 質`

바탕 질   [총획] 15획 [부수] 貝 [급수] 5급

도끼 근 斤 + 조개 패 貝 [117]

도끼(斤) 같은 날카로운 연장으로 계약이나 권리 사항을 솥(貝)에 새기는 모습을 본떴어요. '貝'은 '鼎[118](솥 정)'의 획이 복잡해 줄인 꼴로 '鼎'을 대신하는 경우가 많아요.

★ 質問(질문) 物質(물질) 性質(성질) 素質(소질)

점복 卜

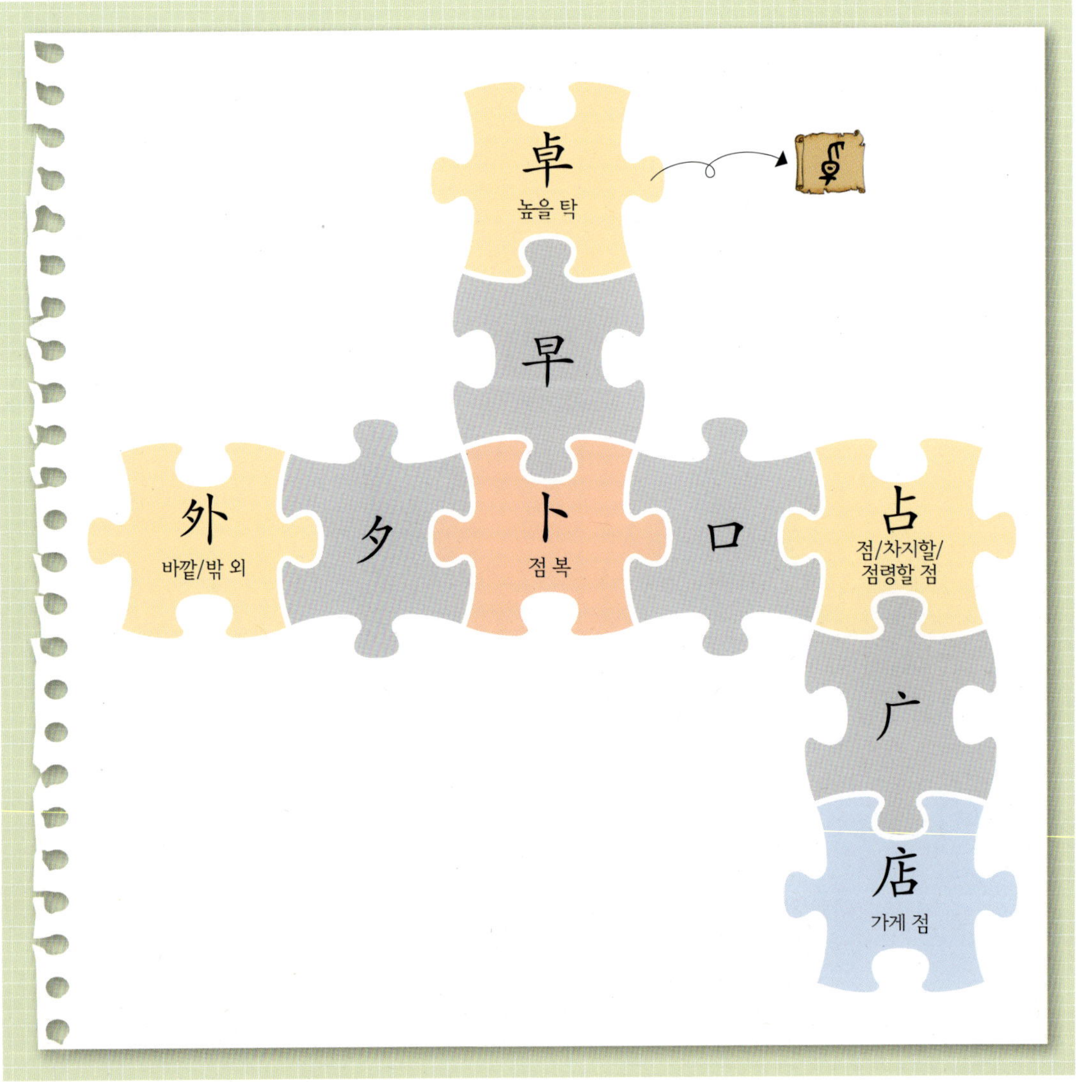

卓
높을 탁
早
外
바깥/밖 외
夕
卜
점 복
口
占
점/차지할/
점령할 점
广
店
가게 점

65 丨 卜

卜

점복 [총획] 2획 [부수] 卜 [급수] 3급

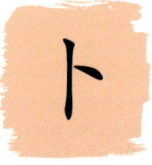

거북 배딱지나 소의 어깻죽지 뼈에 일정한 가격으로 구멍을 뚫어 불 속에 집어넣으면 구멍들 사이로 균열이 생겨요. 이렇게 생긴 금(卜)을 보고 점을 쳤음을 알려 주는 글자예요.

★ 卜術(복술: 점을 치는 방법이나 기술) 卜債(복채: 점쟁이에게 점을 본 값으로 주는 돈)

65a

높을 탁 [총획] 8획 [부수] 十 [급수] 5급
점복 卜 + 새벽 조 早

용한 점쟁이도 정신이 가장 맑은 새벽(早)에 점(卜)을 쳐야 잘 들어맞음을 말해요. 옛 글자는 사람(人)과 아침(早)이 합쳐진 글자로 태양처럼 빛나는 사람, 높이 솟아오른 사람을 의미해 '탁월하다', '높다'의 뜻이 파생되었어요. 여기에서 '早'는 '旦(아침 단)'보다 해(日)가 더 높이 올라간 모습이에요.

★ 卓球(탁구) 卓越(탁월) 卓子(탁자) 食卓(식탁)

65b

점 / 차지할 / 점령할 점 [총획] 5획 [부수] 卜 [급수] 4급
점복 卜 + 입구 口⁸

점괘(卜)를 말해(口) 주는 모습이에요. 점쟁이의 말에 따라 좋은 위치를 먼저 차지하는 모습에서 '점령하다', '차지하다', '점치다' 등의 뜻이 생겨났어요.

★ 占卦(점괘: 점을 쳐 나오는 괘. 이 괘를 풀어 길흉을 판단함)
　占星術(점성술: 별의 빛, 위치 등을 보고 길흉을 점치는 점술)

65c

가게 점 [총획] 8획 [부수] 广 [급수] 5급
집 엄, 넓을 광 广⁸² + 점 / 차지할 / 점령할 점 占

'가게'를 뜻하며, 점(占)을 치고 돈을 받던 곳(广)에서 유래했어요.

★ 店鋪(점포) 百貨店(백화점) 商店(상점) 書店(서점)

65d

바깥 / 밖 외 [총획] 5획 [부수] 夕 [급수] 8급
저녁 석 夕¹⁴² + 점복 卜

아무리 용한 점쟁이도 피곤한 밤(夕)에 점(卜)을 치면 점괘가 흐려지거나 잘 맞지 않는다 하여 '바깥', '밖'의 뜻이 생겨났어요.

★ 外國(외국) 外部(외부) 意外(의외) 市外(시외)

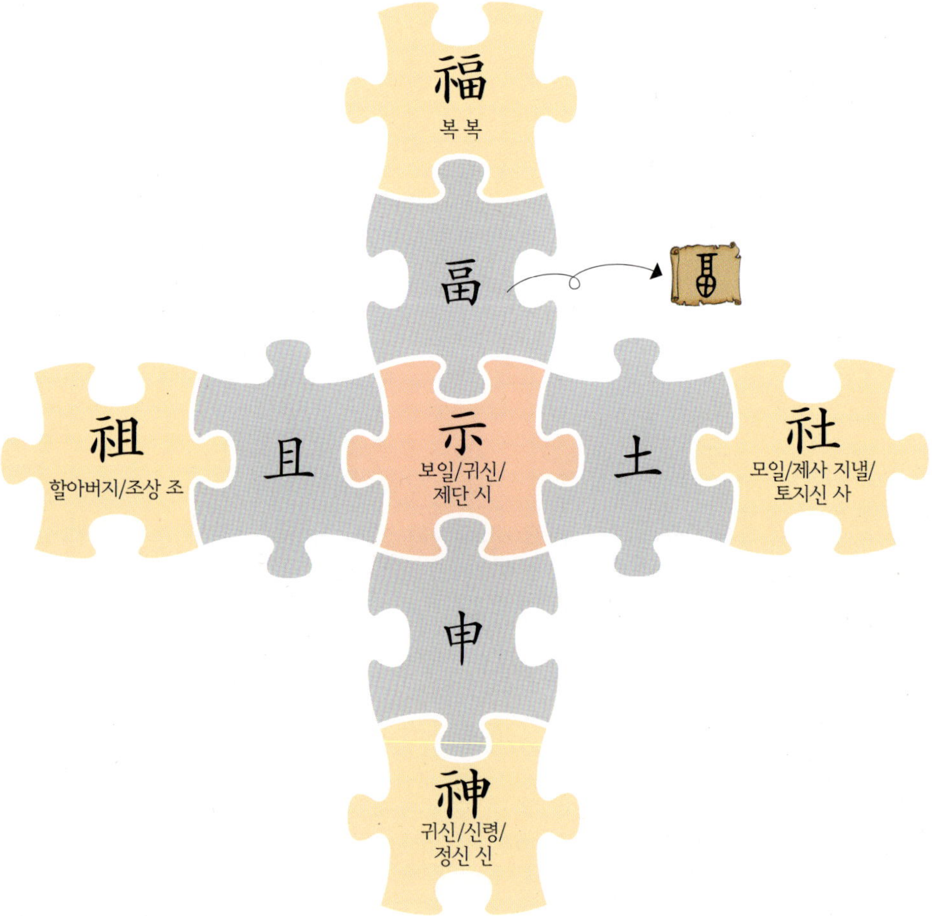

보일 시 示(礻)

```
         福
        복 복
         畐
   祖  且  示  土  社
할아버지/  보일/귀신/    모일/제사 지낼/
 조상 조   제단 시     토지신 사
         申
         神
       귀신/신령/
        정신 신
```

一 二 亍 示 示

보일 / 귀신 / 제단 시　　　　[총획] 5획 [부수] 示 [급수] 5급

제물이 놓인 제단을 본떴어요. '丁' 모양은 제단, '一'은 동물, 양쪽 점은 동물의 피를 나타내요. 제단은 신과 관련이 있어 '귀신', '신'의 뜻이 생겼어요. 인간에게 제물을 받은 신이 계시를 보여 준다 하여 '보이다', '알리다'의 뜻도 있어요. 다른 글자와 합쳐질 때 쓰는 '礻'와 같은 글자예요.

★ 示範(시범) 暗示(암시) 指示(지시) 表示(표시)

66a

복 복
보일/귀신/제단 시 示 + 가득할 복 畐

[총획] 14획　[부수] 礻　[급수] 5급

제단(示)에 술이 가득(畐) 든 술병을 바치며 복을 비는 모습이에요. 여기에서 '畐'은 술병(酉⁹⁶ᵈ)에 술이 가득한 것을 의미해요.

★ 福祉(복지) 冥福(명복) 祝福(축복) 幸福(행복)

66b

모일 / 제사 지낼 / 토지신 사
보일/귀신/제단 시 示 + 흙 토 土⁹¹

[총획] 8획　[부수] 礻　[급수] 6급

한 해 농사를 위해 토지(土)신에게 제사(示)를 지내는 모습이에요.

★ 社會(사회) 社長(사장) 本社(본사) 會社(회사)

66c

귀신 / 신령 / 정신 신
보일/귀신/제단 시 示 + 번개 / 펼 신 申

[총획] 10획　[부수] 礻　[급수] 6급

번개(申) 치는 모습을 신(示)이 노하신 것으로 여겼음을 알려 주는 글자예요.

★ 神仙(신선) 神話(신화) 鬼神(귀신) 精神(정신)

66d

할아버지 / 조상 조
보일/귀신/제단 시 示 + 또 차 且

[총획] 10획　[부수] 礻　[급수] 7급

제사상(示)에 올려놓은 위패(且)를 본뜬 것으로, 조상에게 제사 지내는 것을 의미해요. '且'는 위패 모양을 본뜬 글자거든요. 제사를 통해 후손의 예를 다하고, 조상에게 화(禍)를 막고 복(福)을 달라고 기원하는 거예요.

★ 祖國(조국) 祖父(조부) 祖上(조상) 先祖(선조)

수레 거 車

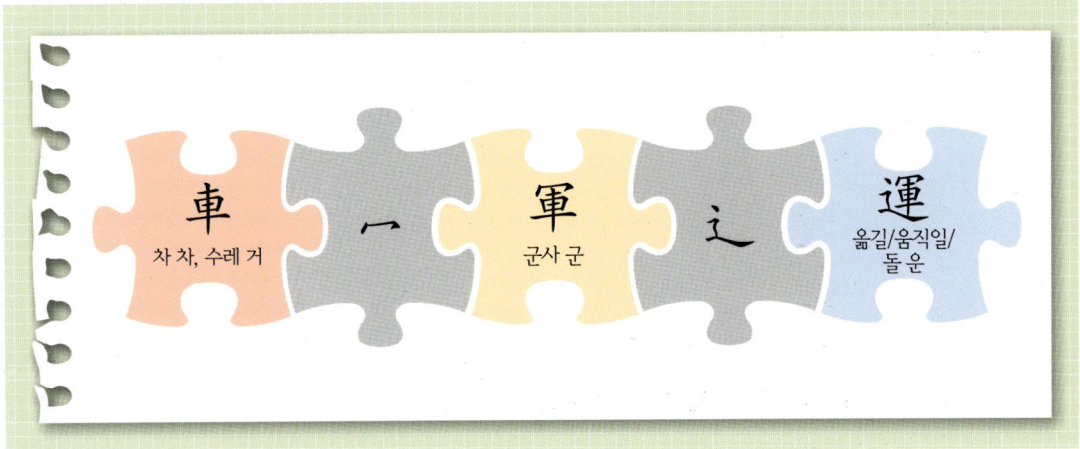

67

　　　　　　　　　　　　　　　　　　　一 ㄈ ㄇ ㅌ 百 亘 車

차 차, 수레 거　　　　　　　　[총획] 7획　[부수] 車　[급수] 7급

바퀴와 몸체로 이루어진 수레를 본떴어요. 훗날 자동차가 수레를 대신하자 '차'로 의미가 확대됐어요. 수레를 움직이는 게 사람이면 '거', 사람이 아니면 '차'로 읽어요. '자전차'가 아니라 '자전거', '마거'가 아니라 '마차'로요.

★ 車道(차도) 汽車(기차) 列次(열차) 自動車(자동차)

67a

　　　　　　　　　　　　　　　　　ノ ㄇ ㄇ ㅌ 百 盲 宣 軍

군사 군　　　　　　　　　　　[총획] 9획　[부수] 車　[급수] 8급

차 차, 수레 거 車 + 덮을 멱 ㄇ 80d

수레(車) 위를 덮어(ㄇ) 물자를 나르던 마차를 본떴어요. 훗날 전쟁을 위해 군용트럭처럼 군인과 물자를 나르게 되자 '군사'로 의미가 확대되었어요.

★ 軍士(군사) 空軍(공군) 女軍(여군) 將軍(장군)

67b

　　　　　　　　　　　　　　ノ ㄇ ㄇ ㅌ 百 盲 宣 軍 軍 運 運

옮길 / 움직일 / 돌 운　　　　　[총획] 12획　[부수] 辶　[급수] 6급

군사 군 軍 + 갈 / 쉬엄쉬엄 갈 착 辶 37

군사와 군수품(軍)을 수레로 실어 나르는(辶) 모습이에요.

★ 運動(운동) 運命(운명) 運轉(운전) 幸運(행운)

배 주 舟

68

′ ｒ ｆ 丹 舟 舟

배 주　　　　　　　　　　　　　　　[총획] 6획 [부수] 舟 [급수] 3급

통나무 속을 파내 만든, 카누처럼 생긴 작은 거룻배를 본뜬 걸로 여겨져요.

★ 方舟(방주: 네모진 모양의 배, 두 척의 배를 나란히 함) 一葉片舟(일엽편주: 한 척의 작은 배)

68a

′ ｒ ｆ 丹 舟 舟 舨 舨 船 船

배 선　　　　　　　　　　　　　　　[총획] 11획 [부수] 舟 [급수] 5급

배 주 舟 + 여덟 팔 八¹⁴⁶ + 입 구 口⁸

사람(口)들에게 물자를 나누고(八) 배(舟)로 실어 나르는 걸 말해요. 노아가 만든 배(舟)를 타고 여덟(八) 명(口)이 살아남은 걸 생각해도 재밌어요.

★ 船舶(선박) 船員(선원) 漁船(어선) 宇宙船(우주선)

68b

′ ｒ ｆ 月 月 月´ 月´´ 肝 胖 朕 勝

이길 / 뛰어날 승　　　　　　　　　[총획] 12획 [부수] 力 [급수] 6급

나 짐 朕 + 힘 력(역) 力⁹⁴ᵇ

'朕'은 배(月¹⁴¹=舟), 불(火⁹²), 두 손(廾²⁷)이 합쳐진 글자로, '勝'은 힘(力)을 다해 승리한 장군이 뱃전(舟)에 서서 횃불(火)을 높이 쳐들고(廾) 개선하는 모습이지요. '勝'의 반대 글자는 '敗(깨뜨릴 패)' 혹은 '負(질 부)'예요.

★ 勝利(승리) 勝負(승부) 勝敗(승패) 名勝地(명승지)

게임. 한자 메모리 게임

成	店	幸	福	短
別	勝	利	醫	式
知	致	戰	社	質
祖	神	到	班	分
失	弱	近	強	感

성	점	행	복	단
별	승	리	의	식
지	치	전	사	질
조	신	도	반	분
실	약	근	강	감

① 같은 크기의 종이 50장을 준비해요. (156쪽과 다른 한자로 게임을 할 경우, 게임할 한자와 그 한자에 해당하는 한글을 합친 수만큼 종이를 준비해요.)

② 25장의 카드에는 한자를, 25장의 카드에는 그 한자의 발음에 해당하는 한글을 적어요.

③ 한자 카드와 한글 카드를 각각 섞은 뒤, 글자가 보이지 않게 뒤집어 책상 위에 나란히 펼쳐요.

④ 한 사람이 한자 카드와 한글 카드를 한 장씩 뽑아요.

⑤ 한자와 그 한자에 해당하는 발음이 적힌 카드인지 확인해요. 예를 들어, '强', '강' 이렇게 두 장을 뽑았다면 가져가세요.

⑥ 다르다면 두 장의 카드를 원래 있던 자리에 뒤집어 놓고, 다음 사람이 다시 한 장씩 카드를 뽑아요.

⑦ 상대방이 뽑은 카드를 유심히 살펴보면서 기억해 두어야 유리해요.

⑧ 카드를 많이 가지는 사람이 이겨요.

옷 의 衣(衤)

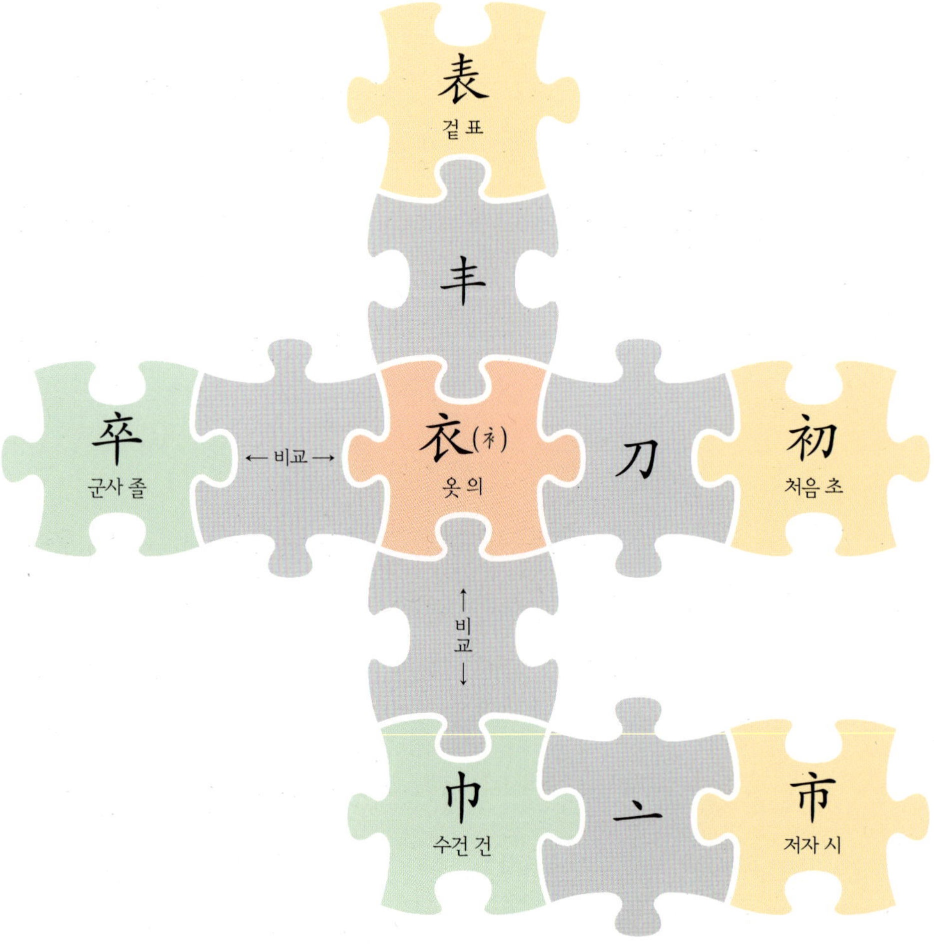

表 겉 표
丰
卒 군사 졸 ←비교→ 衣(衤) 옷 의 刀 初 처음 초
↑비교↓
巾 수건 건 二 市 저자 시

69

`丶 亠 亣 衣 衣`

옷 의 [총획] 6획 [부수] 衣 [급수] 6급

저고리 같은 상의를 펼쳐 놓은 모습을 본떴어요. '衣'가 상의를, '裳(치마 상)'이 한복처럼 하체를 감싸는 치마를 뜻했으나, 지금은 특별히 구별하지 않고 '衣'로 옷을 나타내요.

★ 衣服(의복) 衣裳(의상) 衣食住(의식주) 上衣(상의)

69a

ー = ≠ 主 丰 圭 表 表

겉 표　　　　　　　　　　　　　　　[총획] 8획 [부수] 衣 [급수] 6급

털 모양 丰 + 옷 의 衣(衤)

동물의 가죽으로 옷을 만들어 입었음을 알려 주는 글자예요. 가죽에 남은 털(丰)을 겉면으로 입어 '겉', '표면'을 뜻해요. 반대 글자는 '裏(속 리)'예요.

★ 表裏(표리: 겉과 속) 表示(표시) 表紙(표지) 代表(대표)

69b

ー ニ ラ ネ ネ 初 初

처음 초　　　　　　　　　　　　　　[총획] 7획 [부수] 刀 [급수] 5급

옷 의 衣(衤) + 칼 도 刀[62]

칼(刀)로 천을 자르는 게 옷(衣)을 만드는 첫 단계라 하여 '처음'의 뜻을 가져요.

★ 初期(초기) 初代(초대) 初步(초보) 始初(시초)

69c

丨 口 巾

수건 건　　　　　　　　　　　　　　[총획] 3획 [부수] 巾 [급수] 1급

허리춤이나 나뭇가지에 걸린 헝겊, 즉 '수건'을 본뜬 글자예요.

★ 頭巾(두건) 手巾(수건)

69d

丶 一 亠 市 市

저자 시　　　　　　　　　　　　　　[총획] 5획 [부수] 巾 [급수] 7급

머리 두 亠 + 수건 건 巾

꼭대기(亠)에 장식이 달린 깃대에 품목이 적힌 천(巾), 즉 지금의 간판을 달고 장사하는 사람들이 모인 시장 모습이에요.

★ 市民(시민) 市外(시외) 市場(시장) 都市(도시)

69e

丶 一 亠 亣 衣 卒 卒

군사 졸　　　　　　　　　　　　　　[총획] 8획 [부수] 十 [급수] 5급

시신을 천으로 말아 묶은 모습에서 '마치다'가 생겼어요. 허리춤을 졸라맨 갑옷 입은 하인, 하급 군인 모습과도 같아 '군사', '병졸' 뜻도 생겼어요.

★ 卒倒(졸도) 卒兵(졸병) 卒業(졸업)

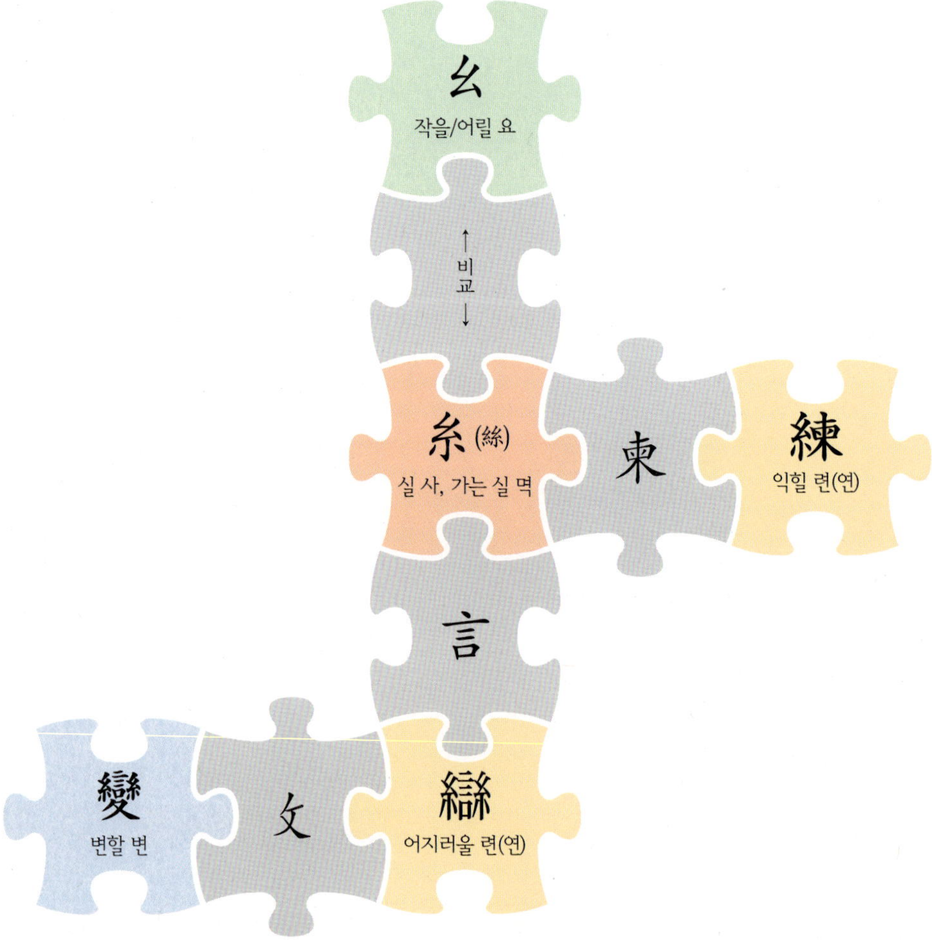

실 사 糸(絲)

```
        幺
     작을/어릴 요
        ↑
       비교
        ↓
  糸(絲)    束    練
실 사, 가는 실 멱      익힐 련(연)

        言

 變    夊    䜌
변할 변       어지러울 련(연)
```

실 사, 가는 실 멱　　　　[총획] 6획　[부수] 糸　[급수] 특급

'絲(실 사)'의 줄임 꼴로, 한 가닥 실타래(糸)를 본뜬 글자예요. 혼자 쓸 때는 '絲', 다른 글자와 붙여 쓸 때는 '糸'를 사용해요. '糸(絲)'가 들어간 글자들은 묶고, 연결하고, 이어 주는 실의 역할과 관련이 있으니 잘 살펴봐요.

★ 螺絲(나사) 一絲不亂(일사불란: 한 가닥의 실도 엉키지 않음, 즉 질서가 흐트러지지 않음)

70a

작을/어릴 요 　　　　　　　　　　　　　[총획] 3획 [부수] 幺 [급수] 없음

가늘고 약한 한 가닥 실(糸)을 나타낸 상형 문자예요. '糸'의 생략형으로, 작은 것(厶)을 두 개 겹쳐 아주 작음을 강조했어요.

70b

익힐 련(연) 　　　　　　　　　　　　　[총획] 15획 [부수] 糸 [급수] 5급

실 사, 가는 실 멱 糸 + 가릴 간 柬

좋은 실(糸)을 가려내기(柬) 위해 수없이 물레질을 반복하는 모습이에요. '柬'은 쓸 만한 물건(丶¹⁴⁹)들을 추려 자루(束¹³⁵ᵃ)에 넣는 모습을 나타낸 글자예요.

★ 練習(연습) 修練(수련) 熟練(숙련) 訓練(훈련)

70c

어지러울 련(연) 　　　　　　　　　　　[총획] 19획 [부수] 言 [급수] 없음

실 사, 가는 실 멱 絲 + 말씀 언 言¹³

입으로 부는 관악기(言)에 술(糸)이나 장식을 주렁주렁 매단 모습에서 '어지럽다'를 뜻하게 되었어요.

70d

변할 변 　　　　　　　　　　　　　　　[총획] 23획 [부수] 言 [급수] 5급

어지러울 련(연) 䜌 + 칠 복 攵²⁸

새 임금이 즉위하는 날 관악기(䜌)를 불고 북을 쳐(攵) 세상이 바뀌었음을 알리는 모습이에요.

※ '燮(불꽃/조화로울 섭)'과 혼동하기 쉬워요. '變'은 '言' 양쪽이 '糸'이고, 아랫부분이 '攵'인 반면, '燮'은 '言' 양쪽이 '火'이고, 아래는 '又'로 이루어져 있으니 주의해요.

★ 變更(변경) 變動(변동) 變身(변신) 變化(변화)

흰백 白

百 일백 백
一
白 흰/깨끗할/말할 백
願 원할 원
頁
水
原 언덕/근원 원
厂
泉 샘 천
糸
線 줄 선

71

丶 亻 白 白 白

흰 / 깨끗할 / 말할 백   [총획] 5획 [부수] 白 [급수] 8급

햇볕(日[139])에 반짝이는(丿) 물방울을 본떠 '희다', '깨끗하다'를 뜻해요. 속엣말을 모두 내뱉으면 후련하고 정신이 맑아진다 하여 '말하다'의 뜻도 생겨 났어요. 공사장 입구에 붙은 안내문을 보면 마지막에 '주인 백'이라고 써져 있어요. 주인이 '백씨'라는게 아니라 '주인이 말했다'라는 의미예요.

★ 白骨難忘(백골난망: 죽어 백골이 돼도 못 잊을 만큼 고마움)
　白髮(백발) 明白(명백) 黑白(흑백)

71a

百

일백 백 [총획] 6획 [부수] 白 [급수] 7급

한 일 一¹⁴³ + 흰/깨끗할/말할 백 白

일백이라는 큰 수를 만들기 위해 숫자 '一'과 '白'을 합친 글자예요.

★ 白科(백과) 百年(백년) 百姓(백성) 百貨店(백화점)

71b

泉

샘 천 [총획] 9획 [부수] 水 [급수] 4급

흰/깨끗할/말할 백 白 + 물 수 水¹²³

바위틈에서 솟아나는 샘물(水)이 햇볕을 받아 반짝이는(白) 모습이에요.

★ 鑛泉水(광천수) 溫泉(온천) 源泉(원천)

71c

線

줄 선 [총획] 15획 [부수] 糸 [급수] 6급

실 사, 가는 실 糸⁷⁰ + 샘 천 泉

끊임없이 이어져(糸) 흐르는 샘물(泉)의 모습에서 '선', '줄'의 뜻이 생겼어요.

★ 線路(선로) 曲線(곡선) 無線(무선) 直線(직선)

71d

原

언덕/근원 원 [총획] 10획 [부수] 厂 [급수] 5급

기슭/벼랑 엄 厂²⁶* + 샘 천 泉

물(泉)이 흘러나오는 근원이 되는 언덕이나 산기슭(厂)을 나타낸 글자예요.

★ 原本(원본) 原因(원인) 原形(원형) 平原(평원)

71e

願

원할 원 [총획] 19획 [부수] 頁 [급수] 5급

언덕/근원 원 原 + 머리 혈 頁³ᵇ

욕심과 욕망은 머리(頁)에서 시작돼요(原). '견물생심(見物生心)'이라고, 보면 갖고 싶은 생각(願)이 들고, 그것이 비로소 행동으로 옮겨져요.

★ 願書(원서) 祈願(기원) 民願(민원) 所願(소원)

푸를 청 青

72

一 = 土 丰 青 青 青

푸를 청   [총획] 8획 [부수] 青 [급수] 8급

우물(井)의 푸른 이끼(生), 또는 무너지지 않도록 틀(井)을 세운 광산의 구리에서 푸른 빛깔의 녹이 생기는(生) 모습을 본떴어요. 고대 중국인들은 청색을 아름다운 색깔로 여겨 '青'이 소리로 사용되는 글자들은 '淸(맑을 청)', '晴(갤 청)'처럼 대부분 좋은 의미를 담고 있어요.

★ 青年(청년) 青山(청산) 青春(청춘)
    青雲之志(청운지지: 높은 지위에 오르고 싶은 욕망)

72a

丶 氵 氵 汁 汁 淸 淸 淸 淸

(물)맑을 청   [총획] 11획 [부수] 氵 [급수] 6급

물 수 氵¹²³ + 푸를 청 青

푸른(青) 물(氵), 즉 물이 맑음을 뜻해요.

★ 淸潔(청결) 淸明(청명) 淸算(청산) 淸掃(청소)

72b

丶 丷 忄 忄 忄 忄 情 情 情

뜻 정   [총획] 11획 [부수] 忄 [급수] 5급

마음 심 忄¹⁹ + 푸를 청 青

푸른(青) 마음(忄), 즉 순수한 마음씨를 가리켜요.

★ 情報(정보) 無情(무정) 人情(인정) 表情(표정)

164

누를 황 黃

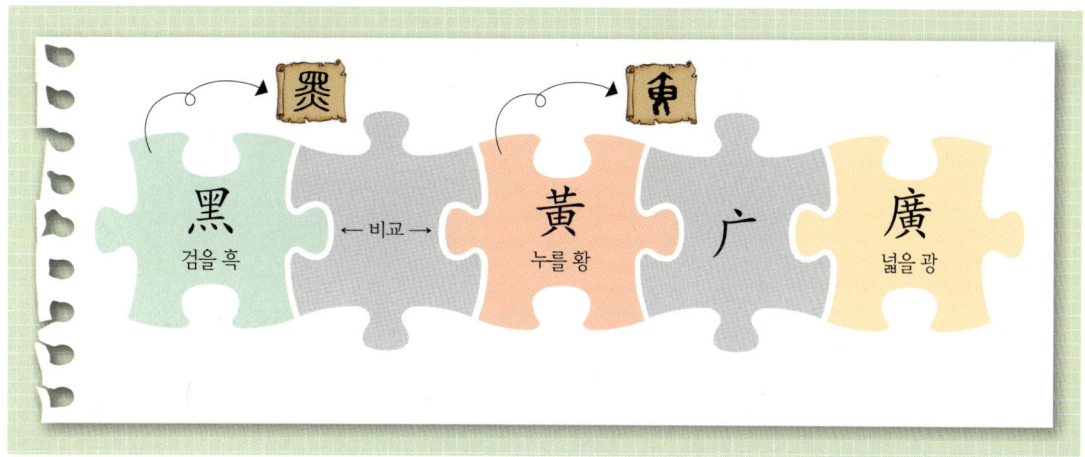

73

누를 황
[총획] 12획 [부수] 黃 [급수] 6급

학자들은 '矢56(화살 시)', '寅(범 인)', '黃(누를 황)'이 모두 화살 모습이라고 해요. 현재 글꼴로는 알 수 없으나, 화살(矢)에 맨 누런 장식 끈 또는 한밤중 불화살이 날아가는 모습에서 '누렇다'를 뜻하게 된 걸로 추정해요.

★ 黃砂(황사) 黃色(황색) 黃土(황토) 黃海(황해)

73a

넓을 광
[총획] 15획 [부수] 广 [급수] 5급

집 엄, 넓을 광 广82 + 누를 황 黃

누런 황토(黃) 마당이 넓게 펼쳐진 대궐(广)을 나타냈어요. '广'은 '宀(집 면)'처럼 집과 관련되며, 주로 큰 집을 가리켜 '대궐'로 해석했어요.

★ 廣告(광고) 廣範圍(광범위) 廣野(광야) 廣場(광장)

73b

검을 흑
[총획] 12획 [부수] 黑 [급수] 5급

아궁이에 불(灬93, 불 화)을 지피자 굴뚝으로 검은 연기가 빠져나가는 모습을 본떴어요.

★ 黑白(흑백) 黑色(흑색) 黑人(흑인) 暗黑(암흑)

매울 신 辛

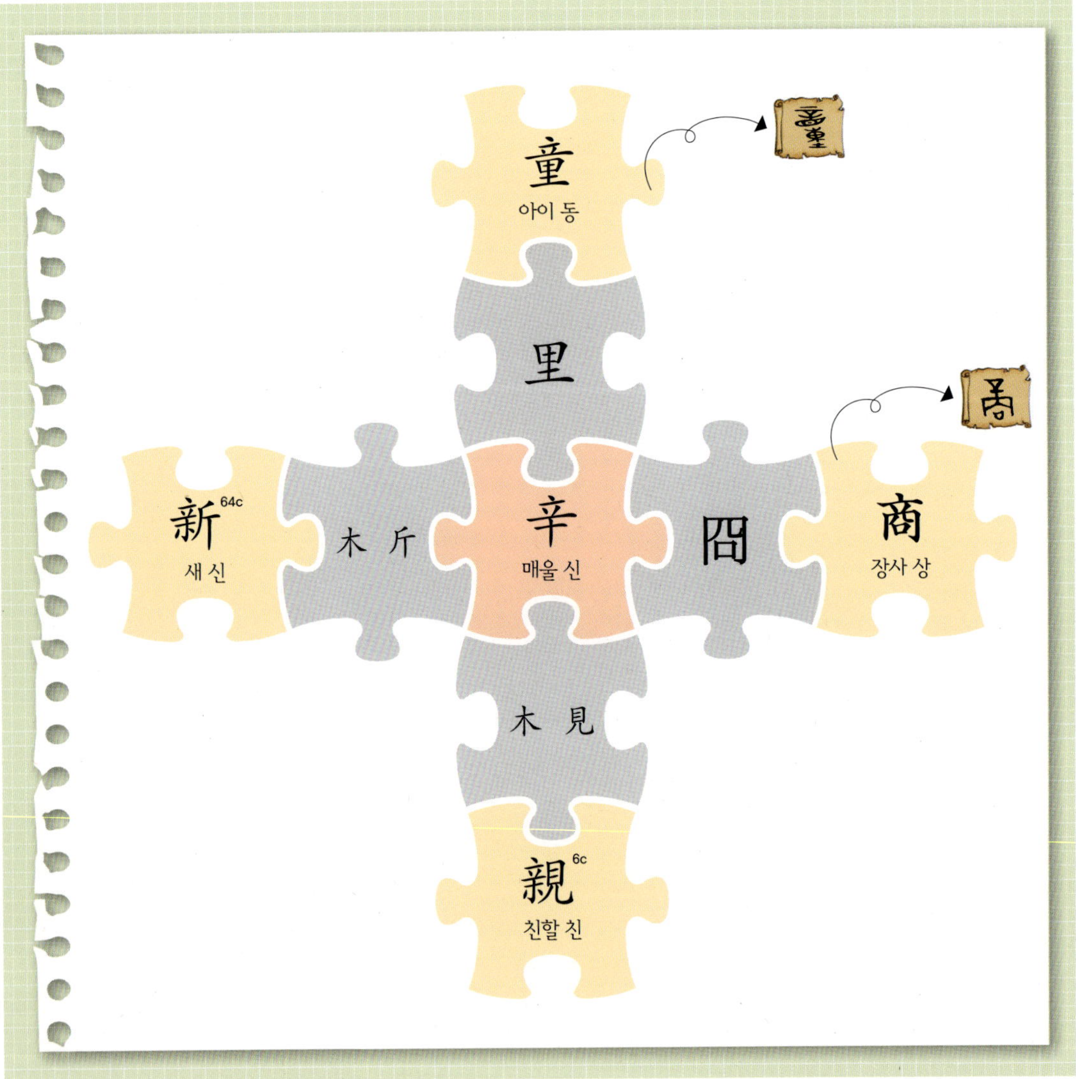

```
        童
       아이 동
        里
   新   木斤  辛   囧   商
  새 신      매울 신    장사 상
        木見
        親
       친할 친
```

74

매울 신   [총획] 7획 [부수] 辛 [급수] 3급

뾰족한 송곳 같은 형벌 도구를 본떴어요. 죄인을 찔러 벌주는 형구로 사용돼 '죄인', '형벌'로도 해석돼요. 이런 도구로 벌 받으면 고통스러워 눈물 흘리듯, 매운 음식을 먹을 때 눈물이 나는 모습에서 '맵다'의 뜻도 생겼어요.

★ 辛辣(신랄) 辛勝(신승: 경기에서 겨우 이김)
  千辛萬苦(천신만고: 온갖 괴롭고 고통스러운 일을 겪음)

` ㅗ ㅜ ㅊ ㅍ ㅍ 辛

166

74a

一 二 亠 立 立 产
音 音 音 音 童 童

아이 동

[총획] 12획 [부수] 立 [급수] 6급

매울 신 辛 + 동녘 동 東[135a]

포로의 눈을 형구(辛)로 찔러서 도망치지 못하게 하고, 노예로 삼아서 무거운 짐(東)을 지우는 모습을 나타낸 글자예요. 훗날 '아이'의 뜻으로 바뀌었어요.

※ 옛 글자를 보면 '里'가 아니라, 자루를 본떠 만든 '東(동녘 동)'과 같은 모양을 하고 있어요. '里'의 원 글자는 '東(동녘 동)'으로 자루를 본떠 만들었어요.

★ 童心(동심) 童謠(동요) 童畵(동화) 兒童(아동)

74b

一 亠 亠 产
产 产 商 商 商 商

장사 / 헤아릴 상

[총획] 11획 [부수] 口 [급수] 5급

매울 신 辛 + 빛날 경 冏

형구(辛)로 찌르거나 속을 환하게(冏) 들쳐 샅샅이 살피는 모습에서 '헤아리다'의 뜻이 생겼어요. 장사꾼이 좋은 물건을 확보하려고 꼼꼼히 살피는 모습에서 '짐작하여 알다', '장사', '상업', '상인' 등으로 뜻이 확대되었어요. 중국의 주나라가 상나라를 멸망시켰을 때 상나라 사람들을 상업에 종사시켰대요. 그래서 '商'에 '장사'라는 의미가 있는 거예요.

※ 옛 글자는 '辛'과 '內(안 내)'를 합친 글자였는데, 훗날 '內'가 '冏'으로 바뀌었어요.

★ 商業(상업) 商人(상인) 行商(행상) 協商(협상)

먹을 식 食

75

밥/먹을 식　　　　　　　　　　　　[총획] 9획　[부수] 食　[급수] 7급

삼합 집 亼 + 밥이 담긴 그릇 皀

밥이 담긴 그릇(皀)과 밥뚜껑(亼)을 합쳐 음식, 먹는 일과 관련돼요. 현재 글꼴의 아랫부분이 '皀'처럼 보이지만 옛글자는 전혀 다른 모습이에요.

★ 食糧(식량) 食事(식사) 飮食(음식) 衣食(의식)

75a

기를/먹일/가꿀 양　　　　　　　　[총획] 15획　[부수] 食　[급수] 5급

양 양 羊¹⁰³ + 밥/먹을 식 食

여름철에는 푸른 초원으로 데려가 풀을 먹이고, 겨울철엔 건초(食)를 주며 양(羊)을 기르는 것을 의미해요.

★ 養育(양육) 敎養(교양) 保養(보양) 營養食(영양식)

75b

마실 음　　　　　　　　　　　　　[총획] 13획　[부수] 食　[급수] 6급

밥/먹을 식 食 + 하품 흠 欠⁸ᶜ*

하품(欠)하듯 크게 입 벌려 물 먹는(食) 모습에서 '마시다'의 뜻이 생겼어요.

★ 飮料(음료) 飮食(음식) 飮酒(음주) 米飮(미음)

말 두 斗

76

말 두

[총획] 4획 [부수] 斗 [급수] 4급

곡물을 퍼 담아 양을 재는 자루 달린 작은 됫박을 본떴어요. 북두칠성 모양과 비슷해 '북두칠성', 북두칠성을 별의 우두머리로 여겨 '우두머리'로도 사용돼요.

※ 말은 곡식, 가루의 부피를 잴 때 쓰는 단위로, 한 말이 약 18리터예요.

★ 北斗七星(북두칠성) 泰山北斗(태산북두: 태산과 북두칠성. 존경받는 뛰어난 사람)

76a

과목 과

[총획] 9획 [부수] 禾 [급수] 6급

벼 화 禾[77] + 말 두 斗

세금과 소작료를 지불하기 위해 됫박(斗)으로 곡물(禾)을 퍼 담아 분류하는 모습에서 생겨났어요.

★ 科目(과목) 科程(과정) 齒科(치과) 學科(학과)

76b

헤아릴 료(요)

[총획] 10획 [부수] 斗 [급수] 5급

쌀 미 米[134b] + 말 두 斗

요리, 또는 사고팔려고 쌀(米)을 됫박(斗)으로 자루에 퍼 담는 모습이에요.

★ 料金(요금) 料理(요리) 原料(원료) 資料(자료)

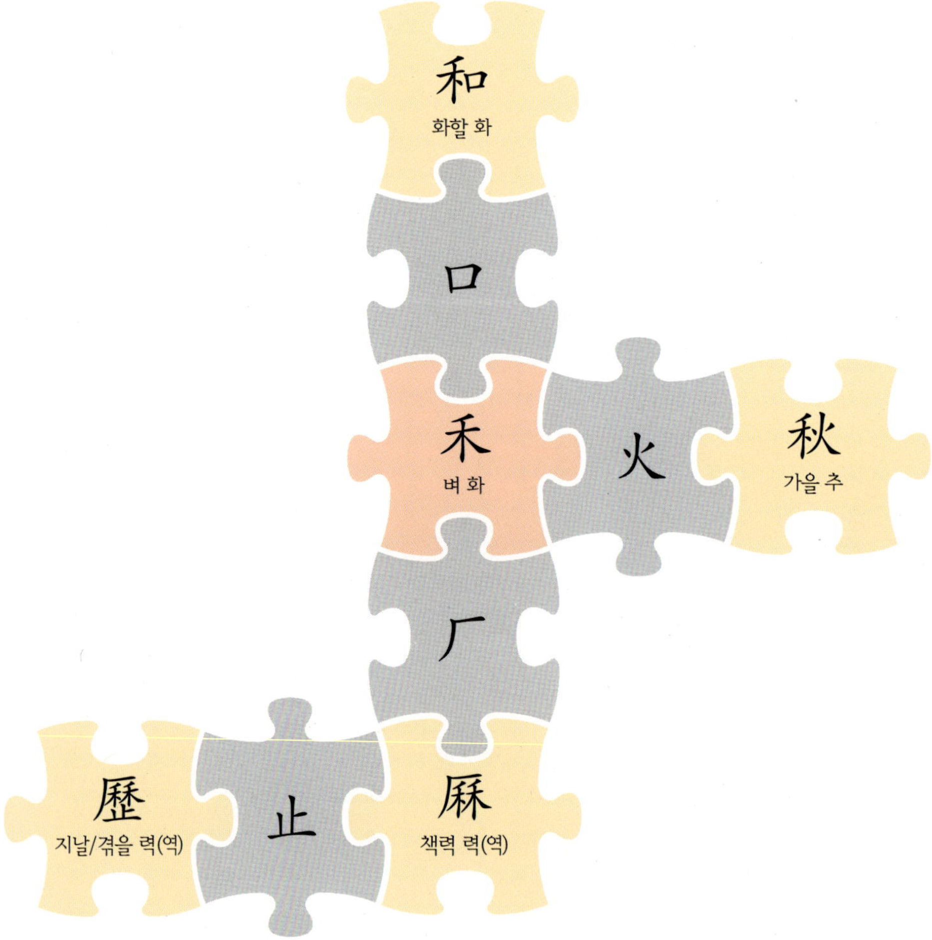

벼 화 禾

和 화할 화
口
禾 벼 화
火
秋 가을 추
厂
歷 지날/겪을 력(역)
止
厤 책력 력(역)

77

一 二 千 禾 禾

벼 화　　　　　　　　　　　　　　[총획] 5획　[부수] 禾　[급수] 3급

익을수록 고개(丿[150])를 숙이는 나무(木[131]), 즉 '벼'를 가리켜요. 하지만 꼭 벼만 뜻하지 않고, 곡식을 지칭할 때 대표적으로 사용되곤 해요.

170

77a

화할 화

[총획] 8획 [부수] 口 [급수] 6급

벼 화 禾 + 입 구 口⁸

원 글자는 '禾'에 '龠(피리 약)'이 합쳐진 글자인 '龢(화할 화)'예요. 관현악단의 연주가 감동을 주는 것은 다양한 악기(龠) 소리(口)들이 서로 조화를 이루기 때문일 거예요. 이처럼 악기 소리가 잘 어우러져 듣기 좋은 모습에서 '화하다'를 뜻하게 되었어요. '龢'와 '和' 모두 '禾'가 발음 역할을 해요.

★ 和答(화답) 和合(화합) 和解(화해) 平和(평화)

77b

가을 추

[총획] 9획 [부수] 禾 [급수] 7급

벼 화 禾 + 불 화 火⁹²

벼(禾)가 불타는(火), 즉 벼가 익어 가는 계절을 가리켜요. 가을 들판을 흔히 황금 들녘이라고 말해요. 노랗게 물들어 가는 들판이 마치 불타는 것 같다고 생각한 거죠. 따라서 '火'는 곡식이 익는 것과 관련이 있어요.

★ 秋夕(추석) 秋收(추수) 晚秋(만추: 늦가을) 立秋(입추)

77c

책력 력(역)

[총획] 12획 [부수] 厂 [급수] 없음

기슭 엄 / 헛간 창 厂 + 나무 성글 력(역) 秝

수확한 농작물(秝)을 창고(厂)에 들여놓는 모습이에요. 농사에 영향을 주는 천체, 절기 등을 자세히 기록해 농사짓고 추수할 수 있었음을 알려 줘요.

77d

지날 / 겪을 력(역)

[총획] 16획 [부수] 止 [급수] 5급

책력 력(역) 厤 + 발 지 止³²

씨(種) 뿌리기부터 저장(厤)까지, 농산물을 수확하기까지 걸어온(止) 모든 과정을 일컬어요.

★ 歷史(역사) 經歷(경력) 履歷(이력) 學歷(학력)

콩두豆

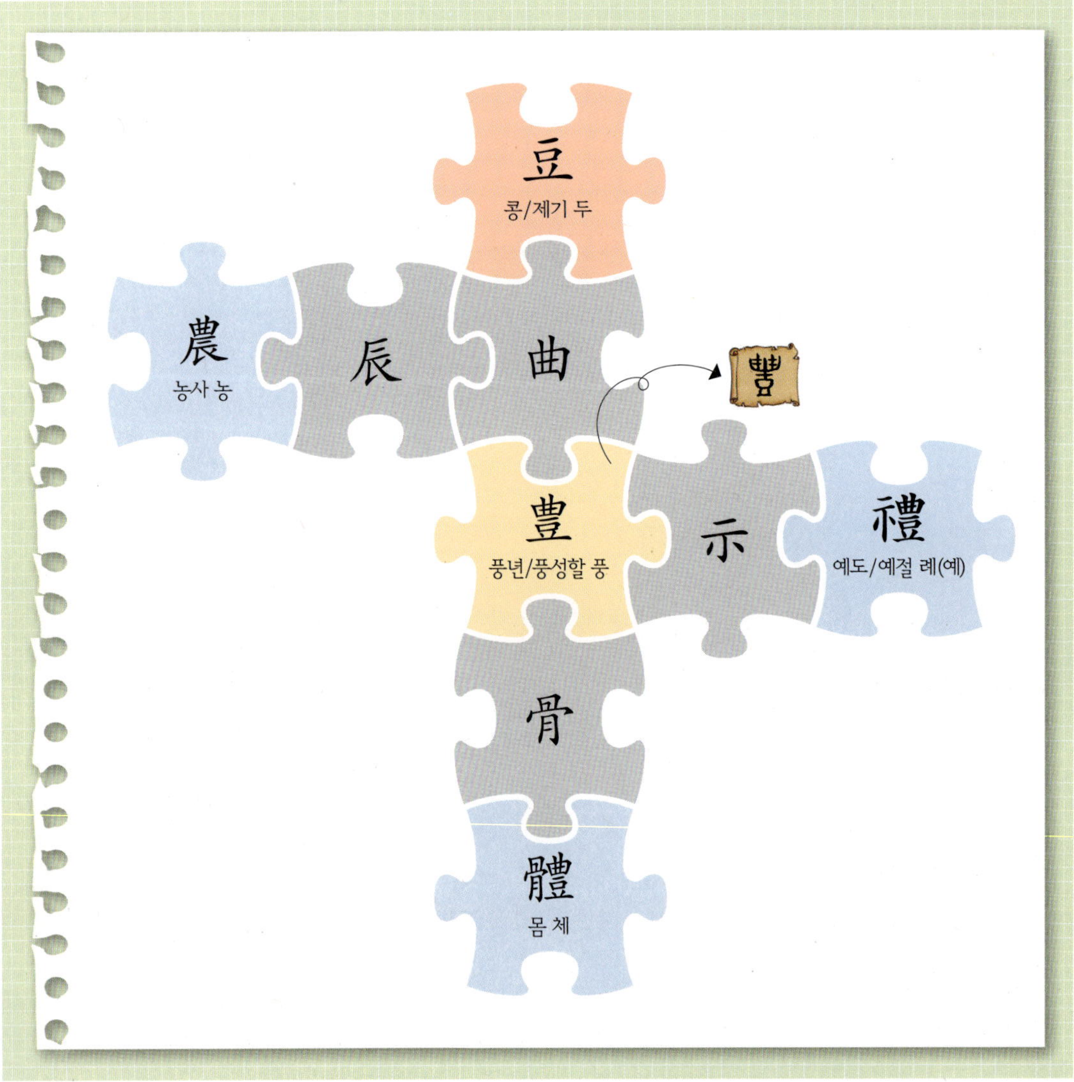

豆
콩/제기 두

農
농사 농

辰

曲

豊
풍년/풍성할 풍

示

禮
예도/예절 례(예)

骨

體
몸 체

콩/제기 두 [총획] 7획 [부수] 豆 [급수] 4급

제사에 쓰는 목이 짧은 제기를 본떴어요. 본뜻은 '제기'인데, 제기 모양이 콩처럼 둥글다 하여 '콩'의 뜻을 갖게 되었어요. 제단 모습을 본떴다는 설도 있어요.

★ 大豆(대두) 豆腐(두부) 綠豆(녹두) 豌豆(완두)

78a

丶 冂 冂 曲 曲 曲 曹 豊 豊 豊 豊

풍년 / 풍성할 풍   [총획] 13획 [부수] 豆 [급수] 4급

곡식이 가득 담긴 그릇 모양 曲 + 콩 / 제기 두 豆

그릇에 가득 담긴 농작물을 나타냈어요. 풍성한 추수에 감사드리고자 제기(豆)에 곡식을 가득(曲) 담아 신께 바치는 모습을 본떴어요.

★ 豊年(풍년) 豊味(풍미) 豊富(풍부) 豊盛(풍성)

78b

一 二 T 亍 示 示 示 祀 祁 神
祁 祁 神 神 禮 禮 禮 禮

예도 / 예절 례(예)   [총획] 18획 [부수] 示 [급수] 6급

보일 / 귀신 / 제단 시 示⁶⁶ + 콩 / 제기 두 豆

제단(示)이 상징하는 '신과 조상'에게 제물을 가득(豊) 바치는 모습이에요. 가장 좋은 것을 골라 풍성하게(豊) 제물을 바치는 것을 신과 조상(示)에 대한 마땅한 예도로 여겼음을 알려 줘요.

★ 禮度(예도: 예의와 법도) 禮義(예의) 禮節(예절) 無禮(무례)

78c

丶 冂 冂 冂 冎 冎 骨 骨 骨 骨
骨 骨 骨 骨 骨 骨 骨 體 體 體 體 體

몸 체   [총획] 23획 [부수] 骨 [급수] 6급

뼈 골 骨¹⁷ᵇ + 풍년 / 풍성할 풍 豊

앙상한 뼈(骨)와 풍성한(豊) 살을 합쳐 '몸'을 뜻하는 글자가 됐어요. 중국에서는 '몸 체'를 '体'로 쓰는데, '사람의 근본은 몸'이라는 뜻을 전달해요.

★ 體系(체계) 體育(체육) 身體(신체) 肉體(육체)

78d

丶 冂 冂 冂 曲 曲
曲 曲 芦 芦 農 農 農

농사 농   [총획] 13획 [부수] 辰 [급수] 7급

굽을 곡 曲¹¹ᶜ + 별 진, 때 신 辰¹¹⁸ᶜ

대합조개처럼 큰 조개(辰)를 낫처럼 써서 곡식(曲)을 수확하거나 농경지를 개간하는 모습이에요.

★ 農家(농가) 農民(농민) 農藥(농약) 農村(농촌)

집 면 宀

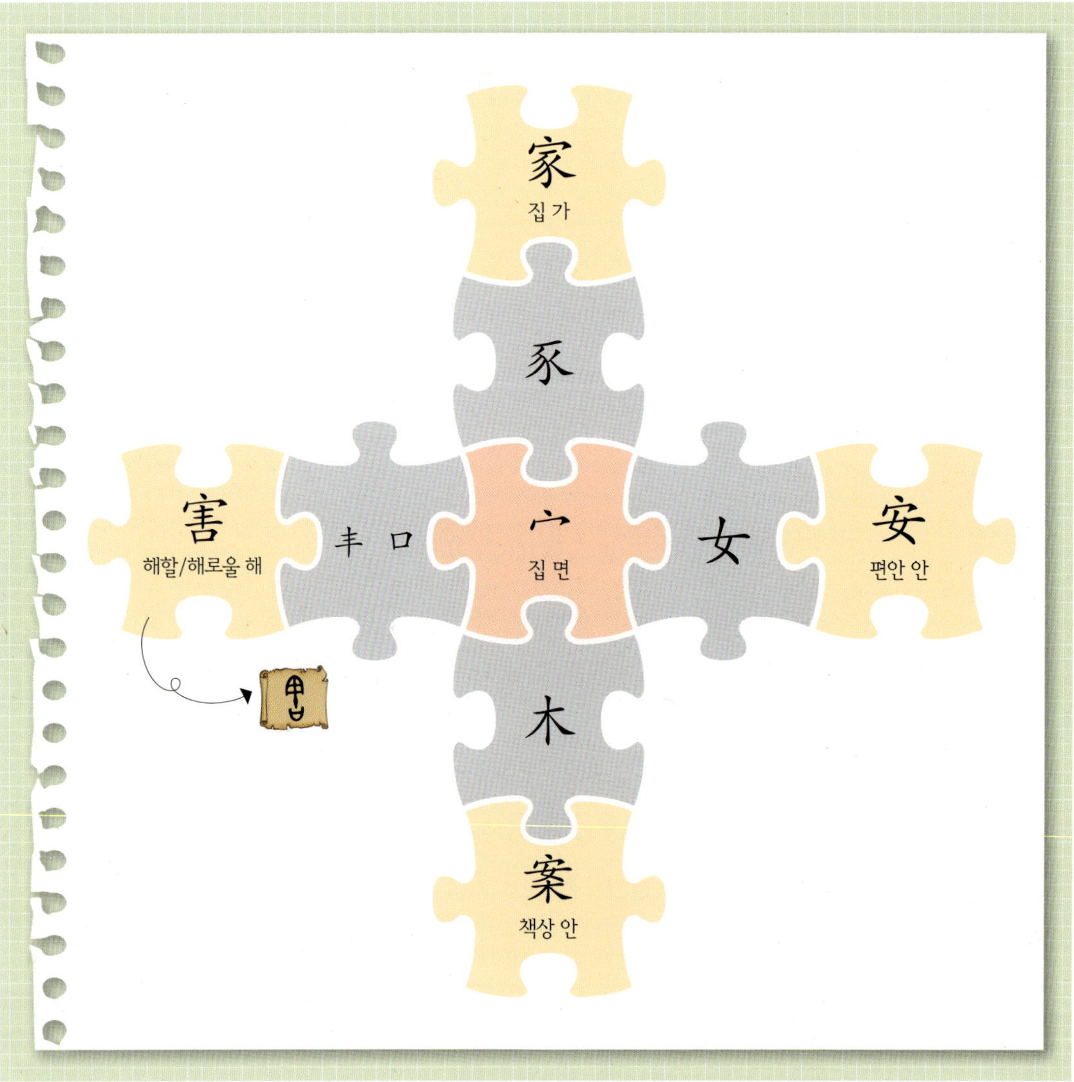

집 면   [총획] 3획 [부수] 宀 [급수] 없음

宀 지붕 모습을 간략하게 정리한 글자로, '지붕', '집', '우리', '가정' 등의 뜻을 가져요.

79a

`丶宀宀宁宇宇宇家家`

집 가

[총획] 10획 [부수] 宀 [급수] 7급

집 면 宀 + 돼지 시 豕¹⁰⁶

집(宀)에서 돼지(豕)를 키우던 모습을 나타냈어요. 아래층이나 뒷간에 돼지를 키우고 사람들은 그 위에 살면서 음식물 찌꺼기나 변을 주었을 거예요.

★ 加計(가계) 家事(가사) 家長(가장) 家庭(가정)

79b

`丶宀宀宁安安`

편안 안

[총획] 6획 [부수] 宀 [급수] 7급

집 면 宀 + 여자 녀(여) 女⁵²

집(宀)안에 여자(女)가 있어야 나머지 식구들이 편안하다, 또는 여자(女)는 집(宀) 안에 있을 때 비로소 안전하고 편안하다는 생각에서 비롯되었어요.

★ 安樂(안락) 安全(안전) 便安(편안) 平安(평안)

79c

`丶宀宀宁安安安宰宰案`

책상 안

[총획] 10획 [부수] 木 [급수] 5급

편안 안 安 + 나무 목 木¹³¹

편안하게(安) 앉아서 공부할 수 있는 나무(木) 책상을 가리켜요. 몸이 편안하니(安) 공부도 잘되고, 생각들도 잘 정리돼 좋은 안을 많이 내놓을 수 있다 하여 '생각'이나 '안건'의 뜻도 생겨났어요.

★ 案件(안건) 案内(안내) 答案(답안) 提案(제안)

79d

`丶宀宀宀宁宝宝害害害`

해할 / 해로울 해

[총획] 10획 [부수] 宀 [급수] 5급

집 면 宀 + 산란할 개 丯 + 입 구 口⁸

창고(宀)에 쌓아 둔 곡식(口)에서 싹(丯)이 웃자란 모습(丯)이에요. 웃자란 싹은 종자로도, 식량으로도 쓰기 힘들고 몸에도 해로울 수 있어요.

※ 옛 글자를 보면 손잡이 달린 큰 송곳 같은 형구(丯)로 입(口)을 찌르는 것처럼 보여요. 그래서 해 끼치는 말(口)을 하는 사람에게 벌주는 모습에서 '해하다', '해롭다'를 뜻하게 되었다고 보기도 해요.

★ 害蟲(해충) 損害(손해) 自害(자해) 被害(피해)

삶 | 의식주 | 주 175

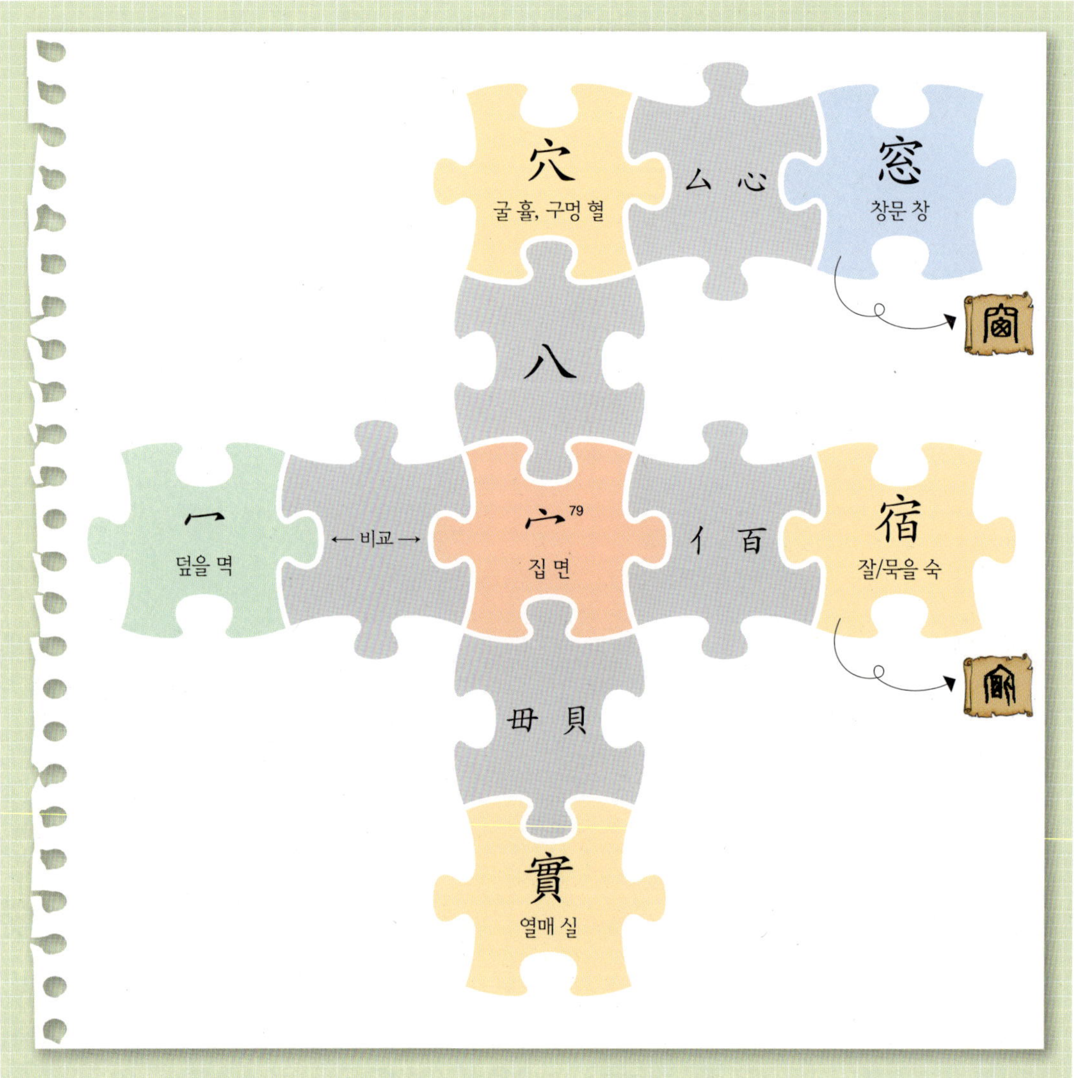

집 면 宀

[퍼즐 도식:
- 穴 굴 훌, 구멍 혈
- ㅿ 心
- 窗 창문 창 → 窗
- 八
- 冖 덮을 멱 ← 비교 → 宀⁷⁹ 집 면 — 亻百
- 宿 잘/묵을 숙 → 宿
- 毋 貝
- 實 열매 실]

80

` ` 八 宀 宀 穴

굴 훌, 구멍 혈 [총획] 5획 [부수] 穴 [급수] 3급

집 면 宀⁷⁹ + 여덟 팔 八¹⁴⁶

동굴이나 움막(宀)의 입구(八)를 본떴어요.

★ 穴居(혈거: 동굴에서 삶) 毛穴(모혈: 털구멍)

80a

창문 창

[총획] 11획 [부수] 穴 [급수] 6급

굴 혈, 구멍 혈 穴 + 사사 사 厶⁵⁰ + 마음 심 心¹⁹

사람의 눈(穴)은 마음(心)의 내밀한(厶) 것을 보여 주는 창이라 할 수 있어요. '窗'으로 쓰기도 하는데, 이처럼 한 글자인데 두 개 이상의 글자 형태가 있는 경우를 '異體字(이체자)'라고 해요. 모양이 다른 글자라는 의미이지요.

★ 窓口(창구) 窓門(창문) 同窓(동창) 車窓(차창)

80b

잘 / 묵을 숙

[총획] 11획 [부수] 宀 [급수] 5급

집 면 宀 + 사람 인 亻⁴¹ + 일백 백 百⁷¹ᵃ

집(宀) 안에 자리(百)를 펴고 누운 사람(亻) 모습을 본떴어요. '百'이 사람이 누운 자리를 나타냈어요. 백 명이 누워서 잔다는 의미가 아니에요. 이처럼 한자는 모양이 같더라도 여러 가지 뜻을 가져요.

★ 宿泊(숙박) 宿所(숙소) 宿題(숙제) 寄宿舍(기숙사)

80c

열매 실

[총획] 14획 [부수] 宀 [급수] 5급

집 면 宀⁷⁹ + 꿰뚫을 관 毌 + 조개 패 貝¹¹⁷

진나라의 시황제는 가운데 구멍이 난 동전을 만들었어요. '實'은 구멍 난 동전(貝)을 실로 꿰어(毌) 집(宀) 안에 쌓아 놓은 모습으로, 보물이 가득하다는 의미예요. 나중에 '열매', '참다움'의 뜻도 생겨났어요.

★ 結實(결실) 事實(사실) 現實(현실)
有名無實(유명무실: 이름만 있고 실속은 없음)

80d

덮을 멱

[총획] 2획 [부수] 冖 [급수] 없음

사물을 덮어 놓은 보자기나 뚜껑을 본떴어요. '宀⁷⁹(집 면)'과 모양이 비슷해요.

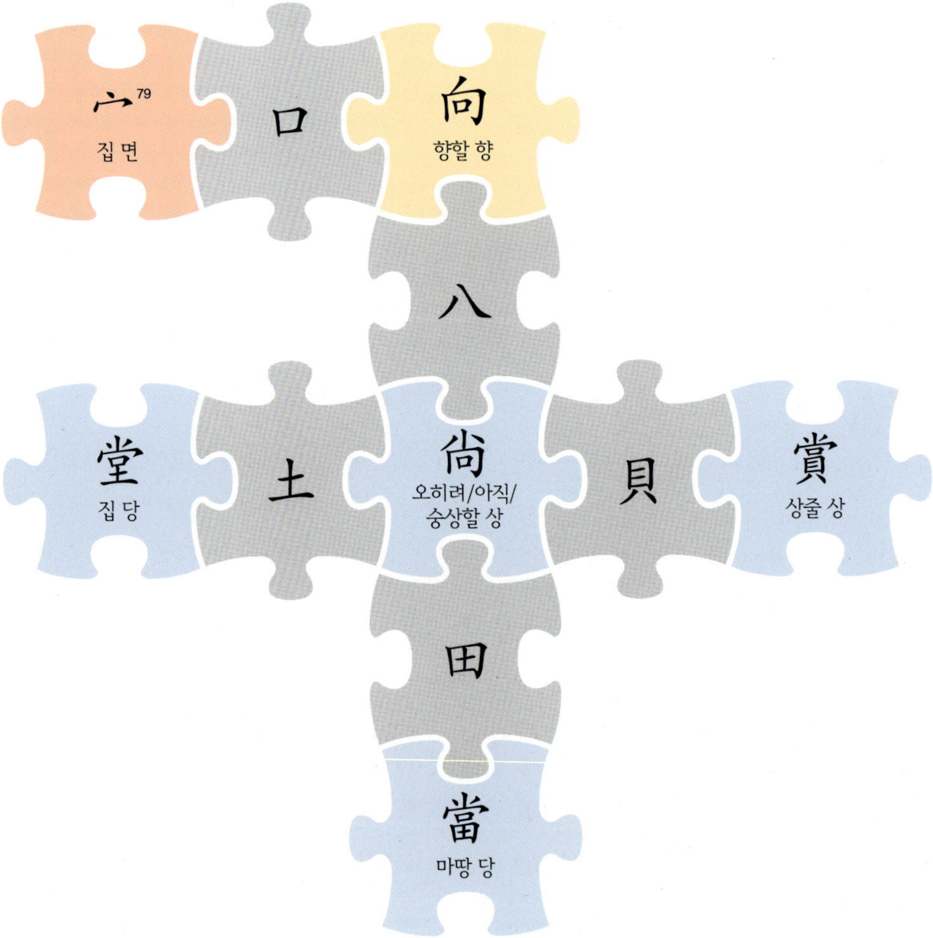

집 면 宀

[퍼즐 그림: 宀(집 면) + 口 = 向(향할 향); 向 + 八 + 尚(오히려/아직/숭상할 상); 堂(집 당) - 土 - 尚 - 貝 - 賞(상줄 상); 尚 - 田 - 當(마땅 당)]

81

향할 향　　　　　　　　　　[총획] 6획　[부수] 口　[급수] 6급

집 면 宀⁷⁹ + 입 구 口⁸

사람들은 집(宀) 출입문(口)으로, 햇볕은 창문(口)으로 드나들고, 밖에서 인기척이 나면 문이나 창문으로 귀를 기울이므로 '향하다'라는 뜻이 생겨났을 거예요.

★ 方向(방향) 傾向(경향) 上向(상향) 動向(동향)

´ ´ 冂 冋 向 向

81a

오히려 / 아직 / 숭상할 상   [총획] 8획 [부수] 小 [급수] 3급

향할 향 向 + 여덟 팔 八[146]

모든(八) 사람의 마음이 향한(向) 곳으로, 이는 신이 계신 곳이라 하여 '높이다', '숭상하다'를 뜻해요. 또한 아직 신의 축복이나 계시가 나타나지 않았다 하여 '아직'의 뜻이, 그러므로 더욱더 기도해야 한다 하여 '오히려', '더욱'의 뜻이 생겨났어요. '尙'이 발음으로 사용된 글자들은 무언가를 '높이다'라는 의미를 지녀요. '八'에는 '모두', '전부'의 뜻이 들어 있어요.

★ 嘉尙(가상) 高尙(고상) 崇尙(숭상)
   時機尙早(시기상조: 아직 때가 되지 않음)

81b

상줄 상   [총획] 15획 [부수] 貝 [급수] 5급

오히려 / 아직 / 숭상할 상 尙 + 조개 패 貝[117]

공을 세우거나 선행한 사람을 높여(尙) 재물(貝)을 주는 모습이에요.

★ 賞狀(상장) 副賞(부상) 受賞(수상) 優等賞(우등상)

81c

마땅 당   [총획] 13획 [부수] 田 [급수] 5급

오히려 / 아직 / 숭상할 상 尙 + 밭 전 田[87]

농경지(田)를 신을 숭상하듯(尙) 소중하게 여기는 것은 당연한 일이었어요.

★ 當時(당시) 當然(당연) 妥當(타당) 合當(합당)

81d

집 당   [총획] 11획 [부수] 土 [급수] 6급

오히려 / 아직 / 숭상할 상 尙 + 흙 토 土[91]

신을 모시는(尙) 사당(집)을 짓기 위해 땅(土)을 높이(尙) 돋우어 다지는 모습이에요.

★ 講堂(강당) 明堂(명당) 書堂(서당) 食堂(식당)

집 엄 广

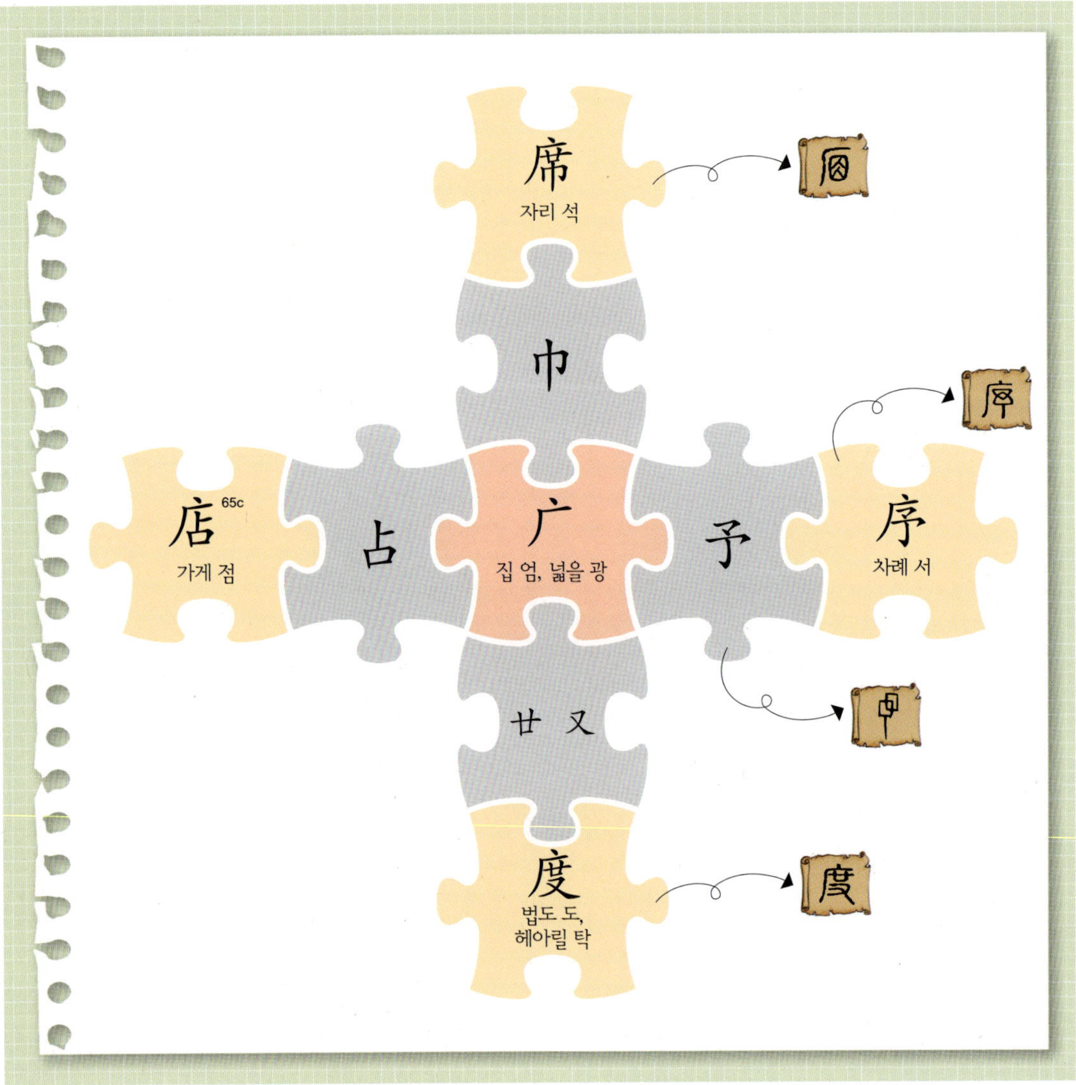

席 자리 석

巾

店 가게 점 占 广 집 엄, 넓을 광 予 序 차례 서

廿 又

度 법도 도, 헤아릴 탁

82

집 엄, 넓을 광 [총획] 3획 [부수] 广 [급수] 없음

궁궐이나 관청처럼 넓고 큰 집의 기둥과 지붕을 본떴어요.

82a

자리 석

[총획] 10획 [부수] 巾 [급수] 6급

집 엄, 넓을 광 广 + 수건 건 巾[69c]

큰 집을 가리키는 '广'이 들어 있는 걸로 보아 궁궐 안을 본뜬 글자일 거예요. 임금이나 관리들이 국사를 논하던 곳이나 안방에 놓인, 비단 천(巾)으로 덮인 보좌나 방석을 가리켜 '자리', '깔개', '좌석' 등의 뜻이 생겼어요. 또한 앉는 자리에 따라 신분이 다르다 하여 '지위', '신분'의 뜻도 가져요.

★ 上席(상석) 首席(수석) 座席(좌석) 出席(출석)

82b

차례 서

[총획] 7획 [부수] 广 [급수] 5급

집 엄, 넓을 광 广 + 나 여 予

세로 방향의 날실과 가로 방향의 씨실(予)을 순서대로 교차하며 천을 짜는 공방(广) 모습이에요. 씨실과 날실이 순서대로 교차되며 천이 만들어지는 모습을 나타냈어요. '予'는 베틀에서 세로로 길게 늘어뜨린 날실 사이를 가로로 오가며 씨실을 풀어 주는 북의 모양이에요.

★ 序論(서론) 序列(서열) 順序(순서) 秩序(질서)

82c

법도 도, 헤아릴 탁

[총획] 9획 [부수] 广 [급수] 6급

집 엄, 넓을 광 广 + 스물 입 廿 + 손 우 又[25]

큰 집(广)을 짓기 위해 손(又)으로 헤아려 다양한(廿) 치수를 재는 모습이에요.

★ 溫度(온도) 程度(정도) 制度(제도) 態度(태도)

문 문 門

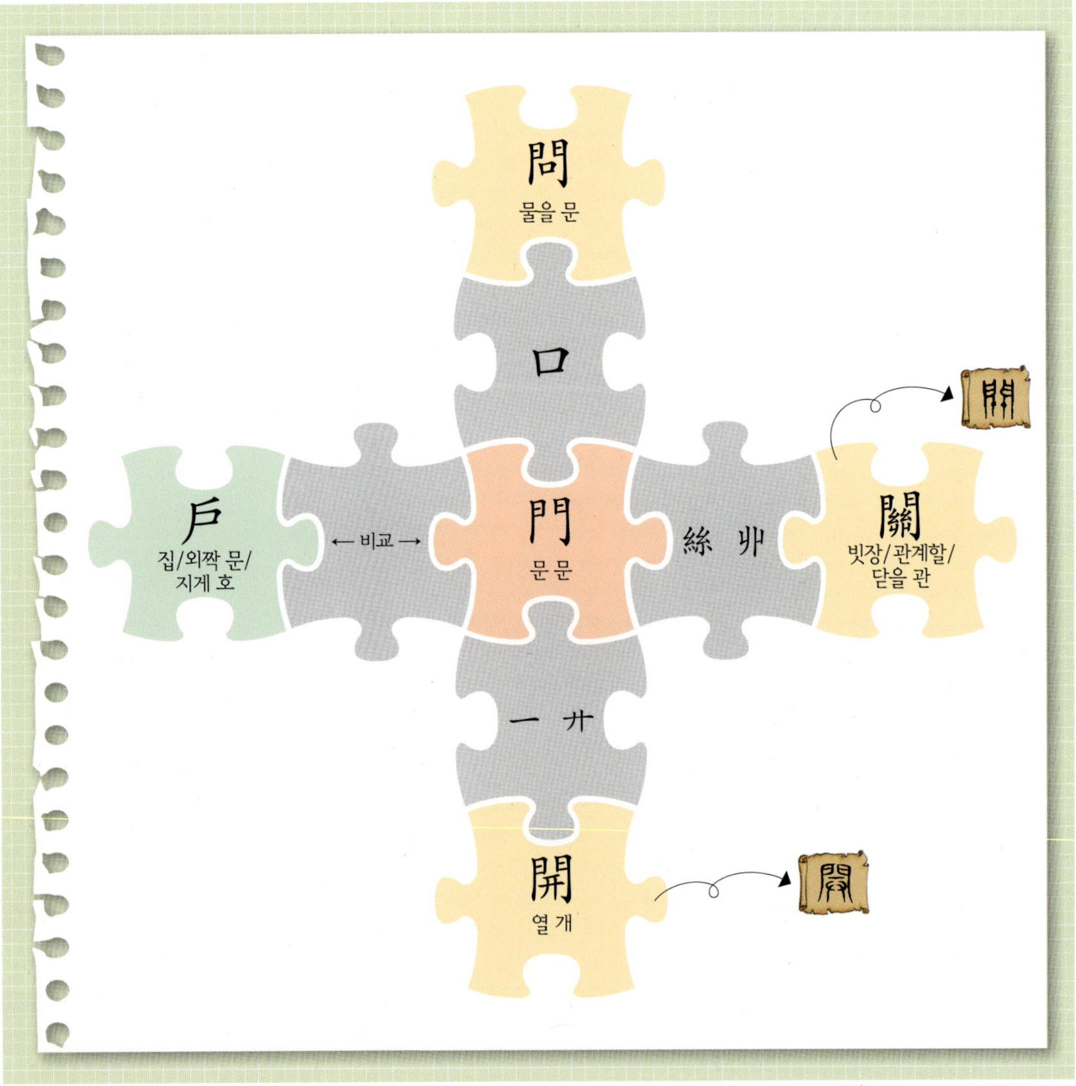

問 물을 문
口
戶 집/외짝 문/지게 호 ← 비교 → 門 문 문 絲 糸 關 빗장/관계할/닫을 관 → 關
一 廾
開 열 개 → 開

ㅣㄱㄗㄗㄗㄲ門門門

문 문　　　　　　　　　　　　[총획] 8획　[부수] 門　[급수] 8급

큰 집의 두 짝으로 이루어진 커다란 출입구, 즉 '대문'을 본떴어요.

★ 門前成市(문전성시: 대문 앞이 시장을 이룸, 즉 찾아오는 사람이 매우 많음)
　門前(문전) 關門(관문) 大門(대문)

83a

| ｜ ｒ ｒ ｒ' |
| 門 門 門 問 問 |

問 물을 문

[총획] 11획 [부수] 口 [급수] 7급

문 문 門 + 입 구 口⁸

대문(門)을 열고 누구네 집이 맞느냐고 물어(口) 보는 모습이에요. 반대 의미를 전달하는 글자는 '答(대답 답)'이에요.

★ 問答(문답) 問題(문제) 訪問(방문) 疑問(의문)

83b

| ｜ ｒ ｒ ｒ ｒ' ｒ' ｒ' ｒ' |
| 門 門 閂 閏 閏 閣 關 關 關 |

關 빗장 / 관계할 / 닫을 관

[총획] 19획 [부수] 門 [급수] 5급

문 문 門 + 실 사, 가는 실 멱 絲⁷⁰ + 잠글 관 㚇

국경 관문(門)의 빗장(㚇)을 밧줄(絲)로 꽁꽁 묶어 걸어 잠그는 모습에서 '빗장', '닫다'의 뜻이 나왔어요. 국경의 관문(門)을 열거나 닫는 것은 이웃 나라와의 관계를 나타내므로 '관계하다'의 뜻도 생겨났어요.

★ 關係(관계) 關門(관문) 關心(관심) 稅關(세관)

83c

| ｜ ｒ ｒ ｒ ｒ' 門 |
| 門 門 門 閂 開 開 |

開 열 개

[총획] 12획 [부수] 門 [급수] 6급

문 문 門 + 빗장 모양 一 + (두 손으로) 받들 공 廾²⁷

문(門) 빗장(一)을 양손(廾)으로 들어 올려 대문을 여는 모습이에요.

★ 開放(개방) 開市(개시) 開通(개통) 開學(개학)

83d

| 一 ㄱ ㄱ 戶 |

戶 집 / 외짝 문 / 지게 호

[총획] 4획 [부수] 戶 [급수] 4급

문짝이 하나인 창고나 서민들의 방문을 본떴어요. 본뜻은 '외짝 문', '지게 문'인데, '집'으로 의미가 확장되었어요.

★ 戶口調査(호구조사) 家家戶戶(가가호호: 한 집 한 집, 집집마다)

삶 | 의식주 | 주

언덕 부 阝(阜)

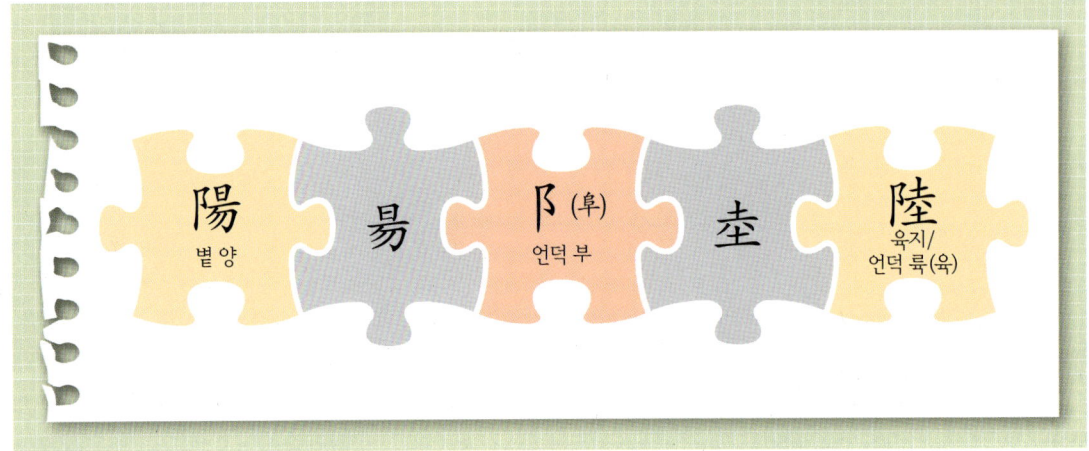

84

ㄱ ㄋ 阝

언덕 부
[총획] 3획 [부수] 阝 [급수] 없음

언덕을 오르내리기 쉽게 만든 층층 계단을 본떴어요. 본뜻은 '언덕'이고, '계단', '담'으로도 널리 사용돼요. 혼자는 '阜', 다른 글자와 쓸 때는 '阝'를 써요. 글자 왼쪽에 오면 '언덕', 오른쪽에 오면 '邑85(고을 읍)'을 뜻해요.

★ 岡阜(강부: 언덕) 高阜(고부: 높은 언덕) 됴阜(구부: 언덕)

84a

ㄱ ㄋ 阝 阝˙ 阝十 阸 阹 陸 陸 陸

육지/언덕 륙(육)
[총획] 11획 [부수] 阝 [급수] 5급

언덕 부 阝(阜) + 언덕 륙(육) 坴

'坴'은 '六146b(여섯 육)'과 '土91(흙 토)'가 합쳐져 높이 솟은 땅 모양을 나타낸 글자로, '坴'이 혼자서는 쓰이지 못해 '阝'를 붙였어요.

★ 陸軍(육군) 陸地(육지) 大陸(대륙) 上陸(상륙)

84b

ㄱ ㄋ 阝 阝˙ 阝口 阝日 阝旦 阸 陽 陽 陽

볕 양
[총획] 12획 [부수] 阝 [급수] 6급

언덕 부 阝(阜) + 볕 양 昜139a

'昜'은 해가 뜨자(旦) 아지랑이(勿)가 피어오르는 모습을 본떴어요. '昜'이 혼자 쓰이지 못해 언덕(阝) 위로 해가 떠오른다 하여 '阝'를 덧붙였어요.

★ 陽傘(양산) 陽地(양지) 夕陽(석양) 太陽(태양)

고을 읍 阝(邑)

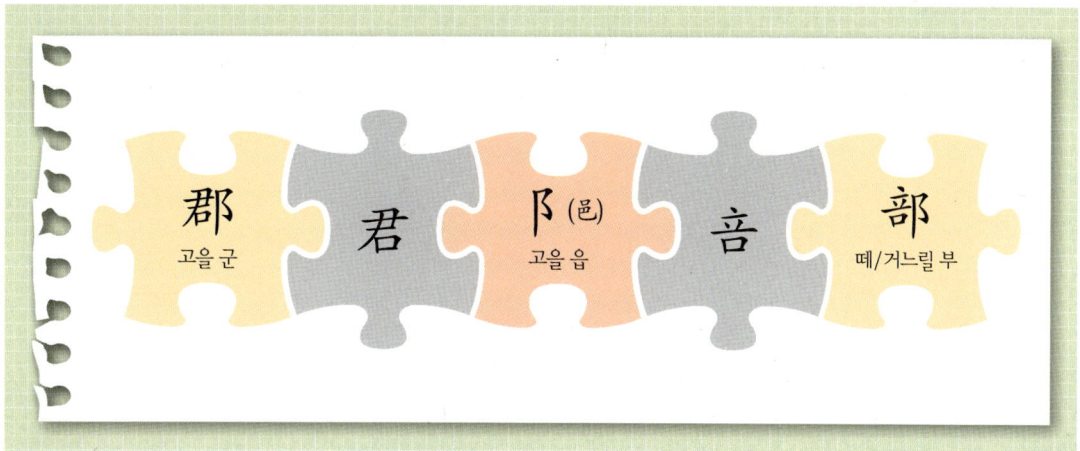

85

고을 읍
[총획] 3획 [부수] 阝 [급수] 없음

사람(巴)들이 모여 사는 영역을 표시하는(口) 것에서 '마을'을 뜻하게 되었어요. 혼자 쓸 때는 '邑', 다른 글자와 함께 쓸 때는 '阝'을 사용해요. 단, 이때는 꼭 '阝'가 글자의 오른편에 와야 해요.

85a

떼 / 거느릴 부
[총획] 11획 [부수] 阝 [급수] 6급

침/부풀 부 咅 + 고을 읍 阝(邑)

마을(阝=邑)이 커지면(咅) 나누고 관리를 임명해 다스리게 하는 모습이에요.

★ 部門(부문) 部分(부분) 部首(부수) 部長(부장)

85b

고을 군
[총획] 10획 [부수] 阝 [급수] 6급

임금 군 君 + 고을 읍 阝(邑)

임금(君)이 있다면 당연히 백성이 있어야겠죠? 따라서 '阝(邑)'을 덧붙여 다스림받는 백성의 마을을 뜻하는 글자를 만들었어요. 여기에서 '君'은 손(크)이 붓(丿)을 들고 말(口ª)로 다스린다는 의미로 '임금', '군주'를 말해요.

★ 郡民(군민) 郡守(군수) 郡主(군주) 郡廳(군청)

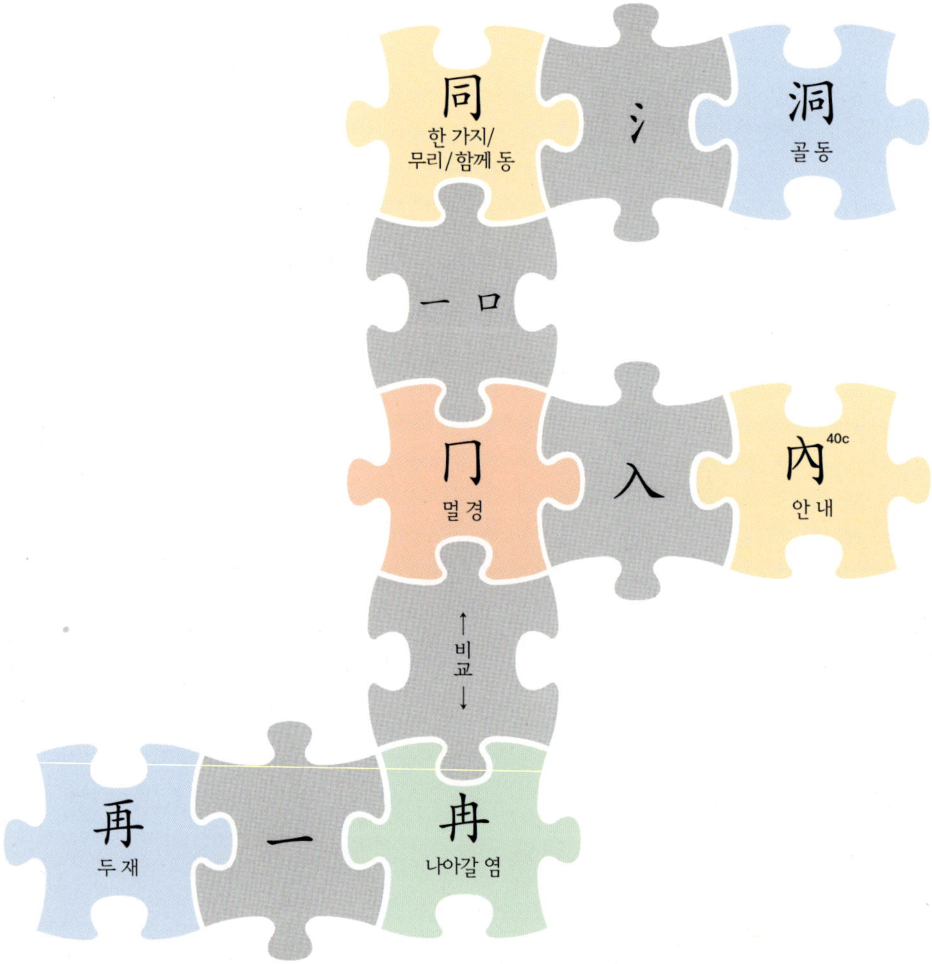

멀 경 冂

멀 경   [총획] 2획 [부수] 冂 [급수] 특급

닫힌 문에 대고 소리를 지르는 모습으로, 사람들과 단절된 곳, 즉 아주 멀리 떨어진 곳을 가리키는 글자예요.

86a

한 가지 / 무리 / 함께 동 [총획] 6획 [부수] 口 [급수] 7급

丨 冂 冂 同 同 同

멀 경 冂 + 한 일 一¹⁴³ + 입 구 口⁸

사람들이 한(一) 목소리(口)로 멀리(冂) 있는 신에게 복을 비는 모습으로 여겨져요. 또는 같은 곳(冂)에서 같은(一) 언어(口)를 쓰며 사는 사람들의 무리를 묘사한 글자로도 여겨져요.

★ 同名(동명) 同時(동시) 同音(동음) 同意(동의)

86b

골 동 [총획] 9획 [부수] 氵 [급수] 7급

丶 氵 氵 冫 洞 洞 洞 洞 洞

물 수 氵¹²³ + 한 가지 / 무리 / 함께 동 同

물(氵)이 한 곳(同)으로 모이는 '골짜기'를 말해요. 또한 한(同) 우물에서 같은 물(氵)을 마시는 같은 동네 사람이라 하여 '마을'의 뜻이 생겨났어요. 이러한 마을들은 주로 골짜기에 형성되어서 '골짜기'로 의미가 확대되었어요.

★ 洞口(동구) 洞窟(동굴) 洞里(동리: 마을)
  洞長(동장: 한 동네의 행정을 맡은 으뜸 직위나 사람)

86c

나아갈 염 [총획] 5획 [부수] 冂 [급수] 특급

丨 冂 冂 冉 冉

구레나룻이 자라 두 갈래로 길게 늘어진 모양이에요. 또는 생선이나 나물을 엮어 가운데를 들어 올려 두 갈래로 갈라진 모습을 본떴어요.

86d

두 재 [총획] 6획 [부수] 冂 [급수] 5급

一 厂 丌 丙 再 再

한 일 一¹⁴³ + 나아갈 염 冉

가운데를 들어 올려(一) 나물이나 생선꾸러미가 두 갈래(冉)로 늘어진 모습을 강조했어요.

★ 再開(재개) 再建(재건) 再考(재고) 再次(재차)

마을 리 里

田 밭 전
土
理 다스릴 리(이) 王 里 마을 리 予 野 들 야
旦
量 헤아릴 량(양)

87   ㅣ 冂 日 田 田

밭 전   [총획] 5획 [부수] 田 [급수] 4급

농경지의 경계를 이루는 논두렁, 밭두렁을 강조했어요.

★ 田畓(전답: 논밭) 田園(전원) 油田(유전)
　門前沃畓(문전옥답: 집 가까이에 있는 기름진 논)

188

87a

마을 리

밭 전 田 + 흙 토 土[91]

[총획] 7획 [부수] 里 [급수] 7급

마을의 땅(土)과 농경지(田)를 강조한 글자예요.

★ 洞里(동리) 萬里(만리) 十里(십리) 里長(이장)

87b

들 야

마을 리 里 + 나 여 予

[총획] 11획 [부수] 里 [급수] 6급

마을(里)에서 떨어진, 숲이 우거진 곳이나 들판을 가리켜요. '予'는 갈고리나 씨실을 푸는 북의 모습으로 연결을 나타낸 글자예요. 따라서 마을과 마을을 이어 주는 들판, 또는 마을과 연결된 들판의 의미로도 볼 수 있어요.

★ 廣野(광야) 視野(시야) 野球(야구) 野菜(야채)

87c

헤아릴 량(양)

물건 모양 旦 + 마을 리 里

[총획] 12획 [부수] 里 [급수] 5급

자루(里) 위에 깔때기(旦)를 대고 곡식을 넣는 모습이에요. 글자 모양이 마치 저울(里) 위에 곡식(旦)을 올려 무게를 재는 것처럼 보이기도 해요.

※ '量'에 있는 '里'는 '里(마을 리)'와 모양은 같지만, 옛 글자를 보면 자루의 모양인 '東[135a](동녘 동)'과 더 비슷해요

★ 降水量(강수량) 數量(수량) 重量(중량) 質量(질량)

87d

다스릴 리(이)

구슬 옥 玉 + 마을 리 里

[총획] 11획 [부수] 玉 [급수] 6급

옥(玉)을 색깔이나 모양, 결에 따라 가공하는 모습에서 '다스리다', '도리', '이치' 등의 의미를 갖게 되었어요. '里'는 발음으로 더해졌어요. '玉'이 다른 글자와 함께 쓰이면 '왕'이 아니라 '옥', '구슬'로 이해해야 해요.

★ 理論(이론) 理想(이상) 道理(도리) 倫理(윤리)

밭 전 田

```
        男
      사내/아들 남
        力
   田⁸⁷        介   界
   밭 전              지경 계
        口
 週   辶   周   言   調
 돌 주     두루 주     고를/조사할 조
```

88
| ㅁ 日 田 田 男 男

男 사내 / 아들 남
[총획] 7획 [부수] 田 [급수] 7급

밭 전 田⁸⁷ + 힘 력(역) 力⁹⁴ᵇ

'力'는 쟁기를 본뜬 글자로, 밭(田)에서 열심히 쟁기질하는(力) 사람을 나타냈어요.

★ 男女(남녀) 男子(남자) 男便(남편)
  無男獨女(무남독녀: 아들이 없는 집의 외동딸)

88a   ㅣ ㄇ ㄇ ㅃ 田 ㄗ ㄗ 界 界

지경 계   [총획] 9획 [부수] 田 [급수] 6급
밭 전 田[87] + 낄 개 介

농경지(田) 사이에 끼어(介) 있는 논두렁, 밭두렁을 본떴어요. 땅뿐 아니라 모든 사물의 경계를 뜻해요. '介'는 둘로 나누어져(八[146]) 있는 것을 사람(人[40])이 끼어들어 엮어 주는 모습이에요.

★ 境界(경계) 世界(세계) 學界(학계) 限界(한계)

88b   ㅣ ㄇ ㄇ ㄇ 月 月 周 周

두루 주   [총획] 8획 [부수] 口 [급수] 4급
밭 전 田[87] + 입 구 口[8]

원래 '田' 안 네 공간에 점이 하나씩 찍혀 있는 상형 문자였어요. 밭(田)에 빼곡하게 심은 먹거리(口)가 골고루 잘 자라는 모습을 나타낸 글자로, '두루', '골고루' 등의 뜻을 가져요.

★ 周邊(주변) 周圍(주위) 世界一周(세계일주) 圓周(원주)

88c   ㆍ ㆍ ㆍ ㆍ ㆍ 言 言
                                                言 訂 訂 訓 調 調 調 調

고를 / 조사할 조   [총획] 15획 [부수] 言 [급수] 5급
말씀 언 言[13] + 두루 주 周

골고루(周) 말한다는(言) 것은 편견이나 치우침이 없음을 의미해요. 그래야 문제를 정확히 조사할 수 있어 옳고 그름을 가리는 데 도움이 될 거예요.

★ 調査(조사) 調節(조절) 調整(조정) 強調(강조)

88d   ㅣ ㄇ ㄇ 月 月
                                                月 周 周 周 调 週

돌 주   [총획] 11획 [부수] 辶 [급수] 5급
두루 주 周 + 갈 / 쉬엄쉬엄 갈 착 辶[37]

농작물이 골고루(周) 잘 자라도록 주기적으로 농경지와 농작물을 돌아보는 (辶) 모습이에요.

★ 週期(주기) 週期的(주기적) 週末(주말) 隔週(격주)

삶 | 의식주 | 주

밭 전 田

89

말미암을 유   [총획] 5획 [부수] 田 [급수] 6급

술 단지나 항아리, 또는 유정(석유 원유를 퍼내는 샘)이나 우물 모습을 본뜬 것으로 추정돼요.

★ 由來(유래) 事由(사유) 理由(이유) 自由(자유)

89a

기름 유   [총획] 8획 [부수] 氵 [급수] 6급

물 수 氵 + 말미암을 유 由

유정(由)에서 뽑아 올린 액체(氵¹²³)를 가리켜요.

★ 油價(유가) 油田(유전) 潤滑油(윤활유) 石油(석유)

에워쌀 위 囗

90

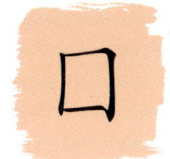 **에워쌀 위, 나라 국** [총획] 3획 [부수] 囗 [급수] 없음

담장이나 성벽으로 일정 구역을 둘러싼 모습이에요. '口⁰(입 구)'보다 큰 글자로, 나라(國), 공원(園)처럼 경계나 울타리를 나타내는 글자들에 사용돼요.

90a

 그림 / 도장 도 [총획] 14획 [부수] 囗 [급수] 6급

에워쌀 위, 나라 국 囗 + 인색할 비 啚

곡식 창고(啚)를 짓기 위한 설계도면(囗)을 묘사했어요. '啚'는 곡식을 쌓아 놓은 곳집(㐭, 곳집 름(늠)) 위를 무거운 돌(口)덩어리로 눌러 곡식을 훔쳐가지 못하게 한 모습을 나타낸 글자예요. 그래서 '인색하다'를 뜻하며, '더럽다', '마을'의 뜻도 있어요. '圖'와 비슷한 글자로 '畵(그림 화)'가 있어요.

★ 圖面(도면) 圖案(도안) 意圖(의도) 地圖(지도)

90b

 동산 원 [총획] 13획 [부수] 囗 [급수] 6급

에워쌀 위, 나라 국 囗 + 옷 길 원 袁[37b]

'袁'은 상복을 입고 곡하는 모습으로, 상을 치른 후 무덤 주변(囗)에 잔디를 깔고 꽃과 나무를 심어 단장하는 모습에서 '동산'의 뜻을 갖게 되었어요.

★ 公園(공원) 樂園(낙원) 幼稚園(유치원) 庭園(정원)

게임. 한자 마블 게임

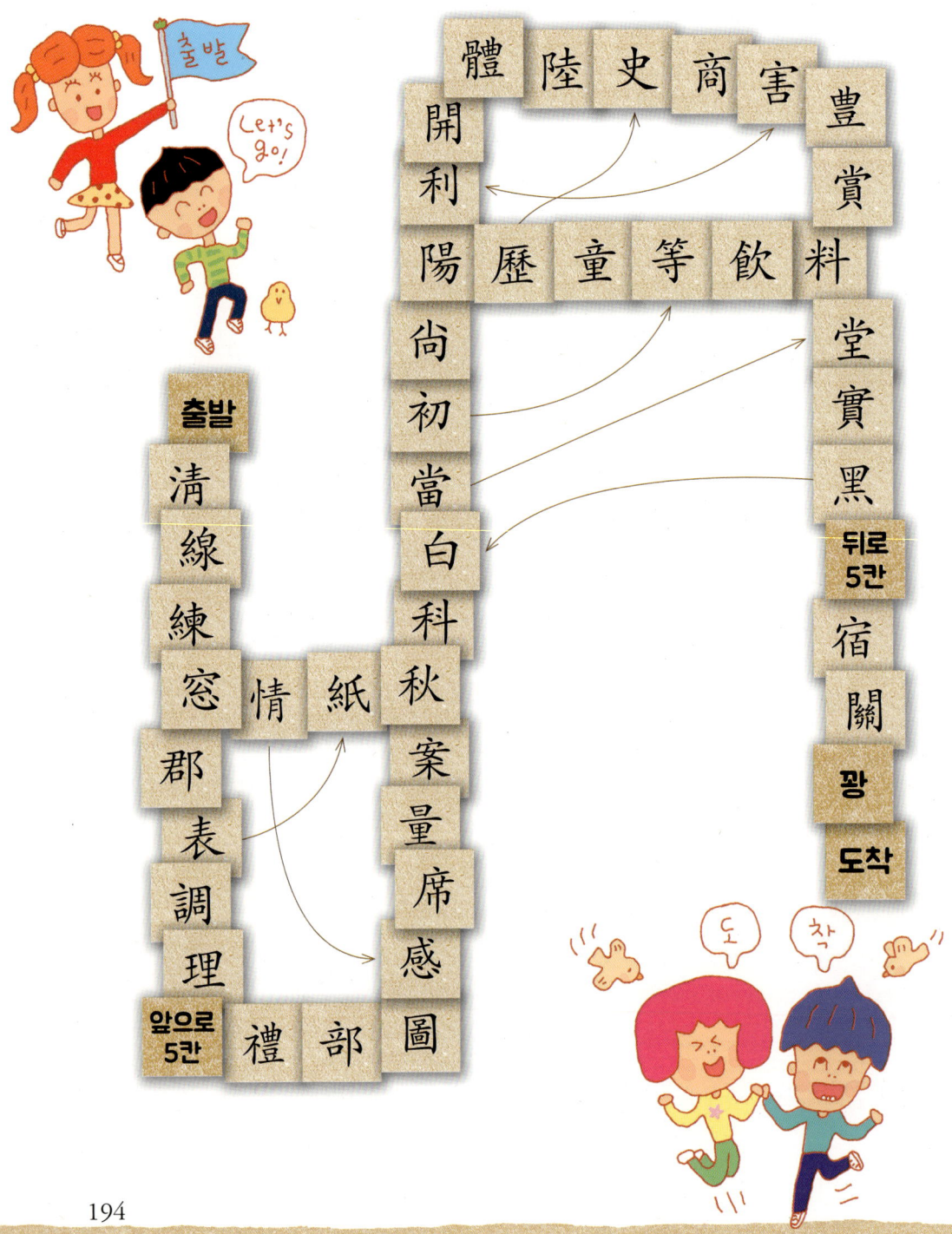

① 각 팀마다 주사위 2개, 말 2개를 준비해요.

② 주사위 2개를 동시에 던져 나온 한쪽 주사위 숫자에서 다른 쪽 주사위 숫자를 빼요. 예를 들어 5와 3이 나왔다면 두 칸 앞으로, 6과 6이 나왔다면 제자리에 있어야 해요.

③ 도착한 곳에 있는 한자를 말해요. 기억이 나지 않으면 원래 자리로 돌아가요.

④ 상대방의 말이 있는 곳에 도착했다면 상대방 말을 잡은 거예요. 잡힌 팀의 말은 출발점으로 가고, 잡은 팀은 한 번 더 주사위를 던져요.

⑤ 말 2개를 한꺼번에 업고 갈 수 있어요.

⑥ '꽝'이 나오면 처음으로 돌아가요.

⑦ 화살표 방향이 나오면 표시된 곳으로 이동해요.

⑧ 도착점에 말 2개가 먼저 도착한 팀이 이겨요.

흙 토 土

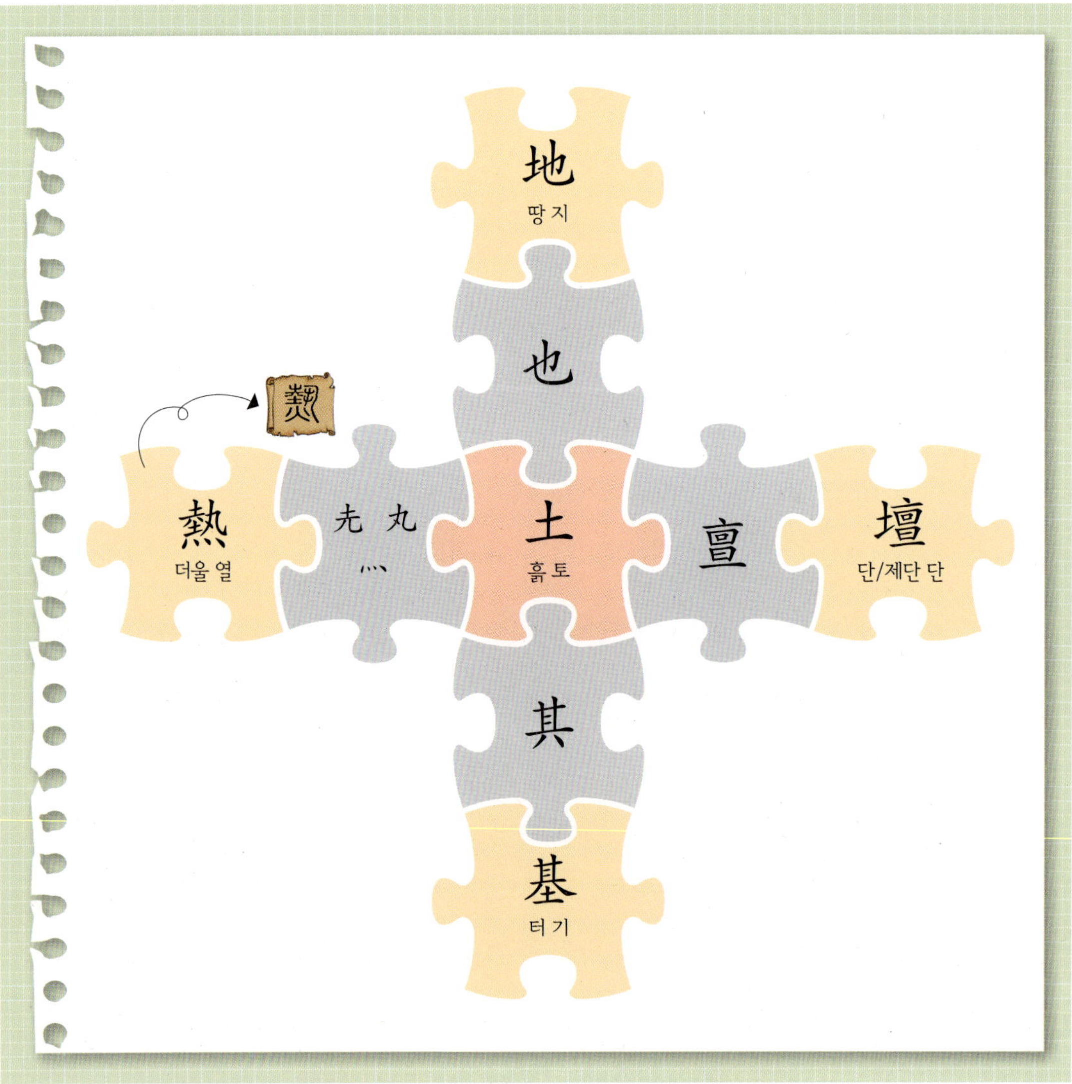
地
땅 지
也
熱
더울 열
圥 丸
灬
土
흙 토
亶
壇
단/제단 단
其
基
터 기

91　　　　一 十 土

土

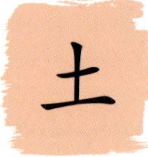

흙 토　　[총획] 3획 [부수] 土 [급수] 8급

생산의 상징인 '농지'를 신성시하기 위해 남자의 생식기를 본떠 만든 토지 신의 모습, 또는 흙무더기를 본뜬 글자로 여겨져요.

★ 土曜日(토요일) 土地(토지) 國土(국토) 黃土(황토)

91a

一 十 土 丸 地 地

땅 지

[총획] 6획 [부수] 土 [급수] 7급

흙 토 土 + 어조사 야 也¹¹³

자녀를 출산하기 위한 여성의 생식기(也)와 농작물이 자라는 데 꼭 필요한 흙(土)을 합쳐 생산과 바탕을 상징하는 '地'를 만들어 냈어요. '也'는 여성의 생식기를 본뜬 글자예요.

★ 地球村(지구촌) 地域(지역) 地震(지진) 地層(지층)

91b

一 十 土 圵 圹 圹 坫 坫
坫 坫 坫 坫 壇 壇 壇 壇

단 / 제단 단

[총획] 16획 [부수] 土 [급수] 5급

흙 토 土 + 믿음 단 亶

'亶'은 곡식이 가득한 모습을 나타낸 글자로, 흙(土)을 곡식 쌓듯 쌓아(亶) 올려 만든 제단을 가리켜요.

★ 壇上(단상) 講壇(강단) 敎壇(교단) 壇(제단)

91c

一 十 廿 甘 甘
甘 其 其 基 基

터 기

[총획] 11획 [부수] 土 [급수] 5급

그 기 其 + 흙 토 土

순수한 낟알 곡식을 추리기 위해 반복적으로 키질(其)을 하듯 좋은 터에 집을 짓기 위해 수없이 땅(土)을 다지며 기초를 확실히 하는 모습을 나타냈어요. '其'는 곡물을 까부르는 키가 받침대(丌) 위에 놓여진 모습이에요.

★ 基盤(기반) 基本(기본) 基準(기준) 基礎(기초)

91d

一 十 土 去 去 坴 坴
坴 圥丸 埶 埶 埶 熱 熱

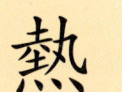

더울 열

[총획] 15획 [부수] 灬 [급수] 5급

언덕 륙(육) 坴⁸⁴ᵃ + 둥글 환 丸 + 불 화 灬⁹³

여름날 허리를 구부리고(丸) 작물을 심을 때 땅(坴)에서 올라오는 뜨거운 열기(灬)를 가리켜요. '丸'은 허리를 둥글게 말고 엎드린 모습이에요.

★ 熱氣(열기) 熱心(열심) 過熱(과열) 以熱治熱(이열치열: 열은 열로 다스림)

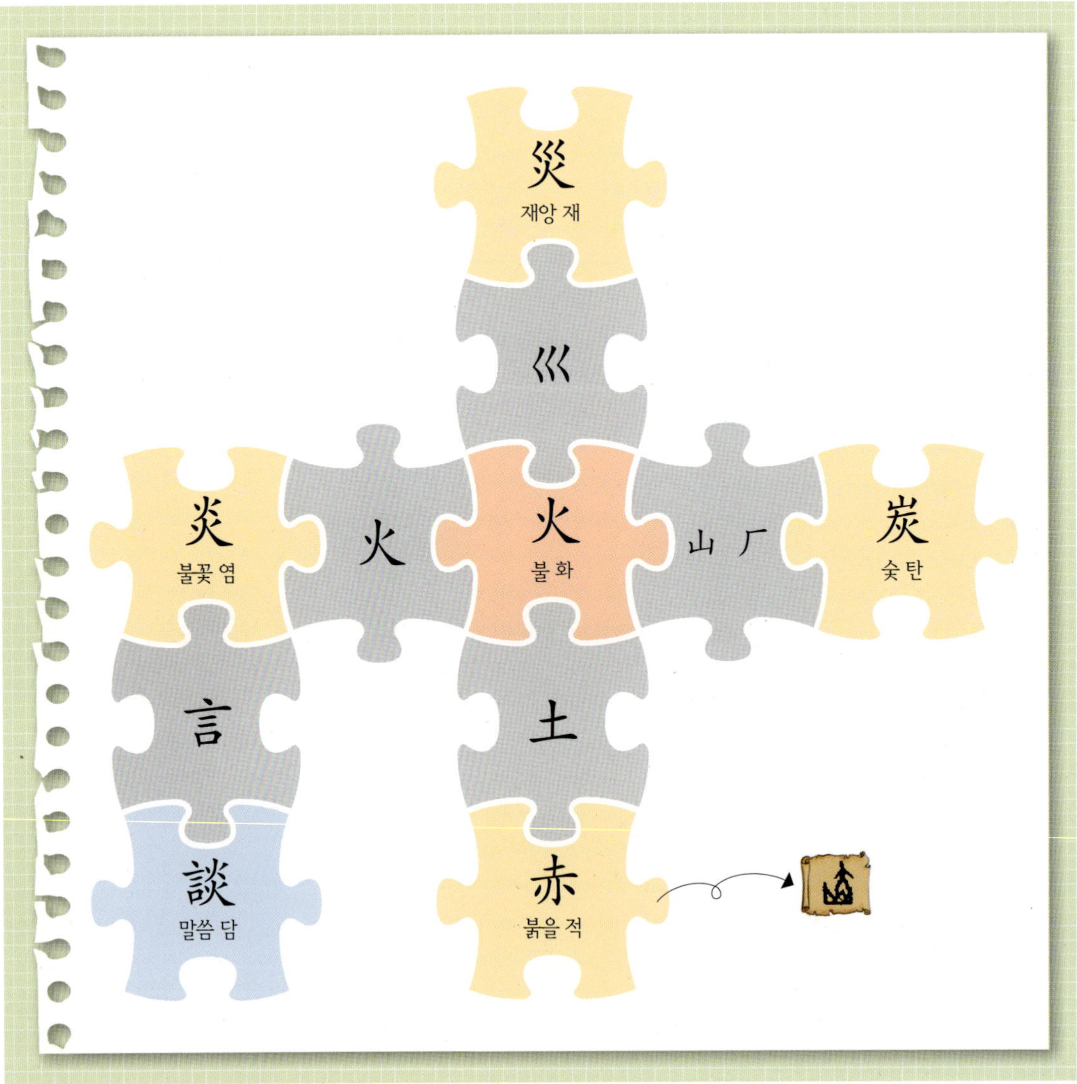

불 화 火

 **불 화**　　　　　　　　　　　　[총획] 4획　[부수] 火　[급수] 8급

불이 활활 타오르는 모습을 나타냈어요.

★ 火山(화산) 火災(화재) 防火(방화)
電光石火(전광석화: 번갯불이 번쩍이듯이 매우 짧은 시간이나 움직임)

92a

ゝ 巛 巛 巛 巛 灾 災

재앙 재

[총획] 7획 [부수] 火 [급수] 5급

내 천 巛¹²¹ᵃ + 불 화 火

홍수(巛)와 화재(火)야말로 큰 재난임을 나타냈어요.

★ 災殃(재앙) 災害(재해) 人災(인재) 天災地變(천재지변)

92b

' 屮 屮 岀 屵 屵 岸 炭

숯 탄

[총획] 9획 [부수] 火 [급수] 5급

뫼/메 산 山¹¹⁹ + 기슭/벼랑 엄 厂 + 불 화 火

바람이 안 부는 산(山) 언덕(厂) 기슭에서 나무를 태워(火) 생긴 '숯'을 뜻해요. 실제로 숯은 공기가 차단된 가마에서 구워내지요.

★ 炭素(탄소) 炭水化物(탄수화물) 石炭(석탄) 煉炭(연탄)

92c

一 十 土 ナ 亣 赤 赤

붉을 적

[총획] 7획 [부수] 赤 [급수] 5급

땅 지 土⁹¹ + 불 화 火

'土'는 '大(큰 대)' 변형으로, 사람(土)을 화형시키는(火) 모습에서 '붉다'를 뜻해요. 또 완전히 불타면 모든 게 드러나 '벌거벗다'의 뜻도 생겼어요.

★ 赤裸裸(적나라) 赤色(적색) 赤+字(적십자) 赤子(적자)

92d

丶 丷 サ 火 炏 炎

불꽃 염

[총획] 8획 [부수] 火 [급수] 3급

불 화 火 + 불 화 火

'火'를 두 개 겹쳐 몹시 밝거나 완전히 태운다는 뜻의 글자를 만들었어요.

★ 炎症(염증) 肝炎(간염) 肺炎(폐렴) 暴炎(폭염)

92e

丶 二 亠 亖 言 言 言 言 談 談 談 談 談

말씀 담

[총획] 15획 [부수] 言 [급수] 5급

말씀 언 言¹³ + 불꽃 염 炎

뜨겁게(炎) 열정적으로 말하는(言) 모습이에요.

★ 談話(담화) 俗談(속담) 筆談(필담) 會談(회담)

불 화 灬

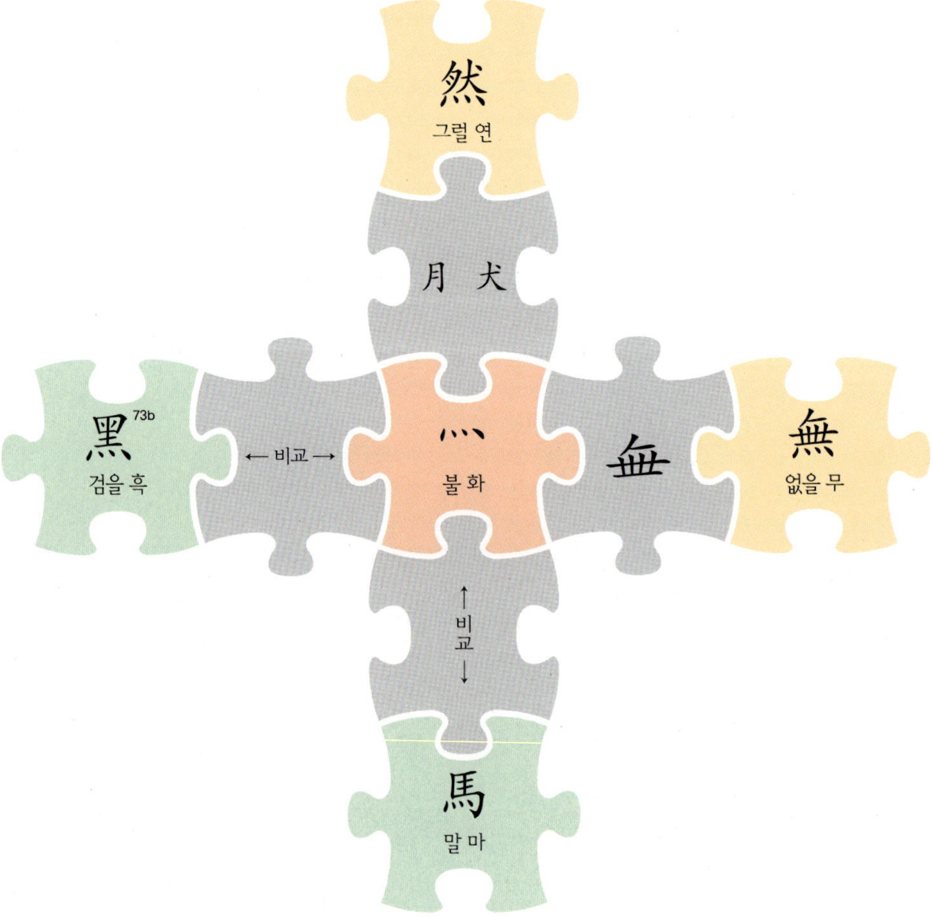

(figure: 퍼즐 다이어그램 — 然 그럴 연, 月 犬, 黑 검을 흑 ←비교→ 灬 불 화, 烕, 無 없을 무, ↑비교↓, 馬 말 마)

93

불 화   [총획] **4획** [부수] 灬 [급수] **없음**

'火⁹²(불 화)'와 같은 의미의 글자예요. 혼자는 쓰이지 못하고 항상 다른 글자와 함께 쓰여요. 사람이나 동물의 발처럼 언제나 글자 아래쪽에 위치해 '불 화발'로도 불려요.

93a

丿 勹 夕 夕 夕 外
奵 奾 伏 狀 然 然

然 그럴 연 　　　　　　　　　　[총획] 12획 [부수] 灬 [급수] 7급

육달 월 月¹⁴¹ + 개 견 犬¹⁰⁴ + 불 화 灬

개(犬)고기(月)를 불(灬)에 그슬리는 모습에서 '태우다', '불타다'를 뜻하다가 훗날 '그러하다', '명백하다', '틀림없다'로 뜻이 바뀌었어요.

※ 이렇게 '然'의 뜻이 바뀌자, 본뜻을 되살리기 위해 '火'를 덧붙여 '燃(태울 연)'을 만들었어요. 자동차 연소(燃燒)라고 할 때 사용해요.

★ 當然(당연) 偶然(우연) 自然(자연) 天然(천연)

93b

丿 亠 仁 仁 年 뚀
無 無 無 無 無 無

無 없을 무 　　　　　　　　　　[총획] 12획 [부수] 灬 [급수] 5급

소복 입고 춤추는 모습 無 + 불 화 灬

장식을 단 소매를 너풀거리며 춤추는 모습을 본떴어요. 무희나 무당이 신 앞에서 발(灬)이 안 보일 정도로 현란하게 춤추는 모습을 보고 넋이 나가 정신이 없다 하여 '없다'의 뜻이 생겨났어요.

※ 여기에 쓰인 '灬'은 '灬(火, 불 화)'와 모양은 같지만 현란하게 움직이는 발을 의미하는 부호예요.

★ 無能(무능) 無視(무시) 有無(유무) 全無(전무)

93c

丨 厂 厂 匚 匡 馬 馬 馬 馬 馬

馬 말 마 　　　　　　　　　　[총획] 10획 [부수] 馬 [급수] 5급

날렵한 말의 다리(灬)와 미끈한 말의 몸통을 본떴어요.

★ 馬夫(마부) 馬車(마차) 騎馬(기마) 牛馬(우마)

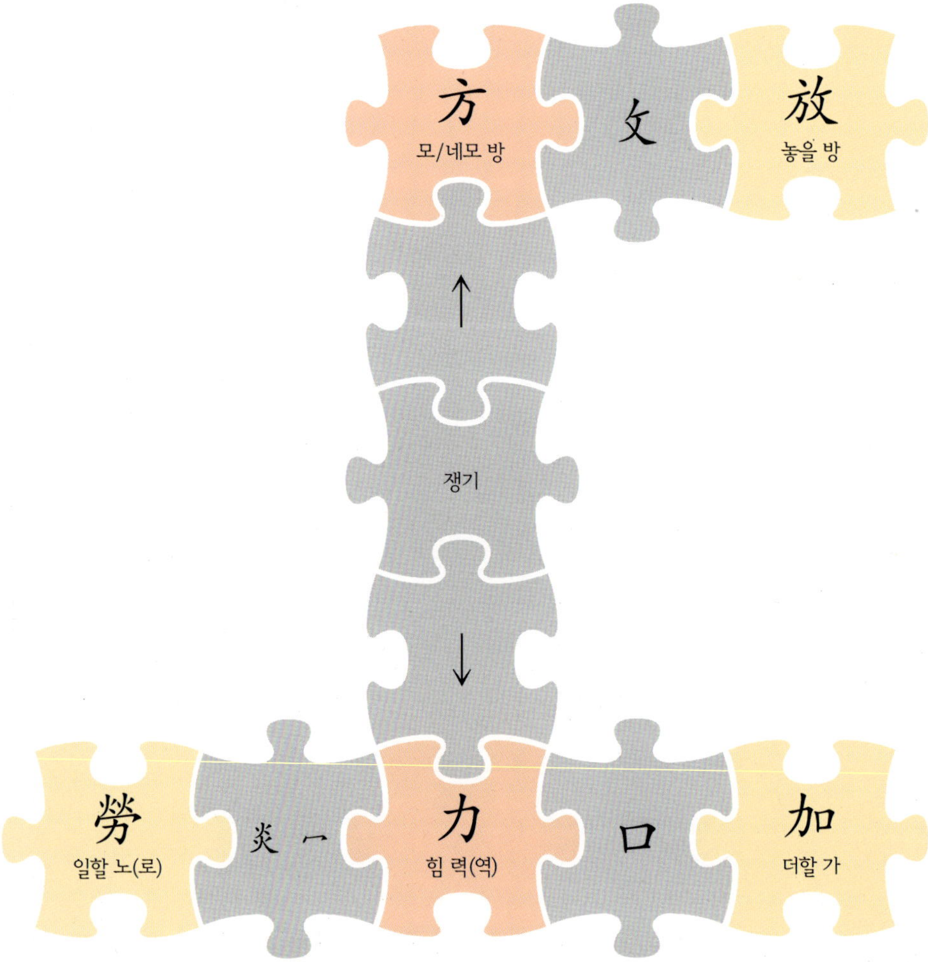

모 방 方, 힘 력 力

모 / 네모 방

[총획] 4획 [부수] 方 [급수] 7급

논밭을 가는 쟁기를 본뜬 글자로, 쟁기질하는 농경지가 비교적 반듯하고 네모져 '모', '네모'의 뜻이 생겨났어요. '모'는 물건의 귀퉁이, 구석을 말해요. 현대 한자에는 원이 없고 네모로 표현하기 때문에 한자 노트 칸이 네모로 되어 있는 거랍니다.

★ 方法(방법) 方位(방위) 地方(지방) 四方八方(사방팔방: 모든 방향, 방면)

94a

`` ` 亠 宁 方 方 方 放 放 ``

놓을 방 放

[총획] 8획 [부수] 攵 [급수] 6급

모/네모 방 方 + 칠 복 攵²⁸

죄수들이나 잘못을 저지른 사람들을 곤장을 쳐(攵) 놓아 주는 모습으로 여겨져요. 체벌한(攵) 뒤 풀어 주는 모습으로도, 사방(方) 원하는 곳이면 어디든 가도록 쫓아내는 모습으로도 볼 수 있어요.

★ 放送(방송) 放出(방출) 放學(방학) 解放(해방)

94b

`` 丁 力 ``

힘 력(역) 力

[총획] 2획 [부수] 力 [급수] 7급

'方(모/네모 방)'과 마찬가지로 쟁기를 본뜬 글자로, 농부가 밭에서 온 힘을 다해 쟁기질하는 모습을 떠올리게 해요.

★ 努力(노력) 能力(능력) 重力(중력) 活力(활력)

94c

`` 丁 力 加 加 加 ``

더할 가 加

[총획] 5획 [부수] 力 [급수] 5급

힘 력(역) 力 + 입 구 口⁸

힘든 쟁기(力)질을 하면서 힘을 더하기 위해 입(口)으로 기합을 넣거나 흥얼흥얼 노래 부르는 모습이에요.

★ 加熱(가열) 加入(가입) 增加(증가) 參加(참가)

94d

`` ` ´ 丬 爫 爫 炏 炏 炏 炏 炏 勞 勞 ``

일할 로(노) 勞

[총획] 12획 [부수] 力 [급수] 5급

불꽃 염 炎⁹²ᵈ + 덮을 멱 冖⁸⁰ᵈ + 힘 력(역) 力

밤늦게까지 불(炎)을 밝히고서 밭을 뒤덮었던(冖) 풀을 쟁기질(力)로 뒤집어 엎는 모습이에요.

★ 勞動(노동) 勞使(노사) 勤勞者(근로자)
勞心焦思(노심초사: 마음이 몹시 쓰여 애태움)

삶 | 농업 | 농기구

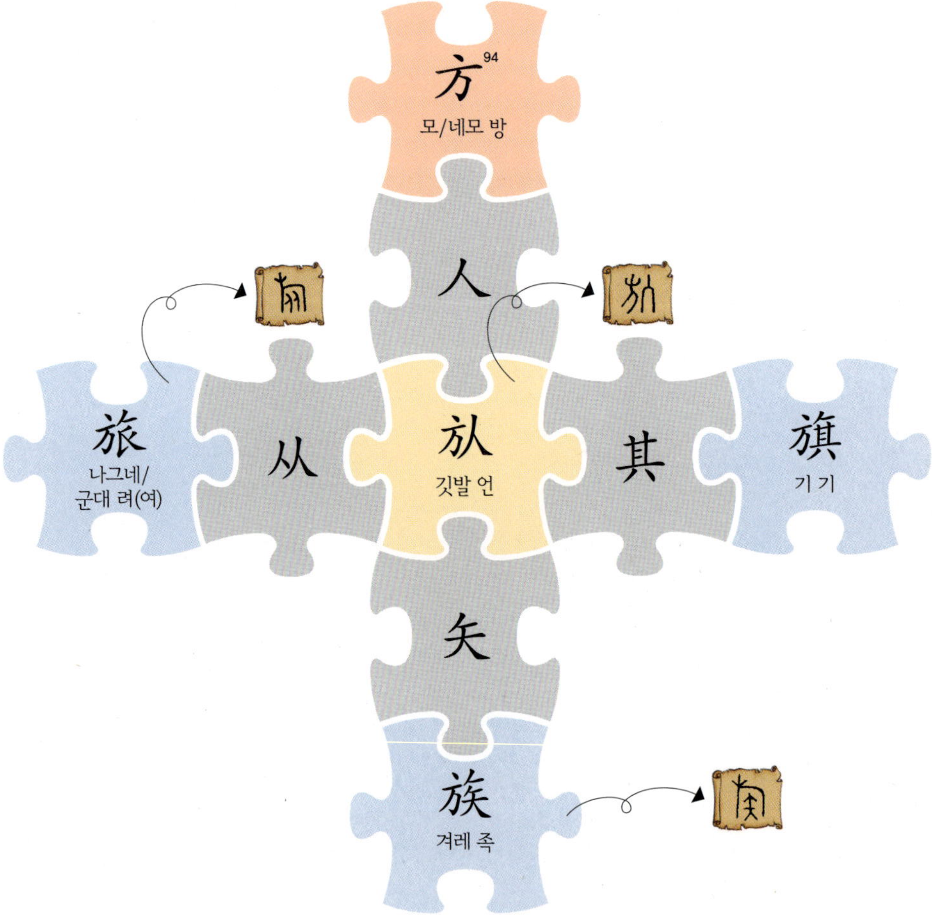

모 방 方

方⁹⁴
모/네모 방

旅
나그네/
군대 려(여)

从

㫃
깃발 언

其

旗
기 기

人

矢

族
겨레 족

95

깃발 언

[총획] 6획 [부수] 方 [급수] 없음

모/네모 방 方 + 사람 인 人⁴⁰

사람(人)이 네모난(方) 깃발을 흔들어 사방팔방 펄럭이는 모습을 본떴어요.

丶 一 亠 方 方 㫃

95a

기 기
[총획] 14획 [부수] 方 [급수] 7급

깃발 언 㫃 + 그 기 其

'㫃'이 혼자는 쓰이지 못하자 '其'를 추가해 '깃발'의 본뜻을 되살렸어요. '其'가 발음 역할을 해요. '其'는 곡물을 키질하는 사각형의 '키'를 본뜬 글자인데, 사각형 깃발의 네 귀퉁이와 모양이 비슷해 발음뿐 아니라 뜻에도 영향을 미쳤을 것으로 봐요.

★ 旗手(기수) 國旗(국기) 白旗(백기) 太極旗(태극기)

95b

겨레 족
[총획] 11획 [부수] 方 [급수] 6급

깃발 언 㫃 + 화살 시 矢[56]

전쟁과 관련된 깃발(㫃)과 화살(矢)을 합친 글자예요. 예전에는 부족과 부족, 씨족과 씨족 사이의 전쟁이 많았어요. 따라서 같은 깃발(㫃) 아래서 함께 싸우는(矢) 사람들은 같은 일족이자 친족이라 하여 '겨레', '친족', '무리'의 뜻이 생겨났어요.

★ 族譜(족보) 家族(가족) 民族(민족) 親族(친족)

95c

나그네 / 군대 려(여)
[총획] 10획 [부수] 方 [급수] 5급

깃발 언 㫃 + 두 사람 㭫

깃발(㫃) 아래 있는 두 사람(人[40]+人)의 모습으로, 전쟁(㫃) 때문에 여기저기 떠돌아다니는 군인들을 묘사했어요. 한 곳에 머무르지 못하고 여기저기 떠돌아다니므로 '나그네'의 뜻이 파생되었어요.

★ 旅客(여객) 旅券(여권) 旅團(여단) 旅行(여행)

그릇 명 皿

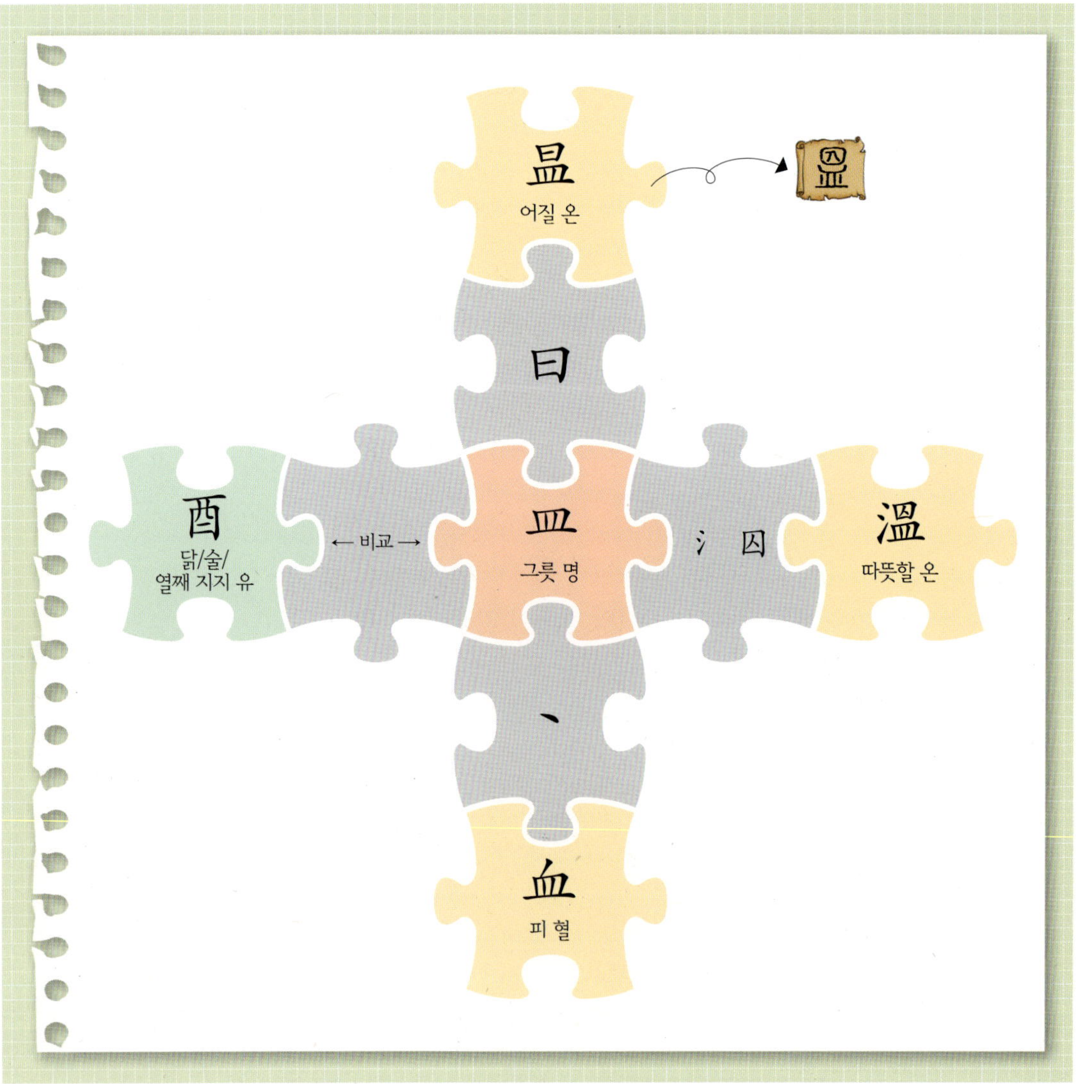

```
        昷
       어질 온  →  溫
        曰

酉            皿         氵囚        溫
닭/술/   ←비교→  그릇 명              따뜻할 온
열째 지지 유

        、

        血
       피 혈
```

96   ㅣ ㄇ ㎜ 皿 皿

그릇 명　　　　　　　　　[총획] 5획　[부수] 皿　[급수] 1급

한가운데가 움푹 파인 사발이나 그릇 모양을 본떴어요.

★ 器皿(기명: 생활용기)

96a

어질 온
[총획] 9획 [부수] 日 [급수] 특급

해 일 日¹³⁹ + 그릇 명 皿

뜨거운 욕조(皿)에 들어가 목욕하는 사람(日)의 모습을 본떴어요. 여기서 '日'은 '囚(가둘 수)'가 변한 글자예요.

96b

따뜻할 온
[총획] 13획 [부수] 氵 [급수] 6급

물 수 氵¹²³ + 가둘 수 囚 + 그릇 명 皿

'昷(어질 온)'이 혼자서는 쓰이지 못하자 '氵'를 더해 욕조(皿)에 담긴 따뜻한 물(氵)로 사람(人)이 목욕하는(囚) 모습을 강조했어요.

★ 溫度(온도) 溫水(온수) 溫泉(온천) 氣溫(기온)

96c

피 혈
[총획] 6획 [부수] 血 [급수] 4급

그릇 명 皿 + 점 주 丶¹⁴⁹

그릇에 동물의 피를 담아 신에게 제물로 바치던 모습에서 희생물의 피가 담긴 그릇(血)을 나타내는 글자가 만들어졌고, '피', '혈액'을 상징하게 되었어요. 과거 중국에서 제후들이 굳은 약속의 표시로 피를 나누어 마시거나 입에 바르던 일이 있었어요. '血盟(혈맹)'이라고 하면 '피로써 굳게 맹세한 관계'라는 뜻으로, 희생을 감수하면서 도와주는 동맹국을 가리켜요.

★ 血盟(혈맹) 血液(혈액) 血肉(혈육) 心血(심혈)

96d

닭 / 술 / 열째 지지 유
[총획] 7획 [부수] 酉 [급수] 3급

빈 술병을 본떴으나, 다른 글자와 쓰일 때는 술이나 술과 관련된 의미로 많이 사용돼요. 뒤에 '닭', '열째 지지' 등의 뜻이 더해졌어요.

★ 乙酉(을유: 육십갑자 중 스물두번 째) 癸酉(계유: 10간과 12지를 합쳐 만든 60개 간지를 육십갑자라 하는데, 이 중 열째를 말함)

상자 방(감출 혜) 匚, 위가 터진 그릇 감 凵

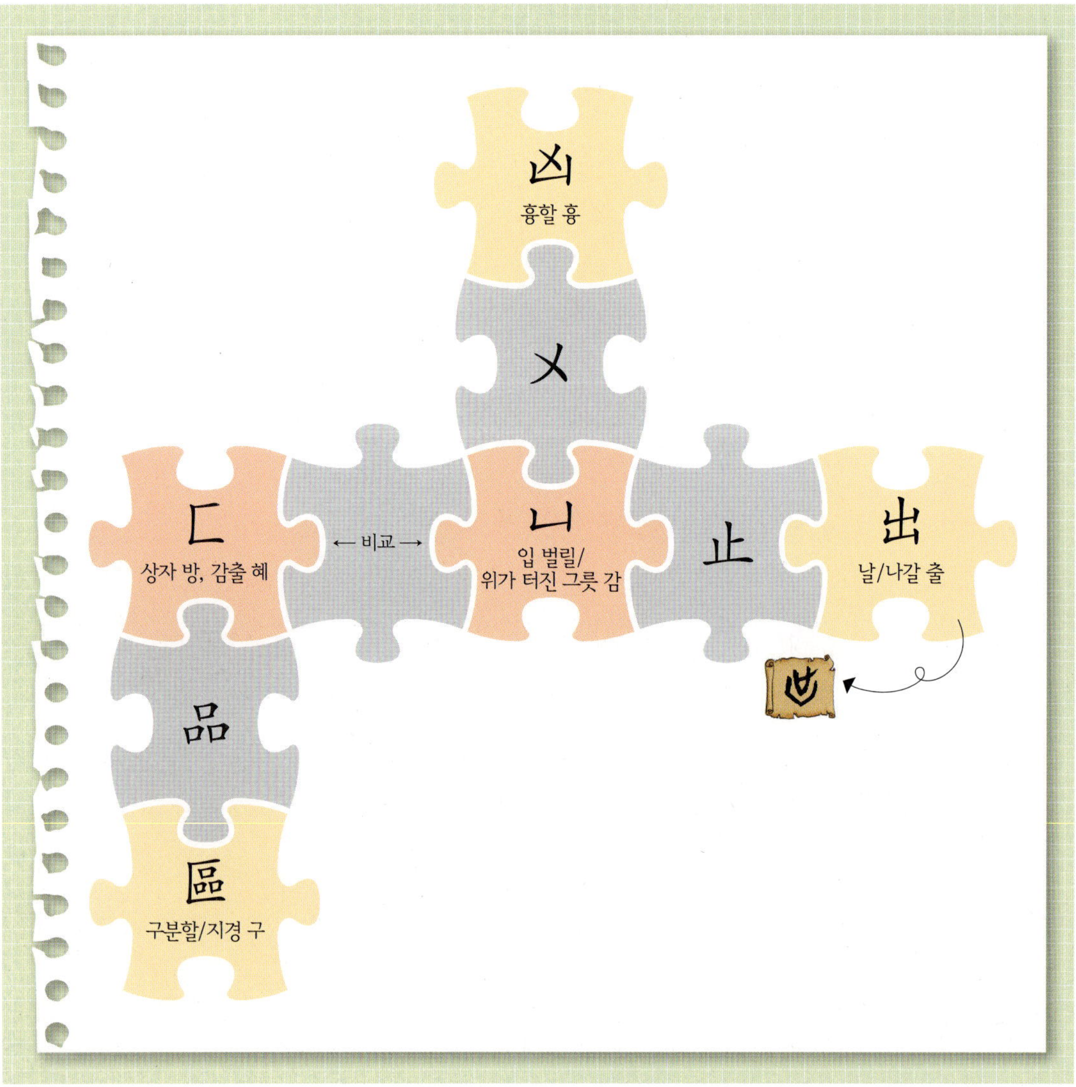

97

 **상자 방, 감출 혜** [총획] 2획 [부수] 匚 [급수] 없음

도구나 연장을 넣어 두는 속이 빈 통이나 그릇의 모양을 본뜬 글자가 '匚(상자 방)'이고, 그 상자에 물건을 넣어 숨겨 둔다 하여 만들어진 글자가 '匚(감출 혜)'예요. 현재에 와서는 모양이 너무 비슷해 두 글자를 구분 없이 사용하고 있어요.

97a

一 亓 亓 吊 吊
吊 品 品 品 品 區

구분할 / 지경 구
[총획] 11획 [부수] ㄷ [급수] 6급

상자 방, 감출 혜 匚 + 물건 품 品

물건(品)을 구분해 상자(匚)에 따로따로 넣거나 분류한 모습이에요. 혹은 사람을 따로 구분한다는 의미도 있어요. 서울시에는 '강남구', '송파구', '마포구' 등 '區(구)'가 많지요. '品'은 물건을 두고 여럿이서 한마디씩(口⁸) 평가하는 모습을 나타낸 글자예요.

★ 區間(구간) 區別(구별) 區分(구분) 區域(구역)

97b

ㄴ ㄴ

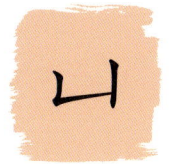

입 벌릴 / 위가 터진 그릇 감
[총획] 2획 [부수] ㄴ [급수] 없음

'匚(상자 방, 감출 혜)'와 방향만 다른 모양으로, 뚜껑이 없는 망태기 모습을 본뜬 글자로 여겨져요.

97c

丨 屮 屮 出 出

날 / 나갈 출
[총획] 5획 [부수] ㄴ [급수] 7급

입 벌릴 / 위가 터진 그릇 감 ㄴ + 발 지 止³²

움푹 파인 움막(ㄴ)에서 밖으로 나가는 발걸음(止)을 그린 글자예요. 이와 정반대 글자는 움막으로 돌아오는 발걸음을 그린 '各⁹(각각 각)'이에요.

★ 出國(출국) 出入(출입) 輸出(수출) 外出(외출)

97d

丿 ㄨ 凶 凶

흉할 흉
[총획] 4획 [부수] ㄴ [급수] 5급

입 벌릴 / 위가 터진 그릇 감 ㄴ + 동물을 상징 ㄨ

덫(ㄴ)에 걸린 동물(ㄨ)의 모습을 나타냈어요.

★ 凶器(흉기) 凶年(흉년) 凶惡(흉악) 吉凶(길흉)

그물 망 罒(网/⺳)

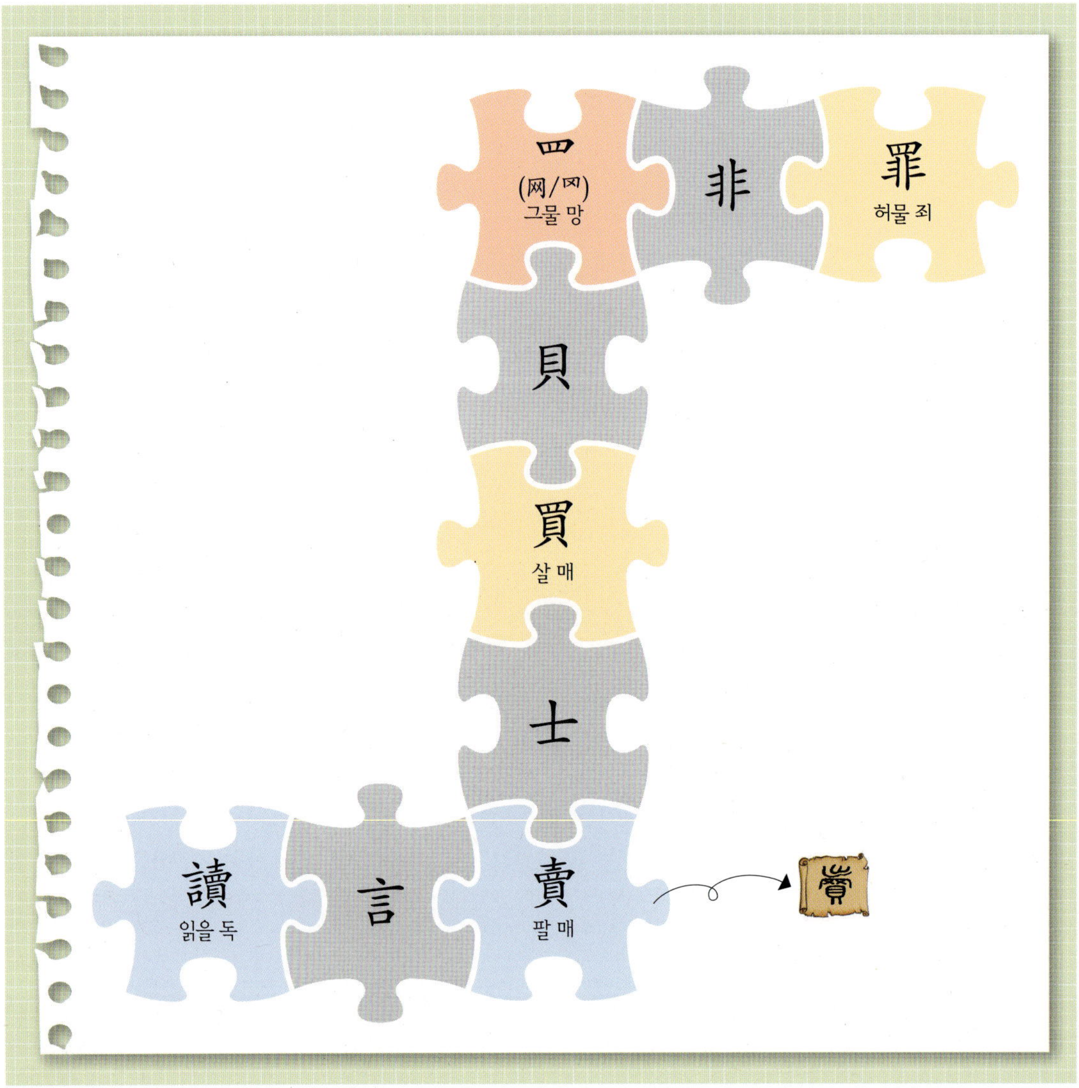

98

그물 망 [총획] **5획** [부수] 罒 [급수] **없음**

罒 (网/⺳)

물고기나 새를 잡는 그물을 본떴어요.

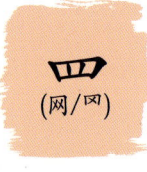

98a

허물 죄

그물 망 罒(网/⺲) + 아닐 비 非¹¹⁴

[총획] 13획 [부수] 罒 [급수] 5급

정상적이 아닌(非) 행위, 즉 허물이 있는 행위를 해 그물망(罒)에 걸린 것으로 '허물', '죄'를 뜻해요.

★ 罪囚(죄수) 罪質(죄질) 犯罪(범죄) 謝罪(사죄)

98b

살 매

그물 망 罒(网/⺲) + 조개 패 貝¹¹⁷

[총획] 12획 [부수] 貝 [급수] 5급

돈(貝)을 주고 산 물건을 망태기(罒)에 주워 담는 모습이에요.

★ 賣買(매매) 買收(매수) 買入(매입) 購買(구매)

98c

팔 매

선비 사 士⁵⁴ + 살 매 買

[총획] 15획 [부수] 貝 [급수] 5급

망태기(罒)에 든 물건을 돈(貝)을 받고 내주는(士) 모습이에요. 여기서 '士'는 '出⁹⁷ᶜ(날 출)'이 변형된 글자로, 망태기에서 물건이 나가는 것을 의미해요.

★ 賣却(매각: 물건을 팔아 버림) 賣出(매출) 賣票(매표) 販賣(판매)

98d

읽을 독

말씀 언 言¹³ + 팔 매 賣

[총획] 22획 [부수] 言 [급수] 6급

물건을 팔기(賣) 위해 쪽지에 적힌 상품 목록을 큰 소리(言)로 읽는 모습이에요.

★ 讀書(독서) 讀音(독음) 讀者(독자) 速讀(속독)

절구 구 臼

99

절구 구   [총획] 6획 [부수] 臼 [급수] 1급

마른 나뭇가지로 만든 까치집 혹은 속을 파낸 절구를 본떴어요.

99a

까치 작, 신 석   [총획] 12획 [부수] 臼 [급수] 없음

절구 구 臼 + 새 조 鳥[112]

절구(臼) 닮은 집을 만드는 새(鳥)인 까치를 가리키는 글자예요.

99b

베낄 사   [총획] 15획 [부수] 宀 [급수] 5급

집 면 宀[79] + 까치 작, 신 석 舃

까치(舃) 둥지(宀)는 모두 모양이 비슷해서 마치 베낀 것처럼 보여요.

★ 寫眞(사진) 模寫(모사) 描寫(묘사) 複寫(복사)

쓸 용 用

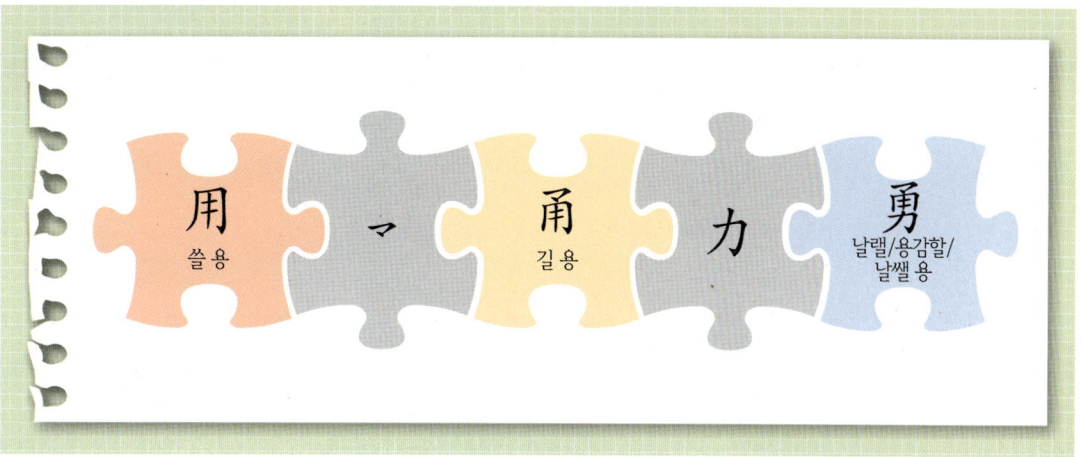

100

`丿 刀 月 月 用`

쓸 용　　　　　　　　　　[총획] 5획 [부수] 用 [급수] 6급

나무줄기를 엮어 만든 바구니나 망태기 모습을 본떴어요.

★ 使用(사용) 有用(유용) 利用(이용) 效用(효용)

100a

`フ マ ア 厈 甪 甬 甬`

길 용　　　　　　　　　　[총획] 7획 [부수] 用 [급수] 특급

쓸 용 用 + 손잡이 모양 ▽

손잡이(▽)가 달린 망태기(用)를 본떴어요. 본뜻은 '길', '양쪽에 담을 쌓은 길'로, 망태기 양쪽에 손잡이가 달린 모습에서 유래된 듯해요. 또한 손잡이가 높이 달린 모습에서 '종의 꼭지', '솟아오르다'의 뜻도 가지게 되었어요.

100b

`フ マ ア 厈 甪 甬 甬 勇 勇`

날랠 / 용감할 / 날쌜 용　　　　　[총획] 9획 [부수] 力 [급수] 6급

길 용 甬 + 힘 력(역) 力[94b]

망태기(甬)를 힘차게(力) 들쳐 메는 모습에서 '날래다' 등을 뜻해요.

★ 勇敢(용감) 勇氣(용기) 勇猛(용맹) 勇士(용사)

삼합 집 亼

今 이제 금
亼 삼합 집
冃
會 모일/모을 회
口
給 보탤/넉넉할 급
糸
合 합할/모을 합

ノ 人 亼

삼합 집 [총획] 3획 [부수] 人 [급수] 없음

밥그릇 뚜껑 모습을 본떴어요. 삼합이란 세 가지가 잘 어울려 잘 맞는다는 말이에요. 따라서 '모으다', '모이다', '한곳으로' 같은 의미로 쓰이는 경우가 많아요.

101a 　　　　　　　　　　　　　　　　　　　　　　ノ 人 스 今

이제 금
[총획] 4획 [부수] 人 [급수] 6급

삼합 집 亼 + 한 일 一¹⁴³

옛 글자를 보면 문자는 '亼'과 '一(한 일)'로 이루어져 있어요. 세월이 하나 하나 모이고 쌓여 지금에 이르렀음을 나타내요.

★ 今方(금방) 今始初聞(금시초문: 지금 처음 들음)
　東西古今(동서고금: 동양과 서양, 옛날과 지금) 只今(지금)

101b 　　　　　　　　　　　　　　　　　　　　　　ノ 人 스 仝 仝 侖

모일 / 모을 회
[총획] 13획 [부수] 曰 [급수] 6급

삼합 집 亼 + 시루 甑

여러 식재료를 모아서(亼) 시루(甑)에 넣고 찌거나 삶는 모습이에요. 시루(甑)의 아랫부분은 물을 담는 솥, 윗부분은 바닥에 구멍이 뚫린 솥으로, 두 개의 솥이 포개져 잘 들어맞는 것을 의미하지요.

★ 社會(사회) 會談(회담) 會議(회의) 會合(회합)

101c 　　　　　　　　　　　　　　　　　　　　　　ノ 人 스 合 合 合

합할 / 모을 합
[총획] 6획 [부수] 口 [급수] 6급

삼합 집 亼 + 입 구 口⁸

밥그릇(口)과 뚜껑(亼)이 딱 들어맞아 일치된 모습을 본떴어요.

★ 合格(합격) 合同(합동) 合理(합리) 合唱(합창)

101d 　　　　　　　　　　　　　　　　　　　　　　ㄑ ㄠ 幺 幺 糸 糸
　　　　　　　　　　　　　　　　　　　　　　　　 紒 紒 紒 給 給

보탤 / 넉넉할 급
[총획] 12획 [부수] 糸 [급수] 5급

실 사, 가는 실 멱 糸⁷⁰ + 합할 / 모을 합 合

잘 들어맞는(合) 필요한 물품을 마치 실(糸)로 연결된 것처럼 끊임없이 보태 주는 모습이에요.

★ 給油(급유) 俸給(봉급) 月給(월급)

삶 | 농업 | 용기　215

덮을 아 襾(覀)

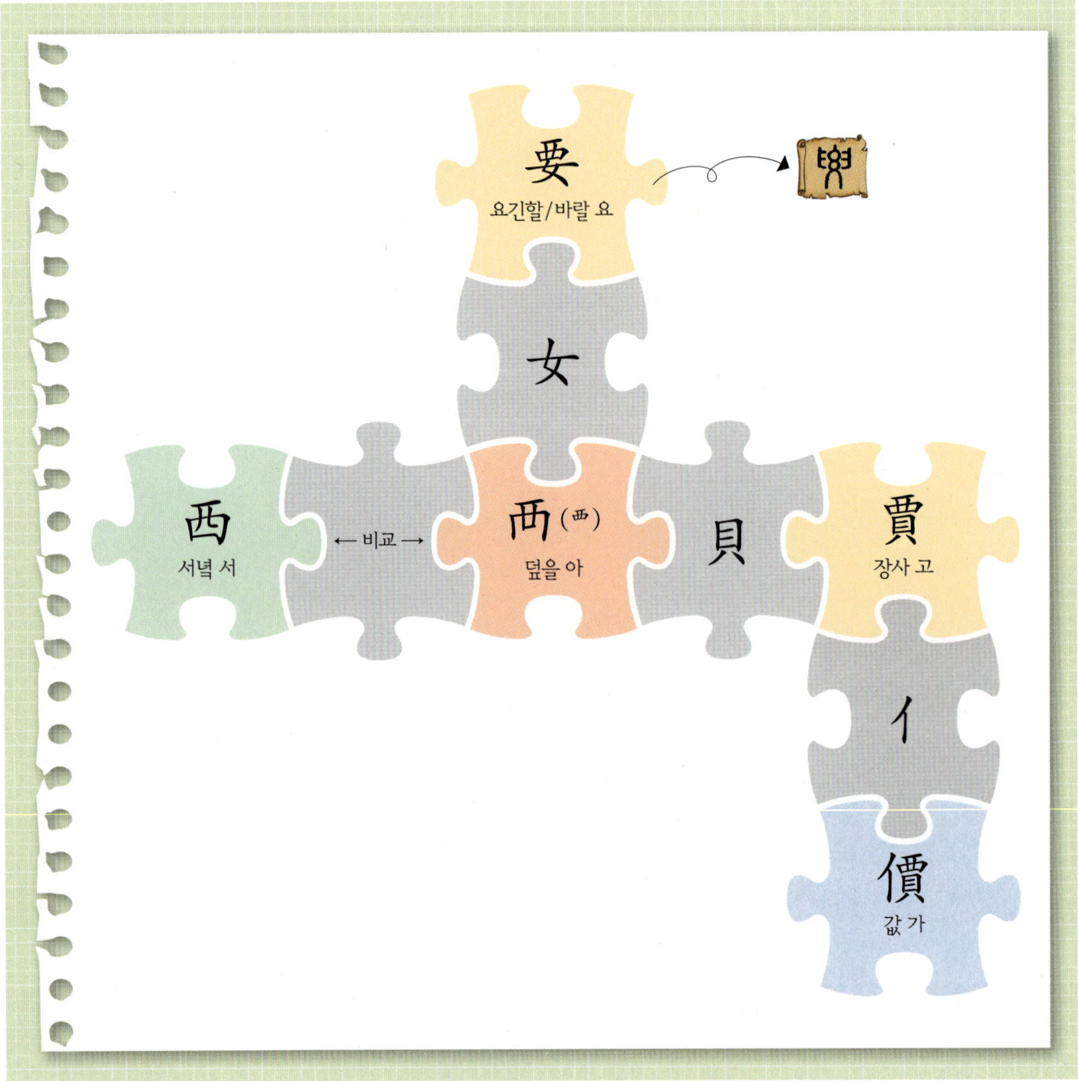

要
요긴할/바랄 요

女

西
서녘 서

←비교→

襾(覀)
덮을 아

貝

賈
장사 고

亻

價
값 가

102

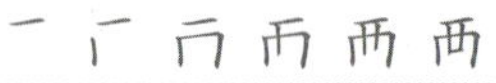

一 丁 丌 丙 襾 襾

덮을 아　　　　　　　　　　[총획] 6획　[부수] 襾　[급수] 없음

여러 겹으로 된 덮개를 본뜬 글자로, '冖80d(덮을 멱)'과 뜻이 같아요.

102a

요긴할 / 바랄 요

[총획] 9획 [부수] 襾 [급수] 5급

덮을 아 襾(覀) + 계집 녀(여) 女[52]

뒤에서 여자(女) 허리를 두 손(覀: 曰[21b]의 변형)으로 붙잡고 들어 올리는 모습에서 '허리'를 뜻했어요. 허리가 몸에서 중요 부분이라는 뜻에서, 뒤에서 여자 허리를 잡고 무언가 요구하는 모습에서 '요긴하다', '바라다'의 뜻이 생겼어요. 지금은 혼자는 '허리'의 뜻으로 쓰이지 않아 '月(육달 월)'을 더해 '腰(허리 요)'를 만들었어요. 허리가 아프면 '腰痛(요통)'이라고 하지요.

★ 要求(요구) 要領(요령) 要點(요점) 重要(중요)

102b

장사 고

[총획] 13획 [부수] 貝 [급수] 2급

덮을 아 襾(覀) + 조개 패 貝[117]

물건 값으로 받은 돈(貝)을 통에 넣고 뚜껑으로 덮은(襾=覀) 모습이에요. 본뜻은 '값', '물건 값'인데, 훗날 사고파는 행위인 '장사'로 뜻이 변했어요.

102c

값 가

[총획] 15획 [부수] 亻 [급수] 5급

사람 인 亻[41] + 장사 고 賈

'賈'가 '값'이라는 본뜻에서 '장사'로 뜻이 변하자, 물건 값은 장사꾼 마음대로 결정되므로 장사꾼인 사람(亻)을 추가해 본래 의미를 되살렸어요.

★ 價格(가격) 價値(가치) 代價(대가) 定價(정가)

102d

서녘 서

[총획] 6획 [부수] 襾 [급수] 8급

새가 앉은 둥지, 또는 망태기처럼 생긴 새집을 본떴는데, 방위를 나타내는 '서녘', '서쪽'으로 의미가 변했어요. '철새들의 서식지' 같은 표현을 들어본 적 있죠? '木(나무 목)'을 추가해 '栖(깃들일 서)'라는 글자를 만들었어요.

★ 西歐(서구) 西洋(서양) 西海(서해) 東西(동서)

게임. 한자 윷놀이

① 윷이나 주사위를 준비해요. 윷 대신 주사위를 사용할 경우, 1은 도, 2는 개, 3은 걸, 4는 윷, 5는 모예요. 6은 뒤로 한 칸 후진해요.

② 윷놀이와 동일한 방법으로 윷이나 주사위를 던져 나오는 만큼 앞으로 이동해요. 도가 나오면 1칸 이동, 개가 나오면 2칸 이동, 걸이 나오면 3칸 이동하고, 윷이 나오면 4칸 이동하고 한 번 더 던져요. 모가 나오면 5칸 이동하고 한 번 더 던져요.

③ 도착한 곳에 있는 한자를 말해요. 기억이 나지 않으면 원래 자리로 돌아가요.

④ 화살표가 나오면 그 방향으로 이동해요.

동물	산천초목	천체	기타
육지 동물	산	일	숫자
부산물	천		부호
연관 글자	초		
조류	목		
충류			
어패류			

PART 3

자연

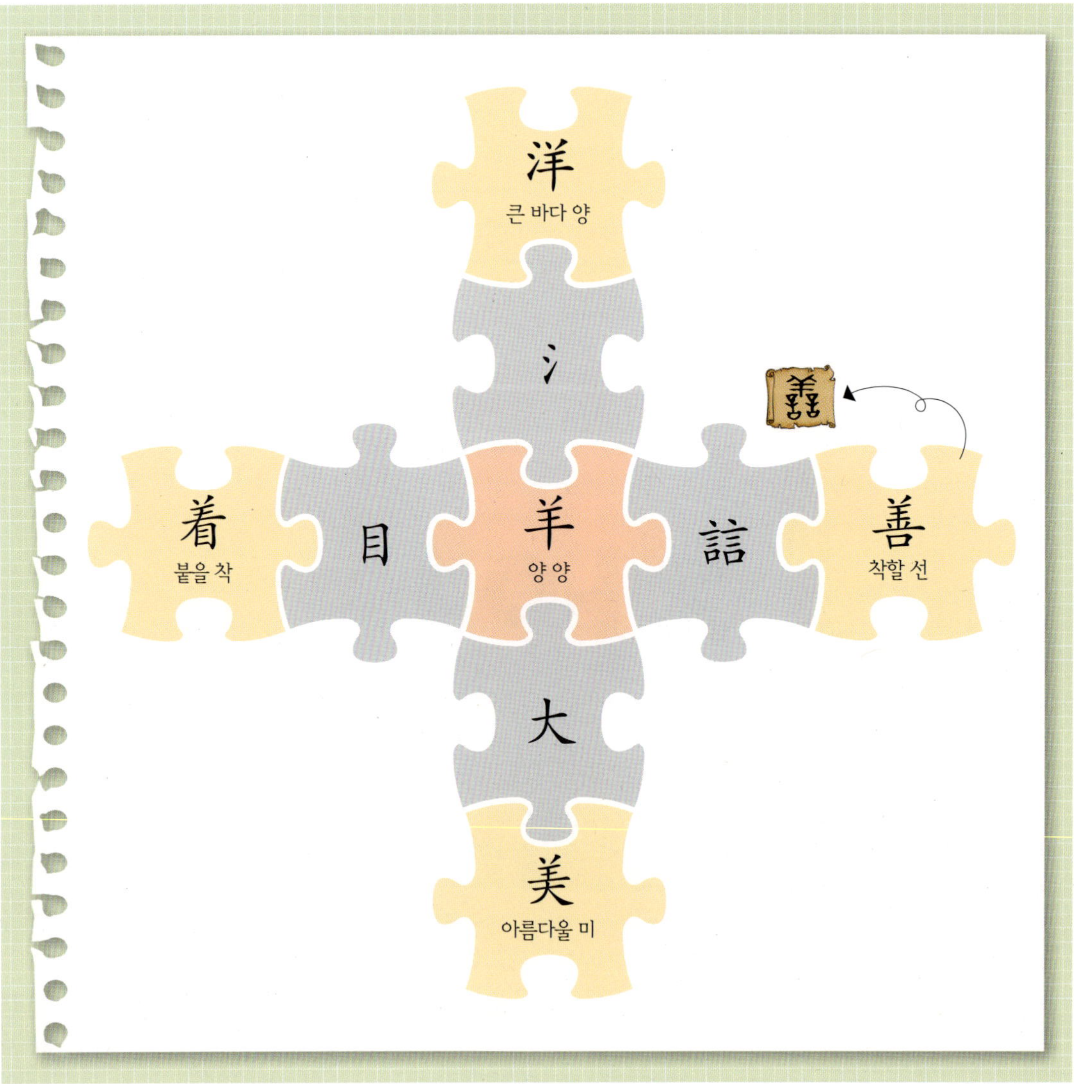

양양 羊

洋 큰 바다 양

氵

着 붙을 착   目   羊 양양   言   善 착할 선

大

美 아름다울 미

103

丶 丷 丱 𦍌 𦍋 羊

양양 [총획] 6획 [부수] 羊 [급수] 4급

멋진 두 뿔을 가진 양을 정면에서 바라본 그림 글자예요.

★ 羊角(양각) 羊毛(양모) 羊皮(양피) 山羊(산양)

103a ` ` ⺡ ⺡ 沪 泮 泮 洋 洋

큰 바다 양 [총획] 9획 [부수] ⺡ [급수] 6급

물 수 ⺡¹²³ + 양 양 羊

초원을 뒤덮은 양(羊)떼를 드넓은 바다(⺡)에 빗댄 글자예요. 비슷한 의미의 글자로 '海(바다 해)'가 있어요.

★ 洋服(양복) 東洋(동양) 西洋(서양) 海洋(해양)

103b ` ` ⺊ ⺊ 羊 羊 羊 善 善 善 善

착할 선 [총획] 12획 [부수] 口 [급수] 5급

양 양 羊 + 말다툼할 경 誩

두 사람이 다투는데(誩) 신령한 동물로 여기던 양(羊)이 지나가며 잘못한 쪽을 들이받는 모습이에요. 들이받히지 않은 쪽이 '선'임을 알 수 있어요. 이런 배경에서 '착하다', '좋다', '훌륭하다', '잘하다' 등의 뜻이 생겨났어요. 축구 경기에서 '골키퍼가 선방(善防)했다'는 건 '착하게 막았다'는 게 아니라 '잘 막았다'는 뜻이에요.

★ 善惡(선악) 善意(선의) 善行(선행) 慈善(자선)

103c ` ` ⺊ ⺊ 羊 羊 羊 美 美

아름다울 미 [총획] 9획 [부수] 羊 [급수] 6급

양 양 羊 + 큰 대 大⁴⁷

토실토실(大) 살찐 양(羊)이 보기 좋다 하여 '아름답다'의 뜻이 생겨났을 것으로 추측해요.

★ 美男(미남) 美德(미덕) 美術(미술) 美人(미인)

103d ` ` ⺊ ⺊ 羊 羊 羊 着 着 着 着

붙을 착 [총획] 12획 [부수] 目 [급수] 5급

눈 목 目⁵ + 양 양 羊

양(羊)들은 지독한 근시(目)여서 가까이 붙어 있어야 정확히 볼 수 있대요. 그래서 눈앞에 보이는 풀만 뜯다가 길을 잃어버리나 봐요.

★ 着陸(착륙) 着手(착수) 着用(착용) 到着(도착)

자연 | 동물 | 육지 동물   223

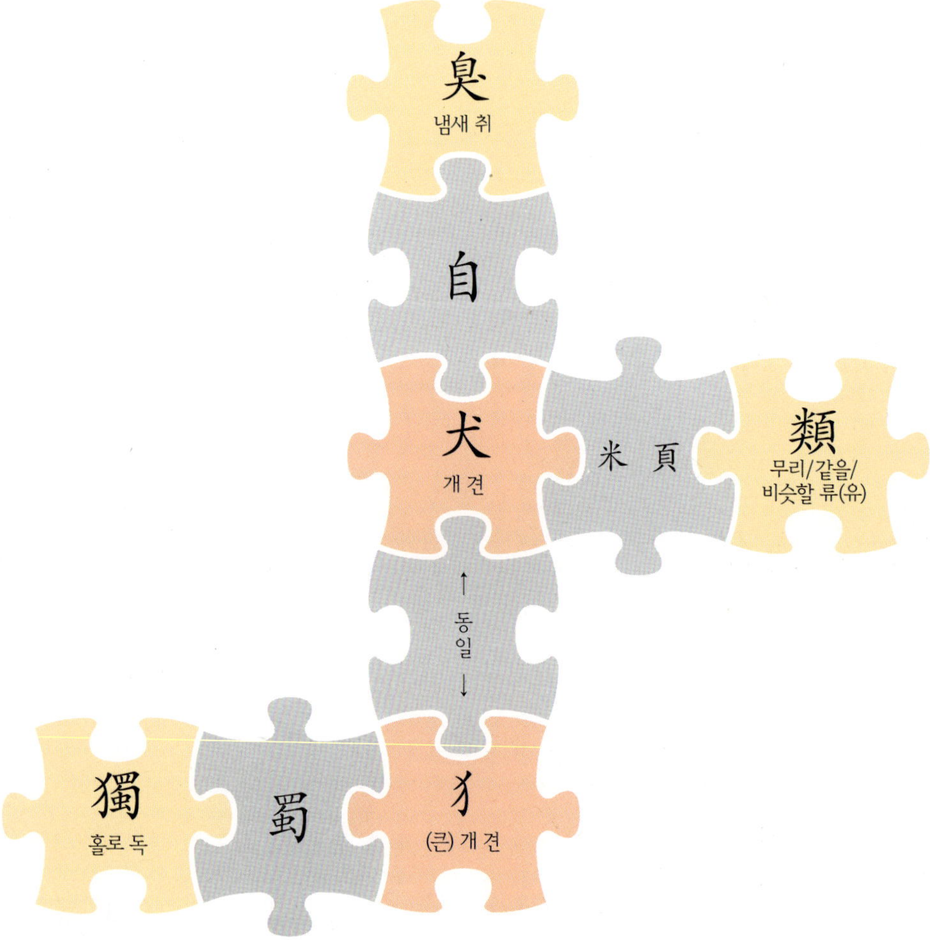

개 견 犬(犭)

```
         臭
        냄새 취

         自

   犬          米 頁        類
  개 견                   무리/같을/
                         비슷할 류(유)
         ↑
         동일
         ↓

  獨     蜀     犭
 홀로 독          (큰) 개 견
```

104 　　　　　　　　　　　　一 ナ 大 犬

개 견　　　　　　　　　　　[총획] 4획　[부수] 犬　[급수] 4급

큰대 大 + 점주 ﹅ [149]

개의 몸통(大)과 꼬리(﹅)를 강조했어요.

★ 犬猿之間(견원지간: 개와 원숭이처럼 사이가 나쁨)
　猛犬(맹견) 愛玩犬(애완견) 忠犬(충견)

104a

냄새 취

[총획] 10획 [부수] 自 [급수] 3급

스스로 자 自¹⁵ + 개 견 犬

옛날부터 개(犬)는 코(自)가 발달해 냄새를 잘 맡는 걸로 유명해요. '臭'는 단순히 냄새를 가리키다가 점차 나쁜 냄새로 의미가 굳어지면서 좋은 냄새는 '香(향기 향)'으로 표현하게 되었어요.

★ 口尙乳臭(구상유취: 입에서 아직 젖내가 남, 즉 말과 행동이 유치함)
  口臭(구취) 惡臭(악취) 體臭(체취)

104b

무리 / 같을 / 비슷할 류(유)

[총획] 19획 [부수] 頁 [급수] 5급

개 견 犬 + 쌀 미 米¹³⁴ᵇ + 머리 혈 頁³ᵇ

동물(犬)이든 식물(米)이든 같은 종류끼리만 번식 또는 수분을 해요. 동물과 식물의 대표(頁)로 사람과 가장 가까운 개(犬)와 쌀(米)을 사용해 '무리', '같다', '비슷하다'는 의미를 만들었어요.

★ 類例(유례) 人類(인류) 鳥類(조류) 種類(종류)

104c

(큰) 개 견

[총획] 3획 [부수] 犭 [급수] 없음

'犬(개 견)'과 의미가 같아요. 근본적으론 '개'를 뜻하지만, 많은 경우 동물을 나타낼 때 사용돼요. '狼(이리 랑)', '狽(이리 패)', '猫(고양이 묘)', '獅(사자 사)', '狐(여우 호)', '猿(원숭이 원)' 등이 있어요. 이 글자들에서 '犭'은 의미를 전달하고, '良(어질 량)', '貝(조개 패)', '苗(모 묘)', '師(스승 사)', '瓜(오이 과)', '袁(옷길 원)'은 발음을 표시해요.

104d

홀로 독

[총획] 16획 [부수] 犭 [급수] 5급

(큰) 개 견 犭 + 벌레 / 나라 이름 촉 蜀¹¹⁵ᵇ

남 생각지 않고 자기만 아는 사람을 개(犭)만도 못한 사람, 벌레(蜀) 같은 사람이라 했어요. 또 개와 벌레는 무리지어 있지만 주로 홀로 행동해요.

★ 獨島(독도) 獨立(독립) 獨身(독신) 孤獨(고독)

소우 牛

件 물건/사건 건

亻

特[30d] 특별할/수컷 특   寺   牛 소우   口   告 고할 고

角 刀

解 풀 해

105

丿 𠂉 𠂇 牛

소 우　　　　　　　　　　　[총획] 4획　[부수] 牛　[급수] 5급

커다랗고 휘어진 멋진 뿔을 가진 소를 정면에서 바라본 모습이에요.

★ 牛馬(우마) 牛毛(우모) 牛乳(우유) 韓牛(한우)

105a

물건 / 사건 건 [총획] 6획 [부수] 亻 [급수] 5급

사람 인 亻⁴¹ + 소 우 牛

소(牛)를 가진 사람(亻)은 소를 팔아 필요한 물건을 사거나 얻을 수 있다 하여 '물건'의 뜻이 생겨났어요. 소나 말이 교통수단 역할을 하던 옛날, 짐수레를 끌거나 쟁기질하던 소(牛)가 뿔로 사람(亻)을 들이받아 사고가 난 모습에서 '사건'의 뜻도 생겨났어요.

★ 物件(물건) 事件(사건) 與件(여건) 條件(조건)

105b

고할 고 [총획] 7획 [부수] 口 [급수] 5급

소 우 牛 + 입 구 口⁸

소(牛)는 큰 눈망울처럼 겁이 많은 동물이에요. 그러한 소(牛)가 큰 소리(口)로 운다 하여 위험을 알리거나 도와달라는 뜻을 나타냈어요.

★ 告發(고발) 告白(고백) 廣告(광고) 報告(보고)

105c

풀 해 [총획] 13획 [부수] 角 [급수] 4급

뿔 각 角 + 칼 도 刀⁶² + 소 우 牛

소(牛)를 도살한(刀) 다음, 뿔(角)은 물론 살과 뼈와 가죽을 분리하며 해체하는 모습이에요.

★ 解決(해결) 解放(해방) 誤解(오해) 理解(이해)

105d

뿔 각 [총획] 7획 [부수] 角 [급수] 6급

'角'은 뿔 나팔처럼 생긴 소나 양 같은 동물의 뿔을 본뜬 글자예요.

돼지 시 豕, 호랑이 호 虍

```
豕 (돼지 시)   宀   家 (집 가) 79a
    ↓
 육지 동물 부수자
    ↓
  虍 (호피 무늬 호)

  儿

號 (이름/부르짖을 호)   号   虎 (범 호)
```

106

一 丆 丂 亐 豕 豕 豕

돼지 시   [총획] 7획 [부수] 豕 [급수] 특급

배가 통통한 살찐 돼지의 옆모습을 묘사한 글자예요. 돼지는 다산의 상징으로 '家'를 집(宀)에 자녀가 많이 생기기(豕)를 기원하는 모습으로 볼 수도 있어요.

106a

호피 무늬 호　　　　　　　　　　　　　[총획] 6획 [부수] 虍 [급수] 없음

호랑이(虎)의 모습을 본뜬 글자로, 오로지 부수자로만 쓰여요.

106b

범 호　　　　　　　　　　　　　　　　　[총획] 8획 [부수] 虍 [급수] 3급

호피 무늬 호 虍 + 어진 사람 인 儿[42]

호랑이 모습을 본뜬 '虍'가 '호피 무늬'의 뜻으로 쓰이자, 호랑이의 날렵한 다리와 몸을 강조하는 글자(儿)를 추가해 '호랑이'라는 본래의 뜻을 되살렸어요.

★ 虎死留皮(호사유피: 호랑이는 죽으면 가죽을 남김. 즉, 사람도 죽은 뒤에 명예로운 이름을 남겨야 함)
　虎視眈眈(호시탐탐: 호랑이가 먹이를 노려봄, 즉 남의 것을 빼앗으려고 기회를 엿봄)
　猛虎(맹호)

106c

이름 / 부르짖을 호　　　　　　　　　　　[총획] 13획 [부수] 虍 [급수] 6급

부를 호 号 + 범 호 虎

호랑이(虎)가 울부짖는(号) 모습을 나타냈어요. 본뜻은 '부르짖다'이고, 훗날 '이름'으로 의미가 확대되었어요.

★ 口號(구호) 記號(기호) 番號(번호) 符號(부호)

자연 | 동물 | 육지 동물

가죽 피 皮, 가죽 혁 革, 다룸가죽 위 韋

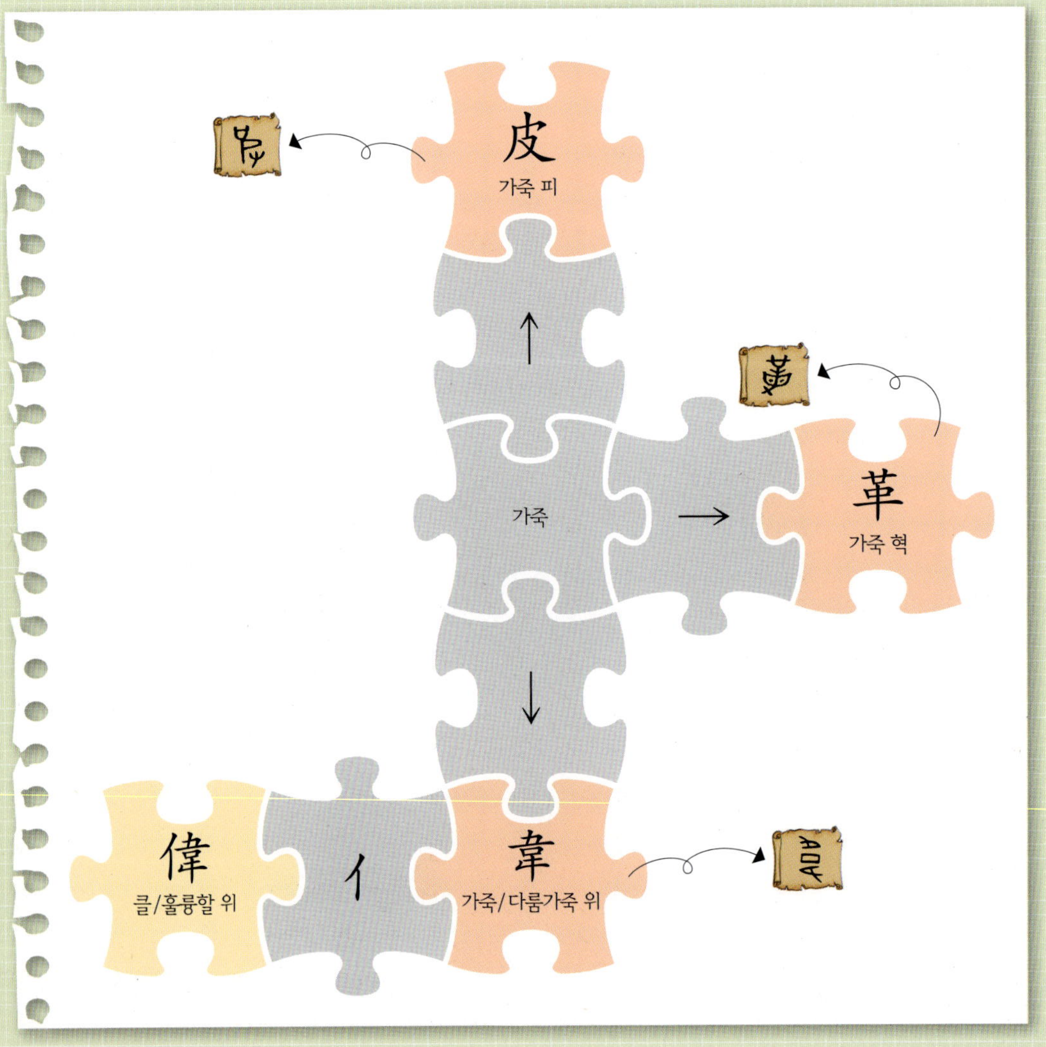

107　　　　　　　　　　　　　　　　　　ノ 厂 广 皮 皮

가죽 피　　　　　　　　　　[총획] 5획　[부수] 皮　[급수] 3급

동물의 가죽(厂)을 손으로(又²⁵) 벗겨 내는 모습이에요. 털이 있는 가죽을 '皮', 털을 벗겨 낸 것을 '革(가죽 혁)'이라고 해요.

★ 皮骨相接(피골상접: 살과 뼈가 맞붙을 정도로 마름)
　皮革(피혁) 毛皮(모피) 脫皮(탈피)

107a

一 十 艹 并 芢 莒 莒 革 革

가죽 혁

[총획] 9획 [부수] 革 [급수] 4급

동물의 배를 十(열십자) 모양으로 갈라 가죽을 통째로 벗겨 내 부드럽게 다듬은 다음, 그 가죽으로 옷과 이불을 만들거나 바닥에 깔거나 벽에 걸어 장식하던 모습을 나타냈어요. 가죽의 본래 모습이 바뀌어 '바꾸다', '고치다'라는 의미가 생겨났어요.

★ 革帶(혁대) 革命(혁명) 革新(혁신) 改革(개혁)

107b

ㄱ 夕 ㅋ 幺 幺 告 告 告 韋

가죽 / 다룸가죽 위

[총획] 9획 [부수] 韋 [급수] 2급

다룸가죽, 즉 부드럽게 손질한 가죽, 또는 서로 반대 방향으로 걸어가는 보초병의 발(止³²)을 그린 글자예요. 크게는 '가죽'과 '군인'을 뜻해요. 가죽을 뜻하게 된 것은 양쪽을 잡아당겨 가죽을 늘리는 모습과, 그러한 가죽으로 군인들이 가죽 옷, 즉 갑옷을 만들어 입었기 때문으로 여겨져요.

★ 韋編三絕(위편삼절: 공자가 『주역』을 여러 번 읽어 가죽으로 맨 책 끈이 닳아 세 번이나 끊어졌다는 데서 온 말로, 책을 열심히 읽는다는 뜻)

107c

ノ 亻 亻' 亻" 伫 伫 偉 偉 偉 偉 偉

클 / 훌륭할 위

[총획] 11획 [부수] 亻 [급수] 5급

사람 인 亻⁴¹ + 가죽 / 다룸가죽 위 韋

가죽(韋)으로 만든 갑옷을 멋지게 차려입은 장군(亻)의 모습을 나타냈어요.

★ 偉大(위대) 偉力(위력) 偉業(위업) 偉人(위인)

터럭 삼 彡

108

[총획] 3획 [부수] 彡 [급수] 없음

터럭 삼

털을 본뜬 글자예요. 털(彡)이 외부의 충격이나 추위에서 보호해 줄 뿐 아니라 장식적인 의미가 더해져 '彡'이 들어가면 '장식(裝飾)'을 뜻해요.

108a

[총획] 11획 [부수] 厶 [급수] 5급

참여할 참, 석 삼

담 쌓을 루(누) 厽 + 사람 인 人[40] + 터럭 삼 彡

머리에 장식(厽)을 주렁주렁 달아 치장한(彡) 여인(人)들이 연회장에 참석한 모습에서 '참여하다'를 뜻하게 됐어요. 훗날 숫자를 잘못 표기하거나 못 바꾸게 만든 '壹(한 일)', '貳(두 이)'처럼 '三[143b](석 삼)'을 대신해 써요.

★ 參加(참가) 參見(참견) 參席(참석) 參與(참여)

108b

[총획] 7획 [부수] 彡 [급수] 6급

모양 형

평평할 견 开 + 터럭 삼 彡

장식의 의미 '彡'과 발음을 나타낸 '开'이 합쳐진 글자예요. '开'은 평평한 방패(干)를 두 개 나란히 놓은 모습이에요.

★ 形色(형색) 無形(무형) 有形(유형) 地形(지형)

232

돼지머리 계 彑

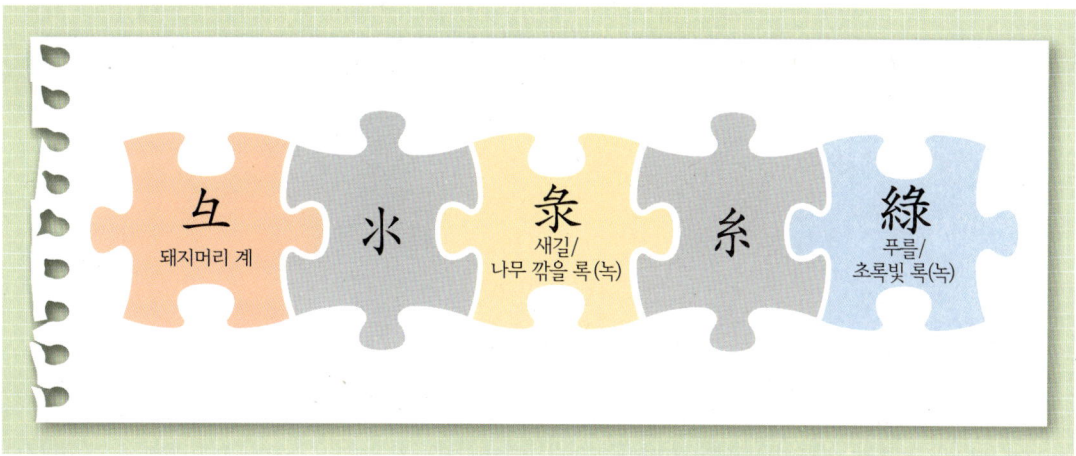

109

ㄥ ㅌ 彑

돼지머리 계   [총획] 3획 [부수] 彑 [급수] 없음

고슴도치나 멧돼지의 머리를 본뜬 것으로 추정돼요.

109a

ㄥ ㅁ 彑 우 우 身 彔 彔

새길 / 나무 깎을 록(녹)   [총획] 8획 [부수] 彑 [급수] 특급

돼지머리 계 彑 + 물 수 氺¹²³

멧돼지(彑)가 나무줄기를 긁어 대자 자국을 따라 즙(氺)이 흘러내리는 모습에서 '새기다', '나무 깎다'의 뜻이 생겨났어요.

109b

ㄥ ㄠ ㄠ 幺 糸 糸 紀 紀 綟 綟 綟 綠 綠

푸를 / 초록빛 록(녹)   [총획] 14획 [부수] 糸 [급수] 6급

실 사 糸⁷⁰ + 새길 / 나무 깎을 록(녹) 彔

동물이 긁어(彔) 생긴 자국 사이로 드러난 나무 색깔이 초록인 데서 나온 글자예요. 실(糸)을 물들여 나무즙(彔)처럼 푸른색을 만들었음을 알려 줘요.

★ 綠色(녹색) 綠茶(녹차) 草綠(초록)
  草綠同色(초록동색: 풀색과 녹색은 같은 색, 즉 같은 처지의 사람끼리 어울림)

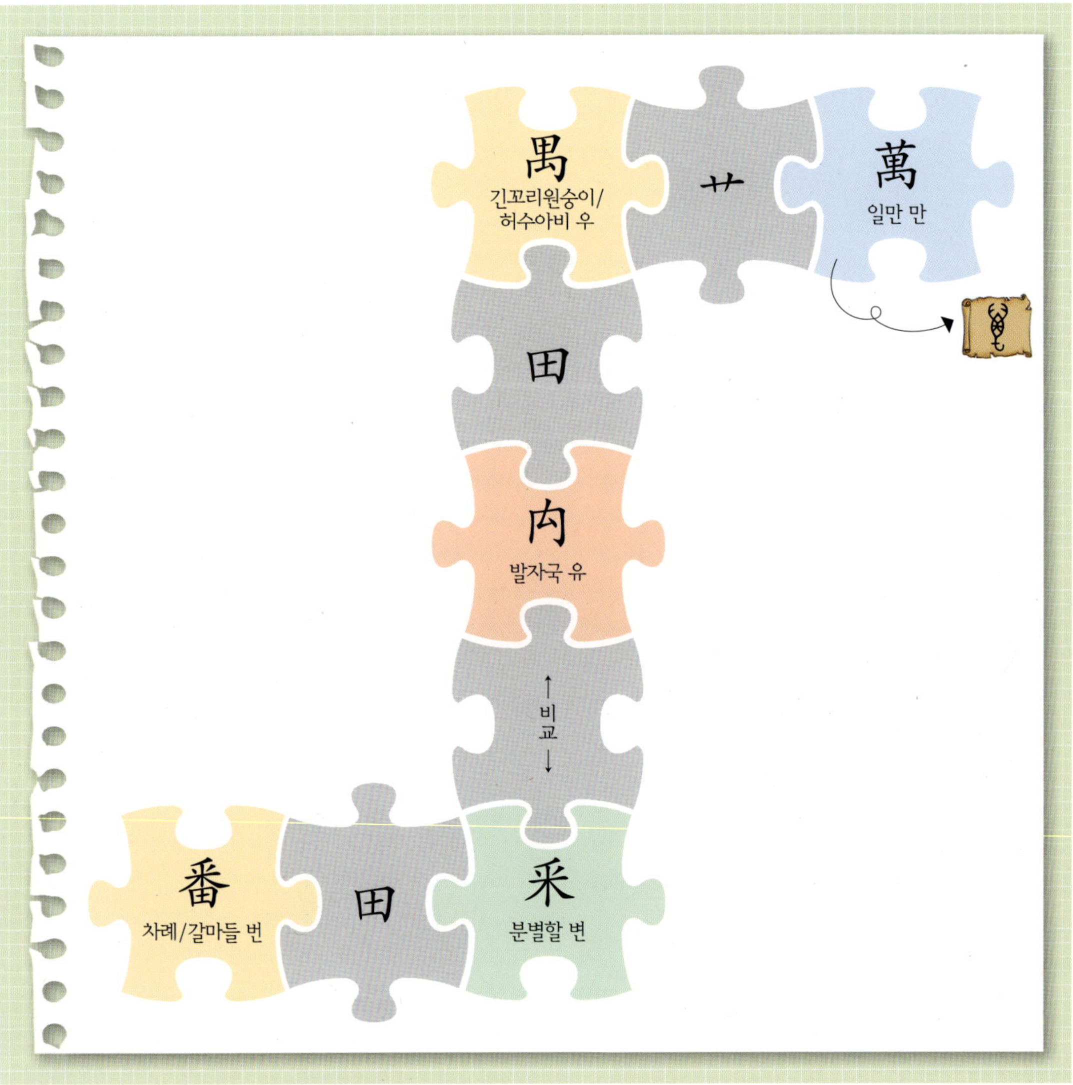

발자국 유 内

萬 일만 만
禹 긴꼬리원숭이/허수아비 우
艹
田
内 발자국 유
↑비교↓
番 차례/갈마들 번
田
釆 분별할 변

110
ㅣ 冂 内 内 内

발자국 유 [총획] 5획 [부수] 内 [급수] 없음

나무에 꼬리를 말고서 앉거나 양발을 디디고 선 모습으로 여겨져요. 나무를 즐겨 타는 원숭이 같은 동물에게 꼬리는 발의 역할도 하기 때문에 '발'을 연상한 글자가 되었어요.

110a

ㅣ ㄇ ㅁ 日 甲 禺 禺 禺

긴꼬리원숭이 / 허수아비 우 [총획] 9획 [부수] 內 [급수] 없음

몸통 모양 田 + 발자국 유 內

나무에 꼬리를 감고 웅크리고 앉은(內) 원숭이의 모습에서 '긴꼬리원숭이', '허수아비'를 뜻하게 되었어요.

110b

一 十 卄 艹 艹 艹
艹 苩 苩 莴 萬 萬 萬

일만 만 [총획] 13획 [부수] ++ [급수] 8급

집게발 ++ + 긴꼬리원숭이 / 허수아비 우 禺

큰 집게발(++)과 긴 꼬리(禺)에 독침을 가진 전갈의 모습이에요. 큰 숫자인 '일만'으로 뜻이 변화되었어요. '萬'이 숫자로 사용되자 벌레를 뜻하는 '虫(벌레 훼)'를 추가해 '蠆(전갈 채)'라는 글자를 만들었어요.

★ 萬物(만물) 萬若(만약) 萬歲(만세) 百萬(백만)

110c

一 ´ ´ ㅛ 乎 乎 采

분별할 변 [총획] 7획 [부수] 采 [급수] 특급

농경지에 찍힌 동물 발자국을 본떴어요. 농작물을 망친 범인을 찾아내려고 논밭에 찍힌 동물 발자국을 유심히 살펴보는 모습에서 '분별하다', '구분하다' 등의 뜻이 생겨났어요.

110d

一 ´ ´ ㅛ 乎 乎
采 采 乔 番 番 番

차례 / 갈마들 번 [총획] 12획 [부수] 田 [급수] 6급

분별할 변 采 + 밭 전 田[87]

농경지에 찍힌 발자국이 범인을 잡는 단서가 되었음을 알려 주는 글자예요. 논밭(田)에 차례차례 찍힌 동물 발자국(采)을 따라가 보면 농경지를 망친 범인이 누구인지 알아낼 수 있을 거예요. 여기에서 '차례차례'와 '갈마들다(서로 번갈아들다)'의 뜻이 생겨났어요.

★ 番地(번지) 番號(번호) 當番(당번) 順番(순번)

새 추 隹

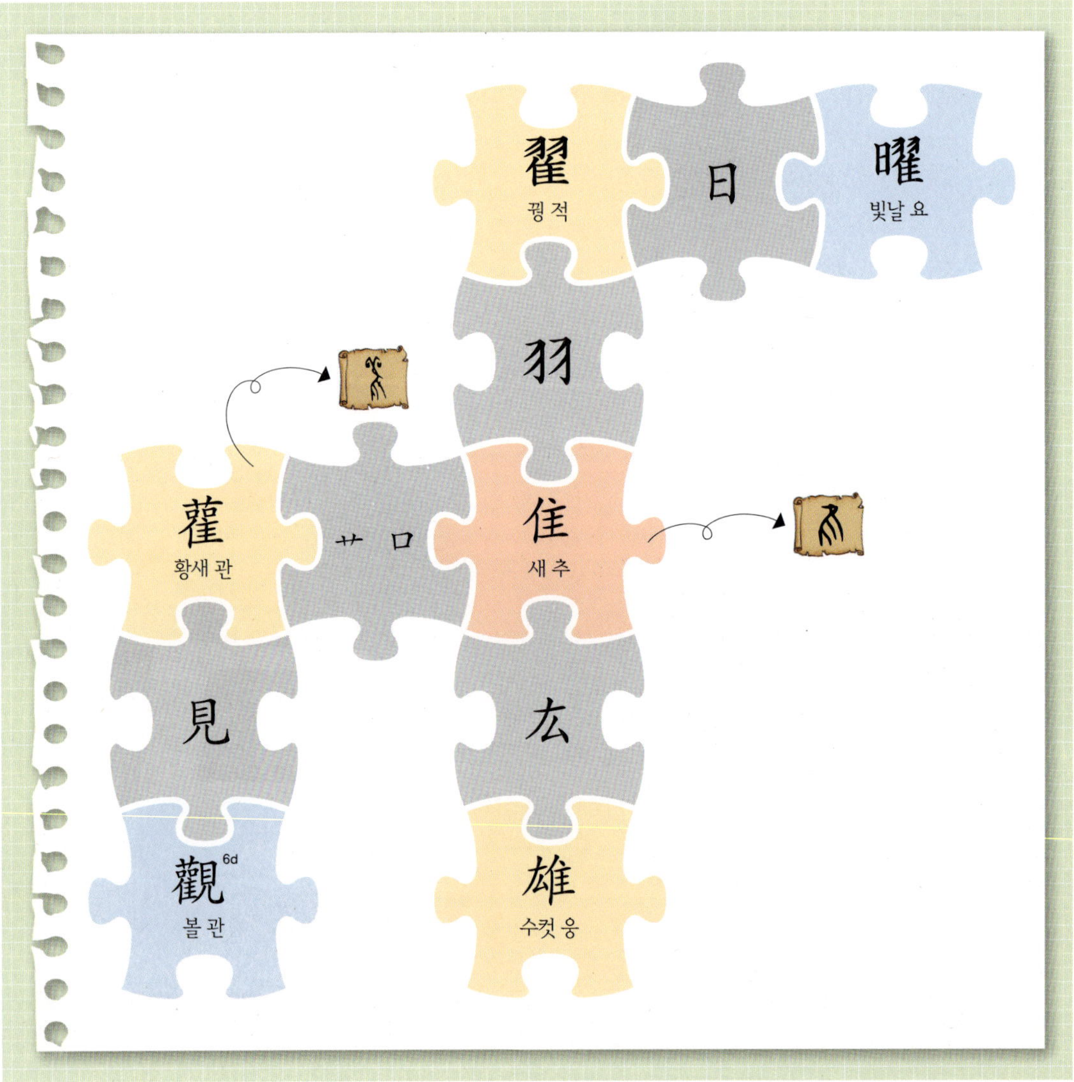

```
            翟        日        曜
           꿩 적              빛날 요
            
            羽
            
   雚       廿口      隹
 황새 관              새 추
   
   見                 厷
   
   觀6d               雄
   볼 관              수컷 웅
```

111　　　　　　　　　　　　　　ノ 亻 亻 亻 亻 亻 隹 隹

새 추　　　　　　　　　[총획] 8획　[부수] 隹　[급수] 없음

참새처럼 꽁지가 짧고 비교적 몸체가 작은 새를 본떠 만들었어요.

236

111a

ㄱ ㄱ ㄱ ㄱㄱ ㄱㄱㄱ ㄱㄱㄱㄱ
ㄱㄱㄱㄱ 翟 翟 翟 翟 翟

꿩 적

[총획] 14획 [부수] 羽 [급수] 특급

깃 우 羽¹¹⁴ + 새 추 隹

깃털(羽)이 멋지고 꽁지가 긴 새(隹)로, 꿩의 특징을 잘 포착한 글자예요.

★ 翟車(적거: 황후가 타는 수레)

111b

丨 冂 日 日' 日'' 日''' 日'''' 日'''''
日翟 日翟 日翟 日翟 日翟 曜 曜

빛날 요

[총획] 18획 [부수] 日 [급수] 4급

해 일 日¹³⁹ + 꿩 적 翟

꿩(翟)의 아름다운 깃털이 햇살(日)을 받아 눈부시게 빛나는 모습이에요.

★ 曜日(요일) 曜日表(요일표) 金曜(금요) 土曜(토요)

111c

一 ナ 广 広 広 広
広 広 広 雄 雄 雄

수컷 웅

[총획] 12획 [부수] 隹 [급수] 5급

팔뚝/클 굉 厷 + 새 추 隹

웅장한(厷) 날개를 가진 수컷 새(隹)를 나타내 '씩씩하다', '용감하다' 의 뜻으로도 쓰여요. '厷' 이 '웅' 으로 발음 역할을 해요..

★ 雄辯(웅변) 雄壯(웅장) 英雄(영웅) 雌雄(자웅: 암컷과 수컷, 또는 승부, 우열 등을 비유함)

111d

一 丿 艹 艹 艹 艹 艹 艹
艹 艹 艹 艹 艹 雚 雚 雚

황새 관

[총획] 18획 [부수] 隹 [급수] 없음

풀 초 ⁺⁺¹²⁸ + 입 구 口⁸ + 새 추 隹

우아한 긴 목을 가진 황새의 모습이에요. 옛 글자는 새(隹)의 머리 위에 도드라지게 기다란 목(⁺⁺)과 부리(口)를 묘사하고 있어요.

새 조 鳥

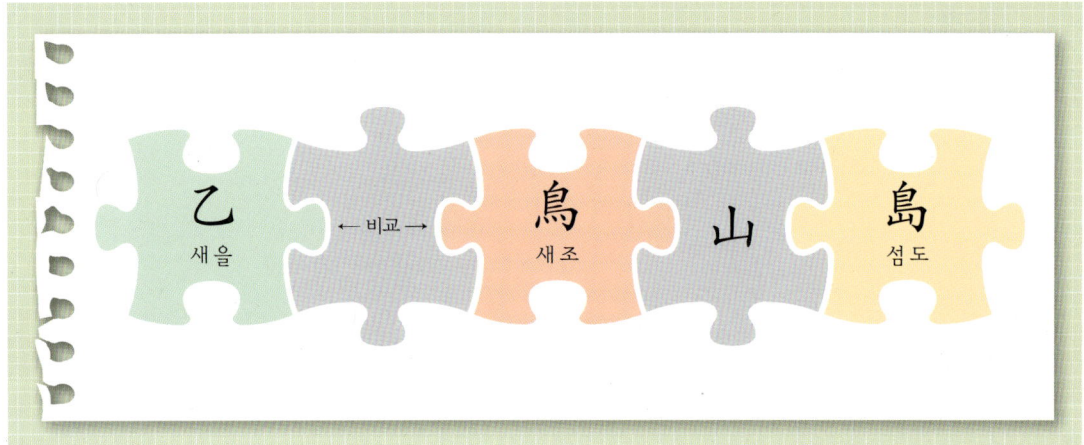

112

` ノ 宀 宀 鳥 鳥 鳥 鳥 鳥`

새 조

[총획] 11획 [부수] 鳥 [급수] 4급

긴 부리(白)와 긴 발(灬), 긴 꼬리의 몸체가 길고 큰 새들을 나타냈어요.

★ 鳥類(조류) 鳥足之血(조족지혈: 새 발에 피, 즉 굉장히 적은 양)
　白鳥(백조) 一石二鳥(일석이조: 돌 하나로 새 두 마리를 잡음, 즉 한 번에 두 가지 이득을 봄)

112a

` ノ 宀 宀 鳥 鳥 島 島`

섬 도

[총획] 10획 [부수] 山 [급수] 5급

새 조 鳥 + 뫼/메 산 山[119]

바다 한가운데 산(山)처럼 돌출된 섬에 많은 새(鳥)들이 자유롭게 날아다니는 모습이에요.

★ 島嶼(도서: 크고 작은 섬들) 孤島(고도: 외딴 섬) 無人島(무인도) 半島(반도)

112b

乙

새 을

[총획] 1획 [부수] 乙 [급수] 3급

기어가는 새를 본떴어요. 본뜻은 '새'로, 훗날 '둘째 천간'의 뜻도 생겼어요.

★ 甲男乙女(갑남을녀: 갑이란 남자, 을이라는 여자, 즉 평범한 사람들) 甲乙(갑을)
　乙巳條約(을사조약: 1905년 일본이 우리나라의 외교권을 뺏기 위해 강제로 맺은 조약)

어조사 야 也

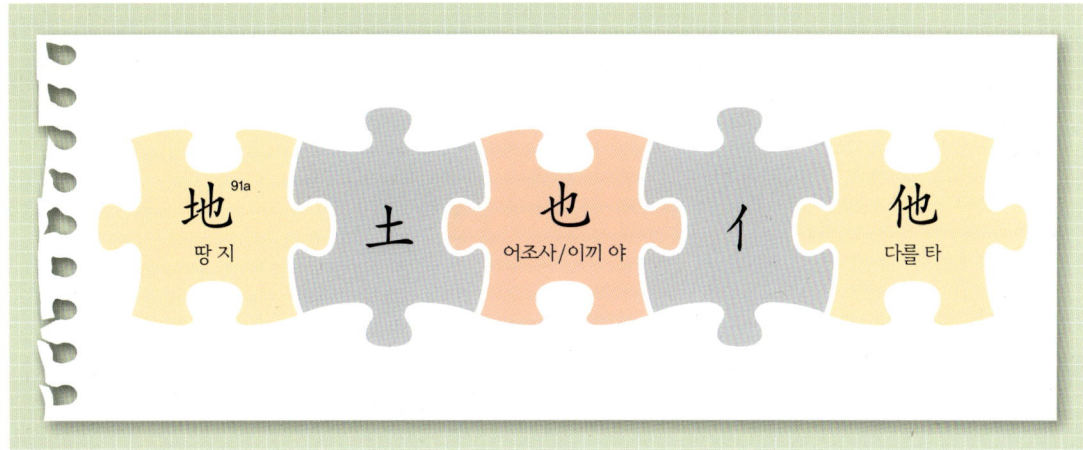

113

어조사 / 이끼 야　　　　　　　　　　[총획] 3획　[부수] 乙　[급수] 3급

'乙[112b](새 을)'이 부수 글자로 쓰이며, 여성의 생식기를 본떴어요.

113a

다를 타　　　　　　　　　　　　　　[총획] 5획　[부수] 亻　[급수] 5급

사람 인 亻[41] ＋ 어조사 / 이끼 야 也

사람(亻)마다 좋아하는 여성(也)의 모습이 다르다 하여 만들어진 글자예요.

★　他人(타인) 他地(타지) 自他(자타)
　　利他的(이타적: 자기보다 다른 사람의 이익을 더 생각함)

깃 우 羽

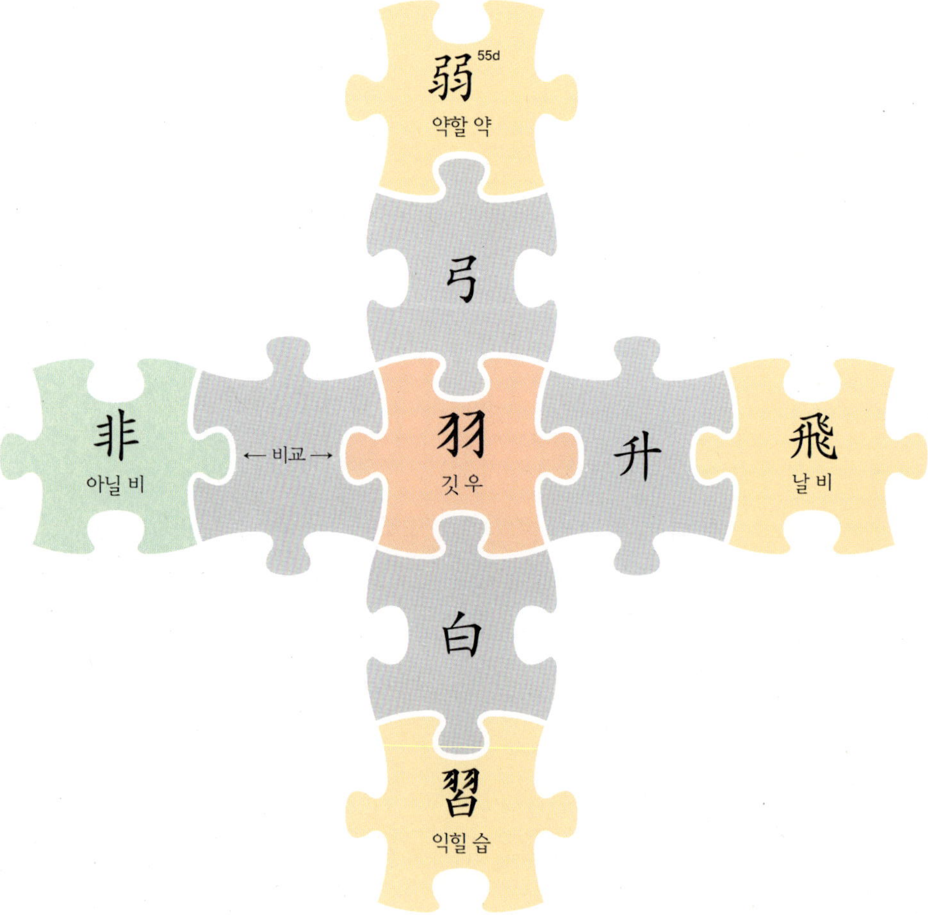

```
        弱
       약할 약
        |
        弓
        |
非 —비교— 羽 — 升  飛
아닐 비   깃 우      날 비
        |
        白
        |
        習
       익힐 습
```

ㄱ ㄱ ㅋ 키 羽 羽

깃 우   [총획] 6획 [부수] 羽 [급수] 3급

새가 양 날개를 잔뜩 추켜올린 모습을 본뜬 그림 글자예요.

★ 羽翼(우익: 새의 날개, 또는 보좌하는 일)
  毛羽(모우: 길짐승의 털과 날짐승의 깃, 또는 길짐승과 날짐승)
  項羽壯士(항우장사: 항우 같은 장사, 즉 아주 힘센 사람)

114a

날 비

[총획] 9획 [부수] 飛 [급수] 4급

되 승 升 + 깃 우 羽

황새나 백로 같은 새가 날개(羽)를 퍼덕이며 하늘로 날아오르는(升) 웅장한 모습을 나타냈어요. 이때 자루나 항아리 안 곡식을 되(升)로 아래에서 위로 퍼 올리는 모습에서 '升'을 '날아오르다'로 해석했어요.

★ 飛翔(비상) 飛上(비상) 飛躍(비약) 飛行(비행)

114b

익힐 습

[총획] 11획 [부수] 羽 [급수] 6급

깃 우 羽 + 흰 백 白

날개가 흰(白) 새, 즉 새끼 새가 수도 없이 날갯짓(羽)을 해야 마침내 나는 방법을 익히게 됨을 강조했어요.

★ 習慣(습관) 練習(연습) 自習(자습) 學習(학습)

114c

아닐 비

[총획] 8획 [부수] 非 [급수] 4급

독수리나 매가 날개를 활짝 펴고 하늘을 나는 모습이에요. 활짝 편 두 날개는 공중을 나는 동안은 결코 서로 만나지 않을 거예요.

★ 非難(비난) 非常(비상)
非一非再(비일비재: 같은 일이 한두 번이 아니라 자주 있음)
是是非非(시시비비: 여러 가지 잘잘못을 따짐)

벌레 충(훼) 虫

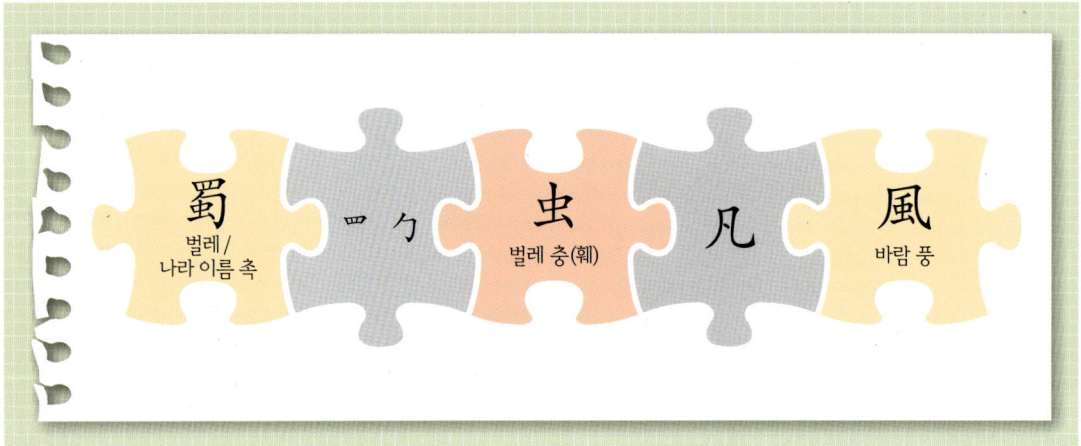

115

벌레 충(훼)　　　　　　　　　　[총획] 6획 [부수] 虫 [급수] 특급

구불구불하고 징그럽게 생긴 벌레의 모습을 본뜬 글자로, '蟲(벌레 충)'의 속자(俗字, 원래 글자보다 획을 간단하게 한 글자)예요.

115a

바람 풍　　　　　　　　　　[총획] 9획 [부수] 風 [급수] 6급

벌레 충(훼) 虫 + 무릇 범 凡

바람에 깃털이 휘날리는 새의 모습을 본뜬 글자였는데, 훗날 바람으로 움직이는 배(凡)를 추가했고, 새는 벌레(虫)의 모습으로 바뀌었어요. '凡'은 돛단배의 돛 모양을 본뜬 글자예요.

★ 風景(풍경) 風力(풍력) 風波(풍파)
　風前燈火(풍전등화: 바람 앞의 등불, 즉 매우 위태로운 처지)

115b

벌레 / 나라 이름 촉　　　　　　　　　　[총획] 13획 [부수] 虫 [급수] 2급

벌레 충(훼) 虫 + 눈 목 罒→目 + 쌀 포 勹

눈(目)이 강조된 딱딱한 껍질로 쌓여(勹) 있는 벌레(虫) 모습을 본뜬 글자예요.

물고기 어 魚

鮮 고울/생선 선 — 羊 — 魚 물고기 어 — 氵 — 漁 고기 잡을 어

116

물고기 어
[총획] 11획 [부수] 魚 [급수] 5급

머리, 지느러미, 꼬리를 강조해 한 마리의 물고기를 그대로 본떴어요.

★ 魚頭肉尾(어두육미: 생선은 머리, 고기는 꼬리가 맛있음)
　魚卵(어란) 魚族(어족) 人魚(인어)

116a

고기 잡을 어
[총획] 14획 [부수] 氵 [급수] 5급

물 수 氵¹²³ + 물고기 어 魚

산에 가야 범을 잡고 강(氵)에 가야 물고기(魚)를 잡을 수 있음을 강조했어요. '鱻'로 물고기를 많이 잡았다는 의미를 담았다가, 훗날 글자가 줄었어요.

★ 漁夫(어부) 漁船(어선) 漁場(어장) 漁村(어촌)

116b

고울 / 생선 선
[총획] 17획 [부수] 魚 [급수] 5급

물고기 어 魚 + 양 양 羊¹⁰³

제물로 바쳐진 신선한 생선(魚)과 갓 잡은 양(羊)의 선홍색 고깃살에서 '곱다', '신선하다', '생선'의 뜻이 생겼어요.

★ 鮮明(선명) 古朝鮮(고조선) 生鮮(생선) 新鮮(신선)

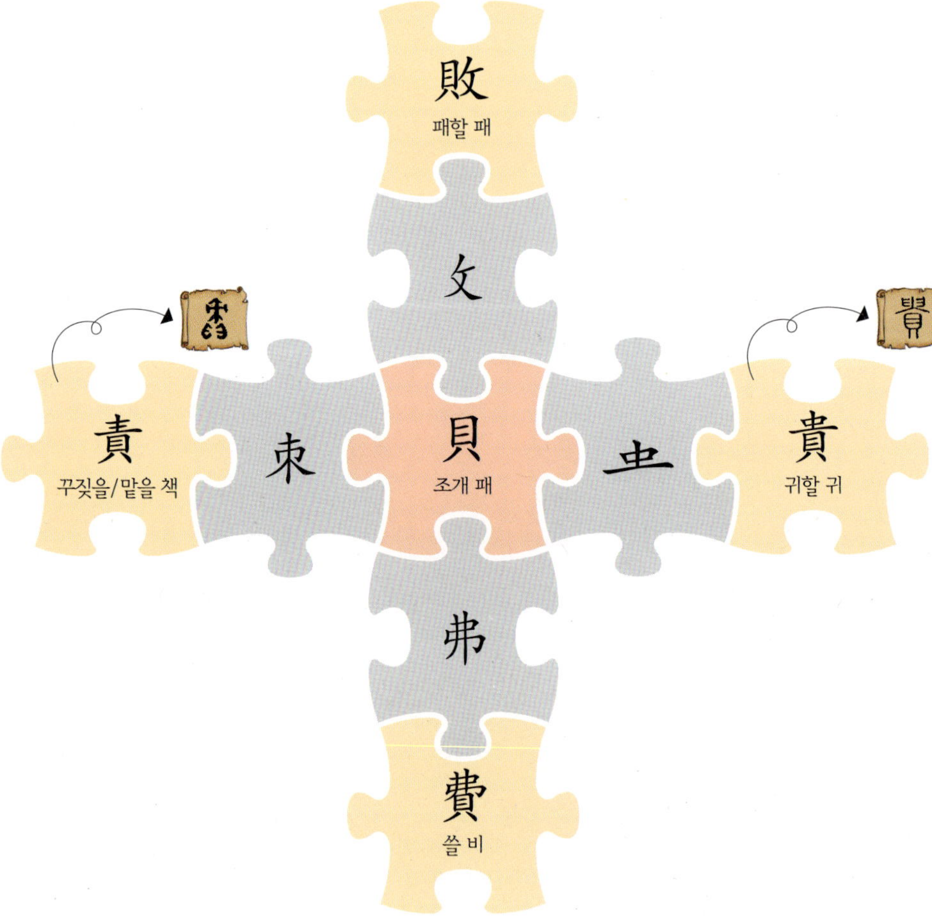

조개 패 貝

敗 패할 패

文

責 꾸짖을/맡을 책

束

貝 조개 패

虫

貴 귀할 귀

弗

費 쓸 비

117

丨 冂 冃 目 貝 貝

조개 패   [총획] 7획 [부수] 貝 [급수] 3급

남쪽 바다에 서식하는 자패라는 조개를 본뜬 글자예요. 자패는 내륙에 살던 은나라와 주나라에 있어 상당히 귀한 귀중품으로, 금속 화폐가 보급되기 전까지 화폐로 사용되었어요.

★ 貝物(패물) 紫貝(자패: 자주색을 띠는 달걀 모양의 조개로, 고대에는 화폐로도 쓰임)

117a
　　　　　　　　　　　　　　　　　丨 冂 冃 月 目 貝 貝 貯 敗 敗 敗

敗 패할 패

[총획] 11획　[부수] 攵　[급수] 5급

조개 패 貝 + 칠 복 攵²⁸

화폐로 사용할 정도로 귀했던 자패(紫貝)를 두들겨(攵) 깨뜨리거나, 승리한 병사들이 적들에게 빼앗은 귀한 것(貝)을 산산조각(攵) 내 버리는 모습에서 '지다', '패하다' 등의 뜻이 생겨났어요.

★ 敗北(패배) 成敗(성패) 勝敗(승패) 失敗(실패)

117b
　　　　　　　　　　　　　　　　　丶 一 口 中 虫 丰 青 青 昔 貴 貴

貴 귀할 귀

[총획] 12획　[부수] 貝　[급수] 5급

두 손 모양 臼 + 조개 패 貝

재물(貝)처럼 귀한 것을 양손(臼)으로 꽉 붙잡은 모습을 나타냈어요.

★ 貴賤(귀천: 귀함과 천함) 貴下(귀하) 高貴(고귀) 富貴(부귀)

117c
　　　　　　　　　　　　　　　　　一 二 弓 弗 弗 弗 弗 費 費 費 費 費

費 쓸 비

[총획] 12획　[부수] 貝　[급수] 5급

아니 불 弗 + 조개 패 貝

꽁꽁 묶어(弗) 놓아도, 꽁꽁 묶어(弗) 놓지 않아도 쓰게 되는 재물(貝)의 특성을 본떴어요. '弗'은 중요한 물건을 나선형(弓)으로 묶어 놓은 모습이에요.

★ 費用(비용) 軍費(군비) 浪費(낭비) 消費(소비)

117d
　　　　　　　　　　　　　　　　　一 二 十 主 丰 青 青 青 昔 責 責

責 꾸짖을 / 맡을 책

[총획] 11획　[부수] 貝　[급수] 5급

가시 자, 단속할 속 圭→朿 + 조개 패 貝

빌려준 빚(貝)을 돌려받거나 세금(貝)을 거두려고 단속하는(朿) 모습, 쌓아 둔 돈(貝)을 지키며(朿) 강제로 뺏으려는 사람을 막는 모습에서 '꾸짖다' 뜻이 생겼을 걸로 추정해요. '朿'는 나무(木¹³¹)에 가시가 돋은 모습이에요.

※ '쌓아 놓은 재물'이라는 뜻도 있어 '積(쌓을 적)', '績(길쌈할 적)' 등에 의미 겸 발음으로 사용되고 있어요.

★ 責望(책망) 責任(책임) 問責(문책) 叱責(질책)

자연 | 동물 | 어패류　245

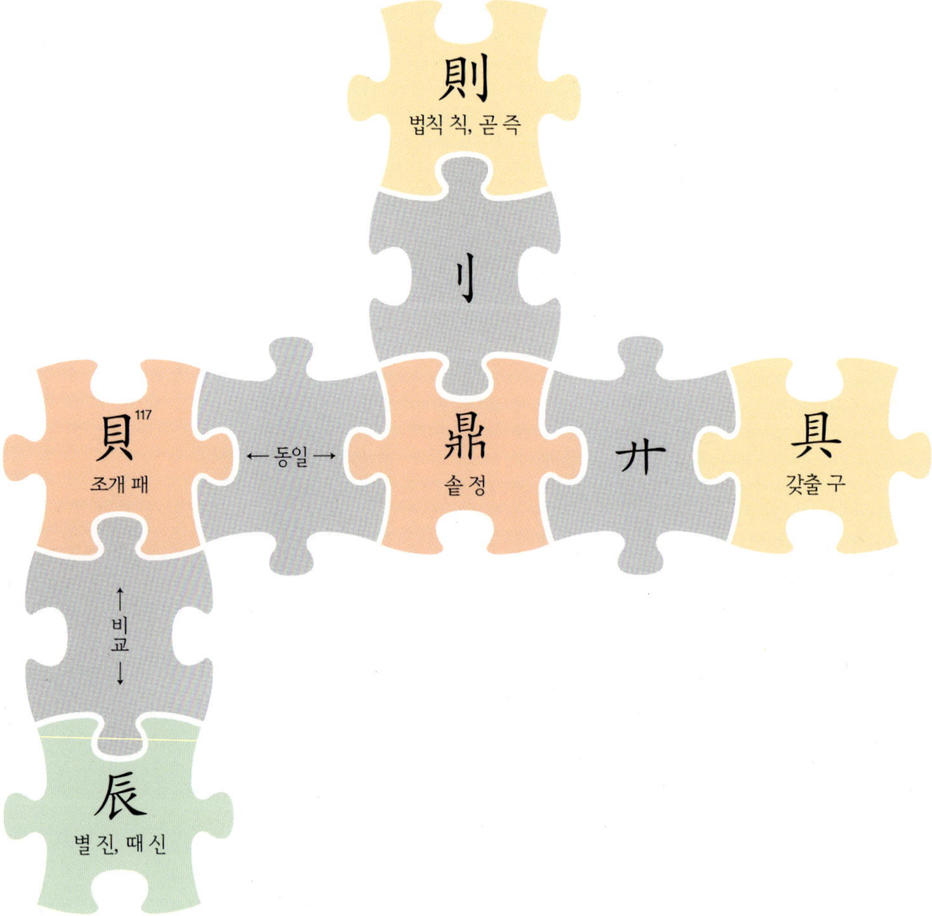

솥 정 鼎

솥 정　　　　　　　　　　　　　　[총획] 12획　[부수] 鼎　[급수] 2급

가마솥처럼 생긴, 발이 서너개 달린 솥 모양을 본뜬 것으로, 글자가 복잡해 대부분 '貝(조개 패)'로 줄여 써요. 제물을 요리하는 솥으로 제사 도구, 신, 임금과도 관련이 있어요. 중국 역사에서 조조, 유비, 손권, 세 사람이 나누어 다스리던 삼국 시대를 '삼국의 정립(鼎立)'이라고 해요. 이때 '鼎' 자를 쓴 이유는 세 황제를 나타내듯 솥의 발이 세 개이기 때문이에요.

118a　　　　　　　　　　　　　　　　　　　　丨 冂 冃 月 目 貝 貝 則 則

법칙 칙, 곧 즉　　　　　　　[총획] 9획　[부수] 刂　[급수] 5급

조개 패 貝(鼎) + 칼 도 刂⁶³

솥(貝=鼎) 같은 물건에 신의 계시나 임금님의 가르침, 또는 사람이나 신하가 지켜야 할 규범 등을 새긴(刂) 모습을 나타냈어요.

★ 規則(규칙) 反則(반칙) 法則(법칙) 原則(원칙)

118b　　　　　　　　　　　　　　　　　　　　丨 冂 冃 月 目 且 具 具

갖출 구　　　　　　　　　　[총획] 8획　[부수] 八　[급수] 5급

조개 패 貝(鼎) + (두 손으로)받들 공 廾²⁷

제사를 위해서 마련한 음식들이 가득 들어 있는 솥(貝=鼎)을 두 손으로 정성스럽게 들고(廾) 있는 모습을 나타냈어요. 이는 곧 제사를 위한 준비를 다 갖추었음을 의미해요.

★ 具備(구비) 器具(기구) 道具(도구) 玩具(완구)

118c　　　　　　　　　　　　　　　　　　　　一 厂 厃 厔 辰 辰 辰

별 진, 때 신　　　　　　　　[총획] 7획　[부수] 辰　[급수] 3급

조갯살이 껍질 밖으로 삐져나온 모습을 나타낸 것으로, '조개'를 본뜬 글자예요. 현재는 '별', '때', '시각' 등을 나타내는 글자로 쓰여요.

★ 時辰(시진) 辰時(진시: 오전 7시 반~9시 반)
　星辰(성신: 별) 誕辰(탄신)

게임. 한자 빙고

① 빈칸에 아래 표에 있는 한자들을 원하는 자리에 적어요. (아래 표의 한자가 아닌 다른 한자들로 게임을 해도 돼요.)

② 선생님이나 게임에 참여하지 않는 친구가 아래 표에 있는 한자들을 원하는 순서대로 불러요.

③ 불린 글자에 해당하는 글자를 표시해요.

④ 가로, 세로, 대각선으로 한 줄이 나열되면 "빙고!"라고 외쳐요.

⑤ 먼저 3줄이 나열되는(빙고) 사람이 이겨요.

王	選	法	紙	每
仕	老	始	孫	孝
母	在	字	氏	考
去	吉	李	海	都
士	民	長	者	全

뫼 산 山, 골 곡 谷, 돌 석 石

仙 신선 선
亻
山 뫼/메 산
石 돌 석
谷 골/골짜기 곡
氵
浴 목욕할 욕

삽

119

| 山山

뫼/메 산 [총획] 3획 [부수] 山 [급수] 8급

높고 낮은 봉우리를 강조해 산을 나타낸 그림 글자예요.

★ 山水(산맥) 山水(산수) 山川(산천)
　山戰水戰(산전수전: 산에서도 물에서도 싸움, 즉 온갖 고생과 어려움을 겪음)

250

119a　　　　　　　　　　　　　　　　　　　　　　　ノ 亻 仆 仙 仙

신선 선
사람 인 亻⁴¹ + 뫼/메 산 山　　　　　　[총획] 5획 [부수] 亻 [급수] 5급

산(山)에 사는 사람(亻)으로, 신선을 말해요.

★ 仙女(선녀) 神仙(신선) 仙人(선인) 詩仙(시선)

119b　　　　　　　　　　　　　　　　　　　ノ 八 グ 父 父 谷 谷

골 / 골짜기 곡
　　　　　　　　　　　　　　　　　　　　　　[총획] 7획 [부수] 谷 [급수] 3급

아래로 내려올수록 점점 넓어지는(八) 계곡 입구(口)의 모습을 나타냈어요.

★ 溪谷(계곡) 峽谷(협곡)

119c　　　　　　　　　　　　　　　　　　丶 氵 氵 氵 氵 浴 浴 浴 浴

목욕할 욕
물 수 氵¹²³ + 골/골짜기 곡 谷　　　　　　[총획] 10획 [부수] 氵 [급수] 5급

계곡(谷) 물(氵)에서 목욕을 하는 모습이에요.

※ 목(沐)은 머리 감는 것, 욕(浴)은 몸을 씻는 것을 뜻했어요.

★ 浴室(욕실) 浴湯(욕탕) 沐浴(목욕) 海水浴場(해수욕장)

119d　　　　　　　　　　　　　　　　　　　　　　一 丆 ア 石 石

돌 석
　　　　　　　　　　　　　　　　　　　　　　[총획] 5획 [부수] 石 [급수] 6급

낭떠러지(厂)나 산기슭 아래에 굴러 떨어진 큰 바위(口)를 보고 만들었을 걸로 여겨져요.

★ 石窟庵(석굴암) 石頭(석두) 石室(석실)
　他山之石(타산지석: 다른 산의 돌이라도 도움이 됨)

자연 | 산천초목 | 산

쇠 금 金, 장인 공 工

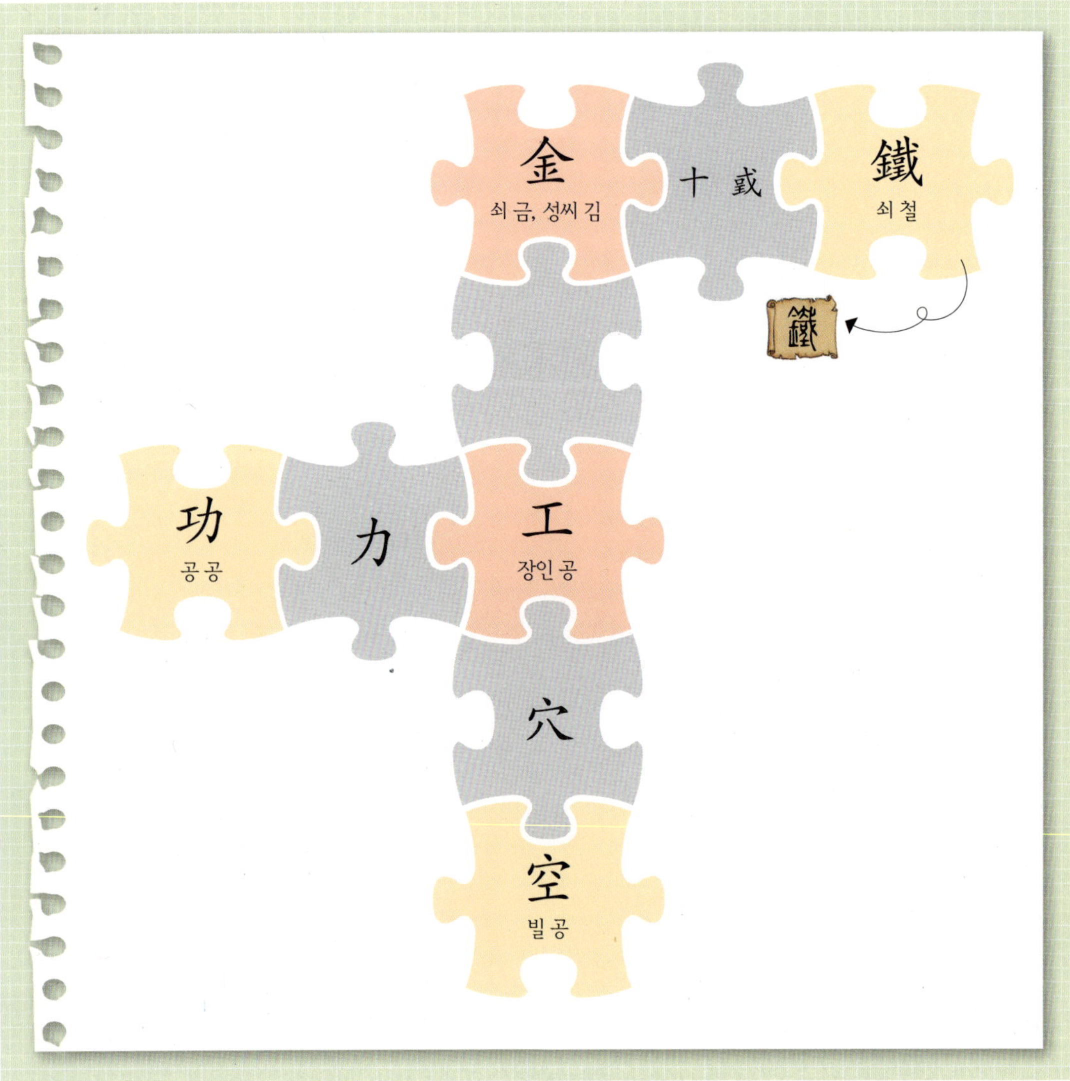

```
        金            十 或      鐵
     쇠금,성씨김              쇠철
```

```
  功    力    工
  공공         장인공
              穴
              空
              빌공
```

120

ノ 人 人 今 今 余 余 金

쇠 금, 성씨 김　　　[총획] 8획　[부수] 金　[급수] 8급

흙(土[91]) 속에 묻힌 금속 덩어리, 또는 금속이나 제품을 만들고자 거푸집(亼[101])에 쇳물을 붓는 모습을 본떴어요. 훗날 '성씨 김'의 뜻으로도 쓰이게 됐어요.

★ 金融機關(금융기관) 金銀(금은) 資金(자금) 黃金(황금)

120a

丿 丶 ㅗ 产 宇 宇 숲 金 金 釒
針 釒 釒 鉎 鉎 鉎 鉎 鉎 鐵 鐵 鐵

鐵 쇠 철　　　　　　　　　　　[총획] 21획　[부수] 金　[급수] 5급

쇠 금, 성씨 김 金 + 장식 모양 十 + 날카로울 질 戈

대관식 때 쇠(金)로 만든 장식(十)이 달린 창(戈[59])을 새 임금에게 바치던(呈) 모습을 본뜬 글자로, 훗날 금속(金)을 나타내는 글자로 의미가 바뀌었어요.

★ 鐵橋(철교) 鐵道(철도) 鐵面皮(철면피) 地下鐵(지하철)

120b

一 丁 工

工 장인 공　　　　　　　　　　　[총획] 3획　[부수] 工　[급수] 7급

흙이나 터를 다지는 도구, 집 지을 때 어긋나는 재목을 들어맞게 조정하는 나무망치 같은 공구를 본떴어요. 공구는 일을 위해 필요한 연장이에요. 따라서 일이나 작업과 관련된 뜻을 갖게 되었고, 언젠가부터 제사 때 사용되는 제구나 점칠 때 필요한 무구로 의미가 확대되었어요.

★ 工事(공사) 工業(공업) 工場(공장) 工程(공정)

120c

丶 丷 宀 宂 宊 空 空 空

空 빌 공　　　　　　　　　　　[총획] 8획　[부수] 穴　[급수] 7급

구멍 혈 穴[80] + 장인 공 工

도구(工)로 땅을 파거나 뚫어 굴(穴)을 만드는 모습으로, 그렇게 해서 생긴 비어 있는 공간을 가리켜요. 또한 '공간', '하늘', '공중'이라는 의미로도 사용돼요. 비슷한 글자로 '虛(빌 허)'가 있어요.

★ 空間(공간) 空氣(공기) 蒼空(창공) 虛空(허공)

120d

一 丁 工 巧 功

功 공 공　　　　　　　　　　　[총획] 5획　[부수] 力　[급수] 6급

장인 공 工 + 힘 력(역) 力[94b]

숙련된 장인(工)이 집을 짓거나 농부가 쟁기질을 하며 힘쓰는(力) 모습이에요. 따라서 본뜻은 '일'이며, 기본적으로 '애쓰다', '힘쓰다'를 뜻한다는 걸 알 수 있어요. 훗날 '공', '공로'로 의미가 확대되었어요.

★ 功勞(공로) 功力(공력) 功績(공적) 成功(성공)

내 천 川(巛)

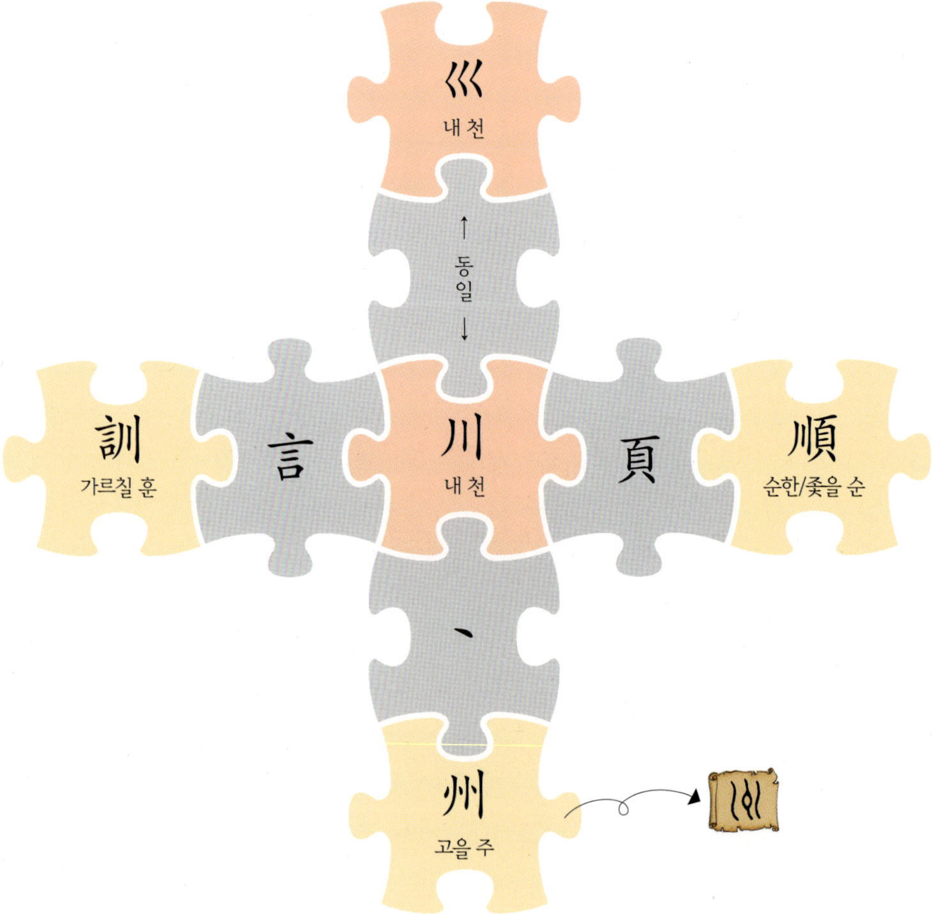

```
        巛
       내 천
        ↕
       동일

訓    言    川    頁    順
가르칠 훈        내 천        순한/좇을 순

        丶

        州  →  [巛]
       고을 주
```

ノ 丿 川

내 천 [총획] **3획** [부수] 川 [급수] **7급**

굽이굽이 산허리를 감싸고 흐르는 강물의 모습을 본떴어요.

★ 山川(산천) 淸溪川(청계천) 河川(하천)

121a

내 천
[총획] 3획 [부수] 巛 [급수] 없음

굽이굽이 산허리를 감싸고 흐르는 강물의 중간이 마치 개미허리처럼 움푹 들어간 모습을 본떴어요. '川(내 천)'과 같은 의미이며, 생긴 모양 때문에 '개미허리 천'으로도 불려요. 혼자서는 쓰지 못하고 다른 글자와 함께 써요.

121b

丿 丿 丿 丿 丿
順 順 順 順 順

순할 / 좇을 순
[총획] 12획 [부수] 頁 [급수] 5급

내 천 川(巛) + 머리 혈 頁³ᵇ

물이 위에서 아래로 흐르듯(川) 가장이나 왕과 같은 우두머리(頁)가 내리는 명령에 순종하고 따르는 것이 순리예요.

★ 順序(순서) 順位(순위) 順應(순응) 順從(순종)

121c

丿 丿 少 州 州 州

고을 주
[총획] 6획 [부수] 川 [급수] 5급

내 천 川(巛) + 점 주 丶¹⁴⁹

삼각주는 강물(川)이 바다로 흘러들어가는 어귀에 흙이나 모래(ヽヽ)가 쌓여 생긴 섬을 말해요. 이곳이 비옥하여 사람들이 모여 살게 되다 보니 '고을'의 뜻을 갖게 되었어요.

★ 慶州(경주) 公州(공주) 濟州道(제주도) 忠州(충주)

121d

丶 一 二 言 言 言 訓 訓 訓

가르칠 훈
[총획] 10획 [부수] 言 [급수] 6급

말씀 언 言¹³ + 내 천 川(巛)

남을 가르치거나 교훈할 때 효과를 보려면 물 흐르듯(川) 순리에 맞게 말해야(言) 할 거예요.

★ 訓戒(훈계) 訓練(훈련) 訓民正音(훈민정음) 敎訓(교훈)

물줄기 경 巠

122

巠 물줄기 / 지하수 / 베틀 경 　　[총획] 7획 [부수] 巛 [급수] 없음

베틀의 날실(巛)에 추(工)를 달아 늘어뜨린 모습, 또는 지하의 물길 모양을 본뜬 글자예요. 혼자서는 쓰지 못하고 다른 글자와 함께 써요.

122a

輕 가벼울 경 　　[총획] 14획 [부수] 車 [급수] 5급

차 차, 수레 거 車[67] + 물줄기 / 지하수 / 베틀 경 巠

수레(車) 바퀴처럼 날렵한 베틀(巠) 움직임에서 '가볍다'의 뜻을 가져왔어요.

★ 輕微(경미) 輕傷(경상) 輕視(경시) 輕快(경쾌)

122b

經 지날 / 다스릴 / 날실 경 　　[총획] 13획 [부수] 糸 [급수] 4급

실 사, 가는 실 멱 糸 + 물줄기 / 지하수 / 베틀 경 巠

추가 달린 날실(巠) 사이로 씨실(糸)을 왕복시켜 천을 짜는 모습이에요. 본뜻은 '날실', '지나다'이며, 자칫 흐트러질 수 있는 실을 잘 엮어 천으로 짜내는 모습에서 '다스리다'의 뜻이 생겼어요. 그것이 여러 생각들을 글로 잘 정리하는 모습과 같다 하여 '글'의 뜻도 가져요.

★ 經營(경영) 經濟(경제) 經驗(경험)

牛耳讀經(우이독경: 쇠귀에 경 읽기, 즉 아무리 가르쳐 줘도 이해하지 못함)

물 수 水(氺, 氵)

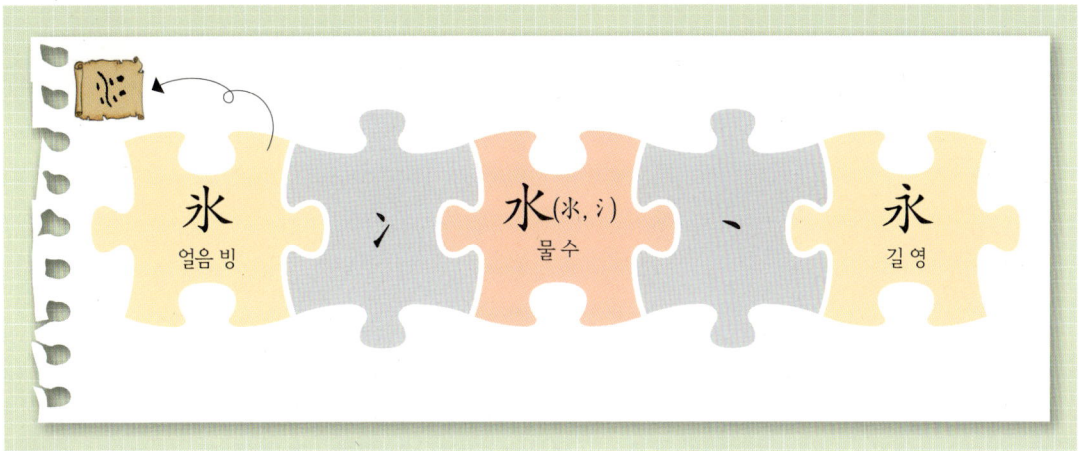

123

물 수   [총획] 4획 [부수] 水 [급수] 8급

구불구불 흐르는 시냇물을 간략하게 표현했어요. 혼자는 '水', 다른 글자 왼쪽에 올 때는 '삼수변'이라 하는 '氵', 아래쪽에 올 때는 '氺'를 써요.

★ 水泳(수영) 水質(수질) 水平線(수평선) 洪水(홍수)

123a

길 영   [총획] 5획 [부수] 水 [급수] 6급

물 수 水 + 점 주 丶 149

강(水)에서 헤엄치는 사람(丶)을 본떴어요. '丶'는 '人(사람 인)'이 변화된 거예요. 강물을 따라 한없이 떠내려가는 모습에서 '영원히', '길다'의 뜻이 생겼어요. '永'에 '氵(물 수)'를 더해 '泳(헤엄칠 영)'을 만들었어요.

★ 永久(영구) 永便(영변) 永遠(영원) 永住(영주)

123b

얼음 빙   [총획] 5획 [부수] 水 [급수] 5급

물 수 水 + 얼음 빙 冫 125

강물(水)에 떠내려가는 얼음(冫)덩어리를 본뜬 글자예요.

★ 氷菓(빙과) 氷山(빙산) 氷水(빙수) 氷河(빙하)

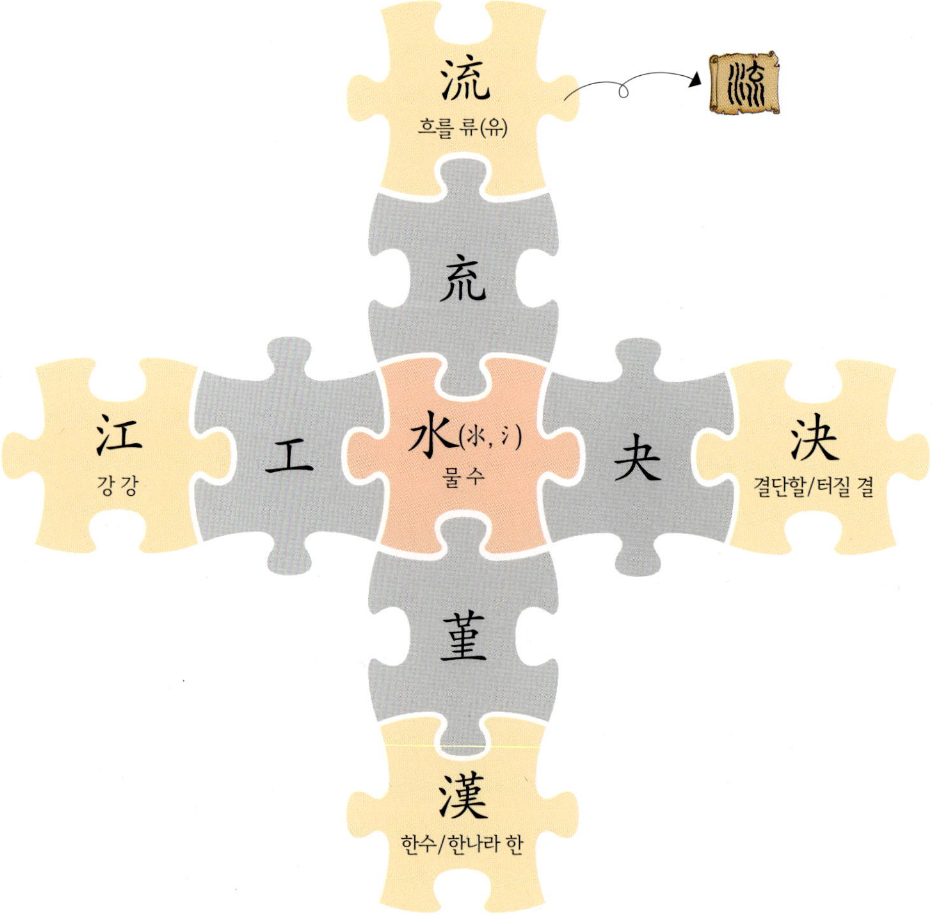

물 수 水(氺, 氵)

流 흐를 류(유)

汽

江 강 강
工
水(氺, 氵) 물 수
夬
決 결단할/터질 결

荒

漢 한수/한나라 한

` ` 氵 氵 汒 浐 浐 浐 流 流

흐를 류(유) [총획] 10획 [부수] 氵 [급수] 5급

물 수 氵 + 흐를 류(유) 㐬

흐르는 냇물(川)에 머리를 감으며 노는 아이(云) 모습을 나타낸 '㐬'가 혼자 쓰이지 못해 '氵'를 덧붙여 '흐르다'의 의미를 되살렸어요. 여기에서 '云'는 '子51'가 뒤집힌 모양이에요.

★ 流行(유행) 交流(교류) 急流(급류)
靑山流水(청산유수: 푸른 산, 흐르는 물. 즉 말을 거침없이 잘함)

124a　　　　　　　　　　　　　　　　　　　　　　　　　　　　　ヽ　ヽ　氵　汀　汩　決　決

결단할 / 터질 결　　　　　　　　　[총획] 7획　[부수] 氵　[급수] 5급

물 수 氵 + 터놓을 쾌 夬

어려운 결단을 내리고 나니 드디어 물꼬(氵)가 트였음을(夬) 나타냈어요. '夬'는 활시위를 한껏 잡아당겼다 엄지를 놓아 버린 모습으로, 마치 '央(가운데 앙)'의 한쪽이 터진 것처럼 보여요. 손에서 벗어난 모습이어서 '손에서 떠나다', '손에서 빠지다', '트이다' 등을 뜻해요.

★ 決算(결산) 決心(결심) 決定(결정) 解決(해결)

124b　　　　　　　　　　　　　　　　　　　　　　　　　　　　　ヽ　ヽ　氵　汀　汁　浒　浒
　　　　　　　　　　　　　　　　　　　　　　　　　　　　　　　浒　浒　渲　漢　漢　漢　漢

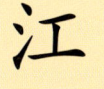

한수 / 한나라 한　　　　　　　　　[총획] 14획　[부수] 氵　[급수] 7급

물 수 氵 + (노란)진흙 / 제비꽃 근 堇

'堇'은 심한 기근으로 땅(土)이 바싹 타 들어가자 기우제를 지내는 무속인의 모습으로, '漢'은 가뭄(堇)에도 물(氵)이 마르지 않는 중국의 대표적인 강, '한수(漢水)'가 본뜻이에요. 훗날 중국을 가리키는 '한나라'의 뜻으로 쓰였어요. 또한 남자 무속인이 기우제를 올렸기 때문에 '사나이', '놈'의 뜻도 생겼어요. '門外漢(문외한)'이라는 단어를 들어 봤나요? '문 밖에 있는 사나이'라는 의미로, '어떤 일에 관계가 없는 사람' 또는 '어떤 분야에 전문적인 지식이 없는 사람'을 가리키는 단어예요.

★ 漢江(한강) 漢文(한문) 漢詩(한시) 漢族(한족)

124c　　　　　　　　　　　　　　　　　　　　　　　　　　　　　ヽ　ヽ　氵　汀　江　江

강 강　　　　　　　　　　　　　　[총획] 6획　[부수] 氵　[급수] 7급

물 수 氵 + 장인 공 工 120b

물(氵)이 흐르는 강을 뜻하며, '工'의 발음이 '강'으로 변해 발음 역할을 해요. 본디 양자강(揚子江)을 가리키는 글자였대요.

★ 江山(강산) 江南(강남) 江邊(강변) 漢江(한강)

자연 | 산천초목 | 천　259

얼음 빙 冫

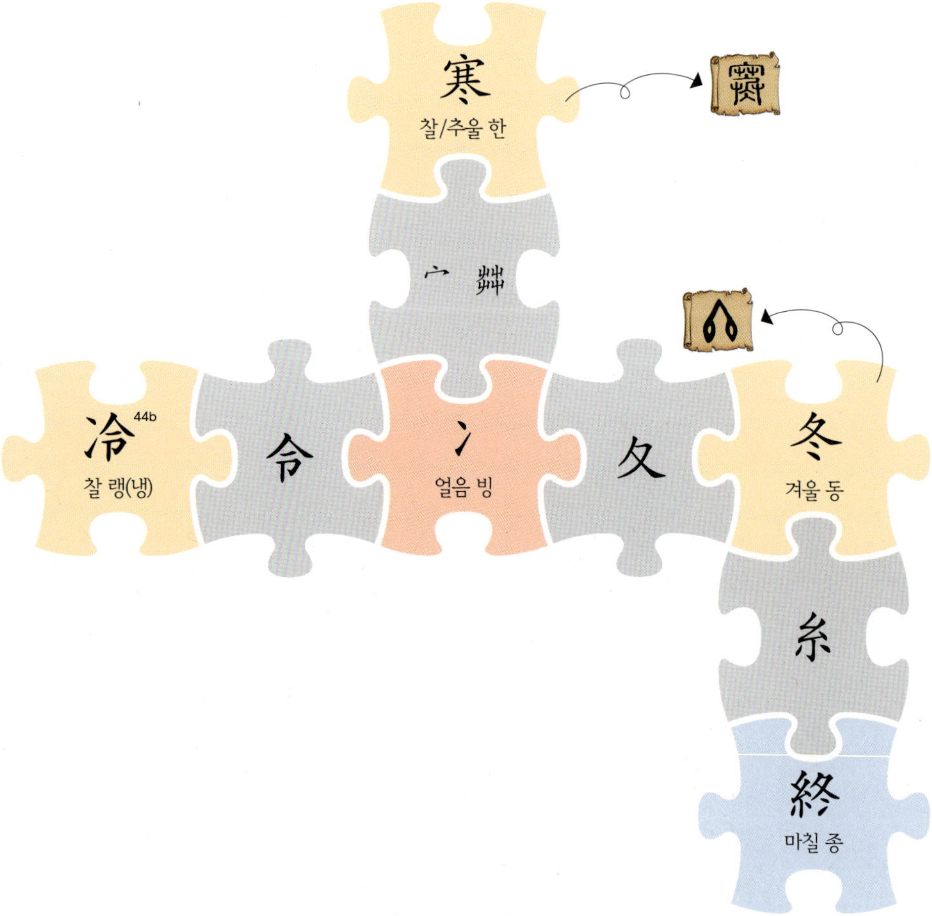
寒
찰/추울 한
宀
冷 44b
찰 랭(냉)
令
冫
얼음 빙
夂
冬
겨울 동
糸
終
마칠 종

125 丶 冫

冫 얼음 빙

[총획] 2획 [부수] 冫 [급수] 없음

'氷(얼음 빙)'을 간략하게 써서 얼음덩어리만 강조한 글자로, 혼자서는 쓸 수 없어요.

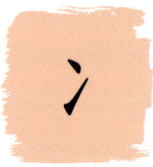

125a

` ﾉ 宀 宀 宀 宀
宙 宲 寔 寒 寒 寒

찰 / 추울 한   [총획] 12획 [부수] 宀 [급수] 5급

집 면 宀⁷⁹ + (잡풀)우거질 망 茻 其→艸 + 얼음 빙 冫

추운 겨울에 풀(艸)을 쌓아 집(宀) 안 틈새로 들어오는 찬바람(冫)을 막는 모습이에요.

★ 寒氣(한기) 寒冷(한랭) 大寒(대한) 惡寒(오한)

125b

ﾉ ｸ 夂 冬 冬

겨울 동   [총획] 5획 [부수] 冫 [급수] 7급

뒤져 올 치 夂³⁸ + 얼음 빙 冫

옛 글자는 실의 양 끝에 매듭을 지어 놓은 모습이에요. 식물의 성장 등 모든 것이 다 끝나는 겨울을 매듭 지어진 실로 묘사했어요. 현재 모양대로 추위(冫)에 몸을 움츠리고 천천히 걷는(夂) 모습에서 '겨울'의 뜻이 생겨났다고 생각해도 좋아요. 묶어 놓은 바짓가랑이(夂) 사이로 얼음(冫)처럼 찬바람이 드나드는 모습이에요. 추운 겨울 아무리 단속을 잘해도 뼛속까지 스며드는 찬바람을 막기란 불가능했을 거예요.

★ 冬季(동계) 冬眠(동면) 立冬(입동) 冬至(동지)

125c

ㄥ ㄠ ㄠ 幺 糸
糸 糽 紏 終 終 終

마칠 종   [총획] 11획 [부수] 糸 [급수] 5급

실 사, 가는 실 멱 糸⁷⁰ + 겨울 동 冬

'冬'이 실의 끝부분에 매듭을 지어 '끝내다'는 뜻을 갖고 있었으나, 겨울이라는 뜻으로 사용되자 실(糸)을 더하여 원래 의미를 되살렸어요.

★ 終結(종결) 終了(종료) 始終(시종) 最終(최종)

기운 기 气

126

气　ノ ㅡ 冖 气

기운 기

[총획] 4획　[부수] 气　[급수] 없음

하늘에 구름이 피어오르는 모습, 수증기가 하늘로 올라가는 모습에서 '기체', '공기', '힘'을 뜻하게 되었어요. 항상 다른 글자와 함께 써요.

126a

氣　ノ ㅡ 冖 气 气 气 氕 氧 氣 氣

기운 기

[총획] 10획　[부수] 气　[급수] 7급

기운 기 气 + 쌀 미 米 134b

밥(米) 할 때 뜨거운 김(气)이 올라오는 모습, 또는 밥(米)이 생명의 기운(气)을 계속 살아 있게 해 '기운', '공기' 등을 뜻하게 되었어요. '气'가 혼자 못 쓰여 '米'를 더했어요.

★ 氣色(기색) 氣溫(기온) 景氣(경기) 生氣(생기)

126b

汽　丶 冫 冫 冫 氵 汽 汽

물 끓는 김 기

[총획] 7획　[부수] 氵　[급수] 5급

물 수 氵 123 + 기운 기 气

액체인 물(氵)이 기체(气)로 변해 공중으로 올라가는 모습에서 '물 끓는 김', '수증기', '증기' 등을 뜻하게 되었어요.

★ 汽力(기력) 汽船(기선) 汽笛(기적) 汽車(기차)

비 우 雨

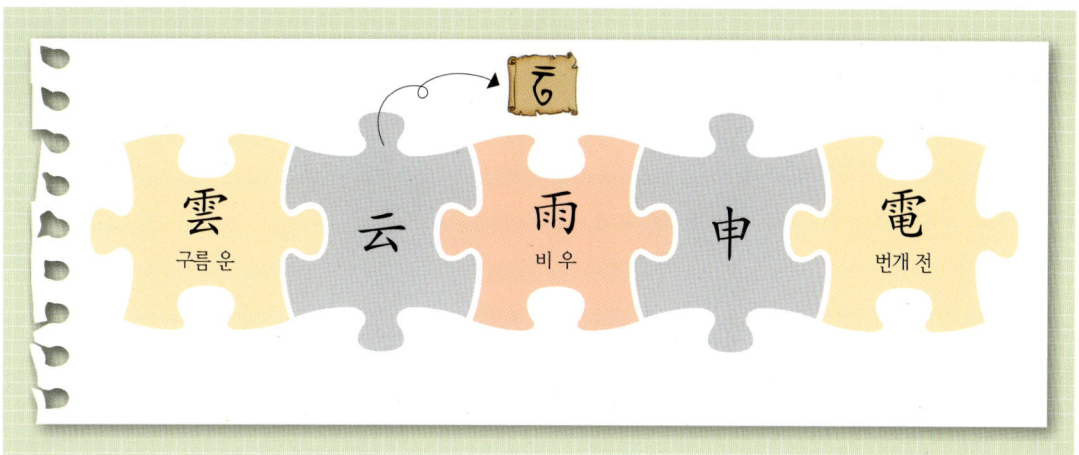

127

비 우

[총획] 8획 [부수] 雨 [급수] 5급

하늘(一)에서 빗방울(丶)이 떨어지는 모양을 본떴어요.

★ 雨期(우기) 雨傘(우산) 暴雨(폭우) 豪雨(호우)

127a

번개 전

[총획] 13획 [부수] 雨 [급수] 7급

비우雨 + 번개/펼申

비(雨) 올 때 사방으로 펼쳐지는(申) 번갯불의 섬광을 나타낸 글자예요. 본뜻은 '번개'이며, 점차 '전기', '전류', '전화' 등으로 의미가 확대되었어요.

★ 電光石火(전광석화) 電氣(전기) 電話機(전화기) 發電(발전)

127b

구름 운

[총획] 12획 [부수] 雨 [급수] 5급

비우雨 + 이를 운云

'云'은 구름을 본뜬 글자예요. 그런데 '구름'보다는 '이르다'의 뜻으로 더 사용되자, 구름과 관련된 '雨'를 더해 '구름'이라는 원래 의미를 되살렸어요.

★ 雲霧(운무) 雲集(운집) 星雲(성운)
看雲步月(간운보월: 달밤에 구름을 쳐다보며 걸음. 즉 타향에서 집을 그리워함)

풀 초 艸(艹)

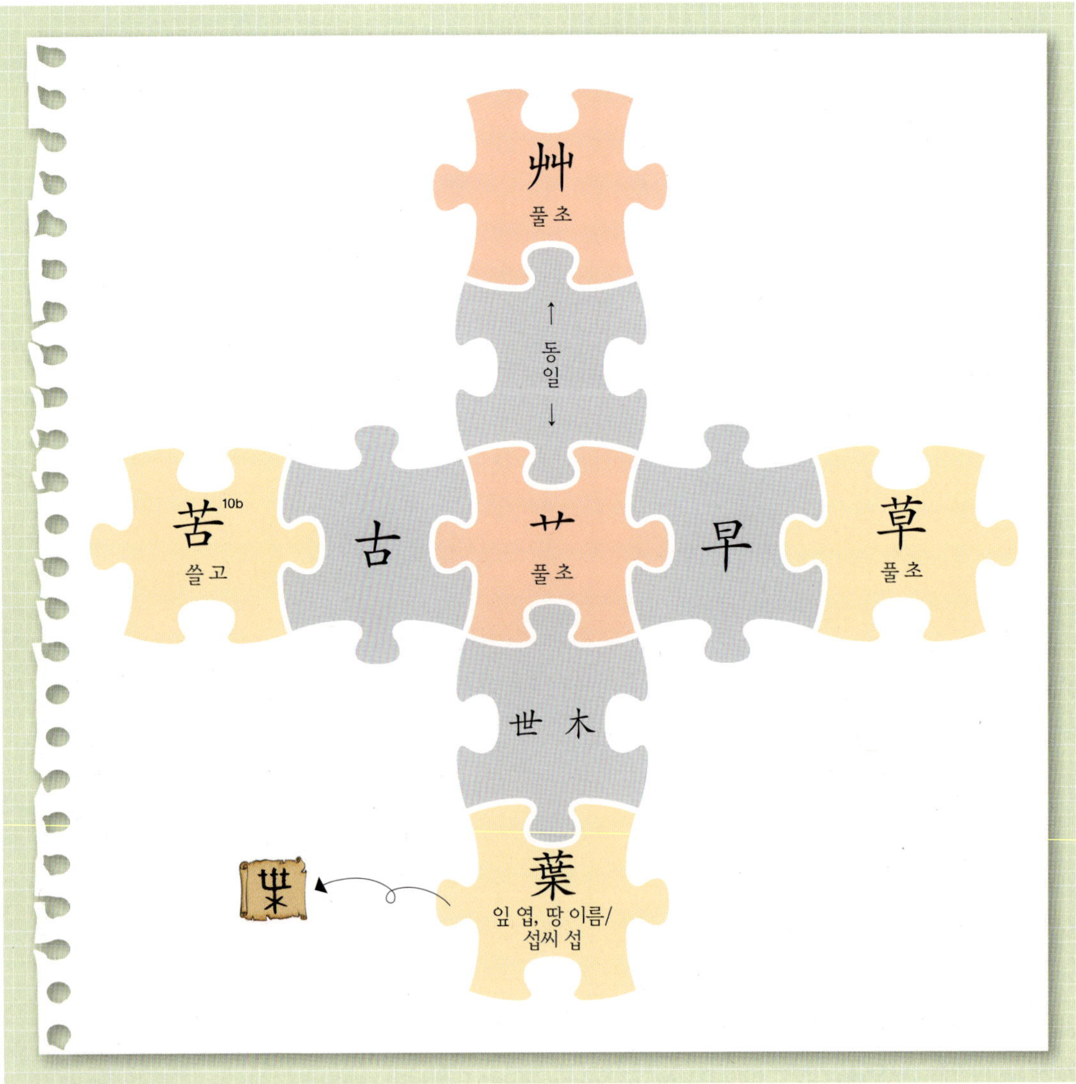

128

풀 초 　　　　　　　　　　　　[총획] 6획　[부수] 艸　[급수] 특급

싹 날 철 屮 + 싹 날 철 屮

'屮'은 대지를 뚫고 올라온 한 포기 풀이나 식물을 나타낸 글자로, '屮'을 두 개 합쳐 '풀'을 나타냈어요. 혼자는 쓰지 못하고, 다른 글자와 함께 쓸 때는 '艹'로 써요.

128a

一 艹 艹 艹 苎 苎 苗 草 草

풀 초

[총획] 10획 [부수] ++ [급수] 7급

풀 초 ++ + 새벽 조 早

'艸(艹)'가 혼자 쓰이지 못하자 '早'를 덧붙였어요. 새벽(早)이 되면 이슬이 방울방울 맺혀 더욱 푸른 풀을 나타냈어요.

★ 草木(초목) 草食(초식) 草原(초원) 花草(화초)

128b

一 十 卅 卅 世

인간 세

[총획] 5획 [부수] 一 [급수] 7급

봄이 되자 나무(木)에서 움(卅)이 트는 모습을 나타낸 글자예요.

128c

一 十 卅 卅 艹
艹 芌 芌 苺 華 葉 葉

잎 엽, 땅 이름 / 성씨 섭

[총획] 13획 [부수] ++ [급수] 5급

풀 초 ++ + 인간 / 대 세 世 + 나무 목 木[131]

'枼(나뭇잎 엽)'은 나무(木)에서 돋아나는 새싹(世)을 본뜬 글자예요. 이제 막 인간 세상에 나왔다 하여 '인간', '세상', '세대' 등을 뜻하지요. '枼'이 혼자 서는 쓰이지 못하자 싹에 해당하는 '艹'를 더해 본뜻을 되살렸어요.

★ 葉綠素(엽록소) 葉書(엽서) 落葉(낙엽)

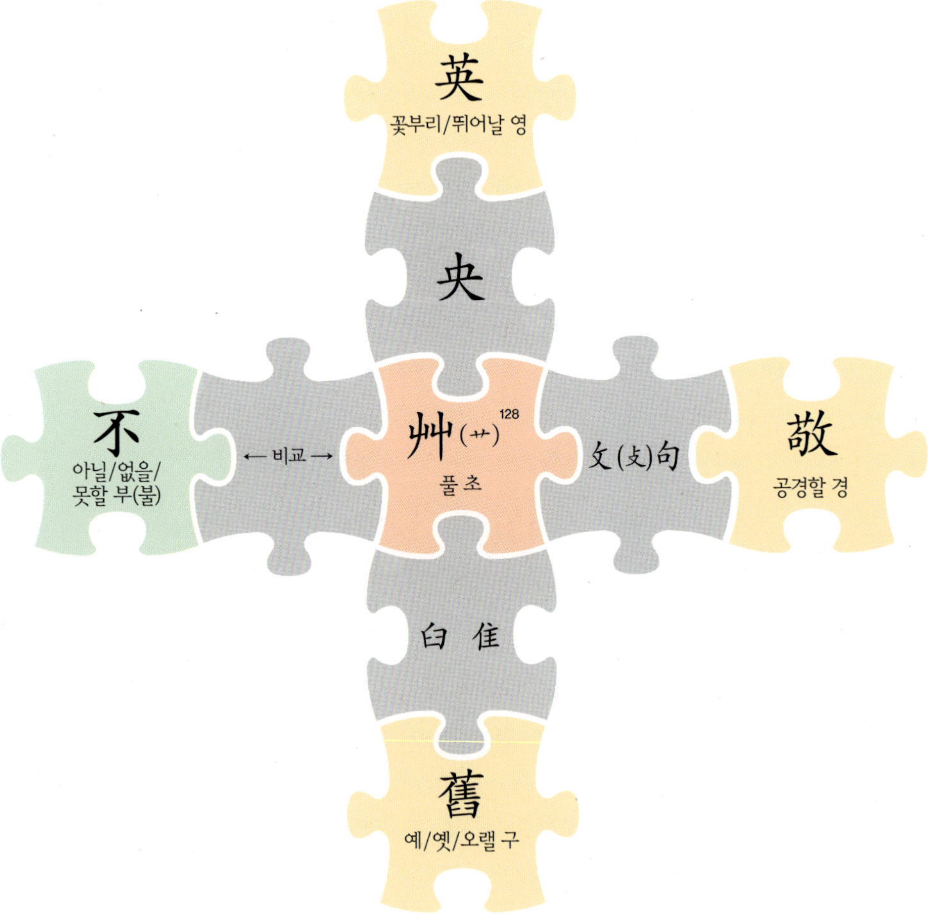

풀 초 艹(⺾)

[puzzle diagram:
- 英 꽃부리/뛰어날 영
- 央
- 不 아닐/없을/못할 부(불) ← 비교 → 艹(⺾) 풀 초 ¹²⁸ 攵(攴)句 敬 공경할 경
- 臼 隹
- 舊 예/옛/오랠 구]

129

一 艹 艹 艹 苎 荁 英 英

 **꽃부리 / 뛰어날 영** [총획] 9획 [부수] ⺾ [급수] 6급

풀 초 ⺾ + 가운데 앙 央

식물(⺾)의 한가운데서(央) 피어나는 화려하고 아름다운 꽃을 본떴어요.
'央'은 사람(大)의 등 한가운데에 지게(冂)를 진 모습이에요.

★ 英國(영국) 英語(영어) 英雄(영웅) 英才(영재)

266

129a

공경할 경

진실로 구 苟 + 칠 복 攵(攴)²⁸

[총획] 13획 [부수] 攵 [급수] 5급

귀부인의 머리(苟)를 예를 다하여 조심스럽게 매만지도록 하녀들을 훈계하는(攵) 모습이에요. '苟'는 뒤섞이며 자라는 풀이나, 장식이 많은 귀부인의 머리 모양을 본뜬 글자예요.

★ 敬老(경로) 敬拜(경배) 敬畏(경외) 恭敬(공경)

129b

예 / 옛 / 오랠 구

풀 초 ⺾ + 절구 구 臼⁹⁹ + 새 추 隹¹¹¹

[총획] 18획 [부수] 臼 [급수] 5급

마른 나뭇가지(⺾)로 만든 새(隹)의 집(臼) 모양은 시간이 흘러도 변함이 없어요. 까치집은 비슷해 옛집인지 새집인지 구분하기 어렵고, 오래된 집처럼 보여요. 반대 의미를 지닌 글자는 '新(새 신)'이에요.

★ 舊面(구면) 舊式(구식) 舊態(구태: 뒤떨어진 옛 모습) 親舊(친구)

129c

아닐 / 없을 / 못할 부(불)

[총획] 4획 [부수] 一 [급수] 7급

땅속에 묻혀 대지를 뚫고 나오려는 식물 뿌리를 강조한 모습이에요. 아직은 땅속에 묻혀 있고 발아하지 못했기 때문에 부정이나 금지의 의미를 띠게 되었어요.

※ 발음상 주의할 점이 있어요. '不' 다음에 'ㄷ'이나 'ㅈ'이 오면 발음을 편하게 하기 위해서 '불'이 아니라 '부'로 발음해요. '不正直'은 '불정직'이 아니라 '부정직'이라고 발음해야겠죠?

★ 不動産(부동산) 不定(부정) 不正(부정) 不足(부족)

자연 | 산천초목 | 초 267

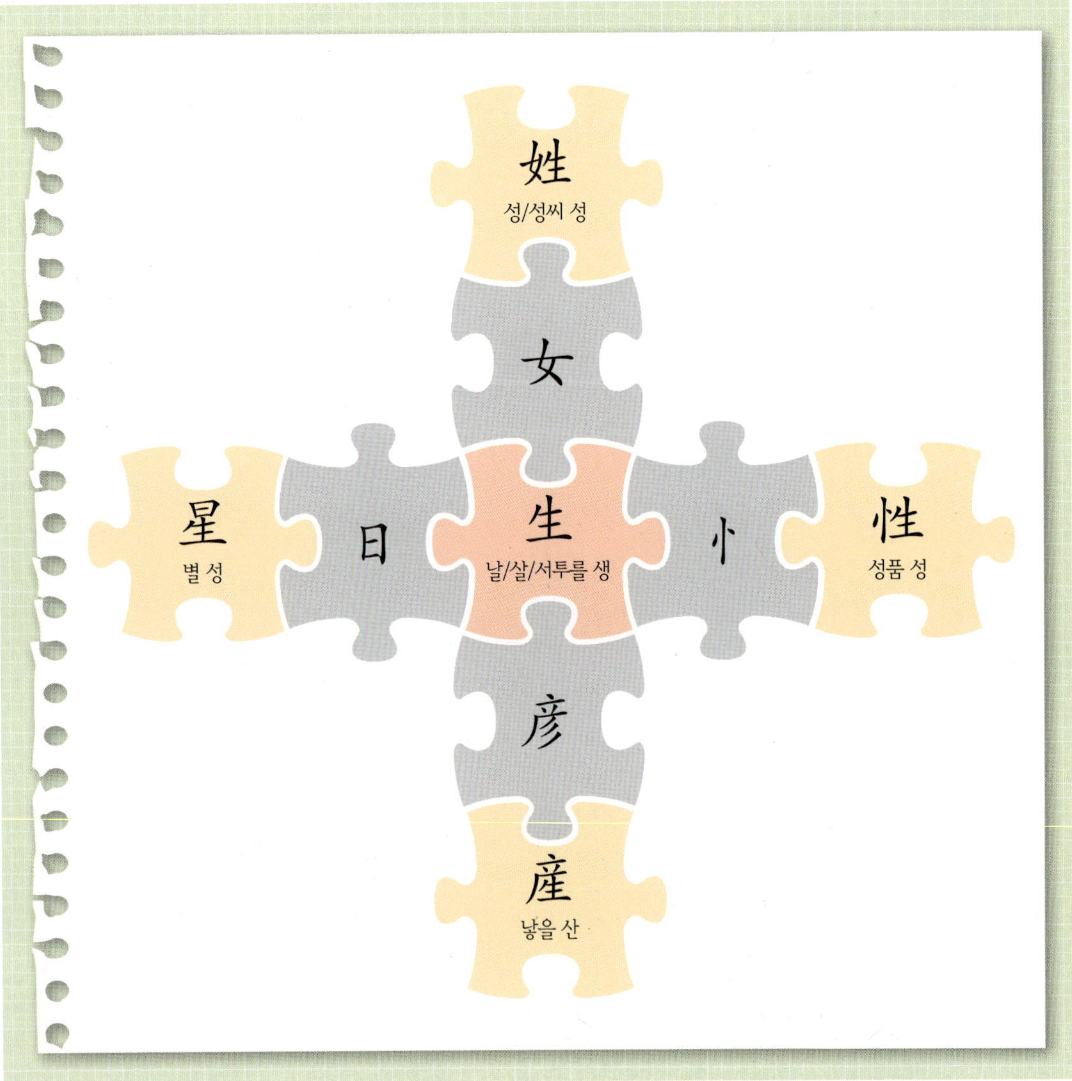

날 생 生

```
           姓
         성/성씨 성
           │
           女
           │
  星 ─ 日 ─ 生 ─ 小 ─ 性
  별 성      날/살/서투를 생      성품 성
           │
           彦
           │
           産
         낳을 산
```

130

날/살/서투를 생　　　　　[총획] 5획　[부수] 生　[급수] 8급

'不(아닐 부(불))'과 정반대 글자로, 대지를 뚫고 올라오는 식물(艹128)을 본떴어요.

★ 生物(생물) 生死(생사) 生存(생존) 生態系(생태계)

130a

姓

성/성씨 성
[총획] 8획 [부수] 女 [급수] 7급

여자 녀(여) 女⁵² + 날/살/서투를 생 生

어느 어머니(女)에게서 태어났느냐(生)를 뜻해 '성', '성씨'의 의미를 갖게 되었어요. 또한 같은 어머니(女)나 동포에게서 태어난(生) 사람이라 하여 '백성', '겨레'의 뜻도 가져요.

★ 同姓(동성) 百姓(백성) 姓名(성명) 姓氏(성씨)

130b

性

성품 성
[총획] 8획 [부수] 忄 [급수] 5급

날/살/서투를 생 生 + 마음 심 忄¹⁹

성품이란 머리가 아니라 마음(忄)에서 우러나오는(生) 거예요.

★ 性格(성격) 性別(성별) 性品(성품) 個性(개성)

130c

産

낳을 산
[총획] 11획 [부수] 生 [급수] 5급

선비 언 彦 + 날/살/서투를 생 生

자식을 낳아(生) 훌륭한 선비(彦)로 키우는 것이 많은 어머니들의 꿈이었어요. '彦'은 학문(文¹⁴)을 직업으로 삼아 명성을 높인(厂)선비의 수염(彡¹⁰⁸)을 강조한 글자예요.

★ 不動産(부동산) 産業(산업) 生産(생산) 出産(출산)

130d

星

별 성
[총획] 9획 [부수] 日 [급수] 4급

해 일 日¹³⁹ + 날/살/서투를 생 生

별은 밤에 생겨난(生) 태양(日)이에요. 원래 별을 나타내는 글자는 '晶(맑을 정)'이었어요. 하늘에 많은 별들을 가리키는 글자였는데, '맑다', '빛나다'라는 의미로 사용되자, '星'이라는 글자를 만들었어요.

★ 恒星(항성) 行星(행성) 彗星(혜성) 惑星(혹성)

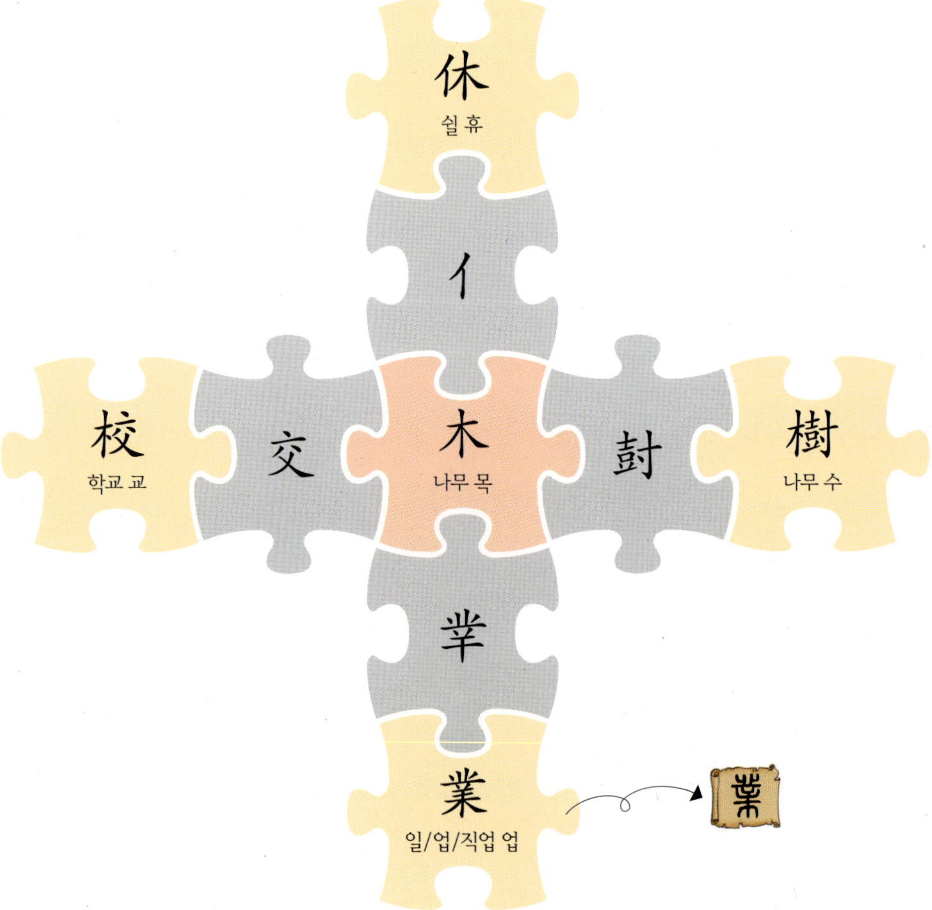

나무 목 木

休 쉴 휴

亻

校 학교 교　交　木 나무 목　封　樹 나무 수

学

業 일/업/직업 업

131　　　　　　　　　　　　　　　　　一 十 才 木

나무 목　　　　　　　　　[총획] 4획　[부수] 木　[급수] 8급

위로는 줄기, 아래로는 뿌리 모습을 본떴어요.

★ 木工(목공) 木材(목재) 原木(원목) 草木(초목)

131a

休 쉴 휴   [총획] 6획 [부수] 亻 [급수] 7급

丿 亻 亻 仁 什 休 休

사람 인 亻 + 나무 목 木

나무(木)에 기대거나 나무 그늘 아래에서 쉬고 있는 사람(亻)을 본떴어요.

★ 休暇(휴가) 休息(휴식) 公休日(공휴일) 連休(연휴)

131b

樹 나무 수   [총획] 16획 [부수] 木 [급수] 6급

一 十 才 木 木 术 杧 桔 桔 桔 桔 樹 樹 樹 樹 樹

나무 목 木 + 세울/설 주 尌

깊이 뿌리를 파묻어 나무(木)를 바로 세워(尌) 심는 모습이에요. 먹는 물인 '식수'는 '食水(먹을 식, 물 수)'로 쓰는데 나무 심는 것도 '식수', 즉 '植樹(심을 식, 나무 수)'라고 써요. 이처럼 우리말에는 동음이의어가 많아요. '尌'는 제사(豆²⁸)에 쓰는 장식(十)된 악기를 손(寸²⁹)으로 세우는 모습이에요.

★ 樹木(수목) 街路樹(가로수) 果樹園(과수원) 植樹(식수)

131c

業 일/업/직업 업   [총획] 13획 [부수] 木 [급수] 6급

丨 丨 丨 丱 丱 丵 丵 丵 丵 業 業 業 業

풀 무성할 착 丵 + 나무 목 木

악기나 연장을 걸어(丵) 놓는 지지대(木)를 본뜬 글자예요. 연장은 일, 생활도구와 관련되므로 '일', '직업', '기술' 등으로 의미가 발전되었어요.

★ 業務(업무) 業績(업적) 作業(작업) 職業(직업)

131d

校 학교 교   [총획] 10획 [부수] 木 [급수] 8급

一 十 才 木 木 术 杧 柼 柼 校

나무 목 木 + 사귈 교 交¹ᵃ

나무(木) 울타리로 둘러쳐진 운동장에서 친구들과 뒤섞여 사귀며(交) 놀고 공부하는 학교의 모습을 나타냈어요.

★ 校歌(교가) 校長(교장) 校庭(교정) 學校(학교)

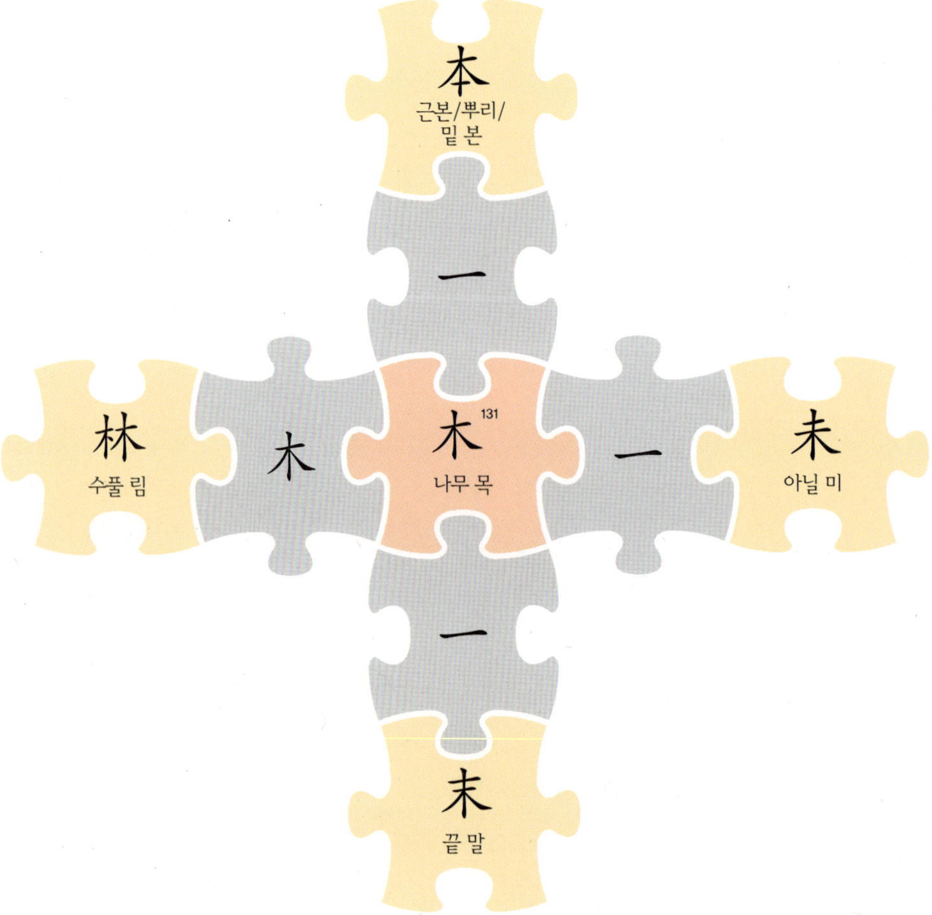

나무 목 木

本 근본/뿌리/밑 본
一
林 수풀 림
木
木 나무 목 [131]
一
未 아닐 미
一
末 끝 말

一 十 亅 木 本

132

근본 / 뿌리 / 밑 본　　　　　　　　　[총획] 5획　[부수] 木　[급수] 6급

나무 목 木 + 한 일 一[143]

'木' 아래 뿌리 부분에 가로획(一)을 그어 나무의 '근본', '뿌리', '밑'을 나타냈어요.

★ 本家(본가) 本來(본래) 本意(본의) 根本(근본)

132a

아닐 미　　　　　　　　　　　　　　[총획] 5획　[부수] 木　[급수] 4급

한 일 一¹⁴³ + 나무 목 木

'木' 윗부분에 짧은 가로획(一)을 그어 나무의 성장이 아직 끝나지 않았음을 강조했어요.

★　未決(미결)　未來(미래)　未熟(미숙)
　　前代未聞(전대미문: 아직까지 들어본 적 없음)

132b

끝 말　　　　　　　　　　　　　　[총획] 5획　[부수] 木　[급수] 5급

한 일 一¹⁴³ + 나무 목 木

나무(木) 위의 꼭대기에 긴 가로획(一)을 그어서 그곳이 끝임을 강조했어요. '本(근본 본)'과 반대 의미를 지녀요.

★　末期(말기)　末端(말단)　結末(결말)　週末(주말)

132c

수풀 림　　　　　　　　　　　　　[총획] 8획　[부수] 木　[급수] 7급

나무 목 木 + 나무 목 木

'木'을 두 개 합쳐 나무가 아주 많이 심어진 수풀을 뜻해요.

★　林野(임야)　森林(삼림)　山林(산림)　熱帶林(열대림)

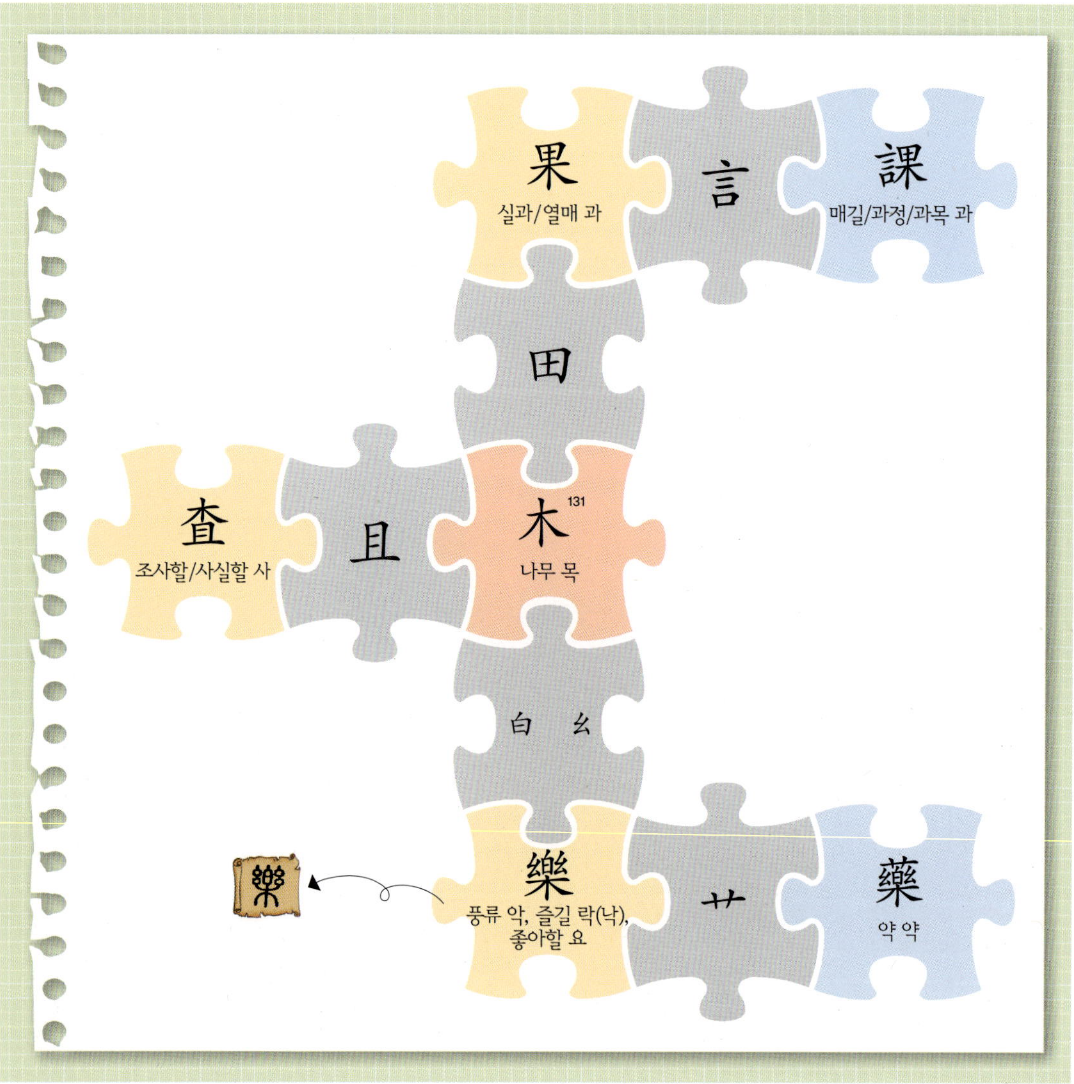

나무 목 木

果 실과/열매 과
言
課 매길/과정/과목 과
田
查 조사할/사실할 사
且
木 나무 목 131
白 幺

樂 풍류 악, 즐길 락(낙), 좋아할 요
卄
藥 약 약

133

ㅣ 口 日 旦 born 早 果 果 果

실과 / 열매 과　　　　[총획] 8획　[부수] 木　[급수] 6급

果

밭 전 田[87] + 나무 목 木

나무(木) 위의 밭(田)으로, 나무에 열매가 달렸음을 해학적으로 표현했어요.

★ 果實(과실) 果樹園(과수원) 結果(결과) 效果(효과)

274

133a

매길 / 과정 / 과목 과
[총획] 15획 [부수] 言 [급수] 5급

말씀 언 言¹³ + 실과 / 열매 과 果

누구든지 말(言)이 결실(果)을 맺게 하려면 미리 공부해야 하므로 '공부하다', '시험하다', '과정' 등의 뜻이 생겨났어요.

★ 課稅(과세) 課外(과외) 課題(과제) 放課(방과)

133b

풍류 악, 즐길 락(낙), 좋아할 요
[총획] 15획 [부수] 木 [급수] 6급

실 사, 가는 실 멱 絲⁷⁰ + 흰 백 白⁷¹ + 나무 목 木

나무로 만든 받침대(木) 위에 실(絲)로 장식을 달아 맨 북(白)의 모습에서 '풍류', '즐기다', '좋아하다'의 뜻을 갖게 되었어요.

★ 安樂(안락) 樂器(악기) 管絃樂(관현악) 音樂(음악)

133c

약 약
[총획] 19획 [부수] ⺿ [급수] 6급

풍류 악, 즐길 락(낙), 좋아할 요 樂 + 풀 초 ⺿¹²⁸

사람을 즐겁게(樂) 해 주는 풀(⺿)이란 병을 낫게 하는 약초를 뜻해요.

★ 藥局(약국) 藥草(약초) 藥品(약품) 良藥(양약)

133d

조사할 / 사실할 사
[총획] 9획 [부수] 木 [급수] 5급

나무 목 木 + 또 차 且⁶⁶ᵈ*

나무(木)로 만든 조상의 위패(且) 등이 제대로 만들어졌는지 살펴보는 모습으로 추정돼요.

★ 檢査(검사) 搜査(수사) 審査(심사) 調査(조사)

나무 목 木

울 소 [총획] 13획 [부수] 口 [급수] 없음

입 구 口⁸ + 나무 목 木

여러 마리의 새가 나무(木) 위에 앉아 지저귀는(口) 모습에서 '울다', '시끄럽다' 등을 뜻하게 되었어요. 다른 글자와 함께 써요.

134a

一十才才护护护护
护护护掙掙掙操操

잡을 조   [총획] 16획 [부수] 扌 [급수] 5급

울 소 喿 + 손 수 手²⁰

슬그머니 손(扌)을 뻗어 시끄럽게 울어(喿) 대는 새를 잡으려는 모습이에요.

★ 操心(조심) 操作(조작) 操縱(조종) 志操(지조)

134b

丶丶丷半米米

쌀 미   [총획] 6획 [부수] 米 [급수] 6급

작은 쌀(米) 알갱이 모습을 본떴어요.

★ 米壽(미수: '米'를 분해하면 '八, 十, 八'이 돼 88세를 뜻해요.)
米飮(미음) 白米(백미) 玄米(현미)

134c

一厂厂厂厂來來來

올 래(내)   [총획] 8획 [부수] 人 [급수] 7급

나무 목 木 + 사람 인 人⁴⁰

'木' 안에 '人'이 들어간 모습이지만, 원래는 보리나 밀 이삭을 본뜬 글자였어요. 동양에서는 보리를 봄에 수확하고, 흔히 '봄이 온다', '봄이 왔다'고 표현하는 데서 '오다'의 뜻을 갖게 된 것으로 추정돼요.

★ 來日(내일) 未來(미래) 本來(본래) 由來(유래)

134d

一十才木朴朴

성씨 / 후박나무 / 순박할 박   [총획] 6획 [부수] 木 [급수] 6급

나무 목 木 + 점 복 卜⁶⁵

본뜻은 '후박나무'로, 지금은 주로 성씨로 많이 사용되는데, '순박하다'로도 의미가 확대되었어요.

★ 素朴(소박) 純朴(순박) 厚朴(후박: 후박나무의 껍질)

나무 목 木

東 동녘 동
一
束 묶을 속
之
速 빠를 속

村 마을 촌
寸
木 나무 목 131
口

一 丅 丆 冂 束 束 束

묶을 속

꾸러미 모양 口 + 나무 목 木

[총획] 7획 [부수] 木 [급수] 5급

운반하기 편하게 나무(木)를 한 꾸러미(口)씩 묶은 나무다발을 나타냈어요.

★ 束縛(속박) 拘束(구속) 團束(단속) 約束(약속)

135a

一 ㄷ ㅁ ㅁ 日 車 東 東

동녘 동

[총획] 8획 [부수] 木 [급수] 8급

묶을 속 束 + 한 일 一 [143]

물건을 넣은 자루의 양쪽 입구를 묶어(束) 놓은 모습을 본뜬 글자예요. 지금은 '동쪽'의 뜻으로 쓰이지만, 여전히 '자루'라는 기본 뜻도 가지고 있어요.

★ 東問西答(동문서답: 동쪽을 묻는데 서쪽을 대답함, 즉 물음과 상관없는 엉뚱한 대답을 함)
　東西古今(동서고금: 동양과 서양, 옛날과 오늘, 즉 언제, 어디서나)
　東洋(동양)

135b

一 ㄷ ㅁ ㅁ 日 車 東 東 涑 速

빠를 속

[총획] 10획 [부수] 辶 [급수] 6급

묶을 속 束 + 갈/쉬엄쉬엄 갈 착 辶 [37]

흩어진 것을 하나로 묶어(束) 다발을 만들어야 쉽고 빠르게 운반할(辶) 수 있어요.

★ 速度(속도) 速報(속보) 過速(과속)
　速戰速決(속전속결: 빨리 싸워 빨리 결론을 내림, 즉 일을 빨리 진행해 빨리 끝냄)

135c

一 十 才 木 木 村 村

마을 촌

[총획] 7획 [부수] 木 [급수] 7급

나무 목 木 + 마디/손 촌 寸 [29]

마을 주변에 일정한 간격(寸)으로 나무(木)를 심어 울타리를 (손으로)둘러치는(寸) 모습에서 '마을'을 뜻하게 되었어요.

★ 村落(촌락) 農村(농촌) 漁村(어촌) 地球村(지구촌)

재주 재 才

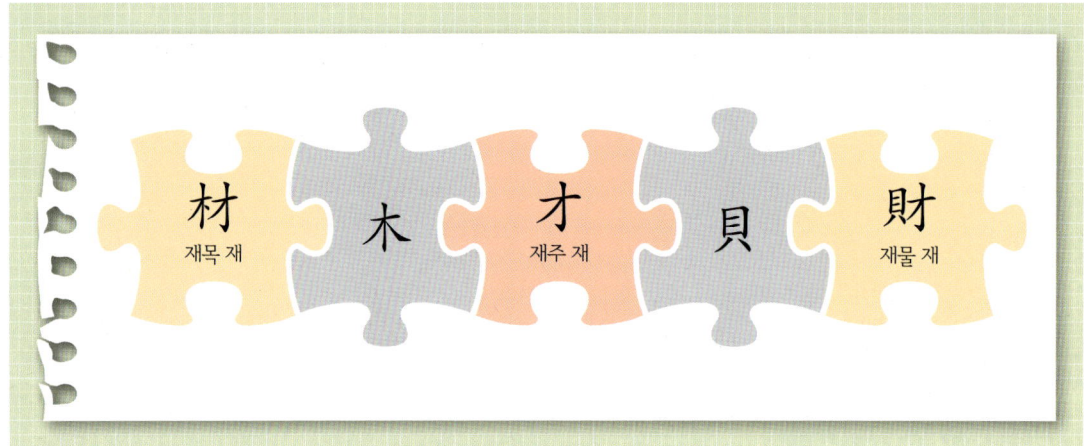

136　　　　　　　　　　　　　　　　　　　　　　　一 十 才

재주 재　　　　　　　　　　[총획] 3획　[부수] 才　[급수] 7급

신성한 곳을 나타내기 위해 막대기(十)에 표시(丿)를 해 세워 둔 모습이에요. 원래 뜻은 '(여기에) 있다'인데, '특별히 신의 은총을 받은 사람'으로, 그리고 다시 '재주'의 뜻으로 의미가 점차 확대되었어요.

★ 才能(재능) 材質(재질) 英才(영재) 天才(천재)

136a　　　　　　　　　　　　　ㅣ 冂 冃 月 目 貝 貝 貝- 財 財

재물 재　　　　　　　　　　[총획] 10획　[부수] 貝　[급수] 5급

조개 패 貝[117] + 재주 재 才

쓰지 않거나 더 적절한 때를 위해 묶어 두거나 쌓아 둔 돈(貝)을 가리켜요. 고대에는 조개가 화폐로 사용된 적이 있거든요. '才'는 발음으로 쓰였어요.

★ 財物(재물) 財閥(재벌) 財産(재산) 財政(재정)

136b　　　　　　　　　　　　　　　　　一 十 才 木 木 村 材

재목 재　　　　　　　　　　[총획] 7획　[부수] 木　[급수] 5급

나무 목 木[131] + 재주 재 才

잘 돌봐 쓸 만한 재목이 된 나무(木)를 가리켜요. '才'는 발음으로 쓰였어요.

★ 材料(재료) 材木(재목) 木材(목재) 人材(인재)

무거울 중 重

137

무거울 중

사람 인 亻[41] + 동녘 동 東

[총획] 9획 [부수] 里 [급수] 7급

자루를(東) 둘러멘 사람(亻)을 본뜬 글자로, '무겁다'를 뜻해요. 또한 '重複(중시)'의 경우처럼 '거듭하다', '두 번'이라는 의미도 있어요.

★ 重大(중대) 重視(중시) 尊重(존중) 體重(체중)

137a

움직일 동

무거울 중 重 + 힘 력(역) 力[94b]

[총획] 11획 [부수] 力 [급수] 7급

자루(重)를 지고 나르거나 무거운(重) 걸 옮기려고 힘(力) 쓰는 모습이에요.

★ 動物(동물) 動作(동작) 運動(운동) 活動(활동)

137b

씨 종

벼 화 禾[77] + 무거울 중 重

[총획] 14획 [부수] 禾 [급수] 5급

종자(禾) 자루(重)를 등에 메고 파종하는 모습, 또는 물에 뜨는 볍씨(禾)는 버리고 가라앉는 무거운(重) 볍씨(禾)만 씨로 사용하던 모습을 나타냈어요.

★ 種類(종류) 種族(종족) 人種(인종) 播種(파종)

대 죽 竹

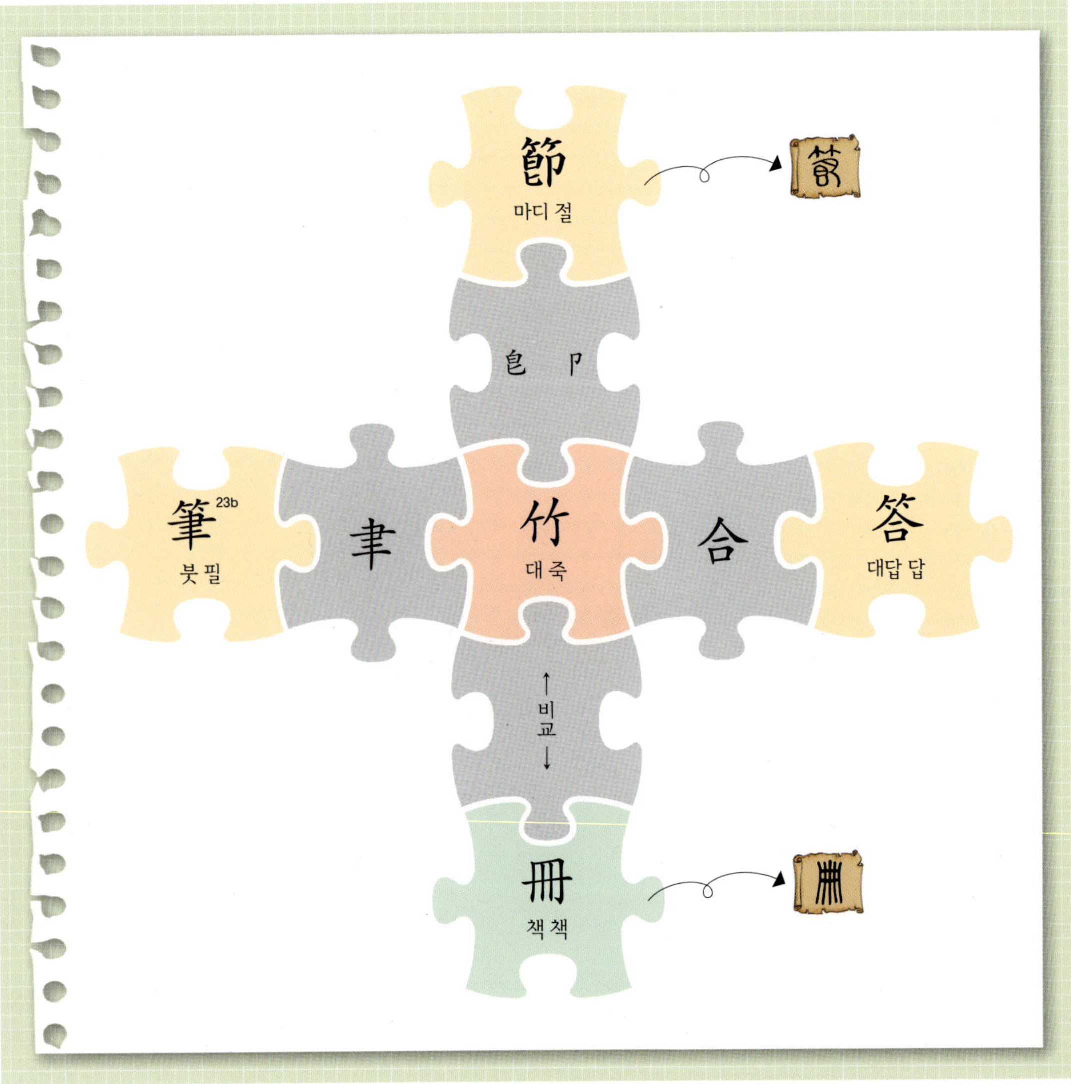

節 마디 절 → 筊

皀 卩

筆²³ᵇ 붓 필 聿 竹 대죽 合 答 대답 답

↑비교↓

冊 책 책 → 冊

138

丿 亠 ㇒ 𠂉 𥫗 竹

대 죽   [총획] 6획 [부수] 竹 [급수] 4급

대나무 줄기와 축 늘어진 이파리만을 강조했어요.

★ 竹刀(죽도) 竹林(죽림)
   竹馬故友(죽마고우: 대나무 말을 타고 놀던 옛 친구, 즉 오랜 벗)

138a

ᄽ ᄿ ᄽ ᅐ ᅑ ᅒ ᅓ 節

마디 절

[총획] 15획 [부수] 竹 [급수] 5급

대 죽 竹 + 고소할 급(흡) 皀→皀 + 병부 / 사람 절 卩⁴⁴

무릎 꿇고(卩) 밥상(皀)에 다가앉은 모습으로, 무릎마디(무릎 관절)와 대나무(竹) 마디가 비슷하다 하여 '마디', '관절' 등의 뜻을 갖게 되었어요. '皀'은 밥그릇(匕)과 그릇에 가득 담긴 밥(白)을 본뜬 글자예요. 그리고 '卽(곧 즉)'은 배고픈 사람이 밥상(皀)을 보자 곧장 달려가 무릎 꿇고(卩) 다가앉아 허겁지겁 먹는 모습을 나타냈어요.

★ 節槪(절개) 節次(절차) 關節(관절) 季節(계절)

138b

ᄽ ᄿ ᅑ ᅒ ᅓ 答

대답 답

[총획] 12획 [부수] 竹 [급수] 7급

대 죽 竹 + 합할 / 모을 합 合¹⁰¹ᶜ

거래 내용이나 중요한 사실들을 대나무(竹)를 다듬어 만든 죽간에 기록한 후, 반을 쪼개 계약 당사자들이 하나씩 나눠 가져요. 이를 서로 짝을 맞춰(合) 보거나, 질문과 답을 통해 실제 소유자나 권리를 확인하는 모습이에요.

★ 對答(대답) 報答(보답) 誤答(오답) 確答(확답)

138c

丨 冂 冃 冊 冊

책 책

[총획] 5획 [부수] 冂 [급수] 4급

얇고 가는 대나무(竹) 조각에 글을 적은 다음, 그 죽간들을 끈으로 묶어(一) 둘둘 말아 두루마리 책으로 엮어 놓은 모습을 나타냈어요.

★ 冊房(책방) 冊床(책상) 空冊(공책) 別冊(별책)

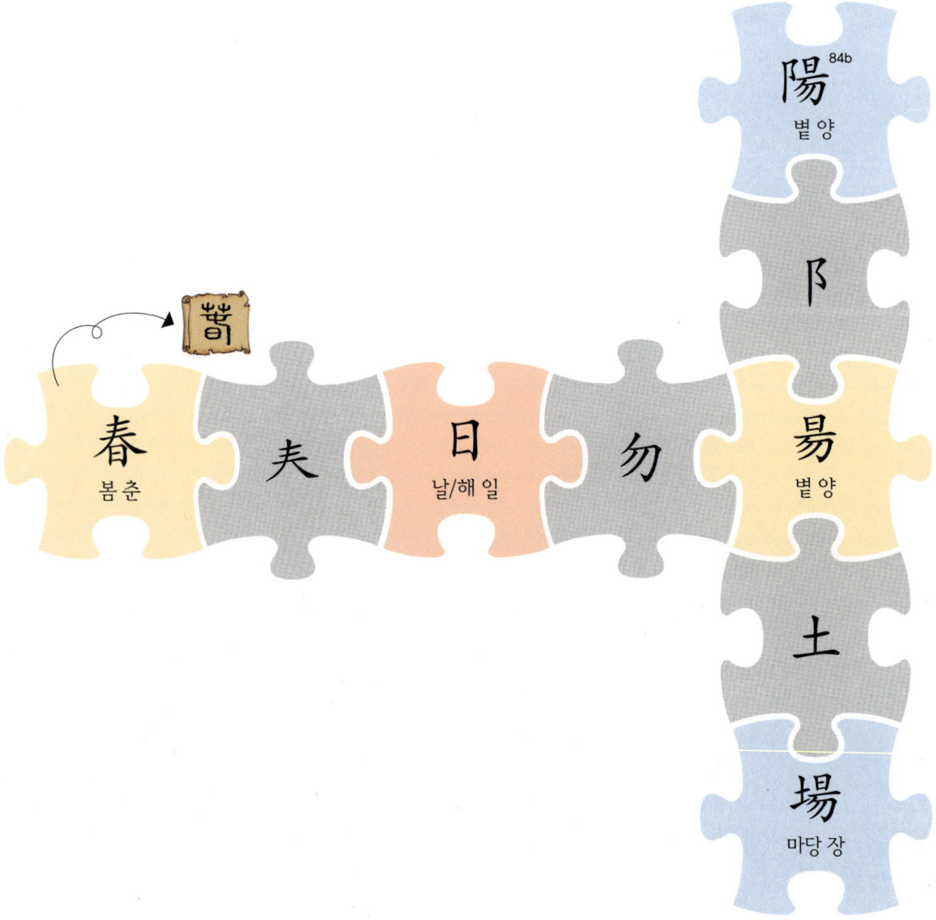

해 일 日

春 봄 춘 — 夫 — 日 날/해 일 — 勿 — 易 볕 양 — 阝 — 昜 볕 양 — 土 — 場 마당 장

陽 볕 양 84b

139　　　　　　　　　　　　　　　　　　　　　　　　　　｜ 冂 月 日

날/해 일　　　　　　　　[총획] 4획　[부수] 日　[급수] 8급

둥근 태양을 본뜬 그림 글자예요. 가운데 점은 흑점이라는 주장도 있어요.

★ 日記(일기) 日出(일출) 今日(금일) 來日(내일)

139a

一 ㄇ ㅁ 日 旦 早 昜 昜 易

볕 양   [총획] 9획 [부수] 日 [급수] 특급

아침 단 旦 + 말 / 없을 / 아닐 물 勿[31a]

지평선(一) 위로 해(日)가 떠오르자(旦) 아지랑이(勿)가 피어오르는 모습을 본뜬 글자로, 강한 햇볕을 뜻해요. '勿'은 아지랑이가 피어오르는 모습을 묘사했어요. 다른 글자와 함께 써요.

139b

一 十 土 圫 圫 圫 圫 坍 場 場 場

마당 장   [총획] 12획 [부수] 土 [급수] 7급

흙 토 土[91] + 볕 양 昜

햇살(昜)이 쏟아지는 너른 마당(土)을 본떴어요.

★ 場面(장면) 場所(장소) 市場(시장) 立場(입장)

139c

一 二 三 声 夫 表 春 春 春

봄 춘   [총획] 9획 [부수] 日 [급수] 7급

대지를 뚫고 나오는 식물 모양 乔 + 해 일 日

만물이 소생하는 봄을 표현한 글자예요. 식물들이 대지를 뚫고 나오기 시작하는, 햇살(日)이 점점 더 따뜻해지는 계절인 봄을 묘사했어요.

★ 春分(춘분) 靑春(청춘) 春秋(춘추) 立春(입춘)

해 일 日

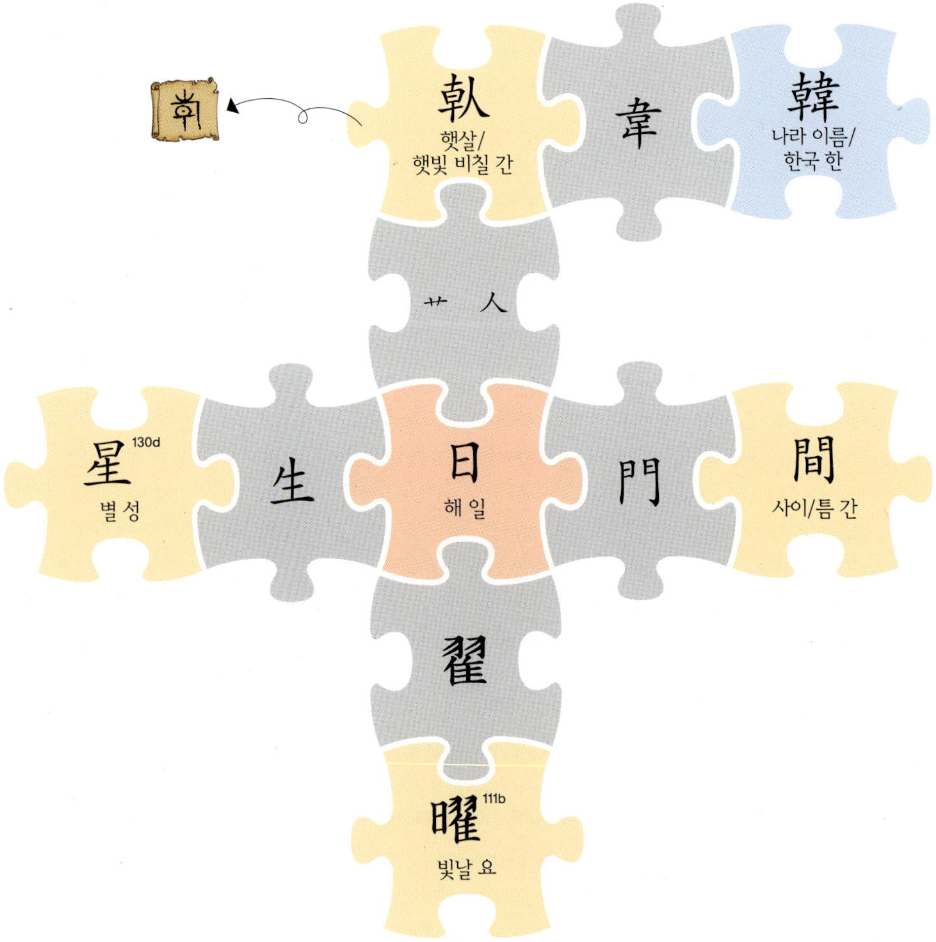

```
                    倝              韓
                    햇살/            나라 이름/
                    햇빛 비칠 간     한국 한
                        ⧺ 人
  星 130d    生      日      門      間 
  별 성              해 일           사이/틈 간
                    翟
                    曜 111b
                    빛날 요
```

140

一 十 十 古 吉 古 直 卓 卓 倝 倝

햇살 / 햇빛 비칠 간　　　　　[총획] 10획 [부수] 人 [급수] 없음

倝

풀 초 ⧺¹²⁸ + 해 일 日¹³⁹ + 사람 인 人⁴⁰

'⧺'가 위(十) 아래(十)로 나뉜 사이로 해(日)가 든 꼴로, 초목 사이로 햇살이 비치는 모습과 그 햇살이 사방으로 퍼지는(人) 모습을 본떴어요. '人'은 여기서 햇살이 퍼지는 모양을 나타냈어요. 다른 글자와 함께 쓰여요.

140a

나라 이름 / 한국 한　　　　　　[총획] 17획 [부수] 韋 [급수] 8급

햇살 / 햇빛 비칠 간 倝 + 가죽 / 다룸가죽 위 韋[107b]

원래는 새벽(倝)에도 보초(韋)를 서는 군인들의 모습을 묘사한 글자였으나 '나라 이름', '한국' 등의 뜻으로 쓰여요. '卓'은 '倝'의 생략형 글자예요. 중국에서 보면 한국은 일찍 해가 뜨는(倝) 나라이므로 '한국'을 뜻하는 글자가 되었을 거예요.

★ 韓國(한국) 韓半島(한반도) 大韓民國(대한민국) 北韓(북한)

140b

사이 / 틈 간　　　　　　[총획] 12획 [부수] 門 [급수] 7급

문 문 門[83] + 해 일 日

문(門)틈으로 햇살(日)이 비쳐 드는 모습이에요. '間'의 원래 글자는 '閒(한가할 한, 사이 간)'이에요. '門' 사이의 글자가 '月(달 월)'에서 '日'로 바뀌면서 문틈으로 달빛(月)이 비치는 모습에서 햇살(日)이 비치는 모습으로 묘사되었어요.

★ 間隔(간격) 瞬間(순간) 瞬息間(순식간) 時間(시간)

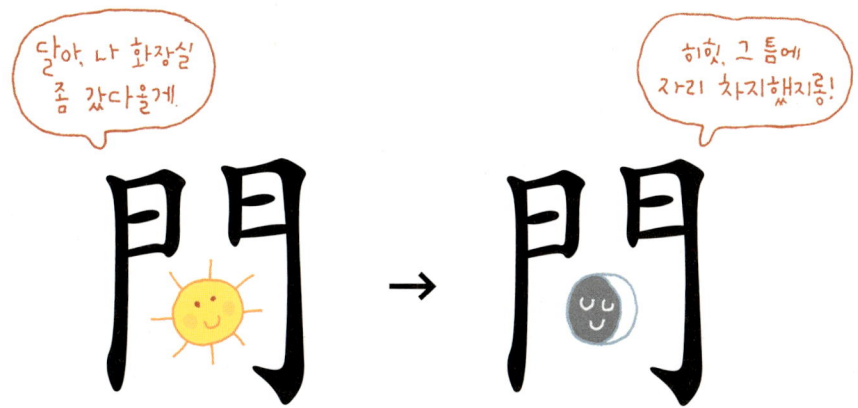

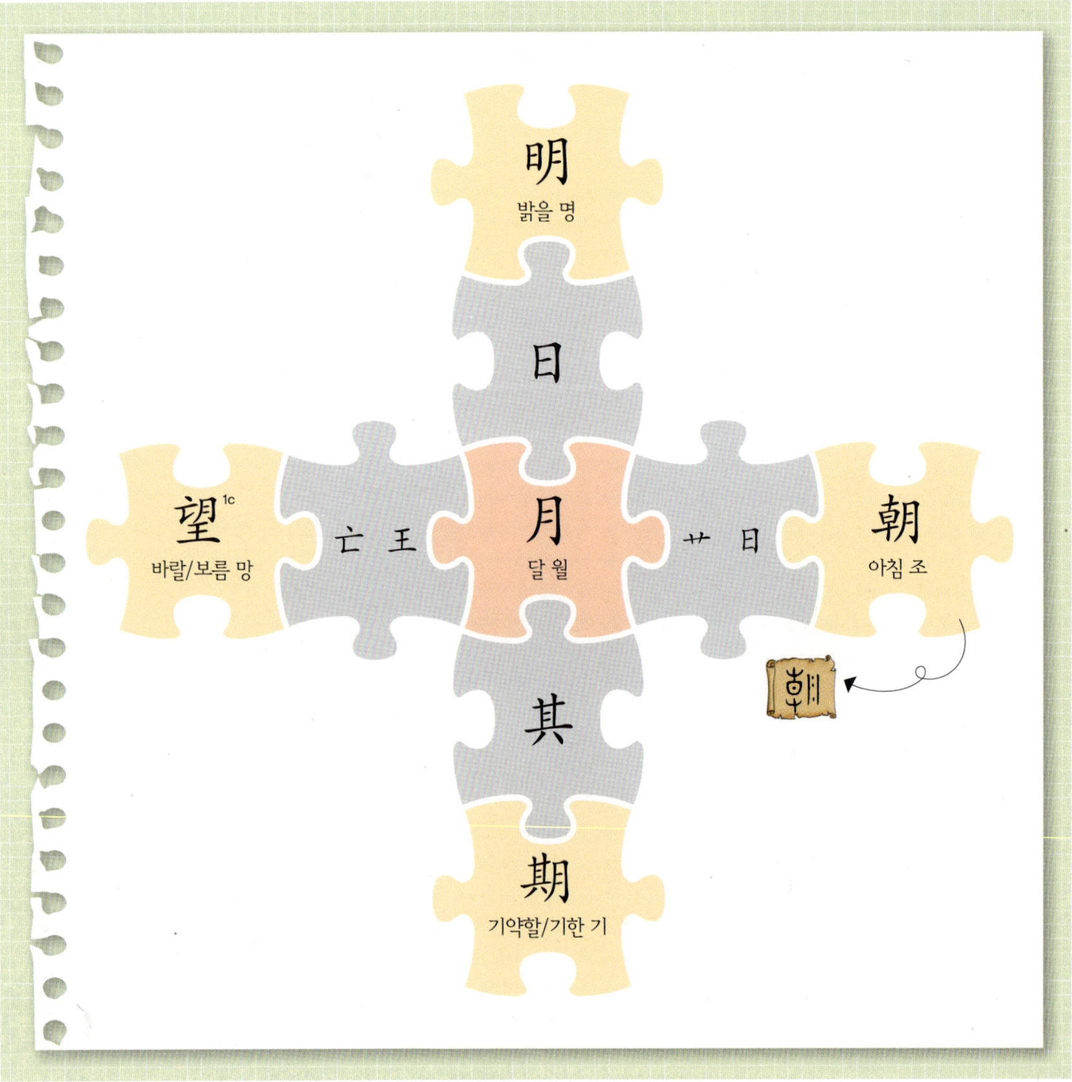

달 월 月

明 밝을 명

望 바랄/보름 망   日   月 달 월   日   朝 아침 조

其

期 기약할/기한 기

亡 王   艹 日

丿 月 月 月

달 월　　　　　　　　　　[총획] 4획 [부수] 月 [급수] 8급

이지러지는 달 혹은 반달의 모습이에요. '月'은 3가지 의미로 쓰여요. 첫째는 '달' 그 자체의 의미로, 둘째는 '육(肉)달 월'로 '사람이나 동물의 신체, 즉 고기나 살, 몸' 등의 뜻으로, 셋째는 '배(舟)'의 뜻으로 쓰여요.

141a

一 冂 日 日 明 明 明 明

밝을 명　　　　　　　　　　　[총획] 8획　[부수] 日　[급수] 6급

明

해 일 日¹³⁹ + 달 월 月

낮의 광명체인 해(日)와 밤의 광명체인 달(月)을 합쳐서 '밝다'의 뜻을 만들었어요.

★ 明答(명답) 明示(명시) 明確(명확)
　明明白白(명명백백: 밝고 밝고 희고도 희다, 즉 매우 명백함)

141b

一 十 十 古 古 古
卓 卓 朝 朝 朝 朝

아침 조　　　　　　　　　　　[총획] 12획　[부수] 月　[급수] 6급

朝

풀 초 ⁺⁺¹²⁸ + 해 일 日¹³⁹ + 달 월 月

숲속(⁺⁺)에 해(日)가 떠오르기 시작했지만 달(月)이 아직 다 지지 않은 모습으로, '아침'이 본뜻이에요. 옛 글자를 보면, 숲속(⁺⁺)으로 해(日)가 떠오르기 시작한 어스름한 새벽녘에 흐르는 물 위에 떠 있는 배(舟) 한 척을 묘사한 글자로 여겨져요. 이른 아침에 대신들이 모여 국사를 논하는 모습에서 '조정', '왕조' 등의 뜻도 생겨났어요.

★ 朝刊(조간) 朝夕(조석) 早朝割引(조조할인) 王朝(왕조)

141c

一 十 廿 廿 甘 其
其 其 期 期 期 期

기약할 / 기한 기　　　　　　　[총획] 12획　[부수] 月　[급수] 5급

期

그 기 其 + 달 월 月

'其'는 곡물을 까부르는 키가 받침대 위에 놓인 모습으로, 키질할(其) 곡식을 재배하기 위해 달(月)을 보고 시기를 계산하여 씨를 뿌렸음을 알 수 있어요. 태음력을 사용하는 동양에서 달(月)은 절기를 계산하여 농사를 짓는 데 중요한 기준이에요.

★ 期待(기대) 期約(기약) 思春期(사춘기) 延期(연기)

저녁 석 夕

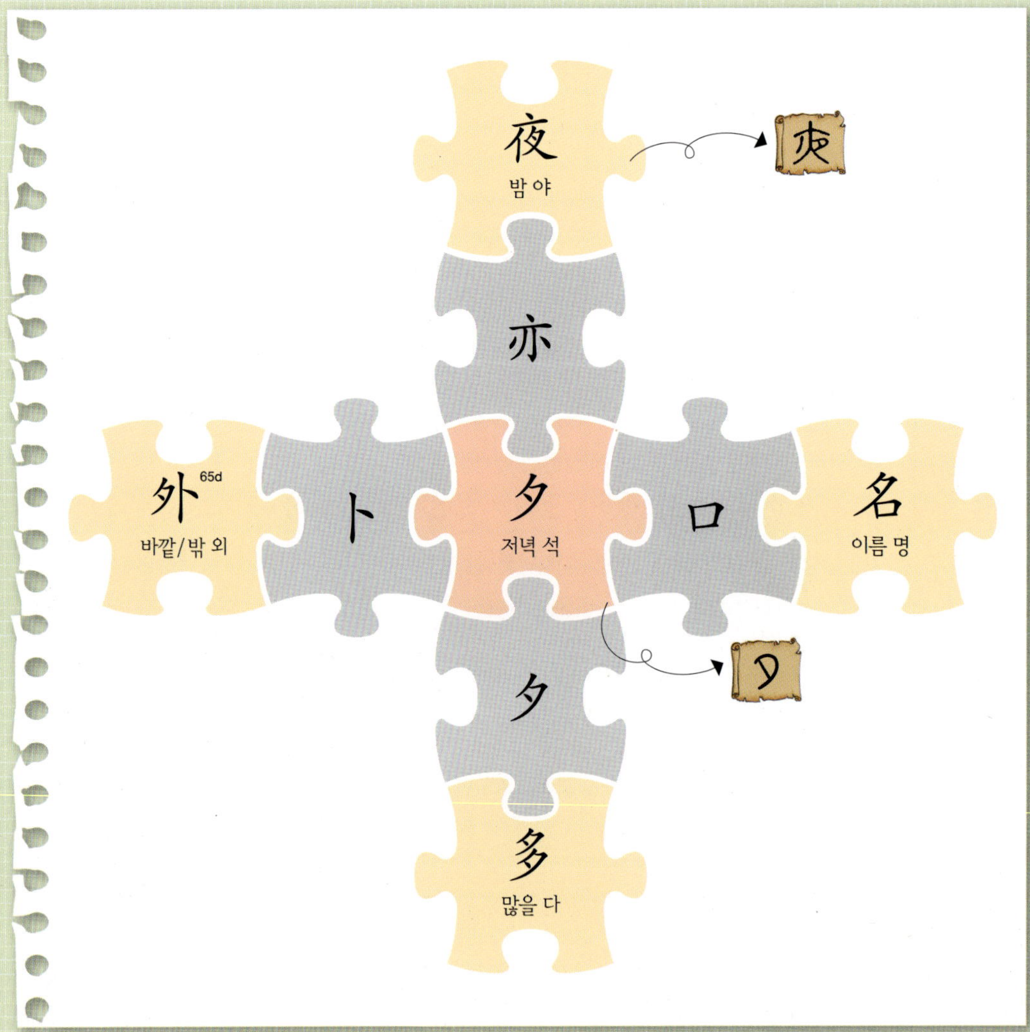

142

ノ ク 夕

夕

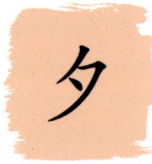

저녁 석 [총획] 3획 [부수] 夕 [급수] 7급

갑골 문자를 보면 '月(달 월)'과 모양이 비슷해요. '月'이 이지러지는 달을 묘사한 반면, '夕'은 태양의 반쪽을 그려 해 지는 저녁 무렵을 강조했어요. 두 글자를 구분하기 위해 '月'은 점 두 개, '夕'은 하나를 그려 넣었음을 알 수 있어요.

★ 夕刊(석간) 夕陽(석양) 朝夕(조석) 秋夕(추석)

142a

`ーナ宀疒亦亦夜夜`

밤 야

[총획] 8획 [부수] 夕 [급수] 6급

또 역 亦 + 저녁 석 夕

'亦'은 팔에 가려 햇빛을 보기 힘든, 신체 부위 중 가장 어두운 곳에 위치한 겨드랑이를 본뜬 글자예요. 여기에 어두워지는 시간대를 나타낸 '夕'을 합쳐 '밤'을 뜻하는 글자를 만들었어요. 따라서 신체를 나타내는 '肉(月, 육달 월)'을 추가하면 '腋(겨드랑이 액)'이 되고, '水(氵, 물 수)'를 추가하면 '液(진액 액)'이 돼요.

★ 夜間(야간) 夜光(야광) 夜食(야식) 晝夜(주야)

142b

`ノクタタ名名`

이름 명

[총획] 6획 [부수] 口 [급수] 7급

저녁 석 夕 + 입 구 口⁸

어두워지면(夕) 서로를 분별하기 위해 소리(口) 내어 이름을 불렀어요. 사람이나 사물에는 저마다 이름이 있으므로 보지 않아도 누가 누구인지, 무엇을 이야기하는지 쉽게 파악할 수 있어요.

★ 名單(명단) 名譽(명예) 姓名(성명) 有名(유명)

142c

`ノクタ夕多多`

많을 다

[총획] 6획 [부수] 夕 [급수] 6급

저녁 석 夕 + 저녁 석 夕

고깃덩어리(夕)를 산처럼 포개(夕) 쌓아 놓은 모습에서 '많다'를 뜻하게 되었어요. '夕'도 '月(육달 월)'처럼 고기에 해당하는 옛 글자와 비슷해서 '고깃덩어리'로 해석했어요.

★ 多多益善(다다익선: 많으면 많을수록 좋음)
  多少(다소) 多樣(다양) 多作(다작)

한 일 一

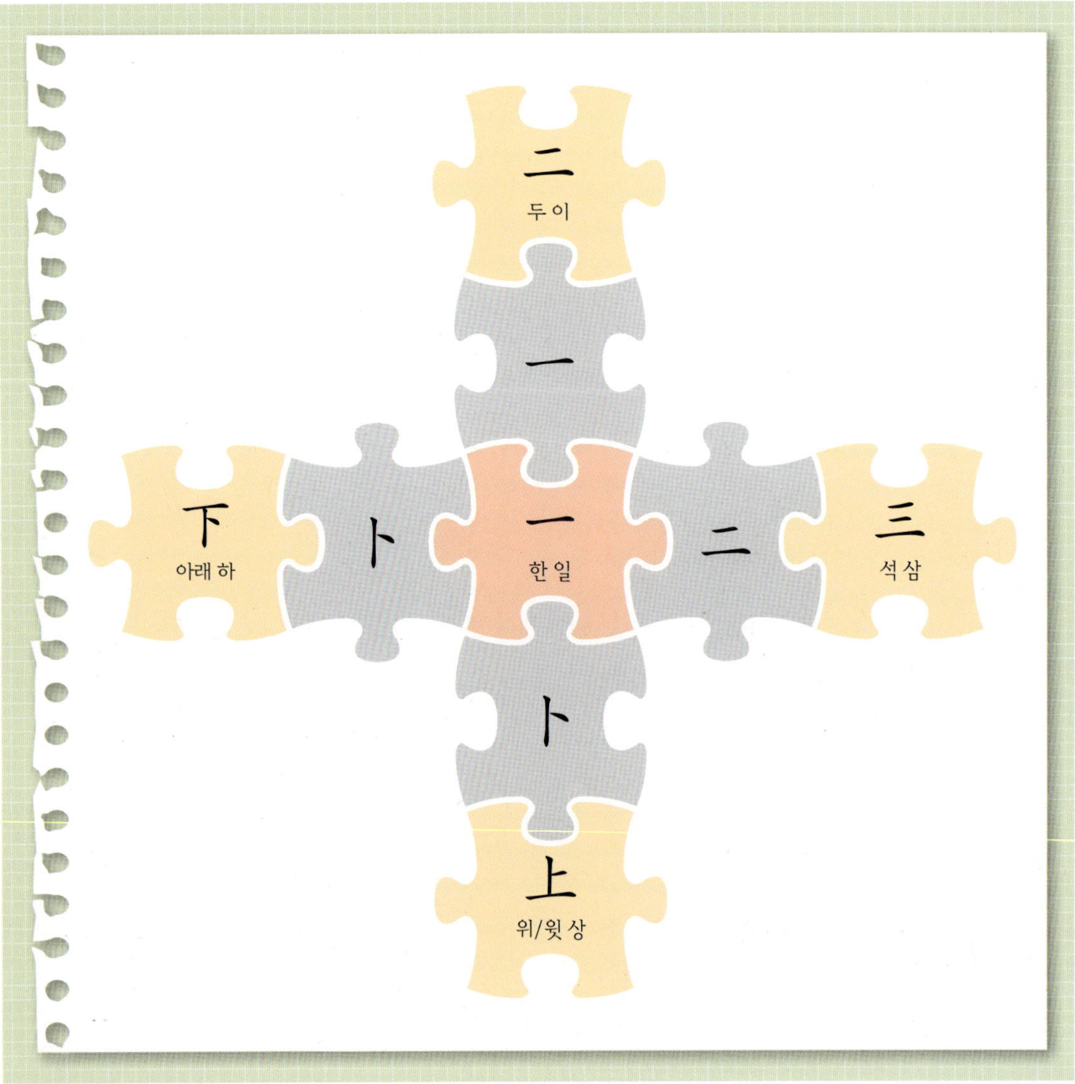

143

한 일 [총획] 1획 [부수] 一 [급수] 8급

수량을 표시하기 위해 옆으로 짧게 선(一)을 하나만 그어 놓은 모습이에요. '하나'의 뜻으로 쓰이다가 '한 번', '첫째', '오로지', '모두', '조금' 등으로 의미가 확대되었어요.

★ 一般(일반) 一心(일심) 第一(제일) 統一(통일)

143a　　　　　　　　　　　　　　　　　　　　　　　　一 二

두 이　　　　　　　　　　　　　[총획] 2획　[부수] 二　[급수] 8급

두 개의 물체를 뜻하기 위해 옆으로 짧은 선을 두 개(二) 그어 만든 지사 문자예요. 점차 '둘', '둘째' 등으로 의미가 확대되었어요. 지사문자(指事文字)는 추상적인 개념을 점이나 선을 이용해 표현한 것으로, 사물의 위치나 수량 등을 가리켜요. '五(다섯 오)'나 '于(어조사 우)' 등에 부수로 사용돼요.

★ 二流(이류) 二重(이중) 二次元(이차원) 二層(이층)

143b　　　　　　　　　　　　　　　　　　　　　　　　一 二 三

석 삼　　　　　　　　　　　　　[총획] 3획　[부수] 一　[급수] 8급

한 일 一 ＋ 두 이 二

'3', '셋' 등을 뜻해요. 단순히 수량 '셋'을 나타내기 위해 선을 옆으로 세 개 그어 만들었어요.

★ 三國志(삼국지) 三伏(삼복) 三一節(삼일절) 三寸(삼촌)

143c　　　　　　　　　　　　　　　　　　　　　　　　丨 卜 上

위/윗 상　　　　　　　　　　　　[총획] 3획　[부수] 一　[급수] 7급

사물 모양 卜 ＋ 한 일 一

사물의 위치를 가리키는 대표적인 지사 문자 중 하나로 '위', '위쪽'의 뜻을 가져요. 탁자(一)나 손바닥 위에 사물(卜)이 놓인 모습을 본떴어요.

★ 上京(상경) 上水道(상수도) 上下(상하) 以上(이상)

143d　　　　　　　　　　　　　　　　　　　　　　　　一 丅 下

아래 하　　　　　　　　　　　　[총획] 3획　[부수] 一　[급수] 7급

한 일 一 ＋ 사물 모양 卜

탁자(一) 아래 또는 손바닥을 뒤집어 그 아래에 놓인 물건(卜)을 보고 만든 지사 문자로, '아래', '밑', '아래쪽'을 의미해요.

★ 下敎(하교) 下校(하교) 下問(하문) 下山(하산)

한 일 一

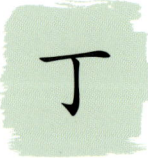

144 　　　　　　　　　　　　　　　　　　　　　　　　　　一 丁

丁　**고무래 / 장정 / 못 정**　　　[총획] 2획　[부수] 一　[급수] 4급

못과 못대가리를 위에서 본 모습으로 본뜻은 '못'이며, 글자 모양이 비슷해 '고무래'의 뜻도 생겼어요. 점차 '장정', '넷째 천간'도 뜻하게 되었어요.

※ '丁'의 부수가 '一(한 일)'이어서 '一(한 일)' 편에 배치했을 뿐, 관련이 없어요.

★ 丁寧(정녕) 兵丁(병정) 白丁(백정) 壯丁(장정)

144a ` ㆍ 亠 亠 产 ㆆ 古 亭 亭

정자 정

[총획] 9획 [부수] 亠 [급수] 3급

높을 고 高→高 + 고무래 / 장정 / 못 정 丁

경치 좋은 곳에 못(丁) 박은 듯 만들어 놓은, 누각처럼 생긴 큰(高) 건물인 정자를 본뜬 글자예요. '丁'이 발음 역할을 해요. '㐅'는 '高(높을 고)'의 생략형 글자예요.

★ 老人亭(노인정) 亭子(정자)
鮑石亭(포석정: 경상북도 경주에 있는 통일 신라 시대 왕들이 연회를 즐기던 별궁이 있던 자리)

144b ` ㆍ 宀 宀 宁

쌓을 / 뜰 / 우두커니 설 저

[총획] 5획 [부수] 宀 [급수] 없음

집 면 宀⁷⁹ + 고무래 / 장정 / 못 정 丁

귀한 것을 집(宀) 안 깊숙이 징이나 못(丁)을 박아 고정해 놓은 모습이에요. 혼자서는 쓰지 못하고 다른 글자와 함께 쓰여요.

144c 丨 冂 冂 月 目 目 貝 貝 貝 貯 貯 貯

쌓을 저

[총획] 12획 [부수] 貝 [급수] 5급

조개 패 貝¹¹⁷ + 쌓을 / 뜰 / 우두커니 설 저 宁

'宁'가 혼자 쓰이지 못하자 집(宀) 안 깊숙이 못(丁) 박아 감춰 둔 귀한 것이 재물임을 나타내기 위해 '貝'를 더해 '쌓다'라는 원래의 의미를 강조했어요.

★ 貯金(저금) 貯水池(저수지) 貯藏(저장) 貯蓄(저축)

두 이 二

145

一 丁 五 五

다섯 오   [총획] **4획** [부수] **二** [급수] **8급**

하늘과 땅을 상징하는 두 개의 선(二) 사이를 교차(X)하며 연결한 모양으로, 천지간의 자연을 묘사했어요. 그러한 자연에는 다섯 가지 기본 물질이 있다는 음양오행사상에서 '다섯', '5'의 뜻이 생겨났어요. 제단의 하부 모습을 본떴다는 설도 있어요.

★ 五色(오색) 五感(오감) 五福(오복) 五倫(오륜)

145a

나/우리 오
다섯 오 五 + 입 구 口⁸

[총획] 7획 [부수] 口 [급수] 3급

나와 가족을 위해 신이나 조상(五)에게 복을 비는(口) 모습을 나타냈어요. 나를 의미하는 또 다른 한자로 '我(나 아)', '余(나 여)'가 있어요.

※ '五'가 정확하게 '제단'을 본뜬 글자로 보이지는 않지만, 후대로 오면서 그렇게 굳어져 제단과 연결되는 '신', '조상'으로 해석하기도 해요.

★ 吾等(오등) 吾人(오인)
　善惡皆吾師(선악개오사: 좋은 일이든 나쁜 일이든 모두 나의 스승, 즉 배울 것이 있음)

145b

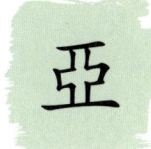

버금 아

[총획] 8획 [부수] 二 [급수] 3급

사후에 묻힐 임금의 무덤을 본뜬 글자예요. 그 규모가 실제 궁궐에 버금간다 하여 으뜸의 다음을 뜻하는 '버금', '다음'의 뜻을 갖게 되었어요.

※ 二(두 이)'와 연관은 없지만 '亞'의 부수자여서 여기서 다루었어요.

★ 亞流(아류) 亞細亞(아세아) 亞熱帶(아열대) 東南亞(동남아)

145c

악할 악, 미워할 오
버금 아 亞 + 마음 심 心¹⁹

[총획] 12획 [부수] 心 [급수] 5급

자신이 왕이나 신에 버금간다고(亞) 생각하는(心) 것이 곧 '악'이요, 모두에게 미움받을 태도라고 생각해요.

★ 善惡(선악) 惡毒(악독) 憎惡(증오) 嫌惡(혐오)

자연 | 기타 | 숫자　297

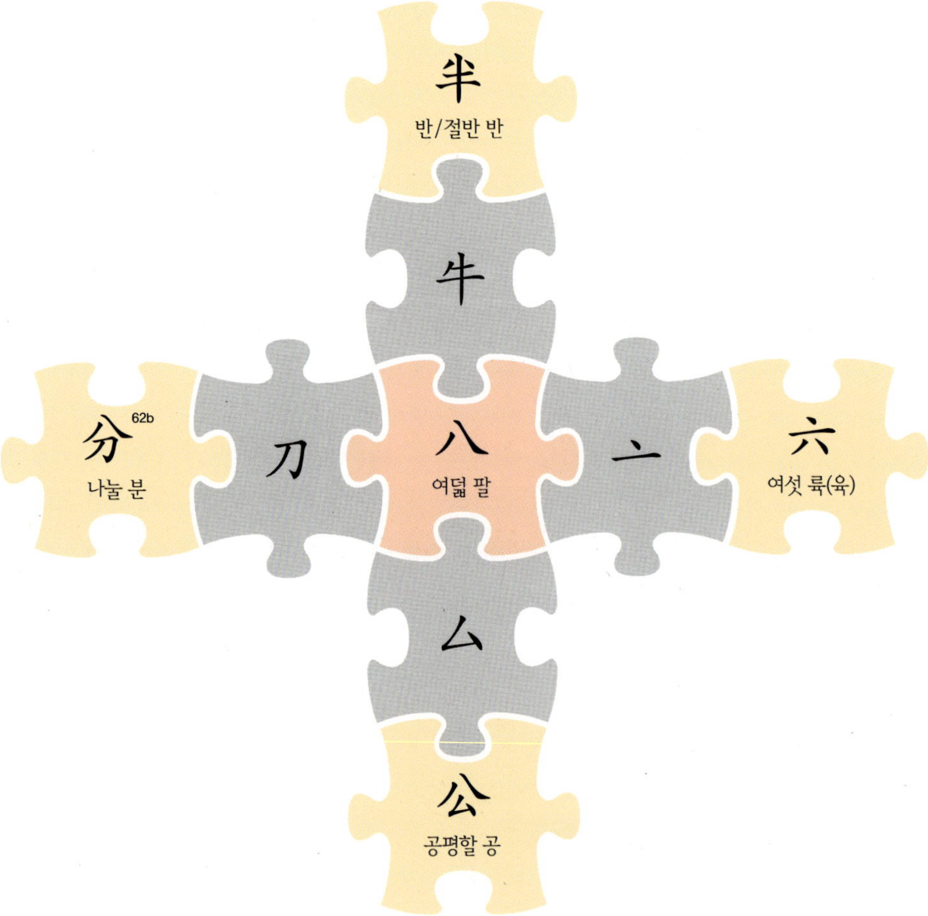

여덟 팔 八

```
        半
       반/절반 반

        牛

分              六
나눌 분  刀  八  二  여섯 륙(육)
           여덟 팔

        厶

        公
       공평할 공
```

146

여덟 팔 [총획] 2획 [부수] 八 [급수] 8급

사물을 절반으로 나눈 모습을 본뜬 전형적인 상형 문자이나 '8', '여덟'의 뜻을 갖게 되었어요. 사물의 반을 나눴다는 것은 전체를 완전히 갈랐다는 의미이므로 '전체', '전부', '완성' 등의 의미가 함축되어 있어요.

★ 八旬(팔순) 八月(팔월)
　 八方美人(팔방미인: 어디를 보나 아름다운 사람, 즉 재주가 많은 사람)

146a

반/절반 반
[총획] 5획 [부수] 十 [급수] 6급

여덟 팔 八 + 소 우 牛¹⁰⁵

소(牛)를 절반(八)으로 가른 모습을 묘사했어요.

★ 半導體(반도체) 半步(반보) 半信(반신) 折半(절반)

146b

여섯 륙(육)
[총획] 4획 [부수] 八 [급수] 8급

머리 두 亠 + 여덟 팔 八

동굴의 천장(亠)과 입구 모양(八)을 본뜬 글자예요. 여기서 '亠'은 '宀'(집 면)'이 변화된 글자예요. 본뜻은 '동굴'이나 그 뜻은 사라지고, 숫자 '6'과 '여섯'을 뜻해요.

★ 六書(육서) 六旬(육순) 六十(육십) 六月(유월)

146c

공평할 공
[총획] 4획 [부수] 八 [급수] 6급

여덟 팔 八 + 사사 사 厶⁵⁰

자궁이 벌어지면서(八) 태아(厶)가 세상으로 나오는 모습이에요. 여기서 '厶'은 '口(입 구)'가 변화된 글자예요. 열 달간 엄마 배 속에서 홀로 지낸 태아가 세상 밖으로 나와 사회의 일원이 되었다 하여 '공공의', '공동의' 등의 뜻을 내포하는 '공평하다'를 뜻하게 되었어요.

※ 고대 중국에서는 농경지를 아홉 등분해 여덟(八) 집이 나눠 농사짓고 나머지 한 곳(口)에 우물을 파거나, 공동으로 농사를 지어 공동의 이익을 위해 사용하는 관습이 있었다고 해요. 이러한 관습에서 '私(사사로울 사)'의 반대 개념인 '공평하다'를 뜻하게 되었다는 설도 있어요.

★ 公開(공개) 公共(공공) 公同(공동) 公演(공연)

열 십 十

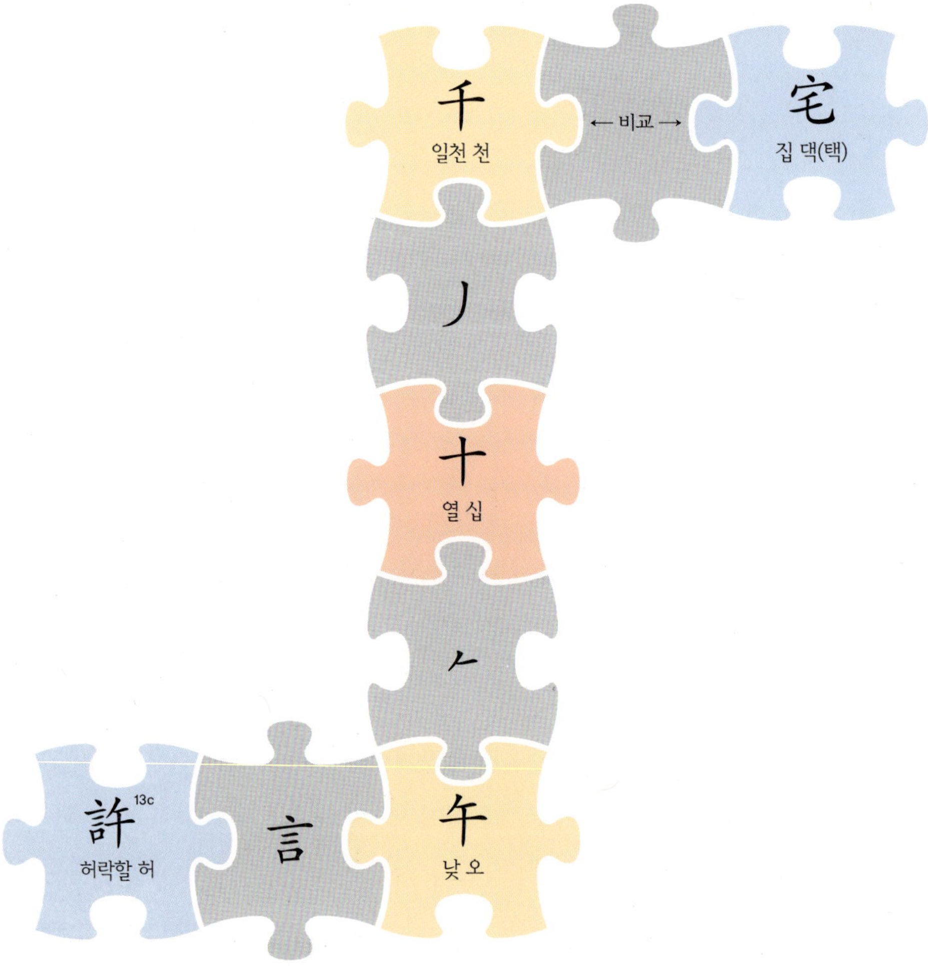

147　　　　　　　　　　　　　　　　　　　　　　　一 十

 **열 십**　　　　　　　　[총획] 2획　[부수] 十　[급수] 8급

처음엔 위에서 아래로 선(丨)을 그어 손가락 10개, 숫자 '10'을 나타냈다가 '十'으로 굳어졌어요. 숫자 10 외 충족된 수로서, 완전하거나 부족함이 없다는 의미에서 '열', '열 번', '열 배', '많다', '전부' 등을 뜻하게 되었어요.

★ 十分(십분) 數十(수십) 十年(십년) 十中八九(십중팔구)

147a
ノ 二 千

일천 천
[총획] 3획 [부수] 十 [급수] 7급

사선 모양 ノ + **열 십 十**

잡아 온 많은(十) 포로들을 묶어(ノ) 놓은 모습에서 '많다'를 뜻하다가, 이후 꽤 큰 숫자인 '일천'의 뜻으로 쓰이게 되었어요.

★ 千萬多幸(천만다행) 千字文(천자문) 數千(수천)
　千軍萬馬(천군만마: 천 명의 군사와 만 마리의 말, 즉 엄청난 규모)

147b
丶 丶 宀 宀 宅 宅

집 댁(택)
[총획] 6획 [부수] 宀 [급수] 5급

집 면 宀[79] + **부탁할 탁 乇**

사람이 머무는 곳(宀)인 거주지를 말해요. '乇'은 발음으로 쓰였어요.

※ '千(일천 천)'과 관계는 없지만 모양이 비슷해서 여기에서 다뤘어요.

★ 宅內(댁내) 宅地(택지) 自宅(자택) 住宅(주택)

147c
ノ 匕 上 午

낮 오
[총획] 4획 [부수] 十 [급수] 7급

수직에 가깝게 위아래로만 움직여 방아를 찧는 절구를 본떠 해가 한가운데 오는 시간대인 '낮'의 뜻이 생겼어요. 훗날 십이지(十二支) 중 일곱째의 뜻도 갖게 되었어요.

★ 午前(오전) 午後(오후) 端午(단오) 正午(정오)

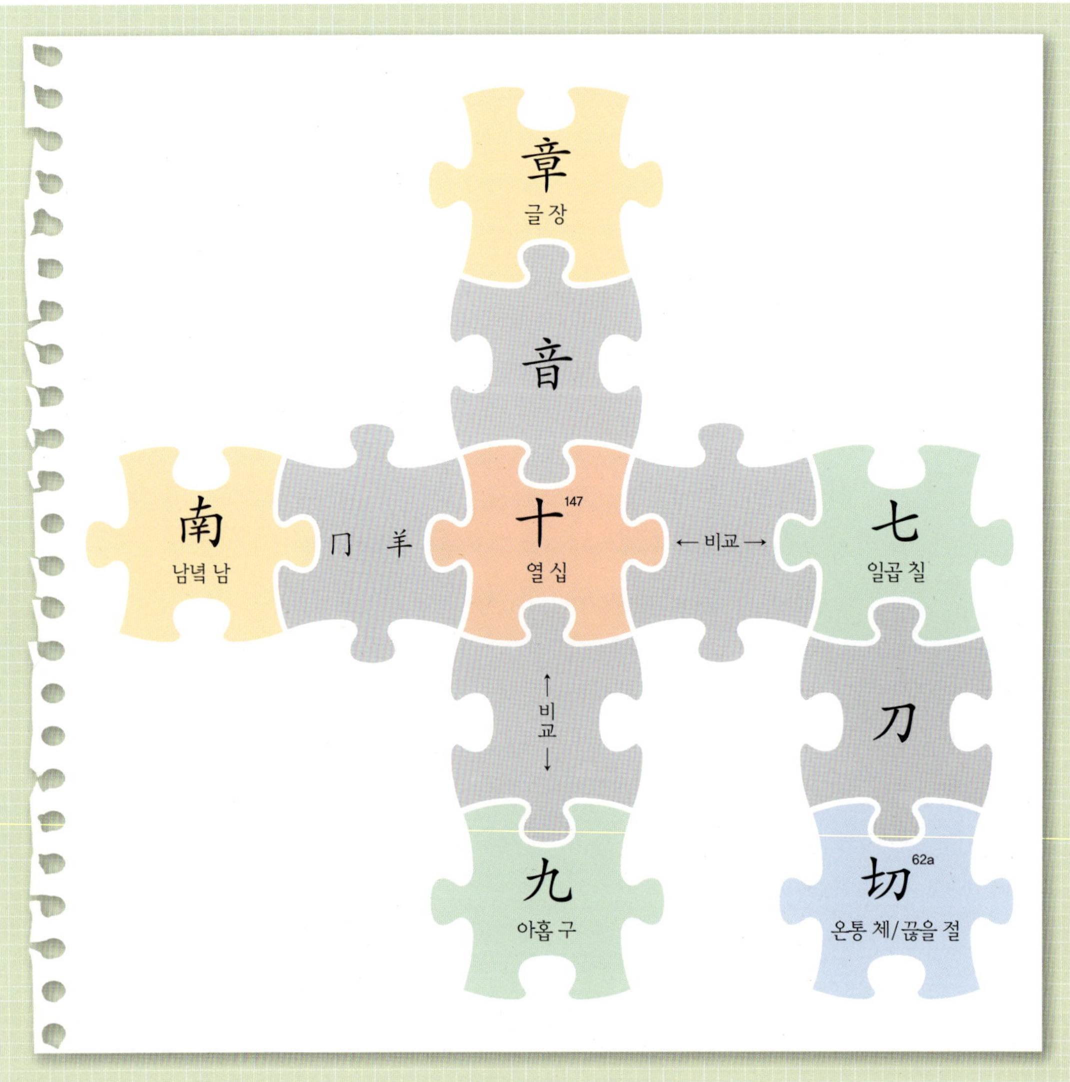

열 십 十

148

글 장 [총획] 11획 [부수] 立 [급수] 6급

소리음 音¹² + 열십 十¹⁴⁷

소리(音)를 여럿(十) 모아 만든 악보, 또는 소리(音)를 글로 옮긴 모습이에요.

★ 文章(문장) 樂章(악장) 印章(인장) 勳章(훈장)

148a   一 七

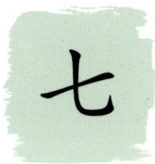

일곱 칠   [총획] 2획 [부수] 一 [급수] 8급

'十(열 십)'의 세로획(一)이 ㄴ 자로 꺾인 모습으로, 숫자 '7', '일곱'을 가리켜요.

★ 七夕(칠석) 七旬(칠순) 七月(칠월)
　七顚八起(칠전팔기: 일곱 번 넘어져도 여덟 번 일어남, 즉 몇 번을 실패해도 굽히지 않음)

148b   丿 九

아홉 구   [총획] 2획 [부수] 乙 [급수] 8급

손(九²⁵)의 팔꿈치 부분을 굴곡진(乚) 모양으로 묘사하여, 손(九)으로 셀 수 있는 십진수의 마지막(乚) 숫자인 '아홉', '9'를 나타냈어요.

★ 九死一生(구사일생: 아홉 번 죽을 뻔하고 한 번 살아남, 즉 죽을 고비를 여러 번 넘김)
★ 九牛一毛(구우일모: 아홉 마리의 소의 털에서 빠진 털 하나로, 대단치 않은 것)
★ 十中八九(십중팔구: 열 개 중 여덟이나 아홉으로, 거의 다)

148c   一 十 广 内 内 南 南 南

남녘 남   [총획] 9획 [부수] 十 [급수] 8급

장식 모양 十 + 틀 모양 冂 + 양 양 ᴥ→羊

중국 묘족이 사용하던 악기로, 남임(南任)이라 불리는 북의 모습이에요. 묘족이 남쪽에 살았기 때문에 '남녘'의 뜻이 파생되었어요. 'ᴥ'은 '羊(양 양)'의 생략형 글자예요.

★ 南極(남극) 南北(남북) 南西風(남서풍) 南海(남해)

점주 丶

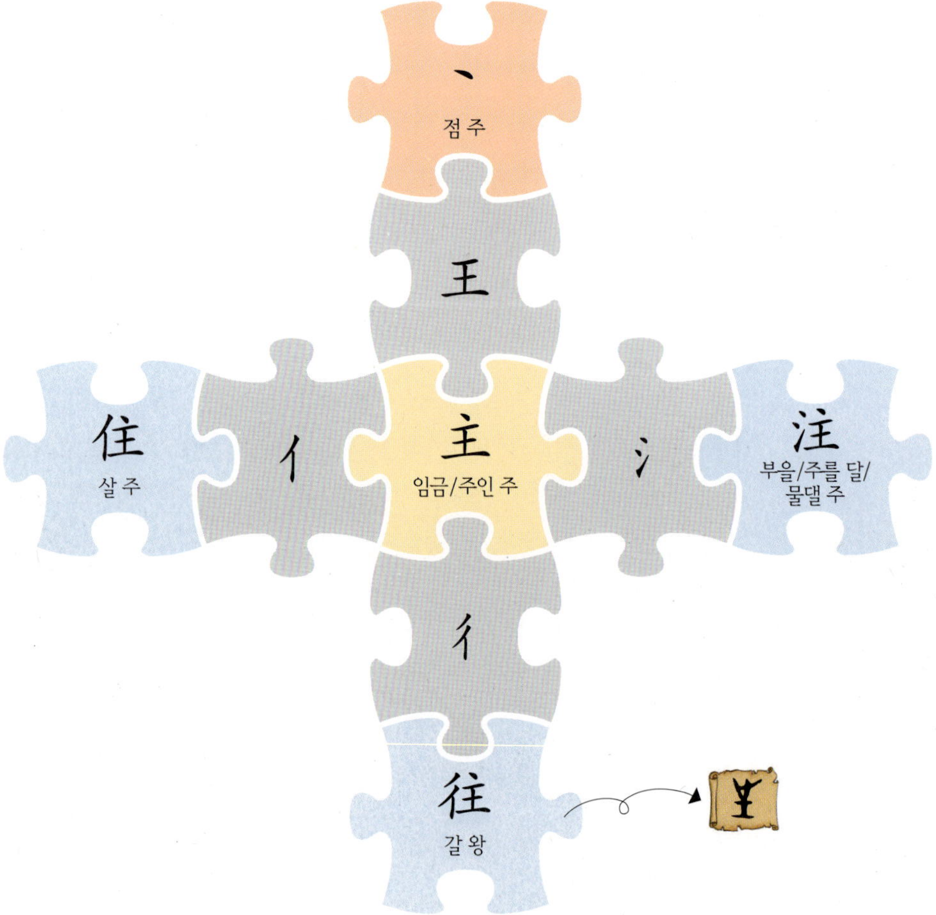

丶 점주

王

住 살 주   亻   主 임금/주인 주   氵   注 부을/주를 달/물댈 주

亻

往 갈 왕 → 里

149

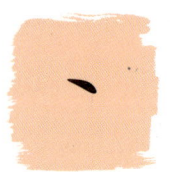
점 주   [총획] 1획 [부수] 丶 [급수] 없음

단순하게 '점'을 찍은 모양이예요.

149a `、 亠 亠 主 主`

임금 / 주인 주

[총획] 5획 [부수] 、 [급수] 7급

점 주 、 + 촛대 모양 王

호롱의 몸체(王)와 불꽃(、)이 타오르는 심지 모양으로, 어두운 밤을 밝히는 촛불이나 호롱불을 본떴어요. 어두운 밤에는 촛불(、)이 사물의 중심(王)이란 뜻에서 '우두머리'를 뜻해요. '主'의 반대자는 '客(손님 객)'이에요.

★ 主要(주요) 主人(주인) 主張(주장) 主題(주제)

149b `、 丶 氵 汋 汁 汁 注 注`

부을 / 주를 달 / 물댈 주

[총획] 8획 [부수] 氵 [급수] 6급

물 수 氵¹²³ + 임금 / 주인 주 主

호롱불(主)에 기름(氵)을 붓는 모습으로, 본뜻은 '붓다', '물대다'예요. 또한 기름을 부은 호롱불로 주위가 환해지듯 주석을 달아 문장의 내용이 더욱 이해하기 쉬워진다 하여 '주를 달다'의 뜻도 파생되었어요.

★ 注射(주사) 注視(주시) 注油(주유) 注入(주입)

149c `ノ ク 彳 彳 彳 彳 彳 往 往`

갈 왕

[총획] 8획 [부수] 彳 [급수] 4급

조금 걸을 척 彳³⁶ + 임금 / 주인 주 主

옛 글자를 보면 호롱불(主)과 길(彳)을 합친 것이 아니라 임금(主→王의 변형)과 길(彳)을 합친 글자였어요. 임금이 민심을 살피기 위해 거리(彳)로 나선 모습을 표현한 것으로 보여요. 또한 현재의 글자만으로 호롱불(主)을 비추며 밤길(彳)을 가는 모습으로 풀이하기도 해요.

★ 往來(왕래) 往復(왕복) 來往(내왕)
　說往說來(설왕설래: 말이 왔다 갔다 하며 옥신각신함)

149d `ノ 亻 亻 广 亻 住 住`

살 주

[총획] 7획 [부수] 亻 [급수] 7급

사람 인 亻⁴¹ + 임금 / 주인 주 主

깊은 산속에 불빛(主)이 보인다는 것은 그곳에 사람(亻)이 산다는 증거예요.

★ 住民(주민) 住所(주소) 住宅(주택) 移住(이주)

잠깐 사 乍

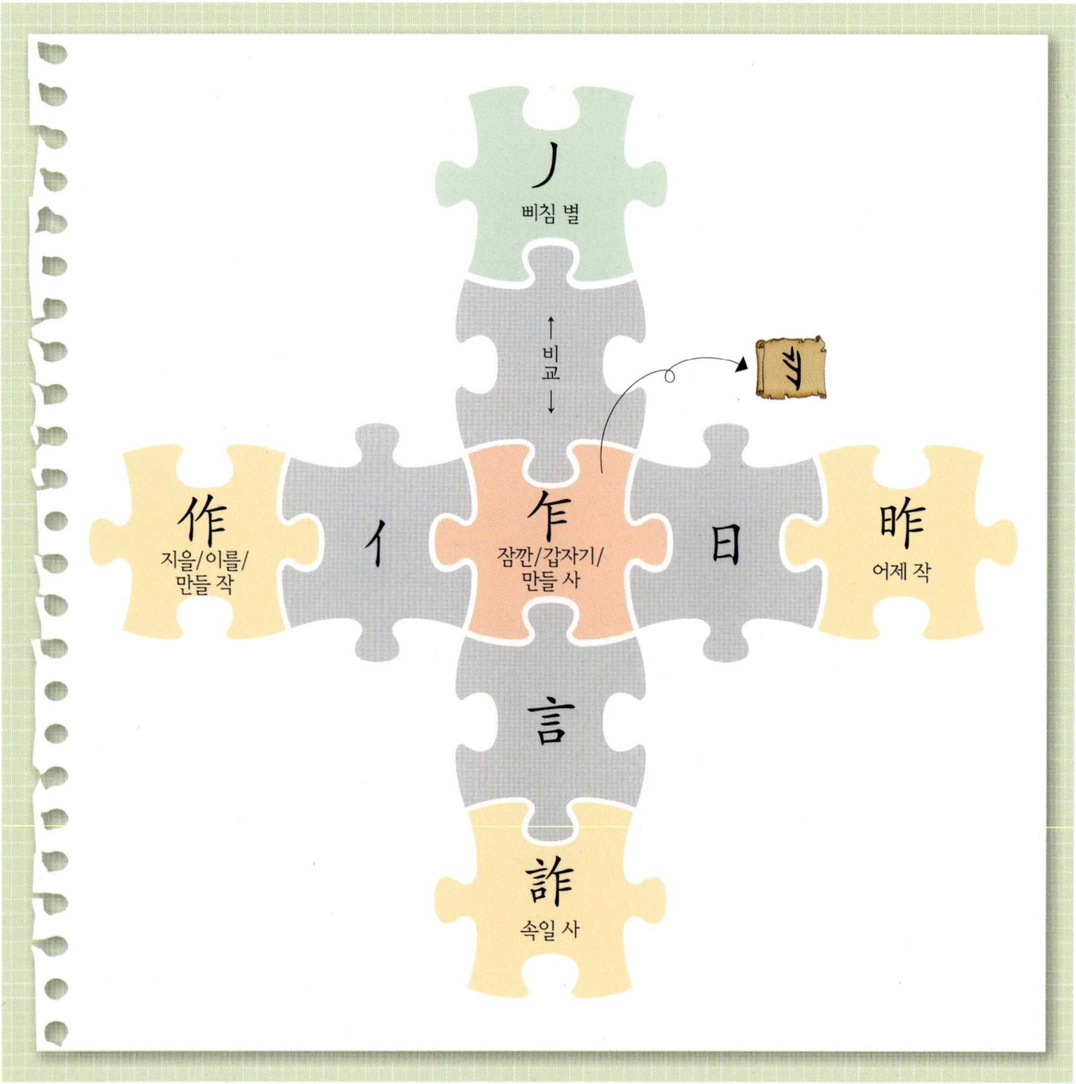

150 丿

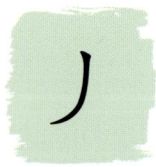

삐침 별 [총획] **1획** [부수] 丿 [급수] **없음**

오른쪽에서 왼쪽으로 사선을 그어 놓은 글자가 '丿'이고, 왼쪽에서 오른쪽으로 사선을 그은 글자가 '乀(파임 불)'이에요. 단순히 글자 모양에 영향을 끼칠 뿐 의미는 거의 없어요. '삐침'이라는 뜻도 글자 모양이 기울어져 있다 하여 붙인 거예요. 다른 글자와 함께 써요.

150a

잠깐 / 갑자기 / 만들 사

[총획] 5획 [부수] ノ [급수] 특급

도끼로 나무에 홈을 내거나 찍는 모습으로, 나무를 다듬어 조각품을 만드는 모습일 거예요. 통나무가 순식간에 다양한 제품이 되는 모습에서 '잠깐', '만들다'의 뜻이 생긴 듯해요. 갑자기 쓰러져 죽은 사람 모습, 죽은 사람 위에 엎드려 통곡하는 모습으로도 여겨져요. 이렇게 인생은 참으로 '순간적'이어서 '잠깐', '갑자기'의 뜻이 생긴 듯해요. 다른 글자와 함께 써요.

150b

어제 작

[총획] 9획 [부수] 日 [급수] 6급

해 일 日[139] + 잠깐 / 갑자기 / 만들 사 乍

세월(日)이나 인생은 잠깐(乍) 사이에 지나가는 것이라 하여 지나간 세월이나 날을 뜻하게 되었어요.

★ 昨今(작금) 昨年(작년)

150c

속일 사

[총획] 12획 [부수] 言 [급수] 3급

말씀 언 言[13] + 잠깐 / 갑자기 / 만들 사 乍

잠깐(乍) 동안 효력이 있는 말(言)이나 갑자기(乍) 지어낸 말(言)이란 남을 속이기 위한 거짓말을 의미해요.

★ 詐欺(사기) 詐稱(사칭) 詐取(사취: 남을 속여 빼앗음) 巧詐(교사: 교묘히 남을 속임)

150d

지을 / 이를 / 만들 작

[총획] 7획 [부수] 亻 [급수] 6급

사람 인 亻[41] + 잠깐 / 갑자기 / 만들 사 乍

'乍'가 '잠깐', '갑자기' 뜻으로 쓰이자, '亻'을 더해 사람이 통나무로 장승이나 목각 인형 같은 제품을 만드는(乍) 모습임을 강조해 '만들다', '일하다'의 원래 의미를 회복했어요. 옛 글자는 순식간에 사람이 죽은 모습과도 연관이 있어 죽음이나 끝에 이르렀다는 의미도 갖게 되었어요.

★ 作文(작문) 作用(작용) 作品(작품)
作心三日(작심삼일: 마음먹은 게 삼 일을 못 가 흐지부지됨)

뚫을 곤 丨

患 근심 환
心
串 곶 곶, 꿸 관

丨 뚫을 곤
口
中 가운데 중
中
↑비교↓
亅 갈고리 궐

151

丨 뚫을 곤 [총획] 1획 [부수] 丨 [급수] 없음
수직선 모양으로 위와 아래를 관통시킨 모습이에요. 다른 글자와 함께 써요.

151a

가운데 중
[총획] 4획 [부수] ㅣ [급수] 8급

입 구 口⁸ + 뚫을 곤 ㅣ

사물(口) 한가운데를 관통하는(ㅣ) 모습이며, 진영의 중심에 깃발을 꽂은 모습이에요. 따라서 '가운데', '맞다', '맞히다', '적중시키다'의 의미도 갖게 되었어요. '뇌졸중'이라고 들어 봤나요? '뇌졸중'은 '뇌졸중풍'의 줄임말로 '腦卒中(風)'이라고 표기해요. '뇌가 갑자기 바람을 맞았다'라는 의미예요. 여기서 '中'은 '가운데'라는 의미가 아니라 '맞다'라는 의미가 되지요.

★ 中國(중국) 中心(중심) 中央(중앙) 的中(적중)

151b

꽂 곶, 꿸 관
[총획] 7획 [부수] ㅣ [급수] 2급

가운데 중 中 + 가운데 중 中

닭 꼬치나 곶감 등의 한가운데(中)를 뚫어서 엮은 다음 굽거나 말리는 모습을 본뜬 글자로, 본뜻은 '꿰다', '익숙해지다'예요. 훗날 바다를 향해 뾰족이 튀어나온 땅을 뜻해 '곶', '땅 이름'의 뜻도 생겨났어요. 마치 땅이 꼬챙이처럼 바다를 꿰뚫고 있다고 여긴 거예요.

151c

근심 환
[총획] 11획 [부수] 心 [급수] 5급

곶 곶, 꿸 관 串 + 마음 심 心¹⁹

사람의 가장 깊숙한(串) 곳인 마음(心)을 아프게 하거나 힘들게 하는 것을 가리켜요. 어쩌면 이와 같은 근심이나 걱정은 만병의 근원인지도 몰라요.

★ 患部(환부) 患者(환자) 病患(병환) 疾患(질환)

151d

갈고리 궐
[총획] 1획 [부수] 亅 [급수] 없음

그물을 만들 때 쓰는 바늘 모양을 본뜬 글자예요. '갈고리'를 의미하지만, 다른 글자와 함께 쓰일 때 '갈고리'의 의미는 거의 없어요.

작을 소 小

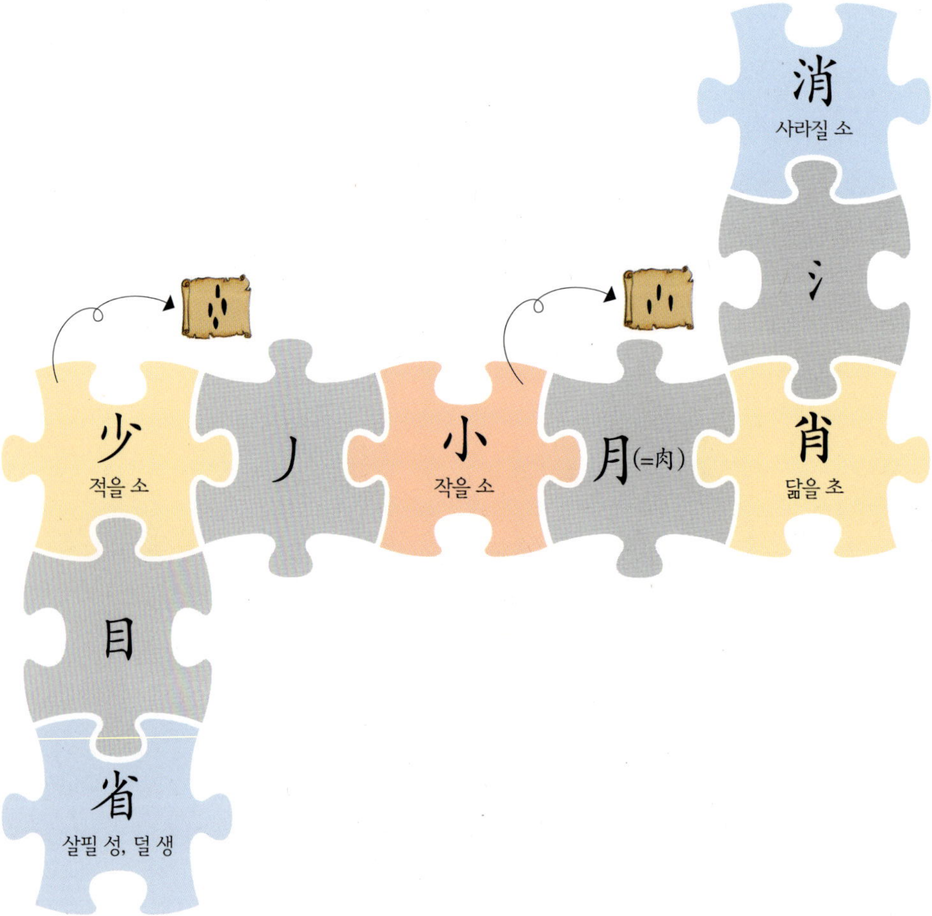

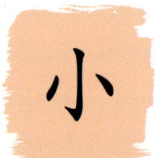

152 亅 小 小

작을 소 [총획] 3획 [부수] 小 [급수] 8급

小

점 세 개를 찍어 물체가 작음을 나타냈으나, '적다'의 뜻으로도 사용돼요.

★ 小說(소설) 小數(소수) 最小(최소) 縮小(축소)

152a

닮을 초

[총획] 7획 [부수] 月 [급수] 3급

작을 소 小 + 육달 월 (月=肉)

작은(小) 몸(肉)을 뜻하는 글자로, 갓 태어난 아기를 가리켜요. 아기는 부모의 분신, 즉 부모를 닮았다 하여 만들어졌어요.

★ 肖像(초상) 不肖子(불초자: 아들이 부모에게 자기를 낮춰 지칭하는 말)

152b

사라질 소

[총획] 10획 [부수] 氵 [급수] 6급

물 수 氵123 + 닮을 초 肖

아기가 태어나면서(肖) 아기를 보호하던 양수(氵)가 터져 없어지는 모습에서 '사라지다'의 뜻을 유추했어요.

★ 消極的(소극적) 消滅(소멸) 消費(소비) 無消息(무소식)

152c

적을 소

[총획] 4획 [부수] 小 [급수] 7급

바닷가 모래의 모습이에요. '숫자가 적다'는 의미로 사용되자, '氵(물 수)'를 추가해 '沙(모래 사)'라는 글자를 만들었어요. 바닷가에 모래가 많으니까 물을 넣은 것이죠. '적다'의 반대말은 '많다'예요. 한자로는 '多(많을 다)'라고 써야 되겠죠. '소년', '소녀'라고 할 때 '少'를 사용해 '少年', '少女'라고 쓰지요. 나이가 적으니까요.

152d

살필 성, 덜 생

[총획] 9획 [부수] 目 [급수] 6급

적을 소 少 + 눈 목 目⁵

작은(少) 곳까지 자세하게 보는(目) 모습에서 '살피다'의 뜻이, 사소한(少) 것은 봐도(目) 못 본 체 지나친다 하여 '덜다'의 뜻이 생겨났어요.

★ 省略(생략) 省墓(성묘) 省察(성찰) 反省(반성)

게임. 한자 오목

多	小	五	夜	竹	住	春	筆	貯	十
樂	月	典	課	往	上	果	公	雪	名
中	三	分	消	語	作	夕	藥	節	束
重	許	東	打	期	患	肖	亭	樹	吾
木	世	日	詐	動	亞	未	等	明	草
停	注	橋	二	必	主	朝	星	半	終
姓	休	速	林	外	生	腸	雲	氷	千
場	電	八	冷	午	宅	業	昨	惡	漢
七	串	英	韓	冬	省	決	性	流	末
種	下	氣	産	南	葉	九	王	寒	六

① 누가 먼저 할지 순서를 정해요.

② 서로 다른 필기도구를 준비해요. 예를 들어 한 사람이 연필을 준비했다면, 다른 사람은 빨간 볼펜을 준비해요.

③ 동그라미 표시를 하기 전에 먼저 한자의 훈과 음을 말해요.

④ 오목과 동일하게 5개를 가로, 세로, 대각선으로 먼저 배열하면 이겨요.

| 부록 |

한자능력검정시험에 자주 나오는 한자 단어

가계	家計	경제	經濟	공정	工程	근대	近代
가사	家事	경험	經驗	공학	共學	근면	勤勉
가수	歌手	계산	計算	과목	科目	금은	金銀
가열	加熱	계절	季節	관광객	觀光客	급소	急所
가장	家長	계촌	計寸	관용표현	慣用表現	긍정	肯定
가정	家庭	고금	古今	광고	廣告	기사	記事
각도	角度	고대	古代	광선	光線	기색	氣色
각부	各部	고등	高等	교과	敎科	기수	旗手
강산	江山	고색	古色	교신	交信	기온	氣溫
강수량	降水量	고서	古書	교실	敎室	기준	基準
강약	強弱	고시	古詩	교우	交友	내과	內科
강직	強直	고유어	固有語	교육	敎育	내년	來年
개방	開放	곡선	曲線	구별	區別	내심	內心
개시	開市	공간	空間	구분	區分	노소	老少
개통	開通	공경	恭敬	구애행동	求愛行動	노후	老後
개화	開花	공공	公共	국군	國軍	농가	農家
개회	開會	공기	空氣	국기	國旗	농촌	農村
거래	去來	공동	公同	권리	權利	다독	多讀
건국	建國	공력	功力	규칙	規則	다소	多少
견본	見本	공연	公演	극미세	極微細	다작	多作
결과	結果	공용	共用	근거	根據	단위	單位

단정	端正	문맥	文脈	부하	部下	성년	成年
단체	團體	문안	問安	분가	分家	성립	成立
당시	當時	문화재	文化財	분류	分類	성명	姓名
대답	對答	물리	物理	분별	分別	성별	性別
대리	代理	미소	微笑	분수	分數	성분	成分
대소변	大小便	민주	民主	분야	分野	성장	成長
대응	對應	박람회	博覽會	분포	分布	세금	稅金
도체	導體	반도체	半導體	불모지	不毛地	소견	所見
독립	獨立	반보	半步	비교	比較	소극적	消極的
독음	讀音	반신	半信	비례식	比例式	소문	所聞
동리	洞里	반장	班長	비율	比率	소용	所用
동명	同名	방출	放出	사교	社交	소유	所有
동시	同時	방학	放學	사력	死力	속담	俗談
동음	同音	방화	放火	사리	事理	수입	收入
동의	同意	배경	背景	사물	事物	수출	輸出
두목	頭目	백미	白米	사법부	司法府	수화	手話
등과	登科	번지	番地	사활	死活	시가	詩歌
등기	登記	별명	別名	사회	社會	시간	時間
매사	每事	보도	步道	사후	事後	시급	時急
매일	每日	보행	步行	사후	死後	시대	時代
면담	面談	본가	本家	상경	上京	시문	詩文
면회	面會	본래	本來	상상	想像	시어	詩語
명답	明答	본부	本部	상수도	上水道	시외	市外
명시	明示	본의	本意	생태계	生態系	시장	市場
묘사	描寫	부문	部門	선거	選擧	시조	時調
무심	無心	부분	部分	선택	選擇	식목	植木
문답	問答	부수	部首	설득	說得	식물	植物

신문	新聞	연상	聯想	의외	意外	전통	傳統
신분	身分	영원	永遠	이상	以上	전학	轉學
신세대	新世代	영재	英才	이용	利用	정보	情報
신용	信用	영주	永住	인상	印象	정오	正午
신입	新入	오염	汚染	입장	立場	정치	政治
신정	新正	오전	午前	자백	自白	조국	祖國
신화	神話	용어	用語	자신	自信	조부	祖父
실내	室內	우모	牛毛	자연	自然	조석	朝夕
심리	心理	우주	宇宙	자유	自由	존중	尊重
심성	心性	원근	遠近	자의	自意	종류	種類
악기	樂器	원대	遠大	자활	自活	주간	晝間
안락	安樂	원본	原本	작문	作文	주민	住民
암석	巖石	원수	元首	작심	作心	주소	住所
야간	夜間	원인	原因	작용	作用	주야	晝夜
야광	夜光	원형	原形	장단	長短	죽도	竹刀
야식	夜食	위성	衛星	장면	場面	죽림	竹林
약소	弱小	유리	有利	장소	場所	중대	重大
약속	約束	육성	育成	장애	障碍	지구촌	地球村
언어	言語	육영	育英	장음	長音	지진	地震
언행	言行	육지	陸地	저금	貯金	지층	地層
여가	餘暇	은행	銀行	적극적	積極的	직선	直線
여군	女軍	음독	音讀	적응	適應	직통	直通
여운	餘韻	음악	音樂	전기	電氣	직행	直行
여행	旅行	읍면	邑面	전부	全部	직후	直後
역사	歷史	읍장	邑長	전선	電線	질서	秩序
역할	役割	의견	意見	전심	全心	참정권	參政權
연로	年老	의식	衣食	전쟁	戰爭	창의적	創意的

천지	天地	편리	便利	회화	會話
첨단	尖端	편지	便紙	효도	孝道
초과	超過	평안	平安	후기	後記
초식	草食	표준어	標準語	후문	後聞
초원	草原	하교	下敎		
추석	秋夕	하교	下校		
축척	縮尺	하문	下問		
춘추	春秋	한문	漢文		
출입	出入	한시	漢詩		
출혈	出血	합동	合同		
친교	親交	합리	合理		
침엽수	針葉樹	합창	合唱		
쾌적	快適	해결	解決		
타협	妥協	해신	海神		
태고	太古	행락	行樂		
태도	態度	혈육	血肉		
태양계	太陽系	협동	協同		
태조	太祖	형색	形色		
태평	太平	화답	和答		
토의	討議	화락	和樂		
통신	通信	확률	確率		
통용	通用	환경	環境		
통일	統一	활기	活氣		
통화	通話	활엽수	闊葉樹		
투자	投資	활용	活用		
투표	投票	황토	黃土		
패물	貝物	회사	會社		

四字成語(사자성어)

各人各色(각인각색): 사람마다 각기 다름.
格物致知(격물치지): 사물의 이치를 연구하여 지식을 완전하게 함. 『대학』에 나오는 말.
見物生心(견물생심): 물건을 보면 욕심이 생긴다는 뜻.
敬老孝親(경로효친): 어른과 부모를 공경하고 떠받드는 일.
敬天愛人(경천애인): 하늘을 숭배하고 인간을 사랑함.
過失相規(과실상규): 잘못을 저지르지 않도록 서로 규제함.
敎學相長(교학상장): 가르치고 배우는 일은 서로를 발전시킴.
九死一生(구사일생): 아홉 번 죽을 뻔하다 한 번 살아난다는 뜻으로, 여러 번 죽을 고비를 겪고 간신히 목숨을 건짐.
九牛一毛(구우일모): 아홉 마리의 소에 박힌 털 하나란 뜻으로, 많은 것 중 극히 적은 수, 하찮은 일.
今始初聞(금시초문): 지금 처음 들음.
男女老少(남녀노소): 남자, 여자, 노인, 젊은이, 즉 모든 사람.
老少同樂(노소동락): 노인과 젊은이가 함께 즐김.
大書特筆(대서특필): 특별한 붓으로 크게 씀, 즉 중요한 사건을 누구나 알게 두드러지게 써 알린다는 뜻.
同苦同樂(동고동락): 괴로움과 즐거움을 함께함.
東問西答(동문서답): 동쪽을 묻는데 서쪽을 대답한다는 뜻으로, 물음과 상관없는 엉뚱한 대답을 함.
東西古今(동서고금): 동양과 서양, 옛날과 오늘, 즉 언제, 어디서나.
同時多發(동시다발): 같은 시기에 여러 가지가 발생함.
馬耳東風(마이동풍): 말의 귀에 동풍이라는 뜻으로, 다른 사람의 의견을 귀담아 듣지 않음.
萬古江山(만고강산): 오랜 세월 변함없는 산천.

萬古不變(만고불변): 오랜 세월 변치 않음.
萬萬不當(만만부당): 몹시 부당해 사리에 맞지 않음.
明明白白(명명백백): 아주 명백함.
無男獨女(무남독녀): 아들이 없는 집안의 외동딸.
無主空山(무주공산): 주인이 없는 빈 산.
門前成市(문전성시): 권세가 있는 사람의 집 앞에는 시장처럼 사람들로 붐빈다는 뜻.
百年大計(백년대계): 먼 앞날까지 내다보고 먼 뒷날까지 걸쳐 세우는 큰 계획.
白面書生(백면서생): 희고 고운 얼굴에 글만 읽는 사람이란 뜻으로, 세상일에 경험이 없는 사람.
百發百中(백발백중): 쏘기만 하면 명중함.
別有天地(별유천지): 속계를 떠난 특별한 경지에 있다는 뜻으로, 다른 세계를 말함.
父子有親(부자유친): 아버지와 아들 사이의 도리는 친함에 있음.
父傳子傳(부전자전): 성격이나 생활 습관 등이 아버지와 같거나 비슷함.
不老長生(불로장생): 늙지 않고 오래 삶.
不問可知(불문가지): 묻지 않아도 앎.
不遠千里(불원천리): 천 리 길도 멀다 하지 않는다는 뜻으로, 먼 길도 개의치 않고 열심히 달려감.
氷山一角(빙산일각): 빙산의 뿔이라는 뜻으로, 밖으로 드러난 것은 극히 일부분에 지나지 않음을 비유한 말.
士農工商(사농공상): 백성을 나누던 네 가지 계급. 선비, 농부, 공장(工匠), 상인을 이름.
死生有命(사생유명): 사람의 삶과 죽음은 모두 하늘의 뜻이므로 사람의 힘으로는 어찌할 수 없음을 이르는 말.
事實無根(사실무근): 근거가 없음. 또는 터무니없음.
四海兄弟(사해형제): 사해란 곧 온 천하를 가리키는 말로, 모든 사람들이 동포요, 형제라는 뜻.
死後功名(사후공명): 죽은 뒤에 내리는 벼슬이나 시호(諡號).
三十六計(삼십육계): 36가지 계책 중에 달아나는 것이 상책이라는 의미.

三寒四溫(삼한사온): 7일을 주기로 사흘 동안 춥고 나흘 동안 따뜻한 기온 현상.
生老病死(생로병사): 사람이 나고 늙고 병들고 죽는 네 가지 고통.
速戰速決(속전속결): 싸움을 오래 끌지 않고 빨리 몰아쳐 이기고 짐을 결정함.
十中八九(십중팔구): 열 가운데 아홉이란 뜻으로, 거의 다 되었음, 또 예외 없음.
弱肉强食(약육강식): 힘이나 권력이 없는 자가 강한 자에게 먹힌다는 뜻.
樂山樂水(요산요수): 산도 좋고 물도 좋다는 뜻으로, 자연을 즐기고 좋아함.
勇氣百倍(용기백배): 격려나 응원에 자극을 받아 힘이나 용기를 더 냄.
有口無言(유구무언): 입은 있으나 말이 없다는 뜻으로, 변명할 말이 없음.
有名無實(유명무실): 이름만 그럴듯하고 실속은 없음.
耳目口鼻(이목구비): 귀눈입코, 또는 귀눈입코를 중심으로 한 얼굴의 생김새.
以心傳心(이심전심): 마음과 마음으로 서로 뜻이 통함.
人命在天(인명재천): 사람의 목숨은 하늘에 있다는 뜻.
人山人海(인산인해): 사람의 산과 사람의 바다라는 뜻으로, 사람이 헤아릴 수 없이 많음.
一口二言(일구이언): 한 입으로 두 말을 한다는 뜻으로, 말을 이랬다저랬다 함.
一問一答(일문일답): 한 번 묻는 데 한 번 대답함.
一生一死(일생일사): 한 번 태어나고 한 번 죽는 일.
一日三秋(일일삼추): 하루가 삼 년 같이 길다는 뜻.
一字千金(일자천금): 한 글자의 가치가 천금이라는 뜻으로, 매우 가치 있음.
一長一短(일장일단): 장점도 있고 단점도 있음.
一朝一夕(일조일석): 하루아침, 하루저녁이란 뜻으로, 매우 짧은 시간.
自高自大(자고자대): 스스로 자기를 치켜세우며 잘난 체하고 교만함.
自給自足(자급자족): 필요한 물자를 스스로 생산하여 충당함.
自問自答(자문자답): 자신에게 묻고 자신이 대답함.
子孫萬代(자손만대): 자자손손의 썩 많은 세대.
自手成家(자수성가): 물려받은 재산 없이 혼자의 힘으로 집안을 일으키고 재산을 모음.
作心三日(작심삼일): 결심이 사흘을 못 가고 느슨해짐.
電光石火(전광석화): 번갯불의 불이 번쩍이듯이 매우 짧은 시간이나 움직임.

前無後無(전무후무): 전에도 없었고 앞으로도 있을 수 없음.
主客一體(주객일체): 나와 대상이 하나가 됨.
晝夜長川(주야장천): 밤낮으로 흐르는 시냇물과 같이 늘 잇따름.
千軍萬馬(천군만마): 천 명의 군사와 만 마리의 말, 즉 엄청난 규모.
千萬多幸(천만다행): 매우 다행함.
天地神明(천지신명): 하늘과 땅을 돌보는 모든 신령.
天下第一(천하제일): 세상에 견줄 것 없이 최고임.
靑山流水(청산유수): 푸른 산에 흐르는 맑은 물이라는 뜻으로, 말을 막힘없이 잘함.
草家三間(초가삼간): 세 칸짜리 초가, 즉 매우 작은 집.
秋風落葉(추풍낙엽): 가을바람에 떨어지는 낙엽이라는 뜻으로, 세력 등이 갑자기 기우는 것.
春夏秋冬(춘하추동): 봄 여름 가을 겨울의 네 계절.
敗家亡身(패가망신): 집안의 재산을 다 써 없애고 몸을 망침.
形形色色(형형색색): 형상과 빛깔이 다른 여러 가지.
花朝月夕(화조월석): 꽃 피는 아침과 달 밝은 밤이라는 뜻으로, 경치가 좋은 시절을 이르는 말.

색인

한자	의미	소리	고유번호	쪽수

ㄱ

한자	의미	소리	고유번호	쪽수
價	값	가	102c	217
歌	노래	가	8c	37
加	더할	가	94c	203
哥	성 / 노래	가	8b	37
可	옳을	가	8a	37
家	집	가	79a	175
各	각각	각	9	38
角	뿔	각	105d	227
艮	뒤돌아볼 / 괘 이름	간	7	34
干	방패 / 범할 / 막을	간	61	144
間	사이 / 틈	간	140b	287
倝	햇살 / 햇빛 비칠	간	140	286
感	느낄	감	59d	141
凵	입 벌릴 / 위가 터진 그릇	감	97b	209
江	강	강	124c	259
強	강할 / 굳셀	강	55c	133
降	내릴	강	35b	91
改	고칠	개	16b	53
開	열	개	83c	183
客	손	객	9b	39
去	갈	거	50c	119
擧	들	거	21d	63
車	수레	거	67	154
健	굳셀 / 건강할 / 튼튼할	건	24d	69
件	물건 / 사건	건	105a	227
建	세울	건	24c	69
巾	수건	건	69c	159
格	격식 / 자리 / 바로잡을	격	9a	39
犭	(큰) 개	견	104c	225
犬	개	견	104	224
見	볼	견	6	32
決	결단할 / 터질	결	124a	259
輕	가벼울	경	122a	256
敬	공경할	경	129a	267
競	다툴 / 겨룰	경	48b	115

冂	멀	경	86	186
巠	물줄기 / 지하수 / 베틀	경	122	256
景	볕 / 경치	경	2a	23
京	서울 / 클 / 높을	경	2	22
經	지날 / 다스릴 / 날실	경	122b	256
彑	돼지머리	계	109	233
計	셀 / 셈 / 꾀	계	13b	47
⺕	손	계	23	66
界	지경	계	88a	191
告	고할	고	105b	227
固	굳을	고	10a	41
高	높을	고	2b	23
枯	마를	고	10c	41
古	옛 / 오랠 / 묵을	고	10	40
考	생각할 / 살필	고	53c	125
苦	쓸	고	10b	41
賈	장사	고	102b	217
谷	골 / 골짜기	곡	119b	251
曲	굽을	곡	11c	43
｜	뚫을	곤	151	308
骨	뼈	골	17b	54
功	공	공	120d	253
公	공평할	공	146c	299
廾	(두 손으로) 받들	공	27	74
空	빌	공	120c	253
工	장인	공	120b	253
共	한 가지 / 함께	공	27a	75
串	곶	곶	151b	309
科	과목	과	76a	169
課	매길 / 과정 / 과목	과	133a	275
果	실과 / 열매	과	133	274
過	지날	과	17a	54
戈	창	과	59	140
串	꿸	관	151b	309
關	빗장 / 관계할 / 닫을	관	83b	183
觀	볼	관	6d	33
雚	황새	관	111d	237
广	넓을	광	82	180
廣	넓을	광	73a	165
光	빛	광	43	104
咼	입 비뚤어질	괘	17	54
敎	가르칠	교	28a	77
橋	다리	교	2c	23
交	사귈	교	1a	21
校	학교	교	131d	271

具	갖출	구	118b	247
球	공	구	54e	127
區	구분할 / 지경	구	97a	209
救	구원할 / 구할 / 건질	구	28b	77
九	아홉	구	148b	303
舊	예 / 옛 / 오랠	구	129b	267
口	입	구	8	36
臼	절구	구	99	212
口	나라	국	90	193
國	나라	국	60a	143
臼	양손	국	21b	63
局	(장기 / 바둑)판	국	46b	111
郡	고을	군	85b	185
軍	군사	군	67a	154
弓	활	궁	55	132
亅	갈고리	궐	151d	309
貴	귀할	귀	117b	245
規	법 / 법칙	규	6b	33
近	가까울	근	64a	149
斤	도끼	근	64	148
根	뿌리	근	7a	34
金	쇠	금	120	252
今	이제	금	101a	215
急	급할	급	25b	71
級	등급	급	25c	71
給	보낼 / 넉넉할	급	101d	215
及	미칠 / 이를	급	25a	71
旗	기	기	95a	205
記	기록할	기	13d	47
期	기약할 / 기한	기	141c	289
气	기운	기	126	262
氣	기운	기	126a	262
己	몸 / 자기	기	16a	53
汽	물 끓는 김	기	126b	262
技	재주	기	20c	61
基	터	기	91c	197
吉	길할	길	54b	127
金	성씨	김	120	252

ㄴ

落	떨어질 / 이룰	낙	9d	39
樂	즐길	낙	133b	275
南	남녘	남	148c	303

男	사내 / 아들	남	88	190
內	안	내	40c	99
來	올	내	134c	277
冷	찰	냉	44b	107
女	여자	녀	52	122
年	해	년	61a	144
念	생각 / 생각할	념	19b	57
路	길	노	9c	39
耂	늙을 / 늙은이	노	53a	125
老	늙을 / 늙은이	노	53b	125
勞	일할	노	94d	203
彔	새길 / 나무 깎을	녹	109a	233
綠	푸를 / 초록빛	녹	109b	233
農	농사	농	78d	173
能	능할	능	45c	109

ㄷ

多	많을	다	142c	291
壇	단 / 제단	단	91b	197
團	둥글	단	29c	79
短	짧을	단	56b	135
談	말씀	담	92e	199
答	대답	답	138b	283
當	마땅	당	81c	179
堂	집	당	81d	179
待	기다릴	대	30c	81
台	대	대	50a	119
代	대신할	대	58a	139
對	대할 / 마주할 / 대답할	대	29d	79
大	클 / 큰	대	47	112
德	큰 / 덕	덕	5d	31
圖	그림 / 도장	도	90a	193
道	길	도	3a	25
都	도읍 / 도시 / 서울	도	53e	125
度	법도	도	82c	181
島	섬	도	112a	238
到	이를	도	57a	137
刀	칼	도	62	144
刂	칼	도	63	146
讀	읽을	독	98d	211
獨	홀로	독	104d	224
冬	겨울	동	125b	261
洞	골	동	86b	187

東	동녘	동	135a	279
童	아이	동	74a	167
動	움직일	동	137a	281
同	한 가지 / 무리 / 함께	동	86a	187
斗	말	두	76	169
亠	머리	두	1	20
頭	머리	두	3c	25
豆	콩 / 제기	두	78	172
等	무리 / 등급 / 가지런할	등	30b	81
登	오를 / 높일	등	34a	90

ㄹ

落	떨어질 / 이룰	락	9d	39
樂	즐길	락	133b	275
郞	사내	랑	7d	35
來	올	래	134c	277
冷	찰	랭	44b	107
良	어질 / 좋을	량	7c	35
量	헤아릴	량	87c	189
旅	나그네 / 군대	려	95c	205
歷	지날 / 겪을	력	77d	171
曆	책력	력	77c	171
力	힘	력	94b	203
戀	어지러울	련	70c	161
練	익힐	련	70b	161
列	벌일 / 줄	렬	18a	55
領	거느릴 / 다스릴 / 옷깃	령	3d	25
令	하여금 / 법령	령	44a	107
例	법식 / 본보기 / 사례	례	18b	55
禮	예도 / 예절	례	78b	173
路	길	로	9c	39
耂	늙을 / 늙은이	로	53a	125
老	늙을 / 늙은이	로	53b	125
勞	일할	로	94d	203
彔	새길 / 나무 깎을	록	109a	233
綠	푸를 / 초록빛	록	109b	233
料	헤아릴	료	76b	169
類	무리 / 같을 / 비슷할	류	104b	225
流	흐를	류	124	258
陸	육지 / 언덕	륙	84a	184
六	여섯	륙	146b	299
利	날카로울 / 이로울	리	63c	147
理	다스릴	리	87d	189

里	마을	리	87a	189
吏	벼슬아치 / 관리	리	26c	73
李	오얏 / 성씨	리	51d	121
林	수풀	림	132c	273
立	설	립	48	114

ㅁ

馬	말	마	93c	201
萬	일만	만	110b	235
末	끝	말	132b	273
网	그물	망	98	210
网	그물	망	98	210
罓	그물	망	98	210
亡	망할 / 죽을 / 달아날	망	1b	21
望	바랄 / 보름	망	1c	21
每	매양 / 늘	매	52c	123
買	살	매	98b	211
賣	팔	매	98c	211
冖	덮을	멱	80d	177
糸	가는 실	멱	70	160
絲	가는 실	멱	70	160
面	얼굴	면	4d	29
宀	집	면	79	174
皿	그릇	명	96	206
命	목숨 / 명령	명	44c	107
明	밝을	명	141a	289
名	이름	명	142b	291
母	어머니	모	52b	123
戊	창	모	59a	141
木	나무	목	131	270
目	눈	목	5	30
戊	무성할 / 다섯째 천간	무	59a	141
無	없을	무	93b	201
舞	춤출	무	35a	91
文	글월	문	1d	21
聞	들을	문	4c	29
門	문	문	83	182
問	물을	문	83a	183
勿	말 / 없을 / 아닐	물	31a	83
物	물건 / 만물 / 사물	물	31b	83
米	쌀	미	134b	277
未	아닐	미	132a	273
美	아름다울	미	103c	223

| 民 | 백성 | 민 | 58d | 139 |

ㅂ

朴	성씨 / 후박나무 / 순박할	박	134d	277
班	나눌	반	63a	147
反	돌이킬 / 돌아올 / 뒤집을	반	26	72
半	반 / 절반	반	146a	299
癶	등질	발	34	90
發	필 / 쏠 / 떠날	발	34b	90
放	놓을	방	94a	203
方	모 / 네모	방	94	202
匚	상자	방	97	208
倍	곱 / 점점	배	48c	115
北	달아날	배	45b	109
百	일백	백	71a	163
白	흰 / 깨끗할 / 말할	백	71	162
番	차례 / 갈마들	번	110d	235
法	법	법	50d	119
變	변할	변	70d	161
釆	분별할	변	110c	235
便	똥오줌	변	28d	77
別	나눌	별	63b	147
丿	삐침	별	150	306
丙	남녘 / 자루 / 셋째 천간	병	40d	99
病	병	병	40e	99
兵	병사 / 군사	병	27b	75
步	걸을	보	32a	87
福	복	복	66a	153
服	옷 / 복종할 / 복용할	복	44d	107
卜	점	복	65	150
夂	칠	복	28	76
攴	칠	복	28	76
本	근본 / 뿌리 / 밑	본	132	272
奉	받들 / 섬길 / 도울	봉	27d	75
部	떼 / 거느릴	부	85a	185
不	아닐 / 없을 / 못할	부	129c	267
父	아비	부	25d	71
阝	언덕	부	84	184
阜	언덕	부	84	184
夫	지아비	부	47b	113
北	북녘	북	45b	109
分	나눌	분	62b	145
比	견줄	비	45a	109

飛	날	비	114a	241
匕	비수 / 숟가락 / 사람	비	45	108
費	쓸	비	117c	245
非	아닐	비	114c	241
鼻	코	비	15a	49
冫	얼음	빙	125	260
氷	얼음	빙	123b	257

人

社	모일 / 제사 지낼 / 토지신	사	66b	153
巳	뱀 / 태아 / 여섯째 지지	사	49	116
己	뱀 / 태아 / 여섯째 지지	사	49	116
寫	베낄	사	99b	212
史	사기 / 역사	사	26b	73
厶	사사	사	50	118
思	생각할	사	19a	57
士	선비	사	54	126
仕	섬길 / 벼슬할	사	54a	127
詐	속일	사	150c	307
糸	실	사	70	160
絲	실	사	70	160
乍	잠깐 / 갑자기 / 만들	사	150a	307
寺	절 / 관청	사	30	80
查	조사할 / 사실할	사	133d	275
死	죽을	사	45d	109
使	하여금 / 부릴 / 시킬	사	26d	73
産	낳을	산	130c	269
山	뫼 / 메	산	119	250
算	셈 / 셀	산	27c	75
三	석	삼	143b	293
參	석	삼	108a	232
彡	터럭	삼	108	232
賞	상줄	상	81b	179
相	서로	상	5a	31
尙	오히려 / 아직 / 숭상할	상	81a	179
上	위 / 윗	상	143c	293
商	장사 / 헤아릴	상	74b	167
色	빛 / 색채	색	49d	117
生	날 / 살 / 서투를	생	130	268
省	덜	생	152d	311
書	글 / 쓸	서	24	68
西	서녘	서	102d	217
序	차례	서	82b	181

石	돌	석	119d	251
席	자리	석	82a	181
夕	저녁	석	142	290
舃	신	석	99a	212
選	가릴	선	49b	117
鮮	고울 / 생선	선	116b	243
先	먼저	선	32c	87
船	배	선	68a	155
仙	신선	선	119a	251
線	줄	선	71c	163
善	착할	선	103b	223
雪	눈	설	23c	67
說	말씀	설	43c	105
舌	혀	설	14	48
葉	땅 이름 / 성씨	섭	128c	265
星	별	성	130d	269
省	살필	성	152d	311
姓	성/성씨	성	130a	269
性	성품	성	130b	269
成	이룰	성	59b	141
說	달랠	세	43c	105
洗	씻을	세	32d	87
世	인간	세	128b	265
歲	해	세	32b	87
所	바 / 것 / 장소	소	64b	149
消	사라질	소	152b	311
巢	울	소	134	276
小	작을	소	152	310
少	적을	소	152c	311
束	묶을	속	135	278
速	빠를	속	135b	279
巽	부드러울	손	49a	117
孫	손자	손	51b	121
樹	나무	수	131b	271
首	머리	수	3	24
水	물	수	123	257
氺	물	수	123	257
氵	물	수	123	257
數	셀 / 셈	수	52a	123
手	손	수	20	60
扌	손	수	20a	60
殳	창 / 몽둥이	수	60d	143
宿	잘 / 묵을	숙	80b	177
順	순할 / 좇을	순	121b	255
術	재주 / 꾀	술	36b	92

習	익힐	습	114b	241
勝	이길 / 뛰어날	승	68b	155
豕	돼지	시	106	228
時	때	시	30a	81
示	보일 / 귀신 / 제단	시	66	152
是	옳을 / 이 / 이것	시	33b	89
市	저자	시	69d	159
尸	주검 / 시동 / 신주	시	46	110
𢇳	찰흙 / 점토판	시	12c	45
始	처음 / 비로소	시	50b	119
矢	화살	시	56	134
食	밥 / 먹을	식	75	168
式	법 / 제도 / 의식	식	58b	139
植	심을	식	5c	31
識	알	식	12d	45
神	귀신 / 신령 / 정신	신	66c	153
辛	매울	신	74	166
身	몸	신	16	52
信	믿을	신	41a	101
辰	별	신	118c	247
新	새	신	64c	149
臣	신하	신	5e	31
實	열매	실	80c	177
失	잃을	실	56a	135
室	집	실	57c	137
心	마음	심	19	56
十	열	십	147	300
氏	각시 / 성씨	씨	60b	143

ㅇ

襾	덮을	아	102	216
西	덮을	아	102	216
亞	버금	아	145b	297
兒	아이	아	42e	103
惡	악할	악	145c	297
樂	풍류	악	133b	275
案	책상	안	79c	175
安	편안	안	79b	175
歹	부러진 뼈 / 살 바른 뼈	알	18	55
歺	부러진 뼈 / 살 바른 뼈	알	18	55
愛	사랑	애	19c	57
野	들	야	87b	189
夜	밤	야	142a	291

也	어조사 / 이끼	야	113	239
約	맺을 / 묶을	약	31d	83
藥	약	약	133c	275
弱	약할	약	55d	133
養	기를 / 먹일 / 가꿀	양	75a	168
昜	볕	양	139a	285
陽	볕	양	84b	184
羊	양	양	103	222
良	어질 / 좋을	양	7c	35
洋	큰 바다	양	103a	223
量	헤아릴	양	87c	189
漁	고기 잡을	어	116a	243
語	말씀	어	13a	47
魚	물고기	어	116	243
億	억 / 많은 수 / 헤아릴	억	12b	45
㫃	깃발	언	95	204
言	말씀	언	13	46
广	집	엄	82	180
業	일 / 업 / 직업	업	131c	271
旅	나그네 / 군대	여	95c	205
女	여자	여	52	122
歷	지날 / 겪을	역	77d	171
厤	책력	역	77c	171
力	힘	역	94b	203
然	그럴	연	93a	201
䜌	어지러울	연	70c	161
練	익힐	연	70b	161
說	기쁠	열	43c	105
熱	더울	열	91d	197
列	벌일 / 줄	열	18a	55
冉	나아갈	염	86c	187
炎	불꽃	염	92d	199
葉	잎	엽	128c	265
領	거느릴 / 다스릴 / 옷깃	영	3d	25
永	길	영	123a	257
英	꽃부리 / 뛰어날	영	129	266
令	하여금 / 법령	영	44a	107
例	법식 / 본보기 / 사례	예	18b	55
禮	예도 / 예절	예	78b	173
吾	나 / 우리	오	145a	297
午	낮	오	147c	301
五	다섯	오	145	296
惡	미워할	오	145c	297
屋	집	옥	46c	111
溫	따뜻할	온	96b	207

332

溫	어질	온	96a	207
完	완전할	완	42b	103
曰	가로	왈	11	42
往	갈	왕	149c	305
王	임금	왕	54d	127
外	바깥 / 밖	외	65d	151
曜	빛날	요	111b	237
要	요긴할 / 바랄	요	102a	217
幺	작을 / 어릴	요	70a	161
樂	좋아할	요	133b	275
料	헤아릴	요	76b	169
浴	목욕할	욕	119c	251
甬	길	용	100a	213
勇	날랠 / 용감할 / 날쌜	용	100b	213
用	쓸	용	100	213
禺	긴꼬리원숭이 / 허수아비	우	110a	235
羽	깃	우	114	240
又	또	우	25	70
友	벗	우	22a	65
雨	비	우	127	263
牛	소	우	105	226
又	오른손 / 또	우	22	64
右	오른쪽	우	22b	65
雲	구름	운	127b	263
運	옮길 / 움직일 / 돌	운	67b	154
雄	수컷	웅	111c	237
園	동산	원	90b	193
遠	멀	원	37b	93
原	언덕 / 근원	원	71d	163
願	원할	원	71e	163
元	으뜸	원	42a	103
院	집 / 담	원	42c	103
月	달	월	141	288
韋	가죽 / 다룸가죽	위	107b	231
囗	에워쌀	위	90	193
位	자리	위	48a	115
偉	클 / 훌륭할	위	107c	231
流	흐를	유	124	258
油	기름	유	89a	192
酉	닭 / 술 / 열째 지지	유	96d	207
由	말미암을	유	89	192
內	발자국	유	110	234
有	있을	유	16d	53
肉	고기	육	16c	53
陸	육지 / 언덕	육	84a	184

六	여섯	육	146b	299
聿	붓	율	23a	67
銀	은	은	7b	35
乙	새	을	112b	238
飮	마실	음	75b	168
音	소리	음	12	44
阝	고을	읍	85	185
邑	고을	읍	85	185
意	뜻	의	12a	45
衣	옷	의	69	158
衤	옷	의	69	158
醫	의원	의	56d	135
耳	귀	이	4	28
台	나	이	50a	119
利	날카로울 / 이로울	이	63c	147
理	다스릴	이	87d	189
二	두	이	143a	293
而	말 이을	이	15b	49
吏	벼슬아치 / 관리	이	26c	73
以	써	이	40a	99
李	오얏 / 성씨	이	51d	121
弋	주살	익	58	138
夂	길게 걸을	인	39	95
因	인할 / 말미암을	인	47d	113
人	사람	인	40	98
亻	사람	인	41	100
儿	어진 사람	인	42	102
日	날 / 해	일	139	284
一	한	일	143	292
任	맡길	임	41d	101
立	설	입	48	114
入	들	입	40b	99

ㅈ

字	글자	자	51a	121
者	놈	자	53d	125
自	스스로	자	15	49
子	아들	자	51	120
勺	구기	작	31c	83
昨	어제	작	150b	307
作	지을 / 이룰 / 만들	작	150d	307
鵲	까치	작	99a	212
章	글	장	148	302

長	길 / 어른	장	53	124
場	마당	장	139b	285
再	두	재	86d	187
在	있을	재	54c	127
材	재목	재	136b	280
財	재물	재	136a	280
災	재앙	재	92a	199
才	재주	재	136	280
爭	다툴	쟁	21a	63
宁	쌓을 / 뜰 / 우두커니 설	저	144b	295
貯	쌓을	저	144c	295
的	과녁 / 목표	적	31e	83
翟	꿩	적	111a	237
赤	붉을	적	92c	199
田	밭	전	87	188
電	번개	전	127a	263
典	법	전	11d	43
戰	싸움	전	58c	139
專	오로지	전	29a	79
傳	전할	전	29b	79
展	펼	전	46d	111
節	마디	절	138a	283
卩	병부 / 사람	절	44	106
巳	병부 / 사람	절	44	106
切	끊을	절	62a	145
店	가게	점	65c	151
占	점 / 차지할 / 점령할	점	65b	151
丁	고무래 / 장정 / 못	정	144	294
庭	뜰 / 집안	정	39b	95
情	뜻	정	72b	164
停	머무를	정	2d	23
正	바를	정	33	88
鼎	솥	정	118	246
亭	정자	정	144a	295
定	정할 / 편안할	정	33a	89
廷	조정	정	39a	95
題	제목 / 머리말	제	33c	89
弟	아우	제	55a	133
第	차례	제	55b	133
調	고를 / 조사할	조	88c	191
鳥	새	조	112	238
爪	손톱	조	21	62
爫	손톱	조	21	62
朝	아침	조	141b	289
操	잡을	조	134a	277

祖	할아버지 / 조상	조	66d	153
族	겨레	족	95b	205
足	발	족	33d	89
卒	군사	졸	69e	159
終	마칠	종	125c	261
種	씨	종	137b	281
左	왼쪽	좌	22c	65
罪	허물	죄	98a	211
州	고을	주	121c	255
晝	낮	주	24a	69
週	돌	주	88d	191
周	두루	주	88b	191
注	부을 / 주를 달 / 물댈	주	149b	304
舟	배	주	68	155
住	살	주	149d	305
主	임금 / 주인	주	149a	305
丶	점	주	149	304
竹	대	죽	138	282
中	가운데	중	151a	309
重	무거울	중	137	281
則	곧	즉	118a	247
止	발 / 그칠	지	32	86
地	땅	지	91a	197
知	알	지	56c	135
至	이를	지	57	136
識	적을	지	12d	45
紙	종이	지	60c	143
直	곧을	직	5b	31
辰	때	진	118c	247
質	바탕	질	64d	149
亼	삼합	집	101	214

ㅊ

車	차	차	67	154
辶	갈 / 쉬엄쉬엄 갈	착	37	93
辵	갈 / 쉬엄쉬엄 갈	착	37	93
着	붙을	착	103d	223
參	참여할	참	108a	232
唱	부를 / 노래	창	11b	43
窓	창문	창	80a	177
昌	창성할 / 번성할	창	11a	43
責	꾸짖을 / 맡을	책	117d	245
册	책	책	138c	283

尺	자 / 법도	척	46a	111
彳	조금 걸을	척	36	92
川	내	천	121	254
巛	내	천	121a	255
泉	샘	천	71b	163
舛	어그러질	천	35	91
千	일 천	천	147a	301
天	하늘	천	47a	113
鐵	쇠	철	120a	253
淸	(물)맑을	청	72a	164
靑	푸를	청	72	164
體	몸	체	78c	173
切	온통	체	62a	145
肖	닮을	초	152a	311
初	처음	초	69b	159
艸	풀	초	128	264
艹	풀	초	128	264
草	풀	초	128a	265
蜀	벌레 / 나라 이름	촉	115b	242
寸	마디 / 손	촌	29	78
村	마을	촌	135c	279
最	가장 / 제일 / 으뜸	최	4b	29
秋	가을	추	77b	171
隹	새	추	111	236
祝	빌	축	43d	105
春	봄	춘	139c	285
出	날 / 나갈	출	97c	209
虫	벌레	충	115	242
充	찰 / 채울	충	42d	103
臭	냄새	취	104a	224
取	취할	취	4a	29
夂	뒤져 올	치	38	94
致	어를 / 이룰 / 보낼	치	57b	137
則	법칙	칙	118a	247
親	친할	친	6c	33
七	일곱	칠	148a	303

他	다를	타	113a	239
打	칠 / 두드릴	타	20b	61
卓	높을	탁	65a	151
度	헤아릴	탁	82c	181
炭	숯	탄	92b	199

兌	바꿀 / 기쁠	태	43b	105
台	별	태	50a	119
太	클	태	47c	113
宅	집 / 댁	택	147b	301
土	흙	토	91	196
通	통할	통	37a	93
特	특별할 / 수컷	특	30d	81

ㅍ

巴	태아 / 큰 뱀 / 꼬리	파	49c	117
板	널 / 널빤지	판	26a	73
八	여덟	팔	146	298
貝	조개	패	117	244
敗	패할	패	117a	245
勹	쌀	포	31	82
表	겉	표	69a	159
風	바람	풍	115a	242
豊	풍년 / 풍성할	풍	78a	173
皮	가죽	피	107	230
必	반드시	필	19d	57
筆	붓	필	23b	67

ㅎ

河	물 / 강 이름	하	8d	37
下	아래	하	143d	293
夏	여름	하	38a	94
學	배울	학	21c	63
韓	나라 이름 / 한국	한	140a	287
寒	찰 / 추울	한	125a	261
漢	한수 / 한나라	한	124b	259
咸	다	함	59c	141
合	합할 / 모을	합	101c	215
降	항복할	항	35b	91
海	바다	해	52d	123
解	풀	해	105c	227
害	해할 / 해로울	해	79d	175
幸	다행	행	61b	144
行	사거리 / 갈 / 다닐	행	36a	92
向	향할	향	81	178
許	허락할	허	13c	47
革	가죽	혁	107a	231

現	나타날	현	6a	33
穴	구멍	혈	80	176
頁	머리	혈	3b	25
血	피	혈	96c	207
形	모양	형	108b	232
兄	형 / 맏이	형	43a	105
匸	감출	혜	97	208
虎	범	호	106b	229
號	이름 / 부르짖을	호	106c	229
戶	집 / 외짝 문 / 지게	호	83d	183
胡	턱살 / 오랑캐 이름	호	10d	41
湖	호수	호	10e	41
虍	호피 무늬	호	106a	229
或	혹 / 혹은 / 혹시	혹	60	142
畫	그림	화	24b	69
花	꽃	화	41c	101
化	될	화	41b	101
話	말씀 / 말할	화	14b	48
禾	벼	화	77	170
火	불	화	92	198
灬	불	화	93	200
和	화할	화	77a	171
患	근심	환	151c	309
活	살	활	14a	48
黃	누를	황	73	165
會	모일 / 모을	회	101b	215
效	본받을	효	28c	77
孝	효도	효	51c	121
後	뒤	후	38b	94
訓	가르칠	훈	121d	255
虫	벌레	훼	115	242
休	쉴	휴	131a	271
穴	굴	휼	80	176
凶	흉할	흉	97d	209
黑	검을	흑	73b	165